KB195701

시간 불평등

일러두기

1. 본문의 각주는 모두 옮긴이의 것이다.
2. 인용문의 이해를 돕기 위해 인용자(이 책의 저자)가 덧붙인 내용에는 모두 '[ ]'를 사용했다.
3. 본문의 이해를 돕기 위해 옮긴이가 덧붙인 부분은 모두 '〔 〕'를 사용했다.

시간 불평등

시간 불평등

The Politics of Time

가이 스탠딩 지음

안효상 옮김

시간의 자유는
어떻게
특권이 되었나

창비
Changbi Publishers

한국어판 서문

시간은 건강 다음으로 우리의 가장 소중한 자산이다. 하지만 이 책이 보여주는 것처럼 대부분의 사람들은 자기 시간을 실질적으로 통제하지 못하며, 많은 시간을 원치 않는 활동에 쓰도록 강요받거나 유도되고, 자신이 원하는 활동을 할 기회를 박탈당한다.

다른 대부분의 나라들과 미찬가지로 한국의 국가 통계가 수행된 일의 양 같은 수치를 보여주지 않는다고 해서 상황이 누그러지는 것은 아니다. 국가 통계를 고쳐야 한다.

이 책과 한국어로 번역된 바 있는 『기본소득』(창비 2018)이나 『공유지의 약탈』(창비 2021) 등 이 책의 자매편들의 근본 주제는 진보 정치가 공유지를 회복하고 사회의 모든 사람이 공유화에 참여할 수 있도록 하는 것을 목표로 삼아야 한다는 것이다. 이러한 가치들은 한국에 깊이 새겨져 있으며, 기원전 2333년의 홍익인간이라는 겨레의 개국 이념까지 거슬러 올라간다.

한국 노동자들이 세계의 거의 모든 곳보다 주당 더 많은 노동을 해야 한다는 것은 잘 알려져 있다. 한국 노동자들은 연간 OECD 평균보다 39일 더 노동한다. 대부분의 나라보다 더 많은 사람들이 프레카리아트 대열에 있다는 것, 즉 불안정하고 불안전한 일자리에서 벌어들이는 변덕스럽고 불확실한 소득을 통해 근근이 살아가며, 종종 감당할 수 없는 부채가 있고, 무엇보다 청원자 같은 느낌에 시달린다는 점도 아주 분명하다. 프레카리아트는 자국에서조차 시민권에 따른 권리들을 상실하고 있다. 프레카리아트 대열에 있는 사람들은 이 책에 서술한 것처럼 일로 간주되지 않는 수많은 일을 해야만 한다.

역사상 대부분의 지배자들은 대중이 생존하기 위해 해야 하는 일과 노동의 양에 무관심했다. 현대의 노동자들은 국민경제와 경제성장에 공헌하는 존재로 여겨져왔다. 시간에 관한 진정으로 진보적인 정치가 더욱 필요해졌는데, 그것은 만성적인 초과 노동과 과도한 노동을 해결하는 것, 그리고 모든 불평등 가운데 가장 최악인 시간 불평등에 주목하는 것이다.

적절한 시간의 정치가 부재하다는 것을 보여주는 가장 기묘한 징후는, 필요할 경우 사람들이 주당 120시간씩 일하는 게 허용되어야 한다고 말하는 윤석열이 대통령이 되면서 나타났다. 그는 심한 비판을 받았음에도 2023년 3월에 대통령으로서 2018년 이래 기본 40시간에 최대 12시간까지 초과 노동을 허용한 노동시간 체제를 개정해 주당 69시간까지 허용해야 한다고 제안했다.

이 개혁안은 강력한 반대운동을 불러일으켰고, 정부는 후퇴할 수밖에 없었다. 그러나 실제 상황은 수많은 반대자들이 깨달았을 것보다 더 나쁘다. 프레카리아트는 이 책에서 서술한 수많은 형태의 일과 노동을 수행해야만 한다는 게 사실이다. 그러한 일의 많은 부분은 지불받지 못하며, 이는 고정된 초과 근무시간을 포함해 착취하는 독특한 '포괄임금제'에서도 마찬가지이다. 주요 기업들에서 마땅히 주어야 할 임금을 주지 않는 것이 거의 유행병처럼 번지고 있다. 이는 결국 한국 젊은이들의 첫번째 사망 원인인 자살과 연관된 체제가 되었다.

이것은 우리가 만성적인 사회적·경제적 불확실성의 시대—한국의 문학과 학술 연구뿐만 아니라 한국 영화에서도 포착되었다—를 살아가고 있다는 이 책의 두번째 주제로 이어진다. 불확실성이란 예측할 수 없는 충격과 우연적 위험에 노출되는 것을 말하며, 더 나아가 그런 결과에 대응하고 그로부터 회복할 수 있는 능력에 관한 불확실성도 가리킨다.

1980년대 한국에서 이루어진 복지 체제 개혁은 경제적 불확실성에 대처하는 데 적절하지 않았다. 이것이 그저 사후 보상을 하는 게 아니라 사전의 소득 보장에 기초한 사회보호 체제가 필요한 한가지 이유이다. 많은 한국인들이 불확실성의 위기가 한국에서의 기본소득 도입을 정당화한다는 것을 직관적으로 이해한다.

기본소득이 친척, 공동체, 환경 등을 돌보는 것과 같은 노동이 아닌 일을 용이하게 할 것이기 때문에 이는 상식적으로 이해가 된다. 그리고 기본소득은 정치생활에 참여하는 것으로 연결될 수 있다. 사람들은 정치가, 미디어, 소셜미디어의 '인플루언서'라는 새로운 유형의 사람들을 장악하는 부자들의 조정 권력과 싸울 수 있다.

아울러 이 책에서 서술한 시간의 정치는 사람들이 살아가는 방식에서 자유를 증진하고 불평등을 줄이기 위해 필요하다. 기존 체제는 심하게 불공정하며 부적절하다. 새로운 진보 정치가 도래하고 있다.

2024년 12월
가이 스탠딩

서문

  천천히 술 한잔을 마시는 일, 침대에서 사랑하는 사람 옆에 누워 있는 일, 기타를 튕기거나 서투르지만 건반을 두드리는 일, 시를 읽거나 시 몇줄을 써보는 일, 아들이나 딸과 수없이 공을 차는 일, 크리켓 경기에서 공을 멈추기 위해 바운더리 주변을 힘껏 달리는 일, 우리 모두는 지독한 순간들을 채우고 싶은 활동의 긴 목록이 있다.

  시간은 귀중하다. 인생을 살아가면서 우리는 뭐가 됐든 시간을 어떻게 사용할지에 관해 좋은 기억을 만드는 것을 목표로 해야 한다는 사실을 분명 깨닫게 될 것이다. 시간을 현명하게 사용하는 것은 어느 경우에는 배워야 하는 기술이며, 어느 때는 배우지 않아도 된다. 슬프게도 우리가 사는 현대의 쾌락주의적이고 물질주의적인 시장 추동 사회에서 그러한 기술을 개발하거나 훈련할 시간을 충분히 통제할 수 있는 사람은 거의 없다. 그렇다면 우리는 이를 어떻게 변화시킬 수 있는가? 시간의 정치를 통해서이다.

세가지 시간 체제가 지난 2천년 넘게 인간의 역사를 규정했다. 계절과 날씨가 인간의 시간 사용 방법을 구체화한 농업적 시간, 시계가 부상하고 삶이 시간의 블록으로 규정되는 산업적 시간, 제조업이나 농업이 아니라 서비스업에 기초한 오늘날 경제의 특징이며 시간 사용의 경계가 흐릿해진 제3의 시간.

모든 주류의 정치 의제는 시간에 관한 암묵적인 입장을 취했다. 예를 들어 수많은 선언들은 노동시간을 단축하겠다고 약속했다. 그러나 명시적인 시간의 정치는 정당들의 이야기에 등장하지 않으며, 시간의 자유 —— 내가 시간을 어떻게 쓸지 지휘할 자유 —— 에 마땅한 우선권을 부여하지 못했다.

나는 『시간 불평등』을 코로나바이러스 팬데믹이 세계를 덮치기 직전에 쓰기 시작했으며, 이 사실은 이 책에 뚜렷하게 드러난다. 수많은 논평가들이 코로나바이러스 팬데믹이 모든 것을 바꾸었다고 말하지만 이미 진행 중이던 변화들을 가속화했다고 말하는 것이 더 정확하다. 어쨌든 팬데믹 초기부터 록다운과 임금 보조금 정책이 새로운 형태의 불평등과 새로운 형태의 사회적·경제적 불안전insecurity을 낳고 있다는 점은 분명했으며, 이는 다시금 시간의 정치가 명시적인 계급 기반 관점에서 이해되어야 한다는 증거를 제공했다.

지불노동과 부불노동 둘 다를 보더라도 수많은 사람들이 인간의 역사 대부분의 시기보다 오늘날 훨씬 더 많이 일하고 있다. 이는 어마어마한 수준에서 스트레스와 질병을 낳는다. 대공황이 한

창일 때 집필되었으며, 1백년 후 혹은 2030년이 되면 사람들이 주당 평균 15시간만 일하게 될 것이라고 예언했던 존 메이너드 케인스의 논문 「우리 손자들의 경제적 가능성」Economic Possibilities for Our Grandchildren을 다시 논의하면서 일부 논평가들은 현재의 문제를 케인스의 말을 인용해 "하나의 경제 시기와 다른 경제 시기 사이 재조정의 고통"이라고 보았다. 저널리스트 수잰 무어는 통찰력 있는 기사에서 문화와 예술이 그러한 재조정을 인도해야 하지만 오늘날 문화와 예술은 그렇게 할 수 있는 능력을 상실했다고 암시한다.[1] 내 생각으로는 이는 최근의 지대 추구 자본주의rentier capitalism 시대와 긴축이라는 못된 짓 속에서 이루어진 '문화적 공유지'의 침식을 반영한다.

케인스가 예언을 한 지 거의 한세기가 지난 지금 이를 달성한 곳은 아무데도 없으며, 우리가 성취할 것 같지도 않다. 추측건대 케인스 자신도 일을 주당 15시간으로 줄이는 것을 전혀 고려하지 않았을 것이다. 그는 일을 무척 좋아했다.

그렇다면 우리는 시간의 정치와의 관계 속에서 시간을 어떻게 사유해야 하는가? 시간에 관한 가장 권위 있는 철학자인 제럴드 휘트로(1912~2000)조차 시간을 규정하는 게 어렵다는 점을 인정했다. 『시간이란 무엇인가?』What is Time?(1972)의 제1장에서 그는 어느 중세 사제의 곤경을 상기했는데, 그 사제는 아무도 '시간이란 무엇인가?'라고 질문하지 않을 땐 자신이 그 답을 안다고 생각했으나 누군가에게 설명해야 할 때는 자신이 이를 모른다는 점을 인정해야 했다고 말했다.[2]

시간이라는 관념은 인간이 자신의 필멸과 재생산의 순환을 깨우치면서 명확해졌을 것이다. 시간의 절기와 경과와 시간 흐름의 분위기를 제대로 알아보고 소중히 여기게 되면서 인생의 이별 방법을 인식한다, 이것이 인간의 조건이다. 셰익스피어의 희곡 『좋으실 대로』에 나오는 연설 '세상이라는 무대'에서 우리는 인생의 7기에 관해 배우며, 어느 나이 때든 이 주제에 관해 셰익스피어를 읽으면서 이런 감상을 강하게 느낀다. 이것은 감상벽이 아니다. 우리 대부분은 시간, 즉 우리 인생을 무엇이 지나가는지 고려하지 않으면서 써버린다.

2021년에 나온 『4000주』라는 짧고 분명한 제목을 단 책에 따르면 여든까지 산 사람은 겨우 4천주의 인생이 있다.[3] 이 숫자는 매주가 얼마나 소중한지를 우리에게 상기시킨다. 그러한 주들의 대부분을 우리가 통제할 수 없는 활동이 차지한다면, 화를 낼 것까지는 없더라도 심각하게 생각해야 한다. 그리고 정부 정책이 사회의 일부 집단을 우리가 받아들이지 않을 통제하에 둔다면, 화를 내야 한다.

나는 오랫동안 시간이라는 주제와 씨름해왔는데, 주로 '일'이라는 개념의 이데올로기적 포획에 대한 불만 때문이었다. 오래전에 시간 사용 조사에 관한 전문가 학회에 참여해달라는 초청을 받아 뉴욕에 갔던 일이 기억난다. 젊은 경제학자였던 나는 의심할 바 없이 듣고 배울 수 있으리라 기대했다. 그러나 전세계인이 수많은 활동에 쓰는 시간에 관한 상세한 통계표가 거듭 나오는 것을 보곤 나는 "이 조사를 하면서 정부情婦가 있는 사람을 찾아보지는 않았나요?"라고 무례한 질문을 던졌다. 물론 그들 가운데 그런 조사를 한 사람은 없었다. 말할 것도 없이 전문가들은 달가워하지 않았다. 그러나 요점은 심각한 것이다. 시간 사용에 관한 질문에 답할 때 우리 대부분은 우리가 믿기에 규준인 것 혹은 알맞고 책임감 있게 시간을 쓴다고 간주할 만한 것을 말하는 경향이 있을 것이다. 사람들이 시간을 어떻게 할당하는지에 관한 통계의 과잉은 그저 모두 발언쯤으로 간주되어야 한다. 일기를 꼬박꼬박 쓴들, 십중팔구 나중에 기억할 만한 방식으로 시간을 사용하는 일은 드물 것이다.

1922년에 위대한 물리학자 알베르트 아인슈타인(1879~1955)과 철학자 앙리 베르그손(1859~1941) 사이에서 유명한 논쟁이 벌어졌는데, 여기서 아인슈타인은 '심리적 시간'과 '물리학자의 시간'을 구별했다. 30년 후 그는 어떤 글에서 이 주제로 돌아갔다.

그러나 시간 개념의 심리적 기원은 어떠한가? 이 개념은 의심할 바 없이 '기억을 불러일으킨다'는 사실과 연관되어 있으며, 또한 감각 경험과 이 경험의 기억 사이의 구별과 관련이 있다. (…) 경험은 '기억'과 관련이 있으며, '현재의 경험'과 비교할 때 '이전'에 있었던 것으로 간주된다. 이것은 (…) 시간의 주관적 개념을 낳는다. 즉 개인의 경험의 배열을 지시하는 시간 개념.4

이는 우리의 시간 지각이 언제나 경험 자체 및 문화적·사회적 강화에 의해 뒤죽박죽된다는 점을 훌륭하게 상기시킨다. 아마 현재 우리가 하고 있는 것을 제외하면 시간 속의 어떤 것도 심리적으로 선형적이지 않다. 선형적인 경우더라도 정서적으로, 물리적으로 우리가 시간을 오로지 하나의 활동에만 사용하는 경우는 거의 없다.

이 책은 시간에 대한 요구라는 관점에서 그리고 우리 자신의 시간에 대해 좀더 많은 통제권을 얻기 위해 혹은 좀더 정확하게는 원치 않는 외부의 힘들에 의한 시간의 통제를 줄이기 위해 해방적인 정책들이 필요하다는 관점에서 이런 쟁점들을 다룬다. 좀더 멋지게 말해보자면 독일 철학자 헤겔(1770~1831)이 "부정의 부정"이라고 부른 것에 대한 존재론적 추구에 관한 것이다. 따라서 2천년 넘게 시간을 규정해온 세개의 체제 속에서 정치 투쟁은 해당 시기에 인민 대중의 시간을 통제하는 데 사용된 제도와 정책들에 맞섰거나 맞서는 것이어야 했다. 오늘날 우리는 어떤 메커니즘이 우리의 시간을 통제하고 있는지를 이해해야 하며, 이를 극복할 정치 전략이 필요하다.

이 책의 목표는 또한 고대 그리스에서 정립되었던 일과 노동의 구분 및 레크리에이션과 여가의 구분을 회복하는 것, 그리고 '공유화'commoning, 즉 공동선을 위해 공유되는 집단적 활동 속에서 시간을 멋지게 사용하는 것의 진가를 알게 하는 것이다. 그런 점에서 이 책은 2009년에 『전지구화 이후의 노동: 직업 시민권의 형성』*Work After Globalization: Building Occupational Citizenship*과 함께 시작된 일련의 책들의 결론에 해당하는 책이다. 다행히도 미래가 도착했고,

그게 아니면 최소한 이 책의 마지막 장에서 개요를 제시한 것처럼 내 상상 속에는 미래가 있다. 그 이후에 미래를 규정하는 것은 다른 사람들의 몫이다. 자유가 완전히 성취되지는 않겠지만, 그것이 희망을 포기해야 할 핑계가 되지는 않는다.

우리는 해방적 의제로서의 진보적인 시간 정치가 필요하다. 이 책이 시간의 정치가 발전하는 데 기여하기를 바란다. 친구들, 동료들, 인연들에게 감사해야겠다. 특히 마리아 베드퍼드, 이사벨 블레이크, 데이비드 볼리어, 사라트 다발라, 벨라 하트바니, 레나나 자발라, 닉 레인, 피터 라인보우, 케이트 파커, (로버트) 스키델스키 경, 다나이 스트라투, 마르틴 퇴른크비스트, 야니스 바루파키스, 앨런 위틀리, 프랜시스 윌리엄스, 그리고 지대 추구 자본주의에 관한 생방송 팟캐스트를 공유해준 마이클 허드슨과 고 데이비드 그레이버에게 감사하고 싶다.

차 례

The Politics of Time

일러두기

1. 본문의 각주는 모두 옮긴이의 것이다.

2. 인용문의 이해를 돕기 위해 인용자(이 책의 저자)가 덧붙인 내용에는 모두 '[ ]'를 사용했다.

3. 본문의 이해를 돕기 위해 옮긴이가 덧붙인 부분은 모두 '〔 〕'를 사용했다.

1

고대의 시간

우리가 살아갈 시간이 짧은 것은 아니나 우리는 그 시간의 많은 부분을 낭비한다.

— 세네카 『인생의 짧음에 관하여』(서기 49년경)

말 그리고 말과 연관된 이미지는 둘 다 정치적 상상력을 규정하고 반영한다. 그것들은 좀처럼 중립적이지 않다. 시간은 역사 속에서 시간을 특정한 방식으로 묘사하여 얻을 이득이 있는 대변자들에 의해 이리저리 묘사되어왔다. 거칠게 말하자면 시간을 다양한 활동에 분배하고 할당하는 것은 지배적인 생산 형태에 따라 변화해왔으며, 사회계급에 따라 체계적으로 달라졌다.

호모 사피엔스는 인류 진화의 초기부터 시간이 귀중하다는 사실을 이해했음에 틀림없다. 하루에 햇빛의 양은 정해져 있으며, 계절에 따른 기상 상황에 따라 시간 또한 정해진 양만 있다. 운이 좋다고 하더라도 죽음에 이르기까지 사람들이 성장하고, 적응하고, 아이를 낳고, 나이를 먹는 데도 제한된 양의 시간만 있을 뿐이다. 모든 문화에는 시간의 경과를 추적하는 어떤 체계가 있으며, 시간을 측정하는 방법에 대한 기록은 수천년 전으로 거슬러 올라간다.

고대 이집트인들은 달의 주기와 농사철에 기반해서 달력을 만들었다. 아주 오래전인 기원전 2450년에 그들은 하루 24시간에 한달이 30일인 열두달의 상용력에 따라 살았다. 역년曆年은 네달로 된 계절이 세개 있었으며, 정규적인 달에 들어가지 못하는 추가적인 5일은 한해의 끝에 덧붙였다.[1] 그러한 시간 측정 모델은 세계의 여러 지역에서 수정되기도 했지만 넓게 보아 5천년 넘게 고수되었다.

한편 하루와 주에 관한 관념도 진화했다. 끝에 휴일이 있는 주 7일이라는 개념은 구약성경에 등장하는 창조신화의 일부로, 초기 유대 사회에서 채택되었으며, 우리가 현재 토요일이라고 부르는 날을 휴일로 정했다. 주 7일은 후기 로마제국이 8일 주기에서 유대 체계로 옮겨간 이후인 4세기까지는 널리 확산되지 않았다. 로마인들은 주의 요일에 천체의 이름을 따서 붙였다. 태양, 달, 로마 신들의 이름으로 불린 행성들 말이다.

영어에서 요일의 로마 이름은 토요일Saturn-day, 일요일Sun-day, 월요일Moon-day로 이어지고 있다. 브리튼섬의 많은 지역을 나중에 바이킹이 점령했기 때문에 다른 요일은 노르만 신들의 이름으로 불리게 되었다. 화요일(티르의 날Tyr's day), 수요일(보단의 날Woden's

day), 목요일(토르의 날Thor's day), 금요일(프리그의 날Frigg's day) 등
이 그렇다.

일요일을 휴일로 정한 최초의 법률은 로마 황제 콘스탄티누스
대제가 321년에 공표한 칙령이었는데, 이 칙령은 "존경할 만한
태양의 날에" "행정관, 시민, 장인 들"이 노동으로부터 쉬어야 한
다고 말했다. 따라서 인간 문명의 초기부터 일주일에 하루가 노
동을 수행하지 않는 날로 확보되었다. 비록 쉴 수 있는 권리는 계
급에 의해 규정되긴 했지만 말이다. 나중에 성일holy day은 종교의
식과 결합되었다.2 요일이 노동의 수행(혹은 비수행)과 확고하게
연결된 것은 여러 세기 후 산업자본주의가 진화하고 나서였다.

고대 그리스의 시간

고대 그리스에서, 아니, 아테네인들에서 시작해보자. 좋은 삶에
대한 그들의 관념은 사람들이 시간을 어떻게 사용하는가에 달려
있었으며, 시간에 관한 그들의 생각은 오늘날과 사뭇 달랐다. 우
리는 이 점에서 최악이다. 아테네 사회의 계급 및 젠더 층화에도
불구하고 그들의 시간 개념과 시간 사용법은 부활시킬 만한 가치
가 있다.

아테네인들은 본질적으로 구별되는 세개의 시간 개념을 지녔
으며, 각각은 서로 다른 신에 의해 대변되었다. 크로노스는 선형
적 시간의 신 ─ 과거, 현재, 미래 ─ 이며, 시간의 파괴적 성질,

시간의 황폐를 인격화했다. 수세기 후에 그 신은 수확할 때 쓰는 큰 낫을 손에 든 시간의 할아버지로 묘사되었으며, 이러한 관점은 수많은 미술 작품과 시에서 찾아볼 수 있다. 셰익스피어의 『루크리스의 능욕』(133연)을 떠올려보라.

> 보기 흉한 시간, 추악한 밤의 공범자요,
> 재빠르고 변화무쌍한 사자이자, 두려운 흉사를 전하는 자,
> 젊음을 갉아먹는 자, 잘못된 쾌락에 시중드는 잘못된 노예며,
> 근심거리의 파수꾼, 죄악의 복마ᡤ馬, 미덕의 함정이여.
> 너는 모든 것을 기르고 나서 그 모든 것을 죽이노라.
> 아 내 말을 들어라, 사람을 해치는 시간이여,
> 내가 죄를 짓게 하였으니, 나에게 죽음을 저질러다오.

그렇다, 크로노스로 인격화된 시간은 냉혹하다. 하지만 두번째, 좀더 친절한 신 아이온은 영원한 시간을 체화했다. 영원함은 계절과 같은 시간의 재생산 순환뿐만 아니라 사후세계와도 연관되었다. 수세기 뒤 세계에 대한 영구적인 지배라는 오만한 믿음을 지닌 로마인들은 아이온을 로마제국의 상징으로 삼았다. 제국이 붕괴했을 때 그 신이 결국 그들을 실망시키지만 말이다.

세번째 시간의 신은 기회주의를 대변하는 카이로스였는데, 이때 기회는 목적을 성취하기 위해 결정적 행동을 취해야 하는 때이다. 카르페 디엠! 때를 잡아라! 이것은 기회(우연)에 대응할 수 있도록 준비하고, 대비하고, 충분한 시간을 가지라는 강력한 권고

이다. 카이로스는 기회, 즉 한순간의 때를 인격화한다. 그렇기 때문에 그는 자주 발에 날개가 달린 모습으로 묘사된다. 다시금 셰익스피어는 그 감각을 완벽하게 포착했다.

인간의 일에 흐름이 있어서
높을 때 올라타면 행운으로 인도되지.
그것을 놓치면 삶의 항해 전체가
여울로, 불행으로 흘러가는 법이라네.3

자연을 지배하려는 인류의 추구가 인류와 자연 모두에게 존재론적 위협을 가하는 현재의 시기를 일부가 현대적 용어로 인류세라고 부르는 이때, 우리는 새로운 카이로스의 시기에 있는 것인지도 모른다. 이 시기는 '성공하기 위해서라면 힘으로 뚫고 지나가야 하는 기회가 나타나는 순간적인 찰나'로 규정되어왔다.4 이 글을 쓰고 있는 오늘날에 고삐 풀린 기후변화와 환경파괴를 중단할 기회의 창이, 불가피하며 결정적인 행동을 취하지도 못한 채닫힐 가능성이 너무나 크다.

시간의 세 신에 의해 인도받은 고대 그리스의 시민들은 시간 사용을 다섯가지 유형의 활동으로 나누었다. 노동, 일〔작업〕, 여가, 놀이, 관조aergia. 그들은 한가지 유형의 활동을 다른 것들보다 하위에 있는 것으로 보아 피했다. 노동은 바나우소스banausos(노동자와 장인 들), 메티크metic(거주 외국인), 노예 등이 생계를 위해 수행하는 것이었다. 면밀하게 구조화된 사회에서 노예는 제 주인을 위해 노동했고 바나우소스는 사회를 위한 재화와 서비스를 생산했다. 플라톤과 아리스토텔레스는 바나우소스가 수행하는 육체노동이 신체와 정신 모두를 기형으로 만들어 개인들을 군사적 또는 정치적 의무에 쓸모없게 한다고 생각했다.

시민이 되려면 사람들은 아레테arete, 즉 탁월함 혹은 '도덕적 덕목'을 가져야 했다. 육체노동은 정신을 기형으로 만들 뿐만 아니라 노동하는 사람들은 노동에 너무 많은 시간을 쓰느라 자기를 교육할 시간이 없었다. 이러한 관점에서 노동은 사람의 정신을 낮은 수준의 생각에 익숙해지게 하며 그저 생활수단을 생산하는 데만 몰두하게 했다. 그리고 노동하는 사람들은 정치적 사안에 발언권을 가질 수 있을 정도로 배우거나 알아갈 시간이 없었기 때문에 시민권과 이에 수반되는 권리들을 부정당했다.

'노동'이라는 말의 기원은 노동이 피해야 할 어떤 것이라는 점을 가리킨다. 노동에 해당하는 고대 그리스어 포노스ponos는 고통과 노고를 의미했으며, 가난poverty이라는 뜻의 페니아penia와 유사한 어원적 뿌리를 가졌다. 노동은 가난이라는 조건에서 수행되는 고통스럽고 힘든 활동을 의미했다. 노동은 이상화할 만한 것이 절대로 아니었다. 실제로 소크라테스의 대화 가운데서 드러나는 것처럼 가난한 자유민은 장기적인 노동 보장보다 임시의 불안정한 노동을 선호할 것인데, 장기적인 노동 보장을 자유를 제한당하고 둘레이아douleia, 예속상태에 가까워지는 것으로 간주했기 때문이다. 노동에서 완전히 벗어나는 게 더 좋지만, 필요하다면 불안정노동을 하는 게 더 나았던 것이다.

노동에 대한 이러한 이해에는 깊은 역사가 있다. 영어 단어 '레이버'labour는 고역, 고통, 곤경을 의미하는 라틴어 라보르labor에서 유래했다. 동사 라보라레laborare는 무겁고 힘든 과제를 수행하는 것을 의미했다. 라틴어 트리팔리아레tripaliare에서 유래한 프랑스어 단어 트라바예travailler도 유사한 함의가 있는데, 날이 세개인 끔찍한 도구로 고문한다는 의미이다.

그리스 시민들이 노동을 하지는 않았지만 '일〔작업〕'ergon은 했는데, 이는 집 안 혹은 집 주위에서, 친척이나 친구 들과 함께, 시민적 공간에서 벌어지는 활동이었다. 일은 가족 구성원에 대한 돌봄, 공부, 교육, 군사훈련, 창조적 활동(시, 연극, 음악), 배심원 활동, 종교의례 참여 등을 포함했다. 그 본질은 프락시스praxis라는 관념으로 포착되었다. 이는 원칙을 실천에 옮기는 것으로, 개인의 신체적·지적·정서적 질과 더불어 사회구조와 공동체 유대를 유지하고 발전시키는 '재생산' 일을 포함했다. 친척과 친구 들과 함께 하는 일은 시민적 우정, 즉 필리아philia를 강화하는 데 필수적이었다. 그것은 재생산적이고 재생적이고 문명화하는 활동이었다.

일과 노동의 구별은 우리 역사 속에서 시간의 정치를 규정하는 것이었다. 모든 시대는 무엇을 일로 보고, 무엇을 일로 보지 않을지에 관한 고유한 관습이 있었다. 최악의 우매한 일은 지불노동이 아닌 모든 일이 일이 아닌 것이 된 20세기에 일어났다. 노동과 일의 구별은 중요한 문제이다.

모든 언어는 아니지만 많은 언어에 이렇게 구별되는 단어가 있다. 영어에서 '워크'work라는 단어는 그리스어 에르곤ergon과 같은 어근을 가지는데, 행위, 행동, 업무〔직업〕 등을 의미하며, '레이버'labour와 확실히 다르다. 독일어에도 베르크Werk와 아르바이트Arbeit 사이에 유사한 구별이 있으며, 네덜란드어에도 베르크werk와 아르바이트arbeid 사이에 비슷한 차이가 있다. 프랑스어에서는 가장 가까운 것이 악티비테activité와 트라바유travail 사이의 구별이다. 만다린어에서는 대충 공작工作과 노동勞動이 구별된다. 하지만 많은 논평가들은 이러한 구별을 무시한다. 우리는 이러한 구별을 고집해야 한다.

스콜레로서의 여가

정치이론가 한나 아렌트(1906~75)가 고무적인 저작 『인간의 조건』(1958)에서 상술한 것처럼 고대 그리스인들은 현대 경제학이 완전히 지워버린 결정적인 또다른 구별을 했다. 레크리에이션·놀이와 여가의 구별이다. 그리스인들은 모든 시민이 레크리에이션을 위한 충분한 시간을 가져야 할 필요를 인정했는데, 여기에는 일할 능력을 복원하기 위한 활동들이 포함되었다. 회복하고, 즐기고, 먹고, 마시고, 장을 보고, 운동하고 등. 레크리에이션의 정점은 올림픽 경기로 체현되었다.

그리스인들은 레크리에이션과 소비를 스콜레로서의 여가와 구별했는데, 스콜레는 교육과 공적 참여의 결합을 뜻한다(그리고 이로부터 '학교'school와 '학자'scholar라는 단어가 유래했다). 또한 공감empathy과 동정compassion의 가치를 배우고 강화하는 방법으로서 공공 연극공연 관람을 포함했다. 위대한 그리스 비극과 희극은 오락거리에 불과한 것이 아니었다. 위대한 그리스 비극과 희극은 사회적으로 생산적인 활동이었다. 스콜레라는 이상은 우월한 덕목 — 좋음과 진리에 대한 존중과 지식 — 으로 여겨지는 것을 보여주는 데 사용되는 시간이었다. 시민의 제1 목적은 스콜레를 위한 시간을 최대화하는 것이었다.

아테네인들에게 이는 토르부스thorubus, 즉 공적 토론과 논쟁에 활기차게 관계한다는 관념을 통해 공적 공간, 즉 광장인 아고라에서 폴리스의 삶에 참여하기 위한 여지, 시간, 능력 등을 최대화하는 것을 포함했다. 소크라테스는 오역을 피하거나 막기 위해 언어가 토론을 통해 설명되어야 한다고 믿었기에 문자 언어를 불신했다. 철학자 오노라 오닐에 따르면 "소크라테스는 문자 언어가 의사소통을 혼란에 빠뜨리는 것을 우려했기 때문에 전적으로 구어에 의존했다고 플라톤은 우리에게 말한다. (…) 소크라테스는 자신의 말이 세상에서 작자미상이 되어 잡다한 독자들에게 도달하고, 그 말이 무엇을 의미하는지 설명하거나 오해를 해결할 수 있는 사람이 아무도 없게 되는 것을 우려했다."5

스콜레의 원칙은 윤리적·정치적 행동의 기초로서 사상을 집단적으로 교환하는 데 시간을 쓰는 것이었다. 어떤 의미에서 아테네인의 인격적 진보는 스콜레, 특히 아고라에서의 공적 행위에 얼마나 많은 시간을 쏟을 수 있는지로 측정되었다. 지위는 공적 무대에서 발휘하는 수행 능력에 달려 있었다. 이를 위해서는 숙의와 배움을 위한 시간을 따로 확보해야 했다.

시민은 공적 참여에 많은 시간을 할당하도록 요구받았을 뿐만 아니라 그렇게 하면 보상을 받았다. 기원전 451년에 페리클레스는 배심원 활동에 최초로 보수를 지급했다. 그는 그렇게 하지 않으면 가난한 시민이 이런 일에 시간을 쓸 수 없을 것이며, 이는 숙의 민주주의에 위배되고 정의[사법]의 실현을 부유층의 손에 맡기게 되는 것이라고 주장했다. 더 나아가 그는 폴리스의 숙의에 참여하는 것에 대한 보상으로서 정기적인 적정 규모의 보수 지급을 실시했다.

몇년 전에 나는 바르셀로나에서 열린 예술과 문학 페스티벌에서 연설을 해달라는 초청을 받았다. 연단에 오르기 직전에 티브이 프로듀서가 사전에 말도 하지 않고 나를 스튜디오로 데려가서는 페스티벌에 참여한 모든 기조발제자에게 한 질문에 대답하라고 했다. "바르셀로나를 빼고 당신이 가장 좋아하는 유럽 도시는 어디입니까?" 나는 이후에 연설을 통해 말하고 싶었던 메시지의 완벽한 예인 도시를 정할 시간이 있었다. 내가 '페스툼'Paestum이라고 말하자 스튜디오에 있던 모든 사람들이 당혹했다. 그 이유를 묻기에 나는 페스툼이 고대 숙의 민주주의의 증거를 여전히 확인할 수 있는 곳이라고 말했다.

페스툼은 이탈리아 남부의 고대 그리스 도시로 기원전 600년경부터 있었는데, 수백년 동안 버려져 아무도 건드리지 않은 채 잡초만 무성하다가 18세기에 재발견되었고, 괴테가 방문한 것으로 유명하다. 잘 보존된 위풍당당한 세곳의 신전 외에 유적에는 약 5백명을 수용할 수 있는 다층 원형 공간이 있다. 이는 이 도시의 에클레시아스테리온(시민의 의회 장소)이었거나, 아니면 불레우테리온(고대 그리스에서 도시의 일상 업무를 처리하는 시민평의회 회의 장소)이었을 것이다. 사법적 결정이나 정치적 결정을 하기 전에 클레로테리온이라 불린 추첨 장치를 통해 선출된, 평의회에 모인 5백명의 시민은 모든 견해를 경청해야 했다. 그리스 문명은 전혀 평등주의적이지는 않았지만 ─ 바나우소스만이 아니라 여성도 시민이 될 수 없었다 ─ 에클레시아스테리온 혹은 불레우테리온은 숙의 민주주의의 진정한 상징물이었다.

그것은 그리스인들이 인간 조건의 일부로서 인정하고 찬양했던 시간의 다섯번째 사용과 연결되어 있었다. 따라서 아리스토텔레스는 스콜레에 필요한 관조와 숙의에 필수적이라고 여겨지는 아이르기아aergia ─ 즉 나태함 혹은 게으름 ─ 에 특별한 지위를 부여했다. 그리스 사상에 대한 고전적 분석에서 아렌트가 언급했듯이 특정한 활동을 하지 않는 것은 의미 있는 정치적 삶을 위한 시간을 마련하는 데 필수적인 것으로 간주되었다.[6] 실제로 후일 카토는 "사람이 아무것도 하지 않을 때보다 활동적일 때는 없다"라는 경구를 만들었다.[7]

그와 자매 개념은 권태이다. 대부분의 사람들은 따분함을 좋아하지 않는다. 하지만 아르키메데스, 아이작 뉴턴, 르네 데카르트, 알베르트 아인슈타인 같은 사상가들이 자신들의 가장 심오한 사상의 일부를 생각해낼 수 있었던 것은 권태의 시기 덕분이었다.[8] 프리드리히 니체(1844~1900)도 마찬가지로 생각하면서 "사상가들과 모든 예민한 정신들에게 권태는 행복한 항해와 쾌적한 바람에 앞서는 영혼의 유쾌하지 못한 '무풍의 평온'"이라고 말했다.9 심리학자들도 권태는 필요보다 더 비옥한 발명의 어머니라고 결론 내렸다.10 철학자 버트런드 러셀(1872~1970)은 아이들에게는 때때로 따분함이 필수적이라고 생각했다. 그러나 고대 그리스인들만이 아이르기아를 사회적 덕목으로 삼았다.

후일 여가라는 관념은 곧 레크리에이션으로 인해 흐릿해졌다. 강성했던 로마인들에 의해 여가는 오티움otium이라는 단어로 전해졌는데, 이는 노예노동 덕분에 귀족이 향유하는 시간 사용이었다. 이는 아테네인들이 스콜레로 이해했던 것으로부터의 퇴행이었다. 오티움은 여가의 순수한 쾌락을 의미했으며, 쾌락주의, 육체의 쾌락, 제도화된 게으름 및 휴식과 연관되었다. 의심할 바 없이 오티움은 스콜레의 요소들, 정치적 참여의 요소들을 담고 있지만, 우리는 레크리에이션과 공적 참여의 고대 그리스적 구별을 부활시켜야 한다.

부와 재산의 과시와 정치적 권력 확대에 불만을 가진 스토아학파는 다른 관조적인 논조를 보였다. 가장 유명한 스토아학파 철학자인 세네카는 자신의 성찰적인 저술, 특히 로마의 곡물 공급 감독관이라는 고위 공직자이면서 자리에서 물러날 생각을 했던 것 같은 친구 파울리누스에게 보낸 장문의 편지 형식으로 쓴 도덕적 에세이에서 진정한 여가의 에토스를 포착했다.

세네카가 44세였던 서기 49년에 쓴 이 에세이는 『인생의 짧음에 관하여』On the Shortness of Life로 우리에게 전해졌다. 이 에세이는 거의 2천년이 지났지만 여전히 울림이 있다. 이 에세이에서 그는 여가시간을 나중에, 너무 늦었을 때 갖겠다고 다짐하는 사람들과 쉴 새 없는 활동에 몰두하고 푹 빠져 있는 사람들을 비웃었다. 그는 "정신이 팔린 사람들은 인생을 매우 짧다게 느낀다"라고 썼다.[11]

하지만 세네카도 여가가 배움의 과정이라는 것을 인정했다. 그는 여가를 위한 시간을 얻는 방법은 과거의 모든 위대한 철학자와 사상가 들을 공부하는 것이라고 조언했다. "모든 사람 가운데 철학을 위한 시간을 내는 여가 속에 있는 사람들만이, 그런 사람들만이 진짜로 살아 있다. 그들은 자신의 일생을 잘 지켜볼 뿐만 아니라 매년을 자신의 일생에 결합하기 때문이다. 앞에 지나간 모든 나날이 그의 일생에 더해지는 것이다."[12]

레크리에이션 및 오락과 구별되는 이런 의미의 여가는 자본주의에 의해 여가가 만들어진 방법과 뚜렷하게 다르며, 스토아학파가 관조적 삶이라고 부른 것을 향한 고대 그리스인들의 최고의 존중과 일치한다. 좋은 사회를 추구하는 과정에서 다시금 우리는 여가와 레크리에이션의 구별을 강조해야 한다.

필리아: 우정과 돌봄

동료 시민들이여, 왜 부를 모으기 위해 돌마다 뒤집고 긁어내는가, 어느 날 모든 것을 양도해주어야 하는 자녀들은 거의 돌보지 않고?

— 소크라테스13

아리스토텔레스가 강조했듯이 좋은 사회는 '재생산' 일을 포함
해야 한다. 재생산 일은 양육과 돌봄 이외에도 공동체를 유지하
는 데 도움이 되고, 필리아 혹은 시민적 우정을 강화하는 공감을
북돋우는 정기적이고 자발적인 행동을 아울러야 한다. 시민들은
연민의 행위를 위한 적절한 시간을 따로 마련해두어야 하는데,
이는 다른 사람의 안녕을 바라고 '다른 사람의 입장'에 설 수 있
기 위해서이다.

시민적 우정 및 시민권이라는 관념은 '공유'를 의미하는 고대
그리스어에서 유래한 공동체라는 관념과 중첩되었다. 공동체는
'공유하다'라는 동사 코이노네오koinoneo에서 파생된 코이노이아
koinoia였다. 공동체는 유사한 범위의 활동을 수행하는 집단에 기인
하는데, 이를 통해 그들은 공통의 이해라는 감각을 끌어낸다.

현대 노동시장과 시장사회는 시민적 우정이나 공동체를 필요
로 하지 않는다. 공동체를 건설하고, 유지하고, 활기차게 만드는
것과 관련 활동에 시간을 사용하는 것은 어떤 의미에서 노동을
방해한다. 이런 활동들은 가치 있는 것으로 여겨지지 않는다. 그
러나 고대 그리스인들의 시간 구분은 21세기에도 여전히 일, 노
동, 여가에 관한 사고에 적실성이 있다.

식량 찾기와 공유화

시간에 관한 또다른 역사적 관점은 고대 아테네인들보다 훨씬 더 이전으로 거슬러 올라간다. 수천년 전 수렵채집 사회 사람들은 원시적 풍요라고 부르는 것을 향유했다. 물론 오랜 수렵채집 시기는 전혀 목가적이지 않았다. 그 시기는 종종 위험하고, 야수 같고, 부족했으며, 얻기 어려운 식량을 둘러싼 폭력적인 투쟁이 있었다.14 하지만 일에 쓰는 시간의 양은 아주 적었다. 오래전 우리의 조상들은 생활수단을 얻기 위해 필요한 것을 하되 그 이상은 거의 하지 않았다. 그들은 끊임없는 결핍에 대한 두려움과 함께 살지 않았다.

그들은 물질적으로 훨씬 더 부유한 지난 2세기의 사회에서 살아가는 노동자들보다 자유시간이 훨씬 더 많았다. 인류학자 마셜 살린스는 『석기시대 경제학』(1972)에서, 제임스 스콧은 『농민의 도덕경제』(1976)에서, 그 이전 칼 폴라니(1886~1964)는 고전인 『거대한 전환』(1944) 가운데 그동안 무시되었던 부록에서 물질적 소유에 대한 자극적인 욕망의 부재를 보여주었다. 또한 지각된 결여를 충족하기 위해 노동할 외적 압력도 부재했다.

식량 찾기 사회는 수요 공유도 실천했다.15 초기 사회들('원시적'이라고 낮추어 부르는 것보다 더 나은 이름표)에서는 보통 가장 많이 채집할 수 있는 사람들이 자신의 포획물을 능력이 덜한 사람들과 공유했다. 이는 불평등 경향이 나타나는 것을 제한했다. 계급 기반 사회가 출현하고 '소유적 개인주의'가 '자연적 평등주의'를 대체하는 데는 수천년이 걸렸다.

수요 공유가 주로 궁핍한 수급자로부터의 요청에서 비롯됐는지 아니면 운이 좋은 기증자의 제안으로부터 비롯됐는지는 확실히 알 수 없다. 어느 시점에서 자선이라는 관념과 어휘와 이미지가 장래의 기증자들에 의해 전유되면서 좀더 도덕주의적 어조가 등장했을 것이다. 대체로 평등한 사람들 사이의 메커니즘으로서의 수요 공유는 공식화된 것이든 암묵적인 것이든 균형 잡힌 호혜성을 필요로 했으며, 이 호혜성은 생활방식의 필수적인 부분으로 이해되었다. 아마도 그것은 공동체 보험의 형태이기도 한 분배 원칙이었을 텐데, 이는 세대 간 호혜성에 기반한 생존 전략이며, 상대적으로 작고 밀접한 폐쇄적 공동체에 가장 잘 들어맞는다. 사람들은 더 많이 공유하기 위해 더 얻으려고 일을 더 하며, 미래의 어느 시점에 다른 사람들로부터 받아야 할 경우를 대비하여 더 많이 일한다.

이런 식의 일할 동기는 구조화된 호혜성이 실현 가능하지 않거나 위험할 때 약화된다. 21세기로 건너오면 우리는 비공식적 수요 공유와 인격화된 형태의 호혜성이 공개 시장경제, 유연화된 노동시장, 취약한 가구 관계, 구조적인 소득 및 부의 불평등과 공존하기 어렵다는 것을 쉽게 알 수 있다. 그것들은 사회적으로 생성되거나 일련의 국가 기반 메커니즘으로 대체되어야 한다.

수요 공유 체제의 한가지 특징은 자산 공유이다. 증여는 부나 재산의 축적 말고 다른 목적으로 이루어질 가능성이 높다. 목적이 재산 축적이 아니라 실질적인 사용이라면 수급자로서는 증여물을 나중에 다른 누군가에게 주는 것이 더 쉬울 것이다. 이것은 가격 혹은 시장가치를 떨어뜨리고, 증여물의 사용을 늘리고 증여에 쓸 소득을 더 얻기 위해 노동을 더 해야 할 압력을 줄이는 경향이 있다. 생각건대 그러한 재순환은 시간과 증여물을 공유하는 성향인 아프리카의 우분투ubuntu라는 관대한 관념과 연결되어 있으며, 이는 한 인격의 인간성은 타자와의 관계를 통해 발전한다는 믿음에서 비롯된다.

수요 공유에서 수행되는 일은 '공유화'라는 용어로 가장 잘 이해할 수 있다. 전통적인 수렵채집 사회에서 잠재적인 희소 자산 혹은 생산수단의 소유자는 그것이 당장 필요하지 않을 때는 공유하도록 요구받게 될 것이다. 이는 타자에게 증여되는 보석이나 의복 같은 물건에도 적용될 수 있는데, 이럴 경우 '상호 애착의 네트워크' 내에서 재증여된다.16 공유와 재순환은 원형적 공유지를 규정한다.

공유지란 실제적이건 잠재적이건, 합의된 관리 규칙 내에서 공유된 활동(공유화)을 통해 정해진 공동체가 접근하고, 사용하고, 사활적인 것으로서 보존하고, 재생산하는 편의시설과 자원을 제공하는 환경이다. 공유지는 개인주의의 감각 — 공유된 자산을 사용할 수 있는 개인의 권리('용익권'으로 알려져 있다) — 을 구조화된 호혜성 및 이타주의와 결합한다. 이것은 불평등의 정도와 영속성을 제한하는 경향이 있다. 사회라고 불릴 만한 모든 사회에는 어느 정도 공유화 활동이 있지만 앞으로 보게 될 것처럼 이는 후일 폄하되고 남는 시간을 사용하는 게 되었다.

중세까지 식량 생산과 기본적인 생활에 필요한 것은 주로 공동체 내에서 공유된 생산수단 및 자산의 공유적 사용에 의존했다. 농업 경제로의 이행 속에서 농민과 지주 들이 재산권을 얻게 되면서 개인화된 일 혹은 가족의 일이 많아지고 더 많은 사람들이 농노나 자유민으로서 노동을 공급하게 되었어도 공유화는 제 위치를 고수하였다.

일 관계의 다양성이 확대됨에 따라 재산 형태도 다양해졌다. 하지만 새로 등장한 보통법 체계는 로마 후기 유스티니아누스 법전(서기 529~34년)에서 이루어진 네가지 구별, 즉 사유물, 공공물, 무주물, 공유물 사이의 구별에 의존했다(아직도 의존하고 있다).

유스티니아누스 법전은 사유재산권이 통제되어야 한다는 점도 분명히 한다. '무주물'은 물物이 아직 전유되지 않았거나 포기되었기 때문에 권리의 물[대상]이 아직 아닌 것으로 규정되었다. '공유물'은 자연법이나 유산에 의해 인류가 공동으로 보유한 것으로 토지, 공기, 물, 비다와 해안이 포함되었다. 이것은 공유지 혹은 '공유부'였다.

일, 노동, 공유화―세가지 형태의 생산적 활동―의 결합은 역사적으로 지배적인 생산양식 혹은 지배적인 시간 체제에 따라 달라졌다. 고대에 노예나 농노가 아닌 사람들에게는 일과 공유화에 할당된 시간이 노동에 쓰는 시간보다 훨씬 많았으리라고 추측할 수 있다. 그러나 계급 기반 사회의 진화와 함께 인구 대다수에게서 일에 대한 노동의 비율이 증가했다.

부채, 시간, 희년

청동기 시대로 거슬러 올라가면 대개 수확, 질병, 운의 부침과 연관된 대인 부채는 정상화되어 사회의 접착제를 제공했다. 이는 사람들이 시간을 할당하는 방법에 심대한 영향을 끼쳤으며, 역사 전체에 걸쳐 그러했다.

공유와 대립하는 것으로서 부채는 새로운 규칙의 호혜성을 수반했다. 부채를 갚지 못할 경우 부채를 상환할 때까지 채무자 가족의 한 사람 혹은 그 이상이 채권자의 노예가 되었다. 노예로 삼는 일이 종종 불가능한 일이 되어 가족 구성원이 부불노동을 하고, 채무자가 일을 더 많이 하도록 강제하기도 했다. 사회의 관점에서 볼 때, 이것은 우선 소수의 채권자들이 다수의 사람을 그들에게 빚지게 함으로써 경제적 권력을 축적할 수 있게 하고, 그런 다음 채무자를 군대로 바꾸어 기존 지배자를 타도함으로써 정치적 권력을 획득하게 하는 처방전이었다.

경제학자 마이클 허드슨은 고대 사회부터 부채의 증가를 기록했는데, 어떻게 지배자들이 소수의 채권자가 독자적인 과두 정치가로 변할까 두려워 주기적으로 부채 희년이나 대규모 부채 탕감 혹은 면제 등을 선언하게 되었는지를 보여준다.[17] 희년의 부채 탕감은 기원전 2400년부터 서기 1100년까지 규칙적으로 일어났다. 고대인들은 부채 증가의 위험성을 매우 잘 알았다. 아리스토텔레스는 다음과 같이 언급했다. "많은 도시들이 민주주의로 보이는 정체政體를 가지고 있지만, 실제로는 과두제이다."[18] 그는 부유한 엘리트가 세습 귀족이 되고, 사회의 나머지에 이를 뽐내면서 모든 민주주의가 점차 과두제가 될 것이라고 예언했다.

이렇게 아주 초기부터 국가는 채권자, 지배자, 지주가 통제권을 다투는 장이 되었다. 농민들이 군대에서 근무하고, 인프라를 건설하는 것을 돕고, 아니면 그저 세금을 납부할 수 있도록 일하는 데 시간을 쓰게 하려면 지배자들은 이들을 해방시켜야 했다. 그러나 채무는 이들의 시간에 대한 통제권을 채권자 과두제에게 주었다. 주기적인 부채 희년은 가난한 사람들을 부채의 굴레에서 구해냈다.

예수가 신전에서 대금업자를 몰아낸 것에 볼 수 있듯이 처음에는 예수가 부채 면제의 메신저로 여겨졌고, 이로 인해 바리새인들의 미움을 사 결국 십자가에 못 박혀 죽었다. 초기 기독교는 점차 채무자인 가난한 사람들의 이익을 옹호하는 일을 그만두었다. 이는 다른 무엇보다 한가지 변화로 상징되었다. 모든 기독교인에게 공통된 주기도문의 한 행은 초기에 '그리고 우리가 우리의 채무자를 용서한 것처럼 우리의 부채를 면제해주소서'로 번역되었다. 현재 이 행은 '그리고 우리의 부정trespass을 용서해주소서'(혹은 일부 기독교 종파에서는 '죄'sins)이다. 주기도문의 최초 기록은 아람어였는데, 여기서는 동일한 단어가 비재무적 형태의 의무를 포함한 부채와 죄 모두를 의미했다. 하지만 재무적 부채의 탕감에 대한 포괄적인 언급은 현재 사라졌다.

부채의 역사가 우리 이야기에 주는 교훈은 무엇인가? 부채 탕감이 일반적이었을 때 개별 채무자는 곧 자신의 시간에 대한 통제권을 회복할 것이라 기대할 수 있었다. 채권자 과두제가 국가에 대한 통제권을 장악하면 가난한 사람은 자기 시간에 대한 통제권을 영원히 잃어버릴 수 있다. 이는 정치 현실을 넓게 볼 때 현재적 적실성이 있다. 채권자의 금융 과두제가 득세하면 어떤 정부나 군주제도 장기간 생존하지 못한다.

뒤를 돌아보며

우리가 오늘날 시간을 어떻게 사용하고 있는지를 이해하려면 아테네인들이 노동과 일 그리고 레크리에이션과 여가(스콜레) 사이에 이룬 구별을 회복해야만 한다. 일반적으로 우리는 교환가치, 즉 현금이나 현물로 지급되는 임금을 위해 노동한다고 말할 수 있을지 모른다. 이것은 노동이 근본적으로 소득을 얻기 위해 행해지는 도구적인 것이라는 사실을 반영한다.

스스로 결정하는 활동으로서의 일은 특정한 활동에 시간을 쓰는 것일 뿐만 아니라 휴지, 성찰, 고유의 비효율성, 개인적으로 유용한 일 하기 등이기도 한데, 이에 대한 압력과 동기는 우리 내부에서 비롯된다. 생산성과 효율성이라는 경제적 명령이 지배하는 노동, 일자리, 고용에서는 이를 위한 여지가 없다. 상사가 얼마나 괜찮은지와 상관없이 존엄성은 활동 자체에 내재한 것이 아니라 우연적인 부산물이다. 따라서 사회민주주의자들과 공산주의자들이 착취와 억압에 반대하고 해방을 추구하는 노동자들의 투쟁에서 노동자들과 동일시하며 그랬던 것처럼 '노동의 존엄성'[19]을 찬양하는 것은 말이 안 된다. 물론 자본주의의 옹호자들은 노동을 찬양하는 데만 너무 열정적이다.

마그나카르타 및 이와 짝을 이루는 삼림헌장은 1217년 11월 6일 런던에서 함께 승인되었으며, '자유민'(공유자)이 일하고 생활수단을 획득할 수 있도록 공유지 및 그 자원에 대한 접근권을 회복하고 보호하면서 일과 노동의 구별을 분명하게 인정했다. 이는 영주의 토지에 있는 농노 및 소작인에게 요구되는 노동과 대비되었다. 여러 측면에서 그것은 1848년의 공산주의 선언이나 1948년의 세계인권선언보다 훨씬 더 급진적이고 전복적이었다. 일에 대한 실질적인 권리에 결정적인 것으로서, 자원(원료)과 생산수단(도구, 기계류 등)에 대한 접근권이 우선적으로 보장되어야 한다. 이 기본적인 권리가 삼림헌장의 핵심이었다.[20] 그리고 거기에 암묵적으로 포함된 것이 노동을 거부할 권리와 힘이었는데, 궁극적으로 자유민은 노동에 종속되지 않고도 공유지 내에서 생존할 수 있어야 한다는 것이다.

그후 오랫동안 최소한 잉글랜드에서는 개인, 가족, 공동체의 필요에 봉사하는 것으로서의 일과 권력 있는 사람들의 필요에 봉사하는 의무로서의 노동을 구별하는 것이 타당했다. 당대의 공유자들에게 최적의 상황은 노동을 피할 수 있을 만큼 충분히 독립하는 것이었다. 수많은 지역의 투쟁들이 노동을 피하거나 최소화하기 위한 시도를 보여주었다.

일과 노동으로 간주되는 것들은 생산의 성격이 변화함에 따라 진화했다. 노동과 일의 사회적 분할 또한 남성과 여성이 서로 다른 활동을 하면서 그리고 젊은 남성과 여성이 대개 이전 세대가 수행했던 것과 다른 활동을 하면서 진화했다. 이런 구조적 변화가 일어나는 한편 사회사상가들은 중대한 문제와 씨름했는데, 어떤 활동을 생산적인 것으로 혹은 가치 있는 것으로 분류할지를 결정하려는 것이었다.

1760년대에 저술 활동을 했으며 주로 프랑스 사상가들로 이루어진 집단인 18세기 중농주의자들은 농업 노동만을 생산적인 일로 간주했다. 왜냐하면 그들이 보기에 한 나라의 부는 토지에서 생산된 것에만 달려 있었기 때문이다. 비슷하게 당대의 위대한 프로이센 철학자 임마누엘 칸트(1724~1804)는 오늘날 우리가 서비스라고 부르는 것을 제공하는 사람은 시민에 적합하지 않다고 생각했다. 시민의 지위는 재화를 생산하는 사람들에게만 주어져야 하기 때문이었다.

현대 경제학의 아버지로 널리 인정받는 애덤 스미스(1723~90)에게 서비스 일반은 비생산적인 것이었다. 그는 1776년에 저술을 하면서 윤리적·재생산적 활동과 관련된 모든 직업을 비생산적인 것으로 분류했는데, 여기에는 '하인, 성직자, 법률가, 의사, 모든 종류의 문필가, 배우, 어릿광대, 음악가, 오페라 가수, 오페라 무용수 등'이 포함되었다. 현대의 애덤 스미스 찬미자들은 그에게 비생산적인 사람들로 간주되었을 것이다. 스미스가 보기에 서비스 제공자는 "바로 그 생산의 순간에 소멸되는" 노동을 수행했다.[21]

노동과 시민권의 고통스러운 관계는 대서양을 건넜다. 미국 초기에 노동자들은 재산이 없다는 이유로 투표권과 완전한 시민권을 거부당했고, 정부는 사유재산의 수호자로 여겨졌다. 노동이 바람직한 규범이 된 것은 오직 산업자본주의의 발전과 함께였다. 민주당과 공화당 모두 노동을 찬양했고, 일자리 형태로 더 많은 노동을 창출하겠다고 의례적으로 약속했다. 여전히 저명한 신자유주의 경제학자들, 특히 노벨상 수상자인 제임스 뷰캐넌(1920~2013)은 재산 소유자들에 의한 정부를 지지했으며, 노동에 의존하는 사람들은 통치를 받는 데만 적합하다고 묘사했다.

20세기 초까지 일로 간주되는 것은 새로운 수준의 부조리에 도달했다. 소득을 위해 수행되는 노동만이 '일'로 간주되었으며, 노동만이 진보의 기준이 된 경제성장을 가능케 한다는 것이다. 따라서 대부분 여성이 수행하는 일, 즉 아이나 친척을 돌보는 일은 일로 인정되지 않았다. 고대 그리스인들에게 이것은 매우 이상하게 보였을 것이다. 따라서 경제학자 아서 피구(1877~1959)가 『후생경제학』*The Economics of Welfare*(1920)에서 언급해 유명해진 것처럼 어떤 남자가 어떤 여성을 가정부로 고용하면 경제성장과 고용이 상승하나 그가 그 여성과 결혼하고 그녀가 같은 일을 계속하면 경제성장과 일자리는 줄어든다. 우리의 국민소득 통계는 오늘날까지 그런 난센스를 지속하고 있다.

노동의 낭만화는 일자리 선호라는 현대의 물신과 연관되어 있다. 사회민주당, 공산당 그리고 대부분의 맑스주의자들은 건강한 모든 성인이 노동을 수행해야 하고 일자리를 가져야 하며, 사회는 이른바 완전고용을 목표로 해야 한다는 생각을 지지했다. 하지만 카를 맑스(1818~83) 자신은 이를 어리석은 생각이라고 보았다. 그는 노동을 '활동적 소외, 활동의 소외, 소외의 활동'이라고 특징지었는데, 왜냐하면 사람들은 생활수단을 위해 노동을 수행하지만 그들이 생산하는 것에 대해서는 어떤 내재적 관심도 없기 때문이다.[22]

노동의 맥락에서 소외라는 생각은 구식이 되었다. 그러나 일자리를 가진 대부분의 사람들에게 이는 명백한 사실이다. 일자리에서 노동을 수행하는 것은 종속적 지위에 있는 것이다. 이 사실은 20세기에 노동법의 발전이 왜 주인-하인 관계라는 추정에 기초하고 있는지, 노동법이 왜 불평등한 관계를 전제로 하는 유일한 법의 한 갈래인지에 관한 이유이다.

일자리 물신

시간과 일을 대표하는 두개의 개념이 자본주의가 진화하면서 모양을 갖추었다. 직업occupation이라는 생각과 일자리job라는 언어이다. 인류사 초기부터 대부분의 사람은 자기 시간으로 무엇을 했는지를 통해 자신을 규정했는데, 대개 직업을 지시했다. 고대 로마에서조차 일과 노동은 분명하게 규정된 직업으로 분류되었다.[23]

잉글랜드에서 오늘날 다수의 표준적인 성은 대장장이, 목수, 재단사, 농부 등 직업에 따른 정체성에서 비롯되었으며 19세기까지 인구 센서스는 사람들을 노동력의 지위가 아니라 통상적인 직업에 따라 분류했다. 직업의 본질은 진보, 인격적 발전의 이야기이다. 학습, 평판 있는 능력의 획득, 공동체 내에서의 지위 상승 그리고 결정적으로 시간 사용에 관한 통제력의 증대. 하지만 20세기에 일자리의 언어가 이를 탈취했다. 중요하게는 특정 시점에 우리가 누구이고 무엇을 하는지에 관한 사회적 기록인 인구 센서스가 인구의 직업적 특성을 보여주지 않게 되었으며, 이제는 일자리와 노동 지위만을 나타낸다.

현대 경제학과 현대 정치 담론에서 어느 시점에 존재하는 일자리 숫자 그리고 최근에 오르내린 숫자는 한 나라의 경제적 성공의 표지로 떠받들어졌다. 사람들은 일자리를 가지는 것이 행복과 사회 통합을 가져다준다는 이야기를 듣는다. 현대 사회민주당 그리고 자유당조차 정부가 일자리 보장 정책을 펴야 한다고 제안한다. 이에 대해서는 7장에서 논의한다.

하지만 수천년 동안 그리고 분명히 영국사의 대부분 동안 일자리를 가지는 것은 가능하면 피해야 할 것이었다. 역사적으로 볼 때 '일자리'라는 말은 부정적인 함의가 있었다. '잡일을 하는'jobbing 것과 '임시 일'job work은 부수적인 잡동사니 노동을 서술하는 데 쓰였다. 일자리에서 어떤 사람은 미리 정해진 일련의 과업과 활동을 수행하게 되어 있다. 일자리는 목적론적 개념이다. 그 목적은 처음부터 정해져 있다.

반면에 직업은 존재론적 개념이다. 사람은 계속해서 진화한다.

직업은 확장되고 풍부해지는 것으로 인식되는 경력, 틈새, 공간 점유를 암시한다. '직업'이라는 말은 라틴어 오쿠파레ocupare — 장악하다 — 에서 유래했으며, '마음을 채우다'로서의 오큐파이 occupy의 의미는 16세기 중반까지 거슬러 올라간다. 일자리가 있는 누군가는 대개 노동을 수행할 것이다. 직업이 있는 누군가는 시간이 흐르면서 임금을 받는 일자리나 기한이 정해진 프로젝트·과업을 할 때 지불받지 않는 노동인 많은 일을 수행할 것이다. 비록 그 일의 일부가 그들의 노동 수행능력을 향상시키려는 의도라 해도 말이다.

'일자리 보유자' 사회에서는 일자리를 가진 사람들 사이에 약한 관계적 연결만이 있다. 관계는 주로 도구적인 것이다. '직업적 시민권'에 기초한 사회, 즉 사회적·문화적·시민적·경제적 권리가 직업적 공동체에 기초하는 사회에서는 연합된 사회적 연대감을 제공하는 더 강력한 연결이 있다. 이것은 사회를 구성하는 삶과 시간의 유형을 바라보는 매우 다른 방식이다.

여가의 소외

인류사에서 여가라는 생각에 생긴 사태는 일이라는 생각에 생긴 사태만큼 이상하다. 레크리에이션과 여가의 오래된 구분은 사라졌다. 좋은 삶에는 둘 다 필요하지만 둘을 구분하는 것은 중요하다. 일과 노동을 동일시하는 것은 급진적 사고를 가로막는 언어적·개념적 덫에 쉽게 빠져든다. 하나의 예가 2019년 저널리스트인 폴 메이슨이 쓴 글 「포스트자본주의를 위한 시간」에 인용된 관례화된 사실이다.

영국에서 노동자 한명당 연평균 노동시간이 1950년 이래로 2200시간에서 1700시간으로 떨어졌다. 1년은 8760시간이다. 수면을 위한 2920시간을 빼면 평균적인 노동자는 연간 4140시간의 여가를 즐기게 된다(5주의 휴가, 주말, 법정공휴일, 기타 공가를 전제한다).24

정치적 우파라면 이를 즐겁게 인용할 것이다. 자본주의가 더 적은 일과 훨씬 많은 여가를 낳는다고. 그러나 메이슨이 고대 그리스의 개념을 사용했다면 동일하게 셈하지 않았을 것이다. 훨씬 많은 사람들이 메이슨이 말하는 사례의 노동에서 더 적은 시간에 대해서만 지불받는 게 사실이다. 그러나 그들이 훨씬 더 적게 일한다는 뜻이 아니다. 나중에 논의할 것처럼 많은 사람들은 노동을 위한 것이지만 지불받지 못하는 일(작업장 안팎에서), 재생산을 위한 일(재훈련 같은), 국가를 위한 일(서류 작성)을 훨씬 많이 하지만 어느 것도 공식 통계에 잡히지 않는다.

역사가 흐르면서 어느 시점에서 여가라는 생각은 해방적 의미를 상실했다. 20세기 전환기에 소스타인 베블런(1857~1929)은 자기 시대의 정신을 1899년에 나온 고전적인 저작인 『유한계급론』에서 포착했다. 그가 보기에 유한계급은 부르주아지의 핵심을 구성했다. 그리고 여가는 부르주아 아내의 시간에 체현되었는데, 이들은 아무런 일이나 노동도 하지 않고 그 대신 과시적 소비에 탐닉할 것이라고 여겨졌다. 이런 개념적 미끄러짐은 고대 그리스인과 로마인을 혼란스럽게 하고 충격을 주었을 것이다. 앞으로 살펴보겠지만, 그것은 21세기의 존재론적 불안감을 규정하게 되었다.

고대의 시간 접근법에 관한 이 매우 짧은 개관에 스콜레로서의 여가에 대한 또다른 성찰이 있다. 공화주의 사상을 형성한 고대 그리스인들의 시민권 개념은 가정 외부의 정치적 삶에 참여할 수 있는 시간, 에너지, 지식, 기회를 가지는 것에서 자유가 출발한다고 보았다. 자유는 정적인 것, 있거나 없거나 하는 것이 아니다. 그것은 공적 행동을 통해 진화한다. 그리스인에게 시민은 '노예적인 직업'에서 벗어날 수 있어야 했으며, 자유는 다른 사람들과 함께 일하는 것을 통해서만 발전할 수 있었다. 그들은 쾌락적 hedonic 행복과 행복 추구적eudaemonic 행복을 구별했으며, 전자가 소비 및 쾌락 추구와 연관되어 있다면 후자는 공적 인격이 될 수 있는 능력을 주는 것, 즉 노동으로부터 벗어나는 것과 연관되었다.

한나 아렌트는 이런 관점을 『인간의 조건』에서 제시했다. 아렌트에게 자유는 함께 숙의하고 행동하는 사람들의 함께함 togetherness 속에서 드러난다. 그녀는 일자리 보유자 사회와 후일 위르겐 하버마스가 시민적 개인중심주의라고 부르게 될 것을 한탄했다.25 국가에 의해 집합 행동이 장려되고 지지되지 않을 경우 시민들은 그저 소비자와 노동자가 될 뿐이다. 그리스인들과 로마

인들은 성차별주의와 노예제 때문에 실패했다. 그러나 스콜레로
서의 여가를 획득한다는 목표는 그 이래로 줄곧 시간의 정치에서
중대한 것으로 남아 있다.

2

농업적 시간의 시대

시간에 관한 생각 그리고 이를 사용하는 방법은 경제 구조와 함께 변화했다.[1] 넓게 말하자면 우리는 세개의 서로 다른 시간 체제를 구별할 수 있을 것이다. 농업적 시간 체제(지배적으로 농업에 기초한 경제들), 산업적 시간 체제(공장에서의 제조에 기초함), '제3의' 시간 체제(서비스에 기초함).

농사를 짓던 우리 선조들은 수많은 지역 시간대 내에서 살았다. 시간의 할당은 주로 날씨와 계절 그리고 매일매일의 삶과 연례적인 삶에서 필수적인 역할을 하는 공유지 내 활동에 의해 결정되었다. 농업사회에서 표준화된 주당 노동시간을 사고하는 것은 타당하지 않았다. 작물을 키우고 가축을 돌보기 위해 언제, 어디에서, 얼마나 일과 노동이 수행되어야 하는가는 기후의 변덕에 달려 있었다. 오늘날에도 수많은 농촌사회에서는 여전히 대체로 그러하지만 수세기 동안 보통 사람들에게 그것은 강력한 규준이었다.

수렵채집 시기에는 최소한의 '일'만 있었지만 농업사회에서는 새롭게 희소성에 집착하느라 일이 늘어났다. 희소성에 대한 집착이란 사람들이 더 많은 식량을 경작하고 보관하지 않을 경우 먹을 게 충분하지 않을 것이라는 믿음이다.[2] 작물과 가축이 날씨, 해충, 토양 악화에 취약했던 초기 농업 공동체에서는 희소성이 현실이었다지만 도시의 팽창 및 늘어나는 도시 인구를 먹여야 할 필요와 함께 이러한 집착이 커졌다. 계급의 역할도 인정해야 하는데, 다수가 자원에 접근하지 못하게 함으로써 풍요 속에서도 희소성을 고안한 계급 기반 엘리트의 능력 말이다. 유럽 중세 초기에 엘리트가 이를 수행하는 주된 방식은 공유 토지를 인클로저를 해서 자신들의 사적 이득을 위해 그 자원을 착취하는 것이었다. 그러자 더 많은 민중이 판매를 위한 상품을 생산하기 위해, 이전에는 공유지에서 무료로 얻을 수 있었던 것에 대해 지주에게 지불하기 위해 노동이나 일을 더 많이 해야 했다. 수백년 동안 토지 및 그 자연자원의 소유자들은 큰 권력을 휘둘러 노동을 추출했다. 정치적 우파에 속하는 사람들은 늘어난 노동 참여가 새로운 소비재에 대한 욕구에 의해 추동되었다고 주장한다. 평민이 더 많은 돈을 필요로 했다는 것이다. 사실 사람들은 토지 및 그 자원에 접근을 거부당하고 있었다. 이때는 고안된 궁핍화의 시기였다.

그것이 바로 17세기 영국 내전 시기에 토지 소유권을 둘러싼 투쟁이 그토록 잦았던 이유이다. 튜더 시대에 벌어진 광범위한 인클로저 이후에 주로 찰스 1세 치하에서 스튜어트 왕조는 토지 인클로저의 새로운 판을 벌였는데, 왕과 궁정의 호화로운 라이프 스타일을 충족하기 위해 시민들이 더 많은 노동을 제공하도록 강제하는 것이자, 군주제가 제 부채를 갚도록 하는 것이었다. 수세기에 걸쳐 긴장이 고조된 결과 의회 반란이 터졌으며 올리버 크롬웰의 지도하에 반란이 승리하면서 짧은 기간 노동 추출 과정의 속도를 늦추었다.

계급 기반 인클로저가 벌어지기 이전에 토지의 많은 부분은 공유지여서 지역 사람들(공유자)에게 접근과 사용의 권리가 있었으며, 일의 많은 부분을 공동으로 수행했다. 공예, 숙련 작업 그리고 대부분 하찮은 서비스는 작은 타운과 도시에서 벌어졌다. 공유지 전통은 15세기 말까지 도시 지역에서 계속 우세했으며, 이때 공유지에 대한 접근권 상실로 잉글랜드 전역에서 사회 불안이 폭발했다.3

농업사회의 리듬은 계절별 축제에 기반을 두었으며, 이 의례와 축하 행사는 공동체의 유대를 형성하는 데 기여했다. 종종 길게 벌어지는 축제 동안 정규적인 일이나 노동을 수행하는 것은 눈살을 찌푸리게 하는 일이었다. 그런 경우가 아니라면 시간에 대한 수요가 다양했으나 그 수요는 그리 크지 않았다. 몇년마다 비옥도를 회복하기 위해 휴경하는 것과 마찬가지로 갑작스러운 사태에 대처하기 위해 일정한 휴경 시간이 필요했다. 농민 공동체와 수렵채집인 공동체의 차이는 미래에 대한 정향이었다. 계획하기, 씨 뿌리기, 수확하기, 사육하기, 먹이 주기, 도살하기 등이다. 그러나 시간 지평은 삶의 유형이 변하지 않을 것이라는 기대 속에서 대개 짧고 순환적이었다.

한편 매일의 시간은 매우 지역화되어 있었다. 중세 잉글랜드에서 어떤 사람은 한 마을에서 다른 마을로 여행할 때 교회 종이 자기가 막 떠나온 장소보다 몇시간 일찍 혹은 몇시간 늦게 울리는 것을 보았을 수 있다. 느슨하게 연결된 마을과 타운으로 이루어진 상대적으로 작으며 섬에 기반한 나라에서 국가가 전국적 시간 체제를 강제할 수 있었던 것은 몇세대가 지나서였고, 최종적으로 1880년에 달성되었다.

매일 혹은 매주라는 시간 관념은 흐릿했다. 해시계가 일반적이었고 심지어 교회가 언제 종을 쳐야 하는지 안내하기도 했다. 하지만 해시계는 비가 오는 날이나 겨울에는 제대로 작동하지 않았다! 모래시계가 필수였다. 시간에 관한 고대의 생각 ─ 노년의 황폐 속에서 파괴적인 힘으로서 그리고 영원성으로서 ─ 이 지배적이었다. 농업적 시간의 시대 후기에 가서야 시간이 별의 위치나 돌고 도는 계절에 의해 측정되는 순환적이고 반복적인 것이 아니라 시계와 달력에 의해 측정되는 선형적이고 진보적인 것으로 인식되기 시작했다.

시간의 흐름에 관한 의식이 인간을 다른 생물과 구별하는 요소라고 말할 수 있다. 시간에 관한 선구적인 철학자인 제럴드 휘트로는 "우리는 인간을 제외한 모든 동물이 지속적인 현재 속에서 살아가고 있다고 믿을 만한 타당한 이유가 있다"고 말했다.[4] 그러나 휘트로와 다른 사람들이 보여준 것처럼 중세 시기 내내 순환적 시간 개념과 선형적 시간 개념은 긴장 상태에 있었다. 13세기가 되면 천문학과 점성술에 영향을 받은 학자들이 순환적 개념, 반복적인 순환에 초점을 맞춘 반면에 화폐 경제에 빠진 발흥하는 상인 계급은 계획, 연기된 여가, 축적의 선형적 개념에 초점을 맞추었다.

권력의 주요 원천이 토지 소유권에서 나오는 한 시간은 풍부한 것으로 인식되었고, 흙과 계절의 불변하는 순환에 대한 믿음과 주로 연관되었다. 화폐가 독립적인 권력 원천이 되자 강조점이 시간 흐름과 시간 상실의 선형적인 사고방식으로 옮겨갔다. 중상주의의 용광로인 14세기 이탈리아 도시국가들에서는 모든 공공 시계가 밤낮으로 매시마다 시간을 알려 사람들이 뭔가를 해야 하고 그 일을 하는 것을 시간으로 계산하라고 말해주었다. '시간은 돈이다'라는 관념이 행군했다. 그러한 공공 시계는 농업적 시간 시대의 종말을 알렸다.

한편 점차로 선형적이고 순환적인 시간에 제3의 관점이 합류했다. '진보'로서, '개선'으로서의 시간 관념. 18세기에 확고해진 이러한 관점은 과학의 진화 및 과학적 진전을 생산 체제에 응용하는 것에 기반한 산업자본주의의 토대와 연결되어 있었다. 이 관점에 따르면 우리는 시간이 흐르면서 더 많은 지식을 축적한다. 그것은 점차 쌓여가는 것이다. 시간에 관한 이러한 감각을 표현하는 한가지 방식이 인류는 '사회적 기억'을 가지고 있다는 것이다. 우리는 우리 조상이 획득하고 정제한 지식에 기반한다. 그러나 '사회적 망각'이라고 부를 수 있는 것도 있다. 폐기나 거부를 통한 토착 지식의 상실 혹은 새롭고 화제가 되는 사고방식에 의한 오래된 사고방식의 밀려남 말이다.

공유화의 시대

중세 잉글랜드에서는 상당한 시간이 공유화, 즉 주로 자치적으로 수행하는 지역 공동체 내에서 공유된 활동에 쓰였다. 공유화는 공유지 내에서 일하는 유일한 형태가 아닐뿐더러 대개 주된 활동도 아니었다. 그러나 공유된 활동은 공유지를 삶의 방식이자 사회 조직으로서 유지하는 데 도움을 주었다.

공유화는 시간을 소비하는 활동인 '경계 검분'처럼 정치적 성격도 가지고 있었다. '경계 검분'은 전체 공동체가 지정된 공동 토지 경계 주위를 걷는 집단적 연례행사로 전해에 지주나 다른 사람들에 의한 침해가 없었는지를 확인하는 일이었다. 이 행사는 대개 그 유닝한 '케이크와 에일'로 끝났다.

토지, 물, 숲, 진흙 등 생계수단을 생산하는 자원이 풍부할 경우 공유화는 상대적으로 유지하기가 쉬웠다. 그러나 엘리트와 지배자 들이 토지와 자원을 횡탈하면서 토지에 거주하는 특권 ― 이 토지는 종종 공유지의 일부였다 ― 을 위해 더 많은 공유자들로 하여금 지대 형태로 노동을 제공하도록 강제했다. 공유화에 대한 압력이 커지고 공유지를 관리하기가 어려워진 것은 그런 결과 가운데 일부였다.

공유화는 방어되어야 했다. 가장 성공적인 사례는 1216년 프랑스가 잉글랜드를 침공할 무렵 일어난 시민 소요 및 1217년 링컨 전투에서 침략군을 패배시킨 다음이었다. 이 승리는 잉글랜드 군주와 귀족들을 단결시켰으나 귀족들은 평민의 지지를 확고히 하기 위해서는 이들의 불만을 해결해야 한다는 것도 인식하고 있었다.

그 결과가 삼림헌장으로, 같은 해 11월에 열살배기 국왕 헨리 3세(재위 1216~72)의 섭정과 로마에서 파견한 추기경에 의해 세인트폴 성당에서 승인되었다. 그것은 영국 역사에서 가장 해방적인 입법 문서이자 1971년 보수당 정부가 폐지할 때까지 가장 오래 지속된 입법 문서였다. 삼림헌장은 1066년 노르만의 정복 이래 왕, 귀족, 조신, 교회 들이 불법적으로 가져간 공유 토지에 대한 권리를 공유자들에게 돌려주는 데 그친 게 아니었다. 삼림헌장은 처음으로 공유화를 포함해서 공유지 내 활동을 통한 생계의 권리를 정식으로 기술하기도 했다.[5] 따라서 공유지는 "가난한 사람의 보호막"이라고 적절하게 묘사되는 사회보호 체제로서 기능했다.[6]

삼림헌장은 노동 및 일과 구별되는 시간의 체계적 사용으로서의 공유화를 정당화했다. 일은 대개 가정 내에서 그리고 가정 주위에서 수행되며, 가정은 집homeplace이자 작업장workplace이기도 했다. 공유화는 이와는 다른 리듬을 가지고 있었는데, 의례를 위해 시간을 따로 떼어놓는 것이 필수적이었다. 의례는 수많은 사회화 기능과 연대 기능을 지녔으며, 잘 수행될 경우 불평등 및 사회경제적 분화를 제한하는 활동을 포함했다.

공유화는 언제나 재생산, 즉 삶의 순환과 보존을 지향했다. 공유지 내의 고전적 활동인 유서 깊은 저목림 작업을 보자. 이는 나무들을 주기적으로 지반 높이로 잘라 기저부터 성장할 수 있도록 자극해서 나중에 땔감이나 울타리, 바닥, 도구 등의 재료로 사용할 수 있게 하는 것이다. 저목림 작업은 재생산 활동이며, 내일의 생계가 오늘의 주의 깊은 공유화에 의존한다는 것을 이해하는 일이다.

나무를 상품으로 전환한다는 의도가 없기 때문에 저목림 작업은 전형적으로 개인적 행위에 대한 사회적 제한을 장려한다. 나뭇가지를 과도하게 가져가면 비판받을 것이다. 어떤 나무가 사유재산으로 바뀌면 저목림 작업이 벌채가 될 가능성이 훨씬 커지기 때문에 규칙과 규정이 필요하다. 그럴 경우 그 나무는 그저 상품, 판매를 위한 목재로 바뀐 여러 나무 가운데 한그루일 뿐이다. 공유화는 나무들, 특히 생물다양성에 특히 중요한 오래된 나무들을 보존하는 데 도움이 된다.

식량 구하기 이외에 또다른 고전적 형태의 공유화는 역사적으로 이삭줍기였으며 곡물의 이용을 극대화하고 쓰레기를 최소화하는 방법이었다. 이는 주로 여성이 수행했는데, 세명의 여성 농민이 수확 이후에 밭에 흩어진 밀 줄기를 주우려고 몸을 숙인 모습을 그린 장 프랑수아 밀레의 유명한 그림 「이삭줍는 사람들」로 널리 알려졌다. 1848년 혁명이 발발하고 9년이 지난 후 이 그림이 처음 전시되었을 때 부르주아 비평가들은 이 그림이 하층계급의 일을 미화한다고 불평했다. 여성의 연대에 암시적으로 찬사를 보내는 것에 그들은 감동을 받지 못했던 것이다. 하지만 과도한 이상화를 피하기 위해, 이삭줍기가 공유화 내에서 여성은 이런 일을 하고 남성은 다른 일을 하는 성별 분업의 사례라는 점도 언급해야 한다. 이것은 장인적인 생계 어업, 특히 산호초 지대와 강 하구 주위의 농업에서 공유화의 특징으로 남아 있다.[7]

이삭줍기 및 기타 공유된 활동은 공유지 자원에 대한 공유자의 물리적·감정적 친밀함을 표현하는 것으로 자연과 인간 활동의 지속가능한 관계를 재생산한다. 통상적으로 공유지는 무엇을 어떻게 왜 해야 하는지에 관한 일련의 지식으로 결합되어 있다. 외부인에게 일부 관행과 기준은 낯설거나 반직관적으로 보일 수 있다. 그러나 그 관행과 규칙이 시간의 시험을 거쳐온 만큼 이것들은 사회 체제 전반을 보존하는 복잡하고 세심한 관계들의 집합에 잘 들어맞는다.

공유지는 대개 행동의 기초가 되는 특정 유형의 지식과 지식을 형성하고 적용하는 방식을 우선시했다. 이 '상황적 지식'은 지식 보유자 및 지역 환경과 분리할 수 없다.[8] 공유지는 사회적 기억을 체현한다. 최상의 경우에 그것은 시간을 어떻게 사용해야 하는가라는 시간의 도덕성을 체현하는데, 가족, 이웃, 더 넓은 공동체를 위해 사용해야 한다는 것이다.

공유화는 경우에 따라 민간 지식이라고 알려진 토착 지식을 개작하고 강화하는 것에 관한 활동을 포함한다. 이 토착 지식은 환경에 대한 부담을 감시하는 데 중요하다.[9] 공유지 지식은 살아 있는 존재와 무생물 사이의 관계 및 연결에 의존하며, 이는 상호의 존성의 순환에 대한 이해를 바탕으로 한다. 이는 중세 시기의 지역 공동체에 체현되어 농업적 시간의 구조를 만들어냈다. 그러한 지식 체계는 '진보'를 가로막았는지는 몰라도 사회적 상호성 및 자연과 공동체 둘 다의 재생산을 보존하는 수단이었다.

특히 14세기 이래 주요한 사건들이 전통적인 공유화를 약화시켰다. 영향력이 컸던 것은 1346~53년의 흑사병 혹은 선페스트로, 이로 인해 잉글랜드 인구의 3분의 1 혹은 그 이상이 사망했고, 봉건제의 종말이 앞당겨졌고, 공유자들이 시간을 사용하는 방식에 변화가 일어났다. 농민들은 자신들이 수행해야 하는 노동에 대해 더 나은 조건을 요청했고, 수확물의 일정한 몫이나 땔감 분배 같은 현물이 아니라 현금을 보수로 요구했다. 이와 함께 지대도 노동 서비스가 아니라 현금으로 지불되었다. 이 모든 것이 공유화를 침식했다.

공유화는 사회적·경제적·문화적 활동이 상호작용하고 혼합되는 그 여가적인 성격 때문에 발흥하는 자본주의의 열렬한 사도들에게 게으름의 한 형태라고 쉽게 비판받았으며, 농촌의 공유지는 사악함과 방탕함의 지역으로 묘사되었다. 17세기의 어느 관찰자는 숲을 이렇게 비웃었다.

〔숲은〕 아주 추악해서 필연적으로 괴물이 (…) 점점 더 게으름, 극빈, 무신론을 낳을 것이며, 결과적으로 신과 왕에 대한 불충을 낳을 것이다. (…) 끝없는 빈곤 속에서도 극히 게으른 주민들은 스스로에 탐닉하며 법이나 종교 없이 은밀하게 살아가고 자연적으로 '무례하고 불량하며', 이들 사이에서는 끝없이

게으른 아이들이 양육되며, 커서 방랑자가 되고, 가장 위험한 나병으로 공화국을 감염시킨다.[10]

'공유지'와 '공유자'가 이전에 누렸던 고귀하고 보편적인 성격을 상실하고 하층계급 및 열등한 사람과 연관된 것이 이 시기 즈음이었으며, 이는 대중적인 정치 참여를 불법화하는 데 기여했다.[11] 튜더 시대가 되면 공유자는 '공화국'Commonwealth을 지탱하는 방식으로서 자신의 처지를 알고 사용자를 위한 일을 할 것을 요구받았다.

그러나 공유자들은 순순하고 조용하게 포기하지 않았다. 영국 역사에서 모든 위대한 사회적 반란과 항의 운동은 공유지 및 공유화의 상실에 맞서서 이를 지키려는 것이었다고 할 수 있다. 여기에는 농노제 및 억압적인 노동법률의 폐지, '야영 시기'* 등을 요구했던 1381년의 농민 반란 혹은 1549년의 케트 반란이 포함된다. 공유지라고 인식된 토지를 거의 자발적으로 점령한 케트 반란은 몇가지 점에서 2011년의 오큐파이 운동과 유사하지만 훨씬 더 비극적인 결과를 낳았다.

그 이후 17세기 초의 웨스턴 봉기**, 1648년의 수평파, 1649년

* 1381년 봉건제와 억압적인 노동법률에 저항해서 잉글랜드 전역에서 벌어진 농민 반란 시기에 농민들은 '야영 시기'를 요구했는데, 이는 일정 기간 숲을 공유지로서 이용할 수 있게 해달라는 것이었다. 숲을 공유지로 이용한다는 것은 가축 방목, 목재 채취 등을 포함해서 생계수단을 숲에서 얻는 것을 말한다.
** 웨스턴 봉기(1626~32)는 잉글랜드 서부 지역에서 왕실 삼림이 매매되고 인클로저가 일어나는 것에 항의해서 일어난 일련의 봉기이다.

의 디거스*, 공유지의 인클로저 및 침해에 맞서는 1720년대 초의 '블랙킹'blacking 항의가 있었다. 블랙킹 항의는 중죄자의 얼굴을 검게 칠했기 때문에 엘리트에게 엄청난 충격을 주었다. 아마 가장 유명한 것은 19세기의 차티스트일 것인데, 이들의 민주적 요구ㅡ남성 보통선거권, 비밀 투표, 의원 자격에 대한 재산 조건의 폐지ㅡ는 오늘날에 보면 온건하게 느껴진다. 이를 비롯한 기타 항의들은 공유자가 할 수 있었던 유일한 형태의 정치 행동이었는데, 그들은 지주 엘리트에 의해 그리고 이들을 위해 통제되던 민주적이지 않은 사회에 살고 있었다.

공유화에 대한 무자비한 주변화와 악마화는 영어사전에서 '공유화'라는 단어를 거의 완벽하게 사라지게 만든 것과 함께 이루어졌다. 우리가 공유화 혹은 이와 종종 연관된 시간 사용의 유연한 혼합을 과도하게 낭만화해서는 안 되지만, 오늘날 시간의 정치에 관한 논의에서 가장 적실성 있는 것은 발흥하던 자본주의 체제가 노동이 아닌 일과 공유화를 억누르려 했다는 점이다.

16세기에조차 상층계급은 저소득층 사람들이 게으름의 시간을 향유하는 것에 반대하는 사회적 캠페인을 벌였다. 그들은 가톨릭교회의 전례력에 따른 이전의 많은 축제일과 성인의 날을 조금씩 줄여나갔다. 이 가운데 많은 것은 파종과 수확 시기 같은 계

---

* 잉글랜드 내전 시기 국왕에 맞선 의회파를 지지하는 급진적 세력인 수평파가 등장했는데, 디거스(Diggers)는 여기서 다시 갈라져 나온 세력이다. 처음에는 '진정한 수평파'라는 이름을 썼다가 나중에 디거스로 바꾸었는데, 공유 토지에서 농사를 짓는 것을 목표로 했기 때문이다.

절 변화를 나타내는 것으로 노래 부르기, 춤추기, 게임하기, 먹고 즐기기 등으로 축하했다. 또한 하층계급이 노동을 하지 않거나 거부하는 것은 유랑 혹은 게으른 방랑으로 비난받았고, 1531년의 최초의 「방랑법」 통과로 이어졌다. 이 법률은 '게으름'을 "만악의 어머니"로 서술하고, 방랑죄를 지은 사람은 채찍질을 당하고 "노동에 처한다"고 규정했다.

그 이후의 방랑법들은 더욱 보복적이었다. 가장 가혹한 것은 1547년에 통과된 것으로 첫번째 '위반'을 하면 V자 낙인을 찍고 2년간 강제 노동에 처하며, 두번째 위반을 하면 사형했다. 겨우 몇년 사이에 10만명 이상이 교수형을 당했다. 인구의 대부분은 노동을 '원하도록' 강요당했다. 노동을 원한다는 것은 분명 자연적인 인간의 충동은 아니었다.

이것이 산업자본주의 초기 진화의 잔혹한 모습이었지만, 나중의 변호론자들은 이를 지적으로 정당화하기 위해 최선을 다했다. 사적 소유권 지상주의에 관한 근대적 사고의 원조인 존 로크(1632~1704)는 그가 소수에 의한 공유지 절도라고 공개적으로 인정한 것을 도덕적으로 정당화했는데, 이것이 농업 산출을 증대할 수 있기 때문이었다. 다른 옹호자들은 사회 권력 구조를 거부했을 공유자들의 독립적 사고를 제한하는 것으로서 토지 인클로저를 환영했다.

영국 최초의 총리이자 최장수 총리인 로버트 월폴(1676~1745)이 찰스 1세가 1637년에 사냥용 공원으로 인클로저를 한 런던 근처 리치먼드 공원에 울타리를 뚫고 들어오는 필사적인 공유자를 잡고 불구로 만들기 위해 덫을 놓은 것은 상징적인 일이었다. 이것은 공유화와 벌인 18세기의 전쟁, 즉 사람들이 시간을 사용하는 방식을 바꾸려는 장기 캠페인의 전형이었다. 그것은 하층계급을 가난하게, 가난에서 벗어날 수 없게 만들어 생존을 위해 노동을 해야만 하도록 지배 엘리트가 짠 신중한 전략이었다.

최초의 농업부 장관이 되는, 영향력 있는 농업 전문가인 아서 영(1741~1820)은 1771년에 "바보가 아닌 모든 사람은 하층계급이 계속 가난해야 하며 그렇지 않으면 결코 근면하지 않을 것을 안다"고 주장했다.[12] 그는 공유 토지에 대해 인클로저를 더 수행하고 근처의 황무지에 궁핍한 사람들을 대규모 정착시키는 것을 옹호했다. 이러한 이데올로기적 자세는 노동자가 가난해야 사회가 부유해질 수 있다는 널리 반복된 금언을 낳았다.

이렇게 노동에 대한 친자본주의적 태도를 만들어낸 저명한 사상가 가운데 프랑스 철학자이자 수학자인 르네 데카르트(1596~1650)가 있었다. 그는 인간이 정신을 가진 유일한 종이기 때문에 토지로부터 분리되고 자연에 대한 애착에서 벗어날 때만 인간적 특질을 발전시킬 수 있다고 주장했다. 그렇지 않을 경우 인간은 신체적 쾌락에 탐닉하고 정신없는 동물처럼 살게 된다는 것이다!

여기서 우리는 시간에 관한 전략적 재구성의 이야기를 듣게 된다. 더 많은 사람들이 거의 전적으로 노동에만 초점을 맞추도록 강요당하고, 비공식적 여가, 점차 가정의 일이 된 재생산 일 ─ 가족, 가정, 자신, 공동체 돌보기 ─ 에 쓰는 시간은 더 적어졌으며,

강화된 노동에 필요한 에너지를 재충전할 수동적 레크리에이션에 쓰는 시간도 더 적어졌다.

이 모든 단계에서 상층계급은 노동을 수행하지 않는 빈민을 처벌하기 위해 법체계를 이용했고, 이러한 처벌을 도덕적 관점에서 정당화했으며, 언제나 국가의 하인인 기성 종교는 이를 열정적으로 뒷받침했다. 일자리를 갖는 것이 행복과 즐거움의 원천이고, 일자리 없이 지내는 것은 불행과 '상처'의 원인이라면서 노동하지 않는 사람들을 설득하는 데는 훨씬 더 오래 걸렸다. 그러한 궤변은 20세기가 되어서야 등장했다.

직업 길드의 일하는 시간

물론 농업 시대에 모든 사람이 시골에서 살면서 일했던 것은 아니었다. 수백년 동안 도시의 일하는 생활은 몇가지 유형의 길드—상인 길드, 직업별 길드, 종교 혹은 공동체 길드—에 의해 형성되었으며 이는 적어도 고대 중국까지 거슬러 올라간다. 이 영어 단어는 앵글로색슨어 동사 겔드geld에서 유래하며 '지불하다 혹은 기여하다'라는 의미이다. 명사는 공동의 목적에 기여하는 사람들의 결사체를 의미했다.

일부 인류학자들은 약 1만 1500년 전에 끝난 마지막 빙하기까지 거슬러 올라가 길드의 기원 및 오랜 시간에 걸쳐 정교화되어 종교적 구조 및 친족 구조를 강화한 축제의 초기 전통을 찾는다.

공동 식사라는 공유는 전세계적으로 길드의 보편적 특징이었으며, 런던시City of London의 길드에서는 21세기까지 지속되고 있다. 또다른 보편적 특징은 공동 회비를 내서 리스크를 함께 대비하는 것이었다. 고대 그리스에서 길드와 비슷했던 것은 상호부조의 원칙 위에 세워져 매달 모임을 가졌던 에라노스eranos였는데, 원래는 식사하는 모든 사람이 기여하는 식사 혹은 연회를 의미했다.

중세 시대에는 '길드'라는 용어에 대한 수많은 동의어가 있었고, '형제단'fraternity도 그중 하나였다. 그것은 아리스토텔레스의 필리아 — 시민적 우정 — 와 로마 역사가 타키투스가 기술한 컨비비움convivium(문자 그대로 '축제'라는 뜻이며, 여기서 '공생공락'convivial이라는 단어가 나왔다)의 의미를 전한다. 그는 로마제국 후기에 활동했던 콜레기아라고 알려진 자발적 단체를 가리킬 때 이 말을 사용했다. 이 콜레기아 오피피쿰collegia opificum은 원래 학생 길드였던 칼리지라는 아이디어를 낳았으며, 그로 인해 볼로냐(1088), 옥스퍼드(1096), 파리(1150)에서 최초의 대학들이 세워졌다.

이 모든 용어들은 길드의 경제적 활동 — 공유화뿐만 아니라 일과 노동 — 이 사회적 기능 그리고 심지어 정치적 기능을 수반했음을 시사한다. 본질적으로 자기규제적이고 자기관리적인 이 단체들의 회원들은 자기 시간의 일부를 직접적으로 생산적이지 않은 일에 할당할 것을 요구받았으며, 그것은 여가 및 레크리에이션과 조화를 이루었다. 누군가 이를 충족하지 못할 경우 회원 자격이 중지되거나 길드에서 제명당할 수도 있었다. 여러 유사 정치 활동들이 많은 시간을 차지했으며, 종종 그리스적 의미에서

편성된 여가의 형태를 취했다.

길드 내의 사회적 활동과 시간 사용은 수행되는 일의 탁월함 수준에 대한 집단적 존중을 가지는 것을 목표로 하는 한편, 회원들 사이에서 수용할 만한 '경쟁'을 포함해 특정 행위 방식을 정당화하고 강화했다. 길드는 공유지처럼 기능했고, 종종 공유된 활동이라는 형태로 공유화를 고취했다.

상인 길드 ― 현대의 유사한 대응물은 상공회의소이다 ― 는 수백년 이상 국제무역을 용이하게 했다. 상인 길드는 회원 및 회원과 거래하는 사람들을 위해 보험을 제공했다. 또한 계약 이행을 도왔으며, 심지어 회원이 진 부채를 법인 자격으로 책임지기까지 했다. 이 모든 것에는 상업적 이유가 있었지만 상인 길드는 자기규제적인 기관으로서 공유화 형태로 회원들의 시간을 상당한 정도로 요구했다.

오늘날까지 이어진 직업적 관행과 공동체를 만든 것은 직업 길드였다. 직업 길드는 대개 장인 조합원, 직인, 도제의 위계로 움직였으며, 어린 도제는 직인 그리고 나중에는 장인 조합원이 되려고 했다. 장인 조합원은 보통 단기 계약 혹은 단기일 것으로 예상되는 계약으로 직인을 고용했다. 따라서 일반적으로 직인은 장인이 될 기회를 기다리면서 노동과 일을 혼합했는데, 그 기회는 직인의 숙련기술 및 경험만이 아니라 장인 조합원의 제한된 공동체 내에 빈자리가 있는가에도 달려 있었다.

길드는 자기관리적인 유사 독점체로서 집단 재산에 국가가 부여한 권리 및 지정된 법적 특권을 지녔다. 모든 회원에게 동등한 투표권을 부여하지 않았기 때문에 민주적이지는 않았지만 기준, 관행, 규율에 대한 결정은 대개 장인 조합원들의 다수결 투표로 이루어졌다.

조합원 공동체에 들어온 젊은이는 오래 도제 기간을 보내야 했으며, '기득권'은 더 나이 많은 장인 조합원의 특권을 이들의 '유통' 기한 이상으로 보호했다. 이런 방식의 소득 분배는 공동체를 보존하는 데 도움이 되었다. 더 나이 든 회원들은 직업 공동체와 사회에서 관리의 의례를 수행했고, 사용가치를 가지는 공유화 형태인 길드의 '재생산적인' 사회적·정치적 활동을 감독했다.

길드의 정치적·사회적 영향력은 14세기 피렌체에서 절정에 달했는데, 등록된 21개 길드에서 순번제로 도시의 관리위원회 위원을 보냈다. 길드 회원은 상당한 시간을 길드 내와 더 넓은 정치 공동체 내의 관리 활동에 쓰도록 요구받았다. 한 사람의 인생과 경력의 전 시기에 걸쳐 일과 노동의 경계가 뚜렷하지 않은 것과 마찬가지로 일, 공유회, 그리스적 이상의 여가도 중첩되어 있었다.

1150~1400년에 길드는 대체로 동등한 사람들의 결사체, 즉 우니베르시타스universitas에 느슨하게 기초하여 유럽 도시와 타운 들에서 일을 조직하는 주된 방식을 대표했다. 길드는 정교한 국가 구축물의 일부였다. 길드의 기능 가운데에는 길드 생산물과 서비스의 최소 기준을 정함으로써 작업의 질을 유지하는 게 있었다. 이를 통해 길드는 투명한 교환을 촉진하는 한편 품질에 대한 길드의 명성에 따라 가격과 임금을 결정했다. 길드는 또한 사회적 보호를 제공했는데, 여러 기능 가운데 회원에 대한 신용 제공, 상

호 보험 제공, 법률 사건에서 회원 조력, 도제 기간 및 지참금을 감당할 수 있도록 회원 자녀 지원, 결혼 비용과 장례 비용 지원 등이 그러했다.

길드는 포상과 제재 체계를 운영했다. 회원이 규칙을 위반하거나 요구사항을 충족하지 못하는 경우, 이는 아마 부실한 서비스를 제공하거나 부채를 갚지 못하는 것이었을 텐데, 길드는 공적 비난부터 제명에 이르기까지 여러 처벌을 했다. 이는 길드의 규칙이 보통법을 대체할 수 없다는 노동 규정에 관한 현대의 논쟁과 관련이 있다. 직업의 집단적 이해관계가 법체계가 규정한 개인들의 권리보다 더 중요할 수 없다는 것이다. 길드는 국가 내의 국가는 아니었다.

길드를 단순히 시장 조작자나 사회보호단체로 규정하는 것은 잘못일 것이다. 길드는 강력한 종교적·문화적 역할도 수행했다. 절정기에 길드는 종교적 구원과 영원한 삶을 추구하는 통로였다. 길드는 건전한 헌신을 장려하는 의례와 함께 사회규율, 경건함, 사회적으로 책임 있는 행위 등을 유지하는 데 기여하는 사회적 관리의 일부였다. 길드는 또한 회원들로 하여금 종교적 휴일을 준수하고 사회적 유대 행사에 참여하도록 독려함으로써 노동 시간을 제한하는 데 도움이 되었다.

경쟁을 제한함으로써 경제성장을 제약했을지는 모르지만 길드는 사회를 보존하는 데 도움이 되었다. 가족이 해체되고 교회가 가난해진 흑사병 이후에 길드는 유사 친족 역할을 수행하면서 팬데믹 위기에 가족과 개인 들을 지탱하는 데 조력했다. 그러한 시기는 사회적 호혜의 감각을 유발하는데, 이는 내일 도움이 필요할 것이라고 예상하면서 오늘 도움을 주는 것이다. 그리고 그 시기 팬데믹의 위협은 올바른 생활과 절제를 강조하게 된 이유를 설명해주는 듯하다. 사회적 책임은 매우 중요했다. 공동체의 생존은 사회적 연대에 달려 있었다. 길드는 국가가 후퇴한 시기에 결사체적 보호를 제공했다.

길드는 또한 전前산업시대 사회의 계급구조를 규정하는 데 도움이 되었고, 그 방식은 오늘날까지 의미가 있다. 피렌체에서는 7개의 '주요' 길드가 우리가 전문가라고 부르게 되는 것, 즉 법률가와 의사 들을 대변했으며, 14개의 '작은' 길드가 석공, 대장장이, 신발제조공 같은 장인이나 숙련공을 대변했다. 그들 사이에서 길드가 정치생활을 지배하긴 했지만 도시 인구의 약 4분의 3은 길드에 속해 있지 않았다. 이들은 우리가 일자리라고 부르는 것을 수행하는 노동자들이었다.

피렌체 구조의 흥미로운 특징은 길드 회원으로 하여금 정치에 긴 시간을 헌신하도록 했다는 점이다. 도시 정부는 지명된 아홉 명의 길드 회원들에 의해 운영되었는데, 여섯명은 주요 길드에서, 두명은 작은 길드에서 나왔고, 한명은 도시의 '지도자', 즉 도시의 원로 시장이자 도시 깃발의 관리자로 선출된 사람이었다. 모든 사람의 임기는 두달이었으며, 이 기간에 이들은 집에서 나와 살면서 대부분의 시간을 행정 업무에 쏟아야 했다.

일과 스콜레 — 정치적 참여 — 는 통합되어 사회적 연대의 감각을 제도화했다. 현대사회에서 여기에 가장 가까운 것으로는 배심원 활동이 있는데, 이는 아테네의 페리클레스까지 거슬러 올라간다. 그때나 지금이나 시민의 의무로 간주된 이 활동은 공유화의 한 형태, 즉 공동의 이해관계에 대한 헌신을 대변하는 공유 활동이라 부를 수 있다.

당시의 기준을 바라보는 한가지 방식은 종종 최저임금을 받는 노동의 초기 기간이 도제나 장인이 노동생활의 자격을 얻기 위해 지불하는 댓가였다는 것이다. 하층계급 여성에게는 노동 기간이 종종 가정 내 노동생활의 전조였다. 많은 수는 일생 동안 노동을 수행해야 했다.

장인적 관행은 전산업시대 시간 사용 구조의 또다른 부분이었다. 장인들은 많은 시간을 유용한 어떤 것, 대개는 도자기나 유리 제품 같은 '소소한' 장식적 예술 기구나 제품을 생산하는 데 필요한 숙련 기술을 개발하고 적용하고 정교화하는 데 썼다. 장인이 일할 때 사용하는 시간은 부분적으로는 개인에 의해, 부분적으로는 대부분의 직업에 존재하는 온건한 위계제 내에서 그 개인이 차지하는 지위에 의해 결정되었다. 즉 장인이 장인 조합원을 위해 일하는지 혹은 직인으로서 독립적으로 일하는지에 따라 달라졌다.

프랑스어에서 차용한 '장인'artisan이라는 단어는 라틴어 아르티레artire에서 왔으며 '기술을 가르치다'라는 뜻이다. 일본어에도 그 본질을 매우 잘 포착한 유의어가 있다. 장인 혹은 숙련공을 뜻하는 고대 일본어는 쇼쿠닌職人인데 자신의 일에 자부심을 가진다는 의미를 담고 있으며, 기술적 숙련만이 아니라 태도와 사회적 의식에서도 그러했다. 이는 작품이 잠재적 고객과 사회에 실질적 가치가 있음을 이해하는 것이었다.

쇼쿠닌의 또다른 문화를 보자면 일은 시간을 사용하는 사회적 활동의 형태와 혼합되었는데, 이는 자연, 생산수단, 활동의 공동체 사이의 유대를 반영하는 것이었다. 신정에는 갈고 닦은 도구들을 그릇이나 상자(도코노마床の間)에 담고 각 도구 상자에 놓인 고급 종이 위에 떡 두개와 귤 하나를 두었다.13 이 의례는 도구에 존경을 표하고 일을 수행할 수 있도록 해준 데 감사하는 것이었다.

길드는 종교개혁과 프로테스탄트주의로 인해 약화되었다. 발흥하는 산업자본주의는 길드의 가치 및 시간 사용 방식과 양립할 수 없었다. 길드는 군주에게 큰돈을 지불하고 유지 허가를 받았고 일부 전문직 길드는 21세기까지 지속되기도 했지만 1530년대와 1540년대에 잉글랜드에서 크게 억압받았다. 프랑스에서는 길드가 대혁명 시기인 1791년에 금지되었으며, 나폴레옹은 프랑스군이 점령한 나라들에서 길드를 해산했다. 나폴레옹 법전은 길드의 통제를 폐지하고 기업을 설립하고 유럽대륙 전역에서 자유무역을 할 수 있는 부르주아의 권리를 확립했다. 통합된 일, 노동, 공유화, 여가의 구질서는 주변으로 밀려났다.

어느 정도까지는 길드가 지속되었다. 길드의 특권은 영국에서 1835년에 자유방임 시장 사회를 위한 추동력이 가속화하면서 공식적으로 폐지되었다. 오스트리아·독일·이탈리아에서도 19세기에 폐지되었으며, 러시아와 중국에서는 20세기 혁명 이후에 폐지되었다. 그러나 일과 공유화의 가치가 노동의 명령보다 우위에 있던 수백년 동안 길드가 시간 사용 방식을 형성했음을 잊어선

안 된다.

일과 노동은 어떻게 진화했는가

중세에 일에 관한 사회사상은 부분적으로는 종교에 의해 형성되었지만, 철학자와 정치학자와 경제학자에 의해서도 형성되었다. 봉건제의 전성기에 타운이 길드를 중심으로 건설되었을 때 일, 노동, 공유화를 분리하는 것은 말이 안 되는 일이었다. 길드는 통합된 전체를 형성했다. 그러나 농업자본주의 및 초기 산업자본주의의 등장과 함께 학자들은 '생산적' 활동과 '비생산적' 활동을 구별하기 시작했다.

봉건사회에서 대부분의 노동은 고대 그리스에서 노동이 노예와 외국인 거주자 들에 의해 수행된 것과 마찬가지로 농노에 의해 수행되었다. 자유민은 할 수 있는 한 노동 수행을 피했다. 물론 젊은이들은 직업적 숙련기술을 배우기 위해 대개 수년 동안 급료가 낮은 도제 기간을 거쳤는데, 그 기간이 필요 이상으로 긴 경우도 있었다.

일과 노동에 대한 주류의 태도는 18세기와 19세기 동안 극적으로 변화했는데, 독일 사회학자 막스 베버(1864~1920)가 그의 영향력 있는 책 『프로테스탄트 윤리와 자본주의 정신』(1905)에서 프로테스탄트 윤리라고 부른 것의 확산과 연관이 있었다. 이것은 근면한 일과 노동은 신의 소명이며, 이윤 자체가 아니라 일과 노동

자체를 위해 그리고 자기 가족과 공동체 내에서 덕을 내보이기 위해 수행되어야 한다는 믿음에 기초했다. 그러나 우세해진 것은 베버의 책 제목인 '자본주의 정신'이었다. 점차 산출에 대한 관심 없이 수행되는 '사심 없는 일'의 장려가 근면한 노동을 수행하는 사람들을 착취하는 사람들의 이해관계에 의해 압도당했다.

기본적인 필수품을 획득하기 위한 삶의 일부로서의 일에서 삶의 중심으로서의 노동으로의 이행을 가장 잘 대변한 사람은 미국의 박식가이자 정치가이며, 미국 건국의 아버지 가운데 하나인 벤저민 프랭클린(1706~90)이었다.14 베버가 자본주의 정신을 체현했다고 서술한 프랭클린은 게으름을 "모든 덕을 삼키는 사해死海"라고 일축했다.15 그리고 자신을 "세상에서 가장 게으른 사람"이라고 불렀으나 그는 가장 창조적인 사람 가운데 하나였다. 그가 인류에게 지속적으로 기여한 것 가운데에는 이중 초점 렌즈, 프랭클린 난로, 요도관 등이 있으며, 그는 역사상 가장 중요한 외교관 가운데 한 명이었다.

1784년에 그는 한 친구에게 이렇게 썼다. "모든 남자와 여자가 유용한 어떤 일을 매일 4시간 동안 한다면 그 노동은 삶의 모든 필요와 안락함을 충족할 정도로 생산할 것이다."16 하지만 깨어 있는 모든 시간을 삶에 필요한 것에 사용하지 않아도 될 만큼 운이 좋은 사람들은 자신의 시간을 생산적으로 써야 할 의무가 있었다. 그는 매일의 자기 행동을 평가할 13개 덕의 목록을 지니고 다녔는데, 그 가운데 하나가 '시간을 허비하지 않는다'는 의미의 '근면'industry이었다. 언제나 유용한 어떤 것에 몰두한다는 것이다.17 그는 매일 결심을 하고 일, 식사, 잡일을 위한 시간표를 짰고, 하루가 끝날 무렵에는 '즐길 수 있는 오락'을 했다. 이것이 기계적 시대의 기계적 라이프스타일이었다.

1732년에서 1758년 사이에 출판되어 널리 읽힌『가난한 리처드의 달력』에서 프랭클린은 근면한 노동, 금욕주의, 저축의 필요성을 찬양하고 잠을 경멸하면서 다음과 같은 견해를 밝혔다. "우리는 잠자는 여우가 새를 놓친다는 것을 망각한 채, 무덤에서 충분히 자리라는 것을 망각한 채, 필요한 것보다 훨씬 더 많이 잔다." 더 나아가 그는 이렇게 덧붙였다. "마치 녹처럼, 게으름은 노동보다 심신을 더 빨리 소모시킨다." 하지만 그는 42세에 자기 인쇄소를 경영할 파트너를 고용해 은퇴하기로 결정하면서 "충분하지는 않으나 적당한 재산을 얻었기에 철학 공부와 오락을 위한 남은 인생의 여가를 확보했다"며 자신의 성공을 자랑했다.18

프랭클린은 농업적 시간에서 산업적 시간으로의 이행에서 진화하는 노동의 합리화를 대변했다. 그가 죽고 난 직후 미국에서는 결정적인 발전이 있었다. 시계가 대량 생산된 것이다. 손목시계 가격은 이미 영국과 미국의 장인들이 신분의 상징으로 살 수 있는 정도까지 떨어졌다. 1816년에는 미국 발명가 일라이 테리가 저가 나무 시계에 대한 특허를 받았는데, 이 시계는 시계 생산 사업을 혁명적으로 바꾸고 시계와 손목시계를 보편적으로 소유할 수 있게 만들었다.19 이것은 산업적 시간을 촉진했고, 일, 노동, 여가, 레크리에이션의 심대한 재구조화를 부추겼다.

공유화가 압박을 받고 독립적인 일을 유지하기가 더 힘들어지고 다수가 더 적게 벌게 되면서 임금노동에 대한 의존이 커졌다. 이것은 비극적 결과를 가져왔다. 점점 더 많은 가족이 노동할 수 없는 이들의 생계를 보장하지 못했다. 많은 노인과 장애인 들은 자신이 자식과 손자 들에게 짐이 된다고 느끼기 시작했다.

그 결과 18세기와 19세기에 부양해야 할 궁핍한 사람들이 쏟아져 나왔는데, 이들은 교구의 구호에 의존할 수도 있었지만 교구는 권력을 남용했고 비열하여 구호를 찾아온 이들이 일찍 사망하는 결과를 초래했다. 이때는 또한 악명 높은 구빈원 ─ 주로 사회에서 거부당한 나이 든 사람들이 극도로 비참한 조건에서 노동을 하면서 말년을 보내는 곳 ─ 이 제도화된 시기이다. 이는 현대 국가를 예고하는 것이었고, 다른 사람들에게 노동을 해야만 하며 그렇지 않을 경우 동일한 운명에 처할 것이라고 주의를 주는 조치였다.

오늘날의 '절망사'deaths of despair와 마찬가지로 수많은 나이 든 사람들이 자살을 선택했다. 18세기에 기록된 자살 가운데 50세 이상이 40퍼센트를 차지했는데, 이는 50대가 인구 전체에서 차지하는 비율의 두배에 달했다.[20] 자살은 의학적 근거가 있는 '정신 이상'에 의해 추동된 행동으로 해석되었다. 그러나 많은 사람들에게 이것은 시간에 관한 문제였다. 그들의 시간은 사회적으로나 인구학적으로 가치가 없었다. 그들은 자신의 삶을 단축하기로 선택하면서 남은 시간을 그들과 함께 가져갔다. 공유화가 보존되었다면, 인클로저와 사영화가 일어나지 않았다면, 독립적인 일이 육성되었다면 노동에 대한 의존이 유일한 생존 수단이 되지는 않았을 것이다. 그러나 산업자본주의는 일자리와 노동에 기초하여 만들어지고 있었으며, 자신의 시간을 노동에 바칠 준비가 되어 있지 않거나 그럴 능력이나 의지가 없는 사람들은 역사 속으로 사라졌다.

일에서 노동으로의 전환, 일을 공유화와 결합할 수 있는 능력의 침식은 이렇듯 시골에서 시작되었다. 그리고 이는 1795년 버크셔의 스핀햄랜드 마을에서 시작되어 잉글랜드의 다른 농촌 지역으로 빠르게 확산된 스핀햄랜드 빈민구호 제도의 도입으로 큰 자극을 받았다. 이 제도는 교구에서 토지 없는 가난한 사람들에게 소액의 소득을 지원하는 것이었는데, 이들이 교구에 머무르면서 지역 지주를 위해 극빈자의 임금을 받고 노동하는 경우에만 주어졌다. 이런 유형의 조건부 임금 보조금은 자본주의 무기고의 일부로 21세기까지 세액공제 형태로 남아 있게 된다. 당시에 그것은 특별한 목적에 봉사했는데, 사람들이 노동하기를 주저하던 때에 사용자에게 극도로 유리한 가격으로 더 많이 노동하도록 유인하는 것이었다.

1832년에 왕립위원회는 이 제도가 '일반화된 궁핍'을 낳았다고 인정했다. 지주와 사용자 들은 상근 노동력을 얻을 수 있었다. 낮은 임금은 자산심사 급여로 보충될 것이고 빈민이 해당 지역을 벗어날 수 없다는 것을 알았던 것이다. 그러나 스핀햄랜드 제도가 종식된 것은 좀더 구조적인 이유였다. 19세기가 흐르면서 도시와 그 주변 지역의 제작소, 공장, 광산 등의 소유자들은 농촌 노동자들이 유입되어 값싼 노동을 제공하는 것을 선호했다. 농업적 시간 체제의 최종 국면이었던 스핀햄랜드 제도는 잉여 농촌 인구를 창출하기 위한 준비였고, 1834년의 「신구빈법」 이후 이 인구는 성장하던 공장 타운과 산업 중심지로 밀려들게 된다.

3

산업적 시간: 노동주의의 승리

사회경제적 변화에 날짜를 정하는 게 자의적일 수 있지만 19세기 전환기는 산업적 시간 체제로의 전환이었다고 말할 수 있다. 그 뚜렷한 특징은 삶을 구별되는 시간 블록으로 나눈 데 있었다. 독립적인 일과 공유화에 쓰던 시간은 압박을 받고 축소된 반면 노동시간은 급격하게 늘어났다.

공유화의 지위와 역할은 이미 축소되었지만 시간 사용의 중요한 부분으로 남아 있었고, 하층계급 가족과 공동체, 특히 여성과 아동에게 보장 비슷한 것을 제공했다. 여전히 독립적인 일이 노동보다 선호되었으며 대부분의 사람들에게 소득, 지위, 공동체 통합의 중심이었다. 하지만 이는 19세기 첫 십년대에 바뀌었다.

산업적 시간 체제의 시작은 종종 근대 산업공장 체제의 '아버지'로 묘사되는, 자수성가한 섬유산업가 리처드 아크라이트 (1732~92)의 성공까지 거슬러 올라갈 수 있다. 그는 수력방적기를 도입한 것으로 가장 잘 알려져 있지만, 더 오래 지속된 유산은 공장 체제를 개발하고 그 체제를 엄격한 노동-시간 배치에 따라 가동한 것으로, 이 일은 물살이 빠른 강이 있어 선택했던 더비셔데일스의 크롬퍼드에 있는 면방적 공장에서 처음 시작되었다.

그는 일주일에 6일, 중첩되는 13시간 주간조와 13시간 야간조로 이루어진 교대제를 실시했다. 매일 아침 5시와 오후 5시에 종이 울려 각 조의 노동이 시작되는 것을 알렸고 공장 문은 한시간 후인 오전 6시와 오후 6시에 각각 닫혔다. 제시간에 안으로 들어오지 못한 노동자는 공장에서 쫓겨났고 이틀치 임금을 받을 수 없었다.[1] 아크라이트는 가족이 많은 방직공들을 크롬퍼드로 옮겨와 그 가족이 더 많은 노동력을 제공하도록 했는데, 남성은 집에서 방직을 하고 여성과 아동은 공장에서 노동을 하는 식이었다. 그가 사망할 무렵 그의 공장에서 일하는 사람의 3분의 2가 아동이었다. 피고용인들은 일년에 일주일 무급휴가를 받았는데, 타운에 머물러 있어야 한다는 조건이 붙었다. 실제로 그는 19세기와 20세기 초에 널리 확산된 기업 타운의 선구적인 모델을 세웠다.

아크라이트는 그 이후 세기 동안 산업적 시간 체제를 만드는 데 조력한 루나소사이어티Lunar Society ─ 비슷한 과학적 경향을 가진 남성들의 클럽 ─ 에 (회원은 아니었지만) 중요한 영향을 끼쳤다.[2] 1765년에 버밍엄에서 만들어진 루나소사이어티의 핵심 회원에는 매슈 볼턴(1728~1809)이 있었으며, 그의 금속가공 소호 제작소는 당시 세계에서 가장 큰 공장이었다. 그의 사업 파트너 제임스 와트(1736~1819)는 증기기관의 발명자이다. 회원 가운데에는 도자기 제조업자 조시아 웨지우드(1730~95), 만개한 진화론을 발전시킨 찰스 다윈의 할아버지로 진화론을 예측했던 에라스무스 다윈(1731~1802) 등이 있었다. 이 클럽과 연락하거나 방문했던 사람들 가운데에는 토머스 제퍼슨(1743~1826)과 벤저민 프랭클린이 있었다.

이 유명한 그룹은 정기 모임을 열어 과학 및 기술의 새로운 아이디어를 이용해 생산 속도를 높이고 자동화하는 방법을 논의했으며, 이를 다시 자신이나 다른 사람의 사업에 적용했다. 이런 식으로 와트의 동업자인 볼턴은 수백대의 볼턴앤드와트 증기기관을 영국 전역의 공장에 설치해서 기계화를 확산했다. 이로 인해 산업적 시간에 기초한 산업혁명이 가능했다. 기계시대는 공장 체제의 시대가 될 터였고, 이는 자본주의적 기업가가 지배하는 대량생산으로의 전환이었으며 종종 기업가적 발명가들과 연관되었다. 이후 그것은 금융가들에 의해 강화되었는데, 19세기 말에 이르러 금융가들이 대서양 양안에서 세계의 지배자가 되었다.

사람들이 자신의 시간을 할당하는 방식에 일어난 다른 변화와 마찬가지로 기계의 확산과 새로운 생산양식은 저항에 부딪혔는데, 특히 러다이트*의 저항이 거셌다. 하지만 신비한 네드 러드(캡틴, 장군, 심지어 러드 왕으로도 알려져 있다)는 역사적인 변명거리가 되

---

* 1811년 잉글랜드의 노팅엄에서 시작되어 1816년까지 노스웨스트와 요크셔로 확산된 직조공들의 저항운동이다. 새로운 기계의 도입으로 임금을 포함한 노동조건이 악화되는 것에 맞서 때때로 기계를 파괴했기 때문에 '기계 파괴 운동'이라고도 불리지만, 기계 파괴 자체는 자신들의 요구를 분명히 하는 상징적 행위였다. 이들은 네드 러드라는 인물을 운동의 지도자로 내세웠다.

었으며, 그의 이름은 1809년에 시작된, 당시까지 자영업을 하던 직조공들의 폭동 및 직조기 파괴와 연관되었다.3 그 이래 '러다이트'라는 말은 진보 혹은 기술 일반에 대한 반대를 의미하는 경멸적인 용어로 입에 오르내렸다.

실제로는 그들의 책과 행동에 분명히 드러난 것처럼 러다이트는 주로 기계 자체가 아니라 생활과 일하는 방식의 혼란 및 파괴에 맞섰다. 이전에도 기계 파괴 폭동은 있었다. 예를 들어 1779년에 아크라이트의 면 공장이 잿더미가 되었다. 따라서 러다이트가 처음은 아니었다. 그리고 착취가 특히 심한 것으로 알려진 자본가들이 소유한 공장의 기계를 파괴하되 다른 자본가들의 기계는 건드리지 않았을 정도로 그들은 선택적이었다. 그들이 파괴한 기계의 대부분은 역직기와 기모기(옷감의 털을 세우는 기계)처럼 수세대 동안 존재해온 것이다.4

이전에 방직공들은 가정 내 혹은 가정 주변에서 공유화, 아마도 계절노동이나 임시노동과 함께 독립적인 일을 기반으로 통합된 삶을 누렸다. 그러한 시간 유형은 낯선 작업장에서 이루어지는 일자리 체제로의 전환에 의해 갑작스럽게 파괴되었다. 작업장 출퇴근은 사람들의 시간을 점점 더 많이 앗아갔다. 아크라이트의 공장에서처럼 종종 사용자는 강요되는 시간 체제에 익숙하지 않은 노동자들을 깨우기 위해 '호별 방문원'을 파견했다.

러다이트는 노동자를 임금노동자로서 공장으로 몰아가는 것에 반대했다. 그들의 장인적 일과 생계는 공장에서 만들어진 더 값싼 직물에 의해 위협받았다. 그들은 또한 공동체 윤리의 규칙을 스며들게 하는 도제 생활 및 생애주기에 따른 호혜성 같은 길드적 전통의 상실에 맞섰다. 그들은 일이 노동에 의해 대체되는 것에 반대하고 있었다.

낭만주의자이자 19세기의 통찰력 있는 관찰자 가운데 하나인 토머스 칼라일(1795~1881)은 1829년에 쓴 에세이 「시대의 징후」 Signs of the Times에서 방직공들은 "손뿐만 아니라 머리와 마음이 기계적으로" 되는 것에 반대하고 있다고 말함으로써 이렇듯 해로운 변화를 분간했다. 러다이트는 그들 시대의 원초적 반란자였다. 즉 대안적 미래에 관한 분명한 전망을 가지기보다는 자신들이 무엇에 반대하는지를 더 많이 인식했다. 그들의 준거점은 상실했다고 여긴 과거였다. 그들은 심지어 마그나카르타로 시작해서 "셔우드 숲의 네드 러드 사무실에서 보냄"으로 끝나는 공개 편지를 회람하기도 했다. 셔우드 숲은 13세기 공유지 방어자이자 네드 러드와 마찬가지로 가공의 인물인 로빈 후드의 은신처이다.

러다이트의 행동이 보인 상징주의는 명백했고, 그랬어야 했을 것이다. 그러나 그것은 지배계급이 이들을 일과 공유화의 에토스와 함께 진보의 방해물로 보이게 하는 데 용이했다. 의회는 서둘러 기계 파괴를 교수형에 처할 수도 있는 중범죄로 만드는 법률을 통과시켰고, 범죄자를 추적하기 위해 군대가 파견되었다.

금융은 변화가 긍정적이라는 가정인 '개선'이라는 관념 위에서 번성했다. 문화 이론가 레이먼드 윌리엄스(1921~88)는 오래전에 '개선'이라는 단어의 어원에 관한 통찰력 있는 에세이를 썼다. 원래 이 단어는 무언가로부터 '이윤을 얻는다'를 의미했다가 나중에는 '뭔가를 더 낫게 하다'라는 의미로 바뀌었다. 공동체가 인식한 필요에 따라 시간을 할당하는 적합한 방식을 박탈할 때조차 말이다.5 개선으로서의 변화라는 관념은 끊임없는 변화를 선호하는 편향이 있다는 의미였다.

칼 폴라니(1886~1964)는 『거대한 전환』(1944)에서 "거주지 대 개선"이라는 제하에 "평민들 삶의 파멸적인 탈구"와 "문자 그대로 빈민에게서 공유지에서 그들이 가진 몫을 강탈하는 것"을 포함해 "결과가 어떠하든 경제적 개선의 사회적 결과를 받아들이는 신비한 준비 상태"를 공격했다.6 그는 잉글랜드의 산업혁명을 언급하면서 이를 "평민의 거주지에 유례없는 재앙을 초래한 가장 거대한 규모의 개선"이라고 썼다. 평민은 19세기 말에 가서야 "개선이라는 거대한 괴물에 맞서서 자신들의 거주지를 보호하기 위해 설계된 법률들"을 통해 겨우 구조되었다.7 폴라니가 보기에 금융은 탈구 혹은 불평등과 상관없이 예상된 개선에만 투기했다.

전세계적으로 생산, 사회, 시간 사용을 형성한 최초의 기술혁명은 물레방아의 광범위한 도입이었다. 1086년에 편찬된 둠스데이북*은 잉글랜드 내 5600개 이상의 물레방아를 기록했으며, 1300년이 되면 1만 5천개까지 늘어났다. 물레방아는 생산, 시장, 일과 노동을 하천 가까운 지역에 집중시켰는데, 이는 농업적 시간 체제에 적합했다. 물 공급은 계절과 날씨에 의존했기 때문에 짧은 비활동 기간 뒤에 오랜 기간의 노동이 이어지는 유연한 노동조건

* 노르만의 잉글랜드 정복 이후 국왕 윌리엄 1세가 조세를 징수할 기반이 되는 토지 현황을 조사하여 정리한 문서.

을 만들었다.

물레방아와 운하가 있는 아크라이트의 수력공장 체제는 두번째 기술혁명이었다. 곧 1829년에 로버트 스티븐슨의 증기기관차 '로켓'이 증기, 철도, 석탄의 시대를 알리면서 세번째 기술혁명이 뒤따랐다. 석탄 기반 동력과 증기기관은 계절적 요인에 의존하지 않았기 때문에 지속적인 생산을 가능케 했다. 이로 인해 자본주의적 사용자들은 나폴레옹 전쟁 이후인 팍스 브리타니카 시대에 국제무역이 호황을 누리면서 늘어나는 수출 수요를 맞추기에 충분한 제품을 제조할 수 있었다. 석탄 기반 증기력이 수력보다 값싼 에너지를 제공한 것은 아니었고, 물은 여전히 널리 이용할 수 있는 것이었지만 안드레아스 말름이 썼듯이 "물은 자신의 시계를 따르지 공장의 시계를 따르지 않았다."[8]

네번째 기술혁명은 19세기 후반 미국에서 앤드루 카네기의 철강공장이 1875년에 철의 대량생산을 가능케 한 베서머 공정을 적용하면서 도래했다. 이것은 교통과 건설에 혁명을 일으켰는데, 철 가격을 절반으로 낮추었고, '엔지니어링 시대'를 촉진했다. 그리고 1908년에 헨리 포드의 조립라인이 다섯번째 기술혁명을 개시했다고 말할 수 있다.

더욱이 철도의 도래는 시계의 동기화에 기초한 시간 표준화를 강제함으로써 다양한 지역 시간으로 이루어진 오래된 체제를 유지할 수 없게 했다. 영국은 결국 1880년에 그리니치 표준시GMT를 채택했으며, 다른 나라들은 독학한 잉글랜드의 목수인 존 해리슨 (1693~1776)의 놀라운 발명인 바다에서 경도를 측정하는 항해용 시계에 기초하여 그리니치 표준시에 더하기 혹은 빼기를 해서 수정한 시간을 사용했다.[9] 동쪽과 서쪽으로 이동한 거리를 측정하는 능력 — 이는 18세기에 항해에 커다란 혁신을 가져왔고, 장거리 항행의 안전을 증대했다 — 은 19세기에 공통 시간대의 기초를 수립했다.

이러한 모든 기술적 발전은 산업적 시간 체제를 강화했다. 시간이 조직되는 방식을 바꾸었고, 사회적·기술적 분업에 극적인 변화를 가져왔으며, 자본주의를 공장의 작업 현장이나 광산에서 이루어지는 것에 의해 규정되는 생산적인 체제로서만이 아니라 사회적 체제로 만들었다. 자본주의는 사회 및 삶의 모든 영역에서 시간이 사용되는 방식을 재규정하기에 이르렀다.

1833년의 「공장법」은 산업적 시간으로의 전환을 정당화하는 데 도움이 되도록 섬유공장에서 9세 이하 아동 고용을 금지했고, 그보다 나이가 더 많은 아동의 노동시간을 제한했다. 1847년의 「10시간 법」은 일간 노동시간을 최대 10시간으로 제한하자는 대중 캠페인의 결과였다. 그때는 이미 아동과 성인의 깨어 있는 모든 시간을 공장 투입하는 것보다 증기력을 사용해 생산을 지속하는 것이 더 이득이었다. 도리어 이 법은 노동시간의 규율을 가속화하여 좀더 통일된 시간 체제를 강제했다.

이때는 시계가 지배하는 역사상 첫 시기였는데 시계가 출퇴근과 휴식시간 및 점심시간을 알리는 등 노동을 표준화하고 규율하는 데 사용되었다. 위대한 역사가 E. P. 톰슨이 주장한 것처럼 시계는 노동자들의 프롤레타리아트화 시기에 노동의 강화를 지휘

했다.[10]

시계는 또한 노동의 성취를 나타내는 상징물이었다. 오랜 기간 고용된 노동자들은 '장기근속'에 대한 기념으로 시계를 받았다. 이것은 전반적인 지위 획득의 일부였다. 톰슨이 지적했듯이 "일부 노동자 집단이 생활수준이 개선되는 국면으로 접어들 때 관찰자들에게 첫째로 눈에 띄는 것 가운데 하나가 시계 획득이었다."[11]

매일, 매주의 삶은 시간 블록의 관점에서 규정되었다. 일찍 일어나고, 10시간이나 그 이상 노동하고, 집에 돌아오고, 피곤해서 침대에 쓰러졌다. 대개 주 6일을 이렇게 보내고, 일요일은 휴식과 레크리에이션을 위한 날이었다. 여성의 시간 체제는 약간 더 다양했다. 산업적 시간 시대의 초기 국면에서는 그렇지 않았지만 말이다. 산업혁명 초기에 잉글랜드에서는 임금노동자 중 여성의 수가 남성보다 많았는데, 그들은 가족노동 집단의 일원으로서 혹은 개인적으로 임금노동에 참여했다.[12]

여성은 노동과 가사일의 이중 부담을 지고 있었던 데다가 짧은 생애 가운데 수년을 출산을 준비하고 출산 후 회복하는 데 쓰는 경우가 많았다. 출산에서 살아남은, 운이 좋은 많은 여성은 반복된 임신과 아동 양육의 요구로 지칠 수밖에 없었다. 산업노동 시장이 진화하는 가운데 이런 가정의 압력으로 인해 점점 더 많은 여성이 2차 노동력으로 바뀌었다.

특별한 가부장적 입법이 임금노동에 참여하는 여성의 시간 사용 유형을 관리했다. 야간노동 금지, 노동시간 제한, 아동노동 제한 등이다. 이런 것들은 그 자체로 보자면 선의였을지 모른다. 그러나 이는 남성 '생계 부양자'와 여성 '가정주부'라는 시간 사용에서의 젠더 차이를 강화했다. 이와 동시에 일의 세계에 대한 통계적 재현에서 부불 돌봄노동에 쓰이는 시간이 사라졌다.

미국에서는 1820년대에 남성들이 집을 떠나 임금노동에 많이 참여하게 되면서 주로 자급자족에 기초한, 오래된 농장 기반 생산 체제가 무너졌다. 이전에는 대부분의 일이 가정 부지에서 수행되었고, 여성이 많은 기본재의 주된 생산자였다. 임금노동이 확산되면서 여성은 역사가 앤 더글러스가 폐지된 것이라고 언급한 것이 되었다.13 여성은 시민적 권리와 사회적 권리를 상실했고, 몇몇 직업이 전문화되면서 이런 직업들에서 사라졌다.

산업적 시간 체제는 가정과 작업장의 분할을 강화했으며, 작업장은 '공장 현장' '플랜트' 혹은 '사무실'이 되었다. 훨씬 나중에 막스 베버는 작업장은 과학적·합리적 기준에 근거하며 가정은 정서적·감정적 규범에 기초한다고 묘사했다. 산업적 작업장을 선호하는 편향으로 미국에서는 1930년대까지 몇몇 니트웨어, 옷감, 보석 등을 생산하기 위해 가내노동자를 고용하는 일이 불법이었는데, 표면적으로는 악랄한 사용자의 착취를 막기 위한 것이었다.

서로 구별되는 시간 블록은 노동자 대중의 생애주기도 규정했다. 짧은 학교교육 시기 이후에 수십년의 노동이 있었고, 엄격한 노동에서 살아남은 소수에게 짧은 '은퇴' 시기가 따랐다. 대중을 위한 학교교육은 본질적으로 노동을 위한 준비였다. 그것은 짧았고, 격렬했고, 매우 기초적이었다. 1600년대부터 등장한 단어인

은퇴는 군복무에서 유래했으며, 연금이라는 아이디어와 연관되어 있었다.

노동자를 규율하기 위한 시간의 표준화 및 시계 사용과 더불어 시간 사용의 변화가 프롤레타리아트화에 의해 추동되었다. 이는 단순히 임금노동자가 된다는 의미만이 아니었다. 임금노동의 꾸준한 시간공급자가 되도록, 그것을 일과 생활의 정상적인 방식으로 보도록 훈육된다는 것을 의미했다. 그러나 노동이 일하고 생계를 꾸리는 데 적절하고 바람직한 방식이라는 허위의식을 창출하는 일이 자연적이거나 빠르게 이루어진 것은 아니었다. 노동자인 대부분의 사람들은 노동을 원하지도 좋아하지도 않았다. 그것은 노예 상태였다.

19세기 중반에 고용 보장을 촉진하고, 많은 사람들이 가능하면 벗어나려고 했던 일자리라는 것에 노동자들이 머물러 있도록 설득하고, 몇가지 방식으로 이를 스스로 일구어낸 것이 사용자였다는 점은 역사의 아이러니이다. 광산 소유주들이 주도해서 정규 노동을 제공하도록 유인책을 제시했고, 고용안정성 보장 입법을 위해 압력을 가했다. 종종 장기 근속하는 피고용인은 특전이나 임금 보상을 받았다. 다른 사용자들은 물건을 신용 구매할 수 있는 회사 상점을 설립했는데, 본질적으로는 노동자들이 부채를 갚기 위해 일자리에 머물러 있도록 강제하는 것이었다.

시간 사용 변화의 세번째 측면은 노동 및 노동력의 상품화였다. 노동자의 노동시간은 사과나 배처럼 시장에서 구매되었다. 이른바 이중의 자유라 불리는 것 때문이었다. 노동자는 생산수단 및 생산에 필요한 원료의 소유권에서 '자유롭게' 되었으며, 따라서 다른 생존 수단이 없기 때문에 자신의 시간을 '자유롭게' 판매하게 되었다.

엄밀하게 말하자면 노동자는 자신의 노동력을 팔지 않는다. 맑스는 노동력을 "인간 안에 존재하는 정신적·신체적 능력의 총체이며, 어떤 종류의 사용 가치이건 노동자가 이를 생산할 때마다 발휘하는 것"으로 정의했다.14 19세기 중반에 프롤레타리아트화 과정에 있던 평균적인 노동자들을 보자면 실제 사용된 노동과 그들의 능력의 차이는 공식 교육의 부족을 감안할 때 상대적으로 작았다. 그러나 거의 2세기가 지나면서 어떤 전형적인 일자리에서 일하는 사람에게 요구되는 것과 그들이 가진 능력의 간격은 현격해졌다. 예를 들어 2011년과 2019년 사이에 영국 내 최근 대학 졸업자의 거의 절반이 국가통계국 규정상 '일반적으로 고등교육을 통해 개발하는 지식과 숙련기술'을 요구하지 않는, 대학을 졸업하지 않아도 되는 일자리에 있었다. 이런 모습은 다른 수많은 산업화된 나라에서도 비슷하다.

공유화의 주변화

노동의 상품화가 진행되면서 노동이 아닌 공유화와 일은 더 나빠졌다. 전체적으로 볼 때 노동이 확대되면서 일이 축소되었을 수 있다. 그러나 여성은 지불받지 못하거나 돈을 벌지 못하는 일의 점점 더 많은 비중을 맡았다. 그들은 노동도 해야 했기 때문에 일의 질이 나빠졌을 것이다. 형편없는 잉글랜드 요리와 음식에 대한 풍자는 산업주의가 훨씬 덜 발전했던 프랑스와 달리 대부분의 여성이 손이 많이 가는 음식을 만들 시간이 없었기 때문이라고 주장한다.

공유화에 관해, 1804년에 아마추어 정치경제학자인 8대 로더데일 백작 제임스 메이틀랜드(1759~1839)가 21세기에도 여전히 유의미한 뛰어나고 예리한 에세이를 썼다. 『공적 부의 본성과 기원 및 그 증대의 수단과 원인에 관한 연구』라는 제목의 이 에세이는 로더데일 역설이라고 알려진 것을 제시했는데, 그 핵심은 사적 부가 증대하면 공적 부가 줄어든다는 것이다.

엘리트가 공유지를 더 많이 획득하면서 이들은 사적 자원이 된 것의 소유와 부당 이용에 집중했고, '고안된 희소성'을 만들어내고 공유자가 이용할 수 있는 것을 축소했다. 이것은 시간 사용의 유형에 영향을 주었다. 부유한 사람들이 더 많은 토지, 더 많은 생산수단, 사유재산에 대한 더 큰 통제권을 획득했고, 공유자들은 더 많이 노동하고 더 적게 획득할 수밖에 없었다. 이 과정에서 공유지는 축소되고, 생활방식이자 사회적 보호의 수단으로서 공유화에 대한 전망도 약화되었다. 이것이 영국에서 (그리고 나중에는 다른 곳에서도) 현실이 되었다.

영국에서 공유화는 19세기까지 살아남았지만, 공유지로 남겨진 숲의 일부와 17세기에 등장한 시민농장에서의 잔여 활동으로서였다. 그것은 산업적 시간 체제에 의해 희생되었다.

산업적 시간에 대한 지적 저항

산업자본주의와 프롤레타리아트화의 발전은 일부 지식인 서클에 불안감을 일으켰다. 맑스에게 영향을 준 스위스의 장 시스몽디(1773~1842)는 이런 종류의 공장 노동이 사람들을 수벌로 만들 것이라고 경고했다. 그리고 존 스튜어트 밀(1806~73)은 노동하는 남성과 여성을 "영원히 어린아이로" 취급하며, 이를 "노동계급의 공인된 상태"로 여기는 가부장주의가 만연한 박애주의에 맞섰다.15

어두운 악마의 공장, 빈민원과 구빈원, 질병, 산업 프롤레타리아의 짧고 짐승 같은 삶으로 이루어진 빅토리아 시대는 영국문학에, 특히 찰스 디킨스(1812~70) 그리고 나중에는 농촌-도시의 계급 긴장을 날카롭게 포착한 토머스 하디(1840~1928)의 소설들에 잘 새겨져 있다.

그보다 앞서 윌리엄 워즈워스(1770~1850)는 산업 일자리에 있는 사람들의 소외된 노동을 한탄했는데, 이는 1798년에 (새뮤얼 테일러 쿨리지와 함께 출판한) 『서정민요집』Lyrical Ballads의 주제였다. 비극시 「마지막 양」The Last of the Flock에서 워즈워스는 일이 어떻게 자연·재생산과 연결되어 있고, 일이 어떻게 상품화에 의해 상실되었으며, 일이 어떻게 노동으로 대체되었는지를 보여준다. 이 시에서 잔인한 빈곤의 덫에 잡힌 목동은 잊을 수 없는 시구를 말했다. "그러니 이제는 우리가 죽어도/가난해서 다 죽어도 상관없네." 시간과 일에 대한 통제력 상실이라는 이 주제는 「사이먼 리: 늙은 사냥꾼」Simon Lee: The Old Huntsman이라는 시에서 더 확장되었는데, 근면하게 노동해도 생계를 꾸릴 수 없는 무능력이 커지는 것을 비통해 한다.

앞서 인용한 「시대의 징후」에 드러난 칼라일의 직접적인 비통함 이후, 아마 산업적 시간 체제에 대한 가장 유명한 비판은 에세이스트이자 미술 평론가인 존 러스킨(1818~1900)의 것일 테다. 1853년에 그는 말했다.

> 사람들은 도구의 정확성을 가지고 일하라고, 모든 활동에서 정확하고 완벽하라고 만들어진 게 아니었다. 그들에게서 그러한 정확성을 끌어내려 한다면, 그들의 손가락이 톱니바퀴처럼 측정하게 하려면, 그들의 팔이 제도용 컴퍼스처럼 곡선을 그리게 하려면 그들을 비인간화해야 한다. 그들의 정신이 가진 모든 에너지를 톱니바퀴와 컴퍼스 그 자체로 만드는 데 쓰도록 해야 한다. (…) 다른 한편 어떤 인간을 일하는 피조물로 만들려고 한다면 도구로 만들 수 없다. 상상하고, 사고하고, 할 만한 가치가 있는 어떤 것을 하게 해야 한다. 그러면 엔진이 작동시키는 정확성은 즉시 상실될 것이다. 그의 모든 조잡함, 그의 모든 멍청함, 그의 모든 무능력이 나타난다. 부끄러움이 거듭되고, 실패가 거듭되고, 지체가 거듭되지만, 그의 위풍당당함도 나타난다.[16]

누군가는 '사고하는' 게 허락되고, 누군가는 노동을 하도록 되어 있는 인위적 분업의 종식에 대한 러스킨의 요구는 현실에 의해 압도당했다.

19세기 후반기에 사회주의자, 공산주의자, 무정부주의자를 자칭하는 이들에 의해 일과 여가를 보는 몇가지 관점을 둘러싸고 이데올로기 투쟁이 벌어졌다. 그때는 자본주의 반대에서 중요한 시기였다.

그 투쟁은 신흥 계급구조에 의해 형성되었다. 그 배경에서는 자본주의적 생산자들이 금융가들에게 조종당했으며, 두 부류 모두 과거의 기준으로 볼 때 막대한 이익을 얻고 있었다. 부르주아지는 점점 더 편안하게 소득과 자산을 획득했다. 프롤레타리아트는 성장하고 있었고 점차 안정적인 장시간 노동에 익숙해졌다.

그러나 숙련공, 장인, 나중에 헝가리 사회학자 카를 만하임 (1893~1947)이 "자유롭게 부유하는 인텔리겐치아"라고 부르게 될 종류의 예술가와 지식인 등으로 구성된 새로운 위험한 계급 — 종종 그렇게 불렸다 — 이 있었다.17 그들은 부르주아적 체면과 자본주의적 진보 모두에 맞섰고, 노동하는 프롤레타리아트 계급에게 주입된 노동주의적 사고방식에 맞섰기 때문에 정치적으로 위험했다. 정력적이고 상상력이 풍부한 대부분의 선동가와 팸플릿 저술가 들은 이 '노동자 계급'의 일부에서 나왔으며, 러시아, 프로이센, 기타 독일 공국, 여타 지역에서 온 런던과 맨체스터의 망명자들에 의해 논의가 풍부해졌다. 쟁점은 미래 전망과 정치 전략을 둘러싼 지적 갈등이었다.

한쪽은 섬유 디자이너, 미술가, 시인, 활동가인 윌리엄 모리스 (1834~96) 주변의 사람들이 주도했는데, 의사는 그의 사망 원인을 "윌리엄 모리스로 사는 것 자체 그리고 열명분 이상의 일을 한 것"이라고 썼다.[18] 모리스는 노동에서 해방된 사회를 만들고자 했다. 이는 미를 추구하는, 일하는 사람들의 공동체에서 공예 작업과 길드가 번성하고 여가와 일이 섞이는 그런 사회였다. 공유화라는 언어를 사용하지는 않았지만, 공유화야말로 그의 윤리적 입장의 핵심이었다. 반대편 끝에는 프롤레타리아트가 자본주의를 전복하고 일반화된 노동 속에서 평등해지길 원하는 사람들이 있었다. 이는 '노동하지 않는 자 먹지도 말라'라는 레닌주의적 명령에서 절정에 달했고, 후일 전일제 노동을 하지 않는 사람을 기생충으로 간주한 소련 헌법에 고이 간직될 것이었다.

공예와 장인정신을 옹호하는 것은 싱거 재봉틀의 전세계적인 성공을 가능케 한, 일부 사람들이 표준화된 부품에 기초한 미국적 체제라고 부르는 것에 대한 반발이었다. 윌리엄 모리스와 연관된 예술·공예 운동은 짧은 시기 동안 번성했다. 그러나 대량생산과 노동주의가 행군했고, 그러한 활동을 경제적 주변부로 밀어냈다.

노동주의는 정치적 관점에서도 승리했다. 모리스의 사회주의 연맹은 1890년대에 허우적댔지만, 여러 나라에서 서로 다른 방식으로 공산주의 정당과 노동자 정당 들이 강력한 모습으로 등장했고, 노동조합은 숙련공조합에서 산업(노동)조합으로 전환했다. 결국 노동주의는 자본주의에 적합했다. 물론 자본주의적 생산에 의해 창출된 소득의 분배를 위한 투쟁이 있었다. 그러나 양측은 가능하면 많은 사람들이 안정적인 임금노동을 하기를 원했다. 노동주의는 20세기에 시간의 특징이 되었다.

몇가지 양보가 있었다. 농업적 시간 체제의 특징이었던 수많은 축제일이 꾸준히 상실된 이후 프롤레타리아트는 국제 노동자의 날 혹은 노동절로서 5월 1일 메이데이의 제정을 쟁취했다. 이는 1890년에 처음 국제적으로 기념되었는데, 그 전해에 20개의 사회주의 정당과 노동자 정당 들이 제2인터내셔널로 알려진 대회를 가지고 8시간 노동제를 요구하는 시위를 벌였다. 한세기 후인 1990년에 메이데이는 107개 나라에서 공식 휴일이었다. 아이러니하게도 히틀러의 독일은 소련이 메이데이를 공휴일로 지정한 이후 이를 따른 첫번째 나라였으며, 프랑코의 에스파냐와 비시 정부의 프랑스가 뒤를 이었다. 돌이켜보면 눈에 띄는 점은 노동조합과 사회민주주의 정당 들이 노동에서 벗어나는 이 상징적 휴일에 얼마나 조심스럽게 접근했는가이다.[19]

이쯤 되자 사회민주주의와 공산주의자 모두 노동주의에 열성적이었다. 공산주의자들은 일반화된 노동과 우리가 허구적인 노동력 탈상품화라고 불러야 하는 장기 전략을 신봉했다. 이는 현대적인 용어로 보편적 기본서비스 혹은 요람에서 무덤까지의 복지라고 부르게 될 것의 공급을 국가가 장악함에 따라 화폐 임금의 사멸로 이어졌다. 그것은 허구적인 탈상품화였다. 탈상품화라는 용어의 함의와 달리 노동자가 자유롭지 않았으며, 그 노동에 대한 가격이나 시간 및 장소를 정할 수 없는 채로 노동을 강요당했기 때문이다.

사회민주주의자들 또한 노동주의적 관점을 취했다. 이들은 프랑스 사회당이 될 정당의 공동 창립자인 카를 맑스의 사위 폴 라파르그(1842~1911)가 제기한 격렬한 주장에 반발했다. 그의 소책자 『게으를 권리』(1883)는 유럽 사회주의 운동에서 즉각 인기를 얻었다. 그러나 그 책은 당시 주요 사회민주주의 정당인 독일 SPD를 지배하던 '노동자주의자들'의 적대적인 반발을 마찬가지로 즉각 불러일으켰으며, 이들은 이를 금지하는 데 착수했다. 프리드리히 엥겔스(1820~95)가 독일 SPD의 선도적 지식인인 에두아르트 베른슈타인(1850~1932)에게 이 책의 번역을 맡겼을 때 그는 몇몇 구절을 삭제하고, 자본주의를 겨냥한 비판 및 이를 떠받치는 노동으로부터의 해방이 아니라 부르주아 도덕성의 희화화로 재구성했다.

노동주의에 대한 반대는 무정부주의자로부터 나왔는데, 이들의 정치철학은 자치와 협동을 아울렀다. 선도적 무정부주의 지식인인 러시아 귀족 표트르 크로포트킨(1842~1921)은 그의 가장 논리정연하고 여전히 영향력 있는 출판물인 『만물은 서로 돕는다』(1902)에서 개인주의적 '적자생존'에 반대하고 또다른 판본의 다원주의, 즉 연대를 실천하고 상호적·호혜적 조력에 의존하는 종이 더 수가 많아지고 번성한다고 주장했다. 반대로 "반사회적 종은 쇠퇴할 운명"이라고 그는 결론 장에서 썼다. 또다른 유명한 책 『빵의 쟁취』(1892)에서 그는 오늘날 우리가 극단적이라고 간주할 수도 있지만 공유지의 중요성을 전하는 견해를 표명했다.

생산수단은 인류의 집단적 성과이며, 생산은 종의 집단적 재산이어야 한다. 개인적 전유는 정당하지도 유용하지도 않다. 모든 것은 모두에게 속한다. 모든 것은 모든 인간을 위한 것이다. 왜냐하면 모든 인간이 이를 필요로 하기 때문이며, 모든 인간이 이를 생산하기 위해 자신이 가진 힘에 따라 일했기 때문이며, 세계의 부를 생산하는 데 있어 각자가 기여한 부분을 측정하는 것은 불가능하기 때문이다.[20]

크로포트킨은 사유재산을 폐지하고 및 토지, 기계류, 공장, 교통수단 등을 공동체에 돌려줌으로써 모두의 웰빙을 지향하는 사회를 옹호했다. 그가 보기에 그렇게 하면 생산수단 및 생산된 제품 모두가 공유 재산이 될 것이기 때문에 노동에 대한 자본주의적 착취를 종식할 것이었다.

상호부조, 공동체 생산, 사회연대 체제라는 아이디어는 21세기까지 이어졌다. 하지만 이런 메시지는 20세기 초 폭력적이고 격렬한 이데올로기 갈등 속에서 가라앉았다. 노동주의가 지배적인 주제로 등장했다. 그리고 이를 극단까지 밀고 간 것은 공산주의자들만이 아니었다. 비어트리스 웹(1858~1943)이 가장 유명하며, 영국·오스트레일리아·뉴질랜드에서 지배적인 사회민주주의 운동인 페이비언주의의 지도적 구성원들은 실업 청년을 위한 노동수용소를 공개적으로 지지했다. 이른바 좌파는 노동주의를 받아들였다. 이는 근대성이 저지른 어마어마한 역사적 실수 중 하나였다.

스트레스와 자살

19세기 말에 이르자 수많은 남성과 여성이 시간을 자기 방식대로 쓸 수 없게 되었다. 직업적 통제권을 상실했고, 길드 및 공유화의 수단을 포함한 과거 생활 방식을 지탱하던 제도가 사라졌다. 프롤레타리아트화, 노동과 일자리에서 시간의 상품화, 노동에서 시간의 강화는 직업적 노이로제와 히스테리 등 광범위한 정신적·신체적 이상을 가져왔다. 히스테리는 그리스어로 '자궁'uterus을 뜻하는 휘스테라hustera에서 유래했으며, 일반적으로 '여성 히스테리'라 불렸다. 이것의 궁극적인 표현은 자살의 만연이었으며, 이는 간단하게 『자살론』이라는 제목이 붙어 1897년에 출간된 프랑스 사회학자 에밀 뒤르켐의 고전적 연구에서 강조되었다.

노동자 계급 남성은 (여성은 아니었다) 다양한 사교클럽, 우애협회, 지원 기관 등에서 어느 정도 위안을 찾았다. 회원이 되려면 일정 수준의 품위를 갖추어야 했는데, 그들의 아내는 그 품위를 뒷받침해야 했다. 이는 증가하던 이 시대의 최하층 계급인 **룸펜프롤레타리아트** ── 극빈자와 기타 상처받은 영혼들 ── 를 제거할 목적이었다. 부적응자들은 종종 싸구려 술과 아편팅크 같은 약물로 자신들의 슬픔을 삼켰다. 또한 여성의 경우에는 희생자가 되어 살아갈 의지를 상실했다. 비통한 공적 담론이 고통에 처한 여성에게 관심을 기울였다. 오랜 시간에 걸쳐 형성된 시간 사용 유형에서 벗어나면서 '신경증'이라는 일반적인 이름으로 불리는 것이 나타났다.

예상할 수 있는 국가의 반응은 공적 장소에서의 음주를 범죄화하고, 질병과 장애를 치료해야 할 사회적 질병으로 범주화하면서 사회적 행동을 통제하려고 시도하는 것이었다. 한편 정신장애 혹은 신체장애가 있는 사람들을 그 가족과 공동체가 돌볼 것이라는 낡은 가정이 더이상 적용되지 않았는데, 이는 부분적으로 노동에 쓰이는 시간 및 노동 강도가 늘어나 돌봄을 위한 시간이 거의 없거나 아예 없었기 때문이다. 영국, 미국, 프랑스, 기타 다른 곳에서 입원 환자의 규모와 수가 늘어나면서 정신병원의 수가 극적으로 증가했다. 1806년 잉글랜드의 정신병원은 평균 115명의 환자를 수용했다. 1900년이 되면 평균 1천명을 넘었다. 수가 꾸준히 늘었고, 특히 1845년의 「정신병 법」Lunacy Act 이후에 그러했다. 1866년에는 어떤 유명한 내과의사가 정신병원은 "세계가 제시할 수 있는 진정한 문명의 가장 축복받은 현시"라며 찬양했다.21 근대 역사가들은 도리어 별 인상을 받지 않았다.

정신병원의 번성은 노동과 삶의 새로운 양태로부터 생겨난 온갖 종류의 스트레스에 대한 정신의학적 치료의 발전 속에서 나타났다. 새로운 질서에 순응하고 이를 수용하도록 유인하는 데서 정신의학이 한 역할에 대한 가장 유명한 분석은 미셸 푸코의 『광기와 비이성: 고전시대 광기의 역사』(1961)였으며, 영어로는 1965년에 『광기와 문명: 이성의 시대 정신이상의 역사』로 출판되었다

〔한국어판 『광기의 역사』〕. 푸코에 따르면 정신병원은 '도덕적 감금'의 수단이었고, 그곳에서 바람직한 행동규범을 지키지 않는 사람은 누구나 사회경제적 질서의 가치를 내면화하거나 다른 사람들이 이에 순응하도록 하는 경고가 되어야 했다. 부당 감금의 증가, 신체 구속구의 사용, 진정제의 남용 등은 노동주의 사회로의 이행에서 위기를 드러냈다.

국가가 앞장선 것은 맞지만 정신병원의 사영화가 덜 강조되었던 것도 맞다. 이는 21세기에 요양원, 정신병원, 감옥의 사영화 등으로 반향을 일으키게 되는 또다른 흐름이었다. 사영 정신병원은 본질적으로 새로운 다원주의적 정신의학이라는 것에 집착하는 경향이 있었는데, 정신이상 ─ 수많은 행동을 포괄하여 느슨하게 사용되는 단어 ─ 이 진화적 투쟁의 증거, 즉 무자비한 '진보'의 필연적 귀결이라고 보았다. 이는 제정신인 사람과 정신이상인 사람의 분리를 요구했다.

정신의학과 정신병원이 쌍으로 발전한 것은 여성에게 극단적으로 가혹했다. 새로운 전문직은 전적으로 남성이 차지했으며 ─ 1894년에야 처음으로 여성이 정신과 의사가 되는 것이 허용되었다 ─ 말도 안 되는 남성적 편견에 물들어 있었다. 여성의 시간은 여성 자신의 것이 아니었으며, 순응하지 않을 경우 강제로 '휴식 요법'에 처해지거나 정신병원에 보내졌다. 19세기 말에 여전히 남편, 아버지, 형제 등이 여성을 마음대로 정신병원에 보낼 수 있었으며, 수많은 여성이 남성사회가 좋아하지 않는 견해를 가졌다는 이유로 영구적으로 감금되었다. 억압과 탄압의 혼합

은 주변적인 게 아니라 체계적인 것이었다.[22]

새로운 유사 의료 전문직들이 현재의 질병에 대한 치료법을 제공하는 한편, 사후세계에서의 보상 및 제도화된 종교의 부활을 추구하는 현상이 또다른 반응으로서 나타났다. 수많은 사람들이 수많은 시간을 당혹스러운 현재에 대한 장래의 보상 약속에 바쳤다. 맑스가 종교를 대중의 아편이라고 비판한 것은 방향감각을 상실한 사람들을 달래고 가라앉히려는 국가의 도움을 받았다.

노동계급의 남성들에게 어느 정도의 휴식과 상호부조를 제공하는 클럽과 협회들은 일종의 공유화로서 여가(성격상 정치적인)와 재생산(노동으로부터의 회복)에 쓰는 시간을 혼합했다. 그리고 그것들은 이후 칼 폴라니, 레이먼드 윌리엄스, 경제사가 R. H. 토니(1880~1962) 같은 저명인사의 참여와 열정을 끌어낸 노동자 교육의 발전을 예견했다.

1903년에 설립된 노동자 계급 고등교육 증진협회는 2년 뒤 노동자교육협회로 이름을 바꾸었다. 이 협회는 정치적으로 전혀 급진적이지 않았고, 역대 보수당 정부로부터 공개적으로 지지를 받았다. 이에 비판적인 사람들은 이 협회가 노동자들을 맑스주의에서 벗어나게 하려고 설립된 것이라고 주장했다.[23] 여전히 이 협회는 위대한 제도적 생존물 가운데 하나이며, 오늘날에도 성인 교육을 제공하는 영국의 가장 큰 자발적 조직이다.

노동주의적이기는 했지만 노동자 교육은 '직업 교육'과 뚜렷이 구별되었다. 직업 교육은 언제나 사용자 및 국가가 추동한 것으로 노동자를 더 효율적으로, 더 유순하게, 더 질서 있게 만드는 것을 목표로 했다. 노동자 교육은 사람들을 허위의식에서 해방시키고 시민권을 확대하는 것이었으며, 사람들이 자신의 사회적 지위를 개선하고 작업 현장이 경합의 자리라는 것, 즉 자신들의 필요와 열망에 적합한 노동과 일의 형태를 위한 투쟁의 장이라는 것을 이해하도록 권한을 주는 것이었다.

테일러주의와 과학적 관리

프롤레타리아트화는 미국의 엔지니어 프레더릭 윈슬로 테일러(1856~1915)의 '과학적 관리'의 규율에 기초한 노동시간 사용 방식의 혁명과 함께 20세기 초에 절정에 달했다. '테일러주의'라는 말은 오늘날에도 여전히 테일러가 옹호한 극단적인 분업 및 직무 개념을 서술하는 데 사용된다. 활동 과잉이었던 그는 밤에 잠을 잘 수 있도록 구속복으로 스스로를 묶었다.[24]

그는 무한한 에너지가 있었기 때문에 자신이 "쉬엄쉬엄 일을 하려는 인간의 자연적 본능과 경향"이라고 본 것이 마음에 들지 않았다.[25] 그는 그렇게 할 물질적 필요가 없을 때조차 최대의 효율성을 성취할 방법을 고안하는 데 자기 시간을 사용했을 것이다. 그는 공장에서 수행되는 노동의 일분일초가 잠재적인 이윤이라고 생각했고, 이에 깊은 인상을 받은 헨리 포드(1863~1947)는 1905년에 테일러를 고용해서 빠르게 확장되고 있던 포드자동차회사를 위한 새로운 생산과정을 설계하도록 했다.

테일러 관리 기술의 핵심은 '구상'이 '실행'에서 분리되어야 한다는 아이디어에 기초해 모든 과업을 반복적인 부분으로 분해하는 것이었다. 테일러의 견해 그리고 주된 개종자인 헨리 포드의 견해에 따르면 노동자는 사고하거나 지시받은 방식 이외의 다른 방식으로 일을 수행할 능력을 가져서는 안 된다. 전세계적으로 영향력을 발휘한 그의 대표작『과학적 관리의 원리』(1911) 제2장에서 테일러는 이렇게 주장했다. 강제적인 방법의 표준화, 가장 좋은 도구 및 노동조건의 강제적인 채택, 강제적인 협동을 통해서만 더 빠른 작업을 보장할 수 있다.

테일러의 영향하에서 포드자동차회사는 생산 시간을 극적으로 단축했고, 기술적 분업을 상대적으로 단순한 반복 작업으로 분해함으로써 숙련 기계공의 필요를 축소했다. 그리고 근무 중인 노동자들은 시간을 '사고'하는 데 사용하지 말고, 그저 '수행'하는 데 사용할 것을 요구받았다.

산업자본뿐만 아니라 1917년 소련을 주조할 때 블라디미르 레닌도 테일러주의를 찬양했다. 그러한 관리 과정이 노동자들의 창조성을 죽인다는 비판은 너무나 명확한 것이었기 때문에 그 초창기부터 윤색이 있어왔다. '인적 자원 관리'는 노동자의 '행복'을 증진하기 위해 다양한 기술을 사용했다. 2001년에 영국의 경영연구소는 테일러의 책을 20세기의 가장 영향력 있는 경영 서적으로 선정했다. 그와 그의 사도들은 전세계적으로 일자리의 특징을 형성했다. 아마 산업적 시간 체제가 헤게모니적으로 성공했다는 가장 큰 증거는 사회민주주의자들이 '노동의 존엄성'을 옹호하는 길을 선도했다는 점일 것이다.

한편 테일러주의는 포드주의를 통해 확대되었는데, 이 용어는 이탈리아 공산주의자 안토니오 그람시가 1934년에 쓴 『옥중수고』 제22권을 통해 유행하게 되었다. 포드주의는 표준화된 상품의 대량생산에 가장 적합한 관리 방법인데, 이때 기술적 분업은 일자리가 몇가지 과업만 통상적으로 수행하도록 좁게 규정될 수 있으며 복잡성이 확대되고 증가할 가능성이 거의 없도록 '고정적'일 수 있음을 의미했다. 이를 '과학적 관리'라고 부르는 것은 이러한 분업이 시간과 동작의 자연법칙을 따르는 것임을 암시했다. 하지만 실제로 이는 종속된 노동을 수행하는 사람들에게 감독관과 반장이 직접 통제를 가하는 것이었는데, 이때 노동자들은 경영진과 엔지니어의 지시를 실행하도록 요구받았다.

테일러주의와 포드주의의 또다른 교리는 화폐 임금으로 노동 생산성을 장려하고 이와 함께 노동 생산성이 높아져야 하며 피고용인들이 검은색 T형 포드 자동차를 포함해 공장에서 생산되는 상품을 구매할 수 있어야 한다는 것이었다. 헨리 포드는 남성 '생계부양자'에게 지급되는 '가족 임금'을 신봉했으며, 기혼이거나 결혼할 의향이 있는, 가정에 아내가 있는 남성을 고용해야 한다고 주장했다. 그는 심지어 노동자의 행동을 살피는 조사관과 보조 직원으로 구성된 사회부를 만들었고, 이런 가족 모델을 따르는 사람들에게 이윤을 공유할 것을 약속했다.

그는 또한 주 5일 40시간 노동제가 표준이 되기 훨씬 전인 1926년에 이를 도입했는데, 생산성을 키우고 노동자들이 더 많이 소비하게끔 하려는 것이었다. 그는 의심할 바 없이 기회주의적이긴 했지만 이렇게 선언한 것으로 유명하다. "지금이 노동자의 여가가 '잃어버린 시간'이라거나 계급 특권이라는 통념에서 벗어날 바로 그때입니다."[26] 그는 또한 노동자가 그런 여가를 즐기려면 노동시간에 최대의 노력을 기울여야 한다는 점을 분명히 했다.

포드주의가 진화하는 한편 테일러주의는 20세기에 광범위한 정치적 스펙트럼상에서 이상화된 일자리를 만들어냈다. 구상과 실행의 분리는 노동을 탈숙련화하고 경영진의 통제를 강화하려는 목적이었는데, 이에 대한 기념비적인 분석이 1974년에 미국 맑스주의자 해리 브래버먼에 의해 이루어졌다. 이 무렵에 테일러의 접근법은 오랜 시간에 걸쳐 제조업뿐만 아니라 서비스 부문으로도 확대되었다.[27] 공장 노동자와 마찬가지로 점원은 자기가 하는 일의 숙련기술을 배우지 않고 반복적인 과제만 수행해야 했다.

테일러주의는 20세기에 몇가지 개선이 이루어졌는데, 가장 유명한 것은 오스트레일리아 심리학자 엘튼 메이오(1880~1949)가 관여한, 1920년대 웨스턴전기회사에서 있었던 '호손 실험'이다. 테일러가 직무를 수행하는 노동자들은 자신의 일을 즐기지 못하기 때문에 면밀하게 감시하고 통제해야 하며 오직 돈에 의해서만 동기가 부여된다고 추정한 반면, 메이오와 그의 동료들은 노동자들이 팀의 결속력과 힘을 주는 관리자 같은 신중한 감정적 넛지에 의해 동기를 부여받는다고 주장했다. 호손 실험은 본질적으로 업무에 관한 과학적 모델을 인간화하려는 시도를 대표했다.

제2차 세계대전 이후 노동 통제를 다음 단계로 발전시킨 것은 일본인들이었는데, 이는 토요타자동차회사에서 이름을 딴 토요타주의로 알려지게 되었다. '오야붕-꼬붕'(대략 '유사 친족관계'로 번역할 수 있다)이라는 기업 가부장주의에 근거한 토요타주의는 '적기' 재고 체계 같은 장치를 통해 시간 통제를 좀더 섬세한 수준으로 끌어올렸다.[28] 이는 1980년대에 절정에 달했고, 순응과 연장자 및 상급자에 대한 존중이라는 유교적 명령에 익숙한 노동자 계급과 살라리아트(봉급 생활자를 임금 노동자와 구별해서 부르는 말)에게, 그리고 제2차 세계대전에서 트라우마적인 패배 이후에 종속을 감수한 사회에 잘 들어맞았다.

토요타주의는 또한 초기 전지구화를 감안할 때 테일러주의가 득세했을 때보다 더 변동성이 커진 경제에 적합했으며, 변화하는 소비자 수요에 더 쉽게 적응할 수 있었다. 당시 가장 중요한 것은 일본 그리고 나중에는 동남아시아의 신흥산업국NICs이 이를 채택함으로써 서양의 산업국가들에서 생산된 제품보다 더 경쟁력 있는 물품을 만드는 데 크게 도움이 되었다는 것이다.

동시에 1980년대 말레이시아와 필리핀의 공장들을 대규모로 조사했을 때 나는 '정신 착란'이라고 부를 수 있는 것의 증가를 목격했다. 이는 전자 공장에서 관례화된 극단적인 노동 강도가 유발한 집단적 히스테리의 한 형태로서 프롤레타리아트화 초기에 나타난 히스테리와 유사하다.

토요타주의는 산업적 시간 체제의 끝에서 두번째 변종이었다. 그 궁극은 선전주의深圳主義라고 불릴 수 있는 것이었다. 20세기 말에 선전시는 중국의 첫번째 경제특구가 되었고, 거주자가 1200

만명이 넘도록 급속히 성장했으며, 세계에서 가장 큰 제품 공급처로 부상했다. 애플의 아이폰을 포함해서 전세계의 수많은 전자장치를 만드는 거대 청부기업인 폭스콘이 운영하는 공장의 노동강도가 매우 높았는데, 일부 노동자들은 죽으려고 창문에서 뛰어내렸을 정도였다. 이런 관행을 막기 위해 회사는 공장 담 주변에 거대한 그물을 설치했고, 이는 원인이 아니라 증상을 치료하는 고전적 사례였다.

선전은 또한 '사회 공장'에 근접한 첫번째 도시였다. 21세기 초까지 도시 전역에 20만대가 넘는 감시카메라가 설치되었다. 2022년에는 거의 5백만대에 달했다.[29]

시시티브이CCTV는 스카이넷이라 불리는 대규모 감시 체제의 일부로, 거대한 행동 통제 지대를 만들기 위해 설계되었다. 중국 본토에 5억 4500만대에 달하는 카메라가 있는 스카이넷은 세계에서 가장 큰 규모의 비디오 감시 체제이며, 현재 안면인식 기술과 빅데이터 분석을 이용한다. 그러나 이것이 그저 중국 공산당의 창조물이라고 보는 것은 오류일 것이다. 출퇴근하는 사람들을 추적하는 데 쓰이는 기술과 장비의 상당 부분은 제너럴일렉트릭, 하니웰, IBM 같은 미국의 다국적기업이 주로 공급했다. 그리고 미국·영국·인도·브라질을 포함해 수많은 나라들이 유사한 체제를 사용하고 있으며, 중국은 감시 기술을 전세계의 전제 정권에 수출한다.

산업적 노동시간의 강화에는 두가지 함의가 있었다. 첫째, 규율 통제 체제가 노동자 행위성 ── 즉 스스로 생각하고 원하는 대로 행동할 수 있는 시간과 범위 ─을 더 많이 제한했다. 행위성이 탈상품화의 본질적인 속성이라고 한다면 생산과정은 더 심하게 상품화되고 있었다. 이는 공장에서 관료제적 사무실로 확산되었다. 포드주의·테일러주의·토요타주의 모델은 시간 블록에 맞는 '노동력'을 획득했고, 정해진 노동일 동안, 정해진 근무 연수 동안 사람들의 시간과 노력을 구매했다.

이른바 회사원 ─혹은 일본에서는 샐러리맨─ 은 도금된 철장 안에 갇혔다. 심지어 공무원과 하급 서비스업 피고용인조차 상급자를 화나게 해서 해고당할까 두려워 겁을 먹었다. 가족 임금만이 아니라 사회급여(연금, 상병수당, 유급휴가 등)가 지속적인 고용에 연계되어 있었기 때문에 노동주의는 더욱 단단하게 자리를 잡았다. 피고용인들은 종속을 수용하는 댓가로 고용안정성을 받아들였다. 믿을 수 있는 순응의 추구가 이 시대의 모습이었다.

둘째, 직무에서 토요타주의의 시간 통제로 진화하자 국제노동기구ILO가 추구한 노동주의 모델이 약화되었다. ILO는 제1차 세계대전 및 1917년 러시아혁명 직후인 1919년에 국제적으로 사회적·경제적 권리 의제를 제시하기 위해 설립되었다. ILO는 노동이 아닌 일은 무시했고, 노동조합과 중앙집중화된 사용자단체의 단체협상과 함께 ─직종별 조합이나 직업 길드나 협동조합이 아니라─ 산업노조에 입각하여 처음부터 노동주의에 맞추어져 있었다. 1919년에 ILO가 처음 했던 행동 가운데 하나는 노동시간 (산업) 협약 1호로 노동시간에 한도를 정하려는 시도였다.

ILO는 넓은 의미의 직업적 자유 속에서 일의 가치는 말할 것도 없고 노동으로부터의 해방이 아니라 괜찮은 노동을 진전시키려는 국제기구로서 설계되었다. 길드나 부불 돌봄노동을 위한 자리는 없고, 공유화를 위한 자리도 확실히 없다. ILO의 주된 역할은 국제무역에서 노동 비용을 공제한다는 목표를 가지고 국제 기준을 세우는 것이었다. 다른 말로 하자면 여러 나라에 유사한 노동 기준이 있다면 이들 나라의 상품은 다른 비용 및 상대적 이점에 기초하여 경쟁하게 될 것이었다.

하지만 ILO 협약과 권고의 표현들은 언제나 해석상 국가적 변형을 허용했다. 그리고 각국 정부는 각자 비준하기를 바라는 기준을 선택하고 불편한 것은 무시할 수 있었다. 미국은 정도를 벗어나서 창립회원국이 되지 않고 물러섰으며(1934년에야 가입했다), 계속해서 ILO 협약과 권고를 비준하길 주저했다.

ILO 노동주의 모델의 전제는 부유한 국가에서 노동 기준이 더 높을 수 있다는 것인데, 이들 국가는 제품 판매에서 서로 경쟁했고 개발도상국들은 식품과 원료 같은 1차 상품을 생산하고 수출했기 때문이다. 그런데 갑자기 건방지게도 신흥산업국이 낮은 노동 비용을 기반으로 경쟁에 나섰다. 토요타주의는 노동의 전지구화의 새로운 단계를 상징적으로 보여주었으며, 노동 조건과 보수가 국제무역과 경쟁력의 일부라는 것을 분명하게 드러냈다. '노동시장 유연성'의 시대가 시작될 참이었다.

일할 권리

일할 권리가 있다는 주장은 마그나카르타와 1217년의 삼림헌장에, 공유지에서 일을 통해 생계를 유지할 권리로서 소중히 모셔져 있다. 이는 당시로서는 극히 급진적인 해방적 주장이었다. 또다른 의미에서 일할 권리는 더 거슬러 올라가 기원전 1755~50년경에 편찬된 고대 바빌론의 함무라비 법전까지 간다. 이는 특정한 종류의 일을 수행할 권리가 누구에게 있는지를 확립했으며 고대 로마와 중세 길드의 규정을 통해 확대되었다.

'일할 권리'라는 용어는 샤를 푸리에(1772~1837)에게 기원하며, 1789년의 「프랑스 인간과 시민의 권리 선언」에서 나왔다. 유토피아 사회주의자인 푸리에는 그 자신이 지지자였던 '페미니즘'이라는 용어의 발명자이자 '매력적인 일'이라는 아이디어를 제시한 인물로 알려져 있다. 그는 19세기 후반의 무정부주의 사상가들에게 중요한 영향을 미쳤으며, 이후 1960년대 사상가들, 특히 헤르베르트 마르쿠제(1898~1979)에게 심대한 자극을 주었다. 이는 그의 저작 『에로스와 문명: 프로이트 이론의 철학적 연구』(1955)와 68혁명 당시 매우 영향력 있었던 『일차원적 인간』(1964)에 담겨 있다.

푸리에는 오늘날까지 지속되는 일할 권리를 둘러싼 논쟁에 불을 댕겼다. '매력적인 일' 혹은 트라바유 아트레이앙travail attrayant이라는 그의 아이디어는, 활동activité이 아니라 노동travail이라는 단어를 쓰긴 했지만 고대 그리스인들이 생각했던 것에 가까웠다.

매력적인 일은 그가 팔랑스테르phalanstère라고 불렀던 '커다란 호텔'에 사는 공동체들 내에서, '해방된 정념'의 환경 속에서 상상된 것이었다. 수백명으로 구성된 각각의 공동체 내에서 개인들은 자신들의 욕망과 관심에 기초한 다양한 활동을 수행할 것이며, 필요하지만 마음에 들지 않는 육체적인 과제는 이 때문에 더 높은 소득을 올릴 터였다. 그는 육체적 활동과 지적 활동의 통일, 놀이 속에서 일의 해방을 예견했다. 이것은 사고와 실천의 분리를 특징으로 하며 20세기 초에 헤게모니적 지위를 가지게 되는, 산업자본주의의 노동주의와 뚜렷하게 대비되는 것이었다.

푸리에는 정치가 "인간의 권리를 자랑스럽게 말하지만, 첫번째 권리이자 유일하게 유용한 권리인 일할 권리를 보장하지 못하고 있다"며 화를 냈다.30 그러나 이 권리가 자본주의 경제에서 어떻게 존재할 수 있는가? 프랑스 귀족이자 사회사상가이며 두권짜리 『미국의 민주주의』(1835, 1840)로 가장 잘 알려진 알렉시 드 토크빌(1805~59)은 명민하게도 1848년에 자본주의 경제에서 그런 권리를 추구하는 것이 왜곡될 수 있다고 보았다.

모든 사람에게 특히 일반적이고 절대적이고 이론의 여지가 없는 일할 권리를 부여하면 필연적으로 다음의 결과 가운데 하나로 이어진다. 고용되지 못해서 국가에 지원하는 모든 노동자들에게 국가가 고용을 제공하며, 그런 다음 점차 국가는 산업으로 빨려들어가고 편재하는 산업 기업가, 일하는 것을 거부할 수 없는 유일한 기업가이자 통상적으로 가장 최소의 과업을 지시해야만 하는 기업가가 될 것이다. 국가는 필연적으로 제1의 그리고 유일한 산업 기업가가 될 것이다. (…) 지금 그것이 공산주의이다.

반대로 국가가 고용을 원하는 모든 노동자들에게 자기가 직접 제 자원으로 고용을 제공하지 않고 노동자들이 언제나 민간 사용자에게서 일을 찾도록 하기를 (…) 원한다면 이는 필연적으로 산업을 규제하려는 시도로 이어질 것이다. (…) 국가는 실업이 없도록 보장해야 할 것인데, 이것이 의미하는 것은 국가가 노동자들이 서로 경쟁하지 않도록 그들을 분배해야 하며, 임금을 규제해야 하고, 어느 때는 생산을 줄이고 또 어느 때는 생산 속도를 올려야 한다는 것이다. 한마디로 국가가 노동의 거대하고 유일한 조직자가 되어야 한다는 것이다. (…) 이것은 무엇인가? 사회주의다.[31]

토크빌이 시장경제 내의 그런 두가지 경향에 붙인 이름에 대해 트집을 잡을 수도 있겠으나 그는 두 경향을 잘 포착했다. 거의 같은 시기에 아직 잘 알려져 있지 않던 카를 맑스는 자본주의하에서 일할 권리는 "터무니없고, 비참하며, 실현되기 힘든 바람"이라고 일축하는 글을 쓰고 있었다.[32] 노동자들이 실제로 생산수단과 원료 혹은 생산할 수 있는 공간 자체를 갖지 못하는데 일할 권리가 어떻게 가능한가?

일할 권리라는 통념은 그럴 만한 위치에 있는 사람들이 고용을 제공할 도덕적 의무가 있다는 가부장주의와 강하게 연결되어왔다. 진보적 가부장주의자 교황 레오 13세가 1891년의 교황 회칙 『새로운 사태』*Rerum novarum*(부제는 '노동의 조건에 관하여')에서 이를 강조했다. 비록 이 회칙이 노동을 중세 길드에 뿌리 내린 것으로 이상화하긴 했지만 말이다. 18세기 말의 스핀햄랜드 체제는 종종 국가가 빈민을 위한 노동을 창출하는 의무를 다한 예로 제시되었다. 거의 같은 시기에 프로이센의 1794년 민법전도 같은 약속을 했다. 가능하면 적은 임금으로 빈민을 노동으로 밀어 넣는 것은 오랫동안 빈민을 다루는 방법이었다.

20세기 전환기에 미국에서는 또다른 흐름이 사태를 장악해서 일할 권리를 완전히 다른 방향으로 이끌었다. 18세기 이 나라가 세워질 때 이상화된 시민은 토지를 보유한 남성 가장이었다. 자기만족적인 현대 미국인들이 찬양하는 것과 달리 미국은 자유인의 땅이 전혀 아니었다. 남북전쟁 전까지 제도화된 노예제가 있었을 뿐만 아니라 여성과 하인을 포함한 다른 가구 구성원들은 그들의 '주인'이라고 인정되는 사람들에게 완전한 시민권과 투표권을 박탈당했다.[33] 임금노동자도 시민이 아니었다는 사실은 대체로 잊혔다. 공화주의적 미국인들은 임금노동을 노예제와 연결했고, 시간 및 자산의 자기 소유권에 그리고 노동 매매 계약을 맺을 권리에 지위를 부여했다. 이때 그들은 부분적으로 일과 노동에 관한 고대 그리스인의 사고에, 좀더 명시적으로는 마그나카르타에 근거했다.

초기의 급진적 노동자들은 생산적인 재산의 소유권 없이는 노동을 공급하는 행위가 자유로울 수 없다는 점을 받아들였다. 그러나 1860년대 노예제 폐지 이후 미국 연방헌법 수정조항 14조의 채택과 함께 '자유노동'이라는 관념은 재산 소유권과의 결합을 상실했으며, 국가의 간섭에서 자유로운 노동시장에서 자신의 노동을 팔고 다른 사람의 노동을 사는 '권리'로 해석되는 '계약의 자유'로 규정되기에 이르렀다. 그리고 수정조항 5조의 '적법 절차' 및 수정조항 14조에 근거하여 미국 연방대법원은 공중 보건과 안전을 보호하기 위한 것이 아니라면 계약의 자유에 대한 간섭은 사용자와 피고용인에게서 적법 절차 없이 자유를 빼앗는 것이라고 판결했다.[34]

이것은 노동의 완전한 상품화로 향하는 중요한 발걸음이었다. 그 결과 노동과 관련하여 역사상 가장 영향력 있는 법률 사건인 1905년의 '로크너 대 뉴욕주'Lochner v. New york가 벌어졌는데, 임금노동 제빵사들이 준수해야 하는 최대 노동시간을 규정한 주법을 계약 자유 침해를 근거로 폐지한 사건이다. 이 판결로 1905년부터 1937년까지 이른바 로크너 시대가 열렸다. 나중에 대법원이 이전 판결을 뒤집은 이후 노동시장을 규제하는 수많은 뉴딜 입법이 이어졌다. 이에 따라 1935년의 「전국노동관계법」(「와그너 법」)은 노동조합의 대표성을 인정했고, 1938년의 「공정노동기준법」은 최저임금과 최대 노동시간을 정해서 피고용인을 보호했다.

이는 노동의 부분적 탈상품화를 상징하며, 제2차 세계대전 막바지에 필라델피아에서 열린 ILO 내의 국제 협상에 영향을 미쳤다. 전쟁에서 이기고 있는 나라들에서 온 대표단은 필라델피아 선언이라는 문서에 동의했는데, 이는 전후 시대의 일과 노동의 세계를 규정하게 될 터였다. 핵심은 한줄짜리 문단이었다. "노동은 상품이 아니다."

이 선언은 전후 완전고용에 대한 약속, 즉 일할 권리에 대한 노동주의적 해석을 예고했다. 그 약속은 실제로는 수많은 여성을 배제했기 때문에 사기였다. 가장 극명한 해석은 미 점령군 장교들이 초안을 작성한 일본의 1947년 (그리고 현재의) 헌법이었다. 제22조는 직업 선택의 권리를 보장하지만, 이는 사용자를 선택할 권리에 불과했다. 제27조 1항은 이렇게 말한다. "모든 사람은 일할 권리와 일할 의무를 가질 것이다." 이것은 이후 몇십년 동안 수많은 노동 입법으로 이어지는데, 대부분은 1935년의 미국 「와그너 법」을 모델로 한 것이었다.

다시 그것은 노동의 부분적 탈상품화였다. 그러나 보호와 급여를 받기 위해서 개인은 노동을 수행해야 했고, 노동에 시간을 써야 했다. 그러한 보호와 급여는 다른 형태의 일을 할 경우 받을 수 없었다. 실제로 노동의 부분적 탈상품화는 사람들을 '노동자'로서 더욱 상품화함으로써 성취되었다. 순소득은 노동에 들이는 시간에 덜 의존했지만, 안정적인 노동을 하는 게 순소득을 얻을 수 있는 첫번째 필수조건이었다.

20세기 초 몇십년 동안 산업적 시민권이 형성되면서 정치가와 논평가 들은 일할 권리를 종종 소환했다. 지배적인 견해는 영국의 주도적인 사회학자 T. H. 마셜(1893~1981)이 전형적으로 보여주었는데, 눈에 띄는 점은 '의무들'에 상응하는 시민적·정치적·사회적 권리들에 기초하여 시민권을 묘사할 때 경제적 권리와 문화적 권리를 배제했다는 것이다. 따라서 일할 '핵심적 의무'와 '자신의 일자리에 전념할' 의무가 있었다.[35]

그것은 종속에 대한 고전적 처방이었으며, 1945년 이후 시기 사회협약의 암묵적 부분이 되었다. 사용자와 경영진은 누진소득세 및 협정상의 피고용인에게 노동 기반의 안정을 제공하는 노동 규제를 수용하는 댓가로 관리와 지시의 권한을 부여받았다. 그것은 사회민주주의의 역사적 타협을 이해하는 데 핵심이다. 20세기 중반 국가사회주의와 사회민주주의적 복지국가는 그 발전 과정에서 일할 권리를 '자신이 선택한 직업을 따른 권리' 혹은 자신이 선택한 유형의 일을 할 권리로 보지 않았다. 일에 관한 노동주의적 견해 및 노동 기반의 사회보장 체제는 이런 입장을 확고히 하는 것이었다.

뒤이어 일할 권리는 주류에 의해 고용에 대한 권리로 해석되었다. 이는 1964년 ILO의 고용정책 협약으로 절정에 달했는데, 이 협약은 ILO의 표현을 쓰자면 정부에 "완전하고 생산적이며 자유롭게 선택한 고용을 위해 설계된 적극적 정책을 선언하고 추구하라"고 촉구했다. 그때쯤 노동주의는 '노동의 권리'에 대한 요구에서 노동할, 즉 일자리를 얻을 권리가 있다고 주장하는 부르주아의 편안한 지대로 먼 길을 걸어갔다. 물론 일자리는 1930년대 대공황 시기 동안 수백만명이 겪었던 실업과 빈곤보다는 나았다. 그러나 이는 기이한 종류의 권리이며, 종속적 지위에 놓이는 것이자 자신의 일과 노동을 다른 사람이 지시하게 하는 것이었다.

노동주의 및 노동의 허구적 탈상품화의 시기는 1960년대에 절정에 달한 인권에 관한 국제적 담론과 맞물렸다. 1948년의 세계 인권선언 이후 부문별 인권선언이 나왔고, 그런 다음 1966년 유엔의 경제, 사회, 문화 권리에 관한 국제협약이 뒤따랐는데, 제6조는 이렇게 규정한다. "이 규약의 당사국은 모든 사람이 자유로이 선택하거나 수락하는 노동에 의하여 생계를 영위할 권리를 포함하는 일할 권리를 인정하며, 동 권리를 보호하기 위하여 적절한 조치를 취한다."

이것은 ILO의 고용정책 협약 직후에 발표되었지만, ILO는 이 협약에 내재하는 모호함 및 모순을 해결하려 하지 않았다. 이 협약을 비준한 나라들이 협약을 준수하는지 여부에 관한 ILO의 보고서에서 ILO는 거의 전적으로 공식 실업률에만 초점을 맞추었다. 일은 고용과 동의어로 해석되었으며, 노동자는 피고용인 즉임금노동자와 동의어로 해석되었다. 이것은 자기 책임 아래 일하는 모든 사람과 자기 시간의 대부분 혹은 전부를 부불 돌봄노동에 쓰는 모든 사람을 누락시켰다.

많이 사용되는 표현인 '자유롭게 선택된'이라는 말은 노예제와 담보 노동, 연한 계약 노동, 강제 노동, 아동노동 같은 전前 자본주의적 노동 형태를 비난하는 것 이상으로 해석되지 않았다. 극빈이나 불안전 때문에 달리 수가 없어서 자신이 원하지 않는 일자리를 받아들여야만 하는 사람들이 처한 상황을 무시함으로써 이 협약은 각국이 급여를 받는 사람들을 종속된 고용, 즉 나중에 '워크페어'*로 알려지게 될 것으로 밀어 넣도록 허용했다. 자유권으로서의 일할 권리는 전혀 고려되지 않았다.

1945년과 ILO가 노벨평화상을 수상한 1969년 사이에 ILO는 산업적 시간 체제를 정당화하고 전지구화하는 주된 수단이었다. 그러나 직후에 이 모델은 경제학의 신자유주의 혁명 및 경제개발협력기구OECD의 부유한 나라들에서의 탈산업화를 계기로 해체되기 시작했다.36 전일제 제조업 일자리는 급속하게 쇠퇴했고, 후일 '표준적 고용 관계'라고 부르게 될 것에 머무르는 노동자 수도 줄어들었다.

산업적 시민권하의 계급과 시간

전 산업시대에 직업으로서의 일은 지위가 높아진 반면 품팔이 일은 다른 선택지가 없는 사람들이 하는 것이었다. 산업시대가 떠오르면서 품팔이 일이 노동의 주된 형태가 되었으며, 전문적 일이 육체적 일에서 분리되고, 그들의 시간 유형 사이에 차이가 커졌다.

전문직, 숙련공, 육체노동 사이의 인위적인 구분 주위에서 새로운 층위의 서비스가 확산되었다. 전문직은 프롤레타리아트화가 심화됨에 따라서 동일한 규율 장치, 즉 시계를 비롯해 관례화에 의한 규율에 종속될 것이었다. 여기서 자율성과 행위성의 감각은

* 워크페어는 복지 수급자가 공공서비스 일자리를 받아들이거나 직업 훈련에 참여하는 조건으로 복지급여를 제공하는 것으로, 노동연계복지라고 번역하기도 한다.

여가, 공유화, 일의 혼합이라는 전통적 길드 관행과 함께 줄어들었다.

산업적 시간 체제는 전문직에서, 특히 제멋대로 늘어난 법률 전문직에서 그 부조리한 한계에 도달했다. 자본주의와 연관된 계약 문화를 자양분 삼아 법률 서비스의 범위가 확대되면서 그 내부에서 계급구조가 만들어졌다. 호사가적인 칭호, 엘리트 자격증 등이 있는 엘리트가 출현한 반면—법정 변호사, QCs 혹은 KCs(잉글랜드 법조계의 최상위 법정 변호사에 대한 명칭으로 여왕 또는 국왕의 고문변호사), 판사—안정적으로 고용된 살라리아트, 처음으로 프롤레타리아트화에 처한 좀더 낮은 지위의 대중이 있었다. 국가의 후원을 받은 전문직의 자기규제로 엘리트는 자격증을 통해 그 대열에 대한 접근을 통제할 수 있었고, 규칙을 감시하고 집행하는 기구를 세워 갖가지 형태의 고용에 대한 회비 구조 및 행동 규칙을 수립했다.

특히 미국에서 프롤레타리아트화는 오늘날에도 여전히 유지되는 '청구가능시간'billable hour 관행으로 요약되었다. 법적 '파트너'(엘리트)와 '어쏘'(소속변호사) 모두 서비스에 들인 시간에 대해 의뢰인에게 청구해야 하며, 청구하는 시간을 최대화하라는 명시적 혹은 암묵적 지시를 받는다. 이는 인센티브와 제재에 의해 뒷받침된다. 이로 인해 스트레스가 엄청날 뿐만 아니라 계속해서 진화하는 법학(법률의 철학적 기초, 그 체제, 제도, 원칙)에 대한 연구를 비롯해 법률 작업의 더 성찰적인 측면에 시간을 덜 쏟게 된다.

1970년대가 되면 미국 변호사협회가 벌인 '시간 기록을 잘하는 변호사가 돈을 더 많이 번다는 복음을 설파'하는 캠페인으로 상징되는 시간 체제가 완성되었다. 최근 몇십년간의 특징인 법률의 기업화로 인해 청구가능시간은 노동 규율을 강제하는 쉬운 방법이 되었다. 이 체제는 제3의 시간 체제의 한 측면을 예고하는 것이기도 했다. 월급을 받는 변호사는 각각의 청구가능시간마다 보수가 없거나 적은 일을 최소한 30분은 해야 하는 것으로 추정되었는데, 여기에는 회의 참석, 내부 연락, 행정 업무 등이 포함되었다. 종종 변호사들은 목표로 삼은 청구가능시간을 달성하기 위해 하루 12시간을 일해야 했다.

시간에 대한 통제의 상실은 심신을 약화시켰다. 청구가능시간은 종종 6분 단위로 분해되었다. 그리고 이 체제는 장기 의뢰인 〔고객〕에 대한 일반적인 조언같이 전문직이 전통적으로 제공하던 비공식 서비스의 중요성을 약화시켰다. 나중에 미국변호사협회 회장이 한탄하듯이 "청구가능시간은 질이 아니라 양, 창조성이 아니라 반복성에 관한 것이다".[37] 그러나 이것이 최악은 아니다. 사기행위가 그 역사 내내 이 전문직을 괴롭혔다. 시간 통제 체제는 사기행위를 불러들이고 거기에 보상을 했는데, 이는 전문직은 "모두 문외한에 대한 음모이다"라는 조지 버나드 쇼의 재담을 입증한다.[38] 의뢰인은 서비스에 얼마나 시간을 들여야 하는지 거의 결정할 수 없으며, 결과물은 시간과 별로 관련이 없다. 변호사가 양심적일 정도로 정직하다 하더라도 의심이 생길 수밖에 없으며, 서비스는 잠재적으로 긴장된 거래로 바뀐다.

시간 통제 체제는 또한 동료 간 협력, 저소득 의뢰인 및 사회적

대의를 위한 무상 혹은 무료 변론, 훈련 및 기타 과정, 전문직 관리의 참여 등의 축소에서 나타나듯이 바람직한 일을 위한 시간을 몰아내는 데에도 영향을 주었다.

유사하지만 동일하지는 않은 흐름이 다른 전문직, 특히 의료계와 교육계를 특징지었다. (지식의) 상품화, 프롤레타리아트화, 표준화, 관례화는 전문직을 별개의 계급들로 분해했고, 여기에는 일자리가 불안정하고 승진의 희망이 거의 없는 밑바닥의 프레카리아트가 포함된다. 20세기 동안 직업의 프롤레타리아트화, 특히 이른바 전문직의 프롤레타리아트화는 일반적으로 직업과 연관된 지식의 상품화를 수반했다. 이로 인해 전문직 공동체 내에서의 장기간의 실습 경험 및 동료들 간 지식 교환으로부터 전문직 공동체 외부에서 자격증, 모듈별 훈련, '단기 재교육' 과정 등의 방식으로 새로운 '숙련기술'을 배우는 기간으로 시간 할당이 전환되는 경향을 보였다. 직무 자격의 표준화는 또한 피고용인을 쉽게 대체하도록 만들어 직업 공동체 내에서 불안전한 프레카리아트를 낳았다.

20세기 초에 실질적으로 '일하는 계급'에 대한 '노동하는 계급'의 승리가 있었다. 19세기에 산업 시간에 대한 반대를 이끌었던 숙련공 조합과 더 이전의 직업별 길드는 대부분 미숙련 육체노동자와 반숙련 육체노동자를 대변하는 산업노조 혹은 노동조합의 대大 부대에 의해 대부분 대체되었다. 이들 조합이 우선시한 것은 화폐 임금 및 비화폐 급여의 인상 그리고 근무 중 노동시간을 통제하는 것이었다.

노동시장 규제, 노조와 사용자 간의 단체협상, 3자 협의체(국가를 제3자로 포함했다) 그리고 3자인 ILO 자체가 직업적 개발을 추구하는 권리로서의 일할 권리보다 노사관계를 우선시했다. ILO가 2019년 1백주년을 기념했을 때 2백개가 넘는 ILO의 협약 가운데 직업 안정성을 우선하거나 노동이 아닌 형태의 일에 존엄성을 부여하는 협약은 단 하나도 없었다.

허위의식으로서의 노동

산업적 시간 체제의 한가지 모습은 작업장에서의 더 높은 '생산성'이라는 목표가 노동자와 그들의 노동조합, 정치적 대표자들에게 내면화되었다는 점이었다. 그 과정에서 경영진은 맑스가 "노동일의 구멍을 더 촘촘하게 메우는 것"이라고 불렀던 것을 효과적으로 추구했다.[39]

노동주의적 강박은 소비에트권 공산당들을 포함한 모든 노동당과 사회주의 정당 들 그리고 노동운동과 사회주의 운동에 만연했다. 그 가장 소외된 극단적 사례는 러시아 탄광 광부인 알렉세이 스타하노프라는 실제 인물에서 찾아볼 수 있었는데, 그는 기본 도구만 가지고 교대근무 시간 내에 자신의 할당량보다 14배 이상인 227톤을 채굴했다고 알려진 후인 1935년에 국제적 명성을 얻었다. 그는 소련에서 모범 노동자로 환영받았으며, 스탈린이 직접 어느 과장된 팸플릿에 그의 이름을 넣었다. 그는 미국에서도 생산성 증가에 헌신하는 새로운 노동운동을 상징하는 인물로 환영받았으며, 심지어 『타임』지의 표지에도 등장했다.[40]

그가 명목상 사회주의 국가 출신이고 스스로 동기를 부여하는 노동자로 여겨졌기 때문에 사회민주주의 정당들은 스타하노프의 지위에 반대하기 어려웠다. 비록 그가 환영받은 곳에 따라 국가나 자본의 이익을 위해 초인간적 기대치를 설정하는 자기착취적인 예였음에도 말이다. 그것은 미국 공장들에서와 마찬가지로 소련에서도 찬사를 받은 테일러주의에 완벽하게 들어맞았다.

테일러주의 및 포드주의와 연관된 노동주의는 처음부터 명백하게 가부장적이었다. 노동자들은 자신의 시간을 특정한 방식으로 할당하고 공장 체제에 라이프스타일을 맞추도록 조정당했다. 초기 노사관계 연구자들은 이런 경향을 인식했다. 일부는 이를 약간 개탄했다. 대공황 직전인 1929년에 노사관계 연구의 창시자로 여겨졌던 섬너 슬릭터(1892~1959)는 이런 의견을 밝혔다.

임금노동자들에게 현대 인사 관행이 고무하는 것 이상으로 더 강한 주도성과 진취성, 정신적 독립성, 협동적인 자조에 의지하려는 성향 등이 필요 없다는 것인가? 자신의 일을 스스로 관리하려는 시도를 의도적이고 교묘하게 못 하게 하는 것보다 자신의 일을 스스로 관리하도록 고무하는 것이 일반적으로 바람직하지 않은가? 그리고 더 큰 가부장주의가 불가피하다 할지라도 사용자의 가부장주의보다는 정부의 가부장주의가 공동체의 관점에서 좀더 만족스럽지 않은가?[41]

그는 1940년대에 대서양 양쪽에서 복지국가 자본주의의 형성으로 바람을 이룰 수 있게 된다. 미국 노사관계연구협회 회장이 된 1948년에 그는 적절하게도 미국을 '노동주의 국가'라고 묘사했다. 그는 서유럽도 그렇게 묘사할 수 있었을 것이며, 심지어 소련도 마찬가지였다. 노동조합 그리고 사회민주당 및 노동당 들은 이것이 함축하는 바에 동조했다.

노동의 '고성과자'라는 개념은 20세기 동안 꾸준히 진화해서 '인적 자원 관리'라는 장황한 용어와 이미지 그리고 '능력주의'의 발전에 대한 믿음을 가져왔다. 그 결과 중 하나는 '수행성 평가'였다. 노동력의 20퍼센트라는 자의적인 비율이 기업 조직이나 관료제 조직 내부에서 인센티브 보상을 받는 피고용인 비율의 기준이 되었다. 이는 그들의 '문화'에 자유재량적인 편애 체제가 스며들 수 있도록 했다.

그것은 플랫폼 자본주의에서 좀더 공격적인 '등급 매기기'로 확산되었다. 또한 일본 및 기타 지역에서 과로사의 확산에 기여했다. 2013년 런던에서 뱅크오브아메리카의 금융 인턴인 21세의 모리츠 에어하트가 자신의 아파트 샤워부스에서 죽었는데, 그는 3일 밤낮을 쉬지 않고 일한 터였다.

'일자리'의 물신화가 강화한 허위의식은 또한 사람들로 하여금 일자리가 없으면 쓸모없고 인생의 목표가 없다고 느끼게 했다. 세계적으로 유명한 오스트레일리아 고고학자인 비어 차일드 교수가 생생한 예를 보여주었다. 그는 1957년 64세로 은퇴한 직후에 절벽에서 뛰어내려 죽었다. 그는 한 친구에게 남긴 편지에서 노인은 유용한 일을 하지 못하는 기생충 같은 연금생활자라고 선언했다. 또한 노인들이 여전히 유용하다는 것을 증명하려고 아무 일이나 하는 것을 비판했는데, 그가 보기에 그들은 "젊은이와 좀 더 효율적인 승계자들"에게서 승진 기회를 빼앗는 진보의 방해물이었다.[42] 이보다 더 소외된 의식을 상상하기는 힘들다.

산업적 시민권: '완전고용'이라는 주문

1930년대와 1940년대에 '완전고용'은 사회민주주의의 주문呪文이 되었으며, 지금도 그러하다. 그것은 언제나 가짜였다. 노동이 아닌 모든 일은 무시되었고, 여성은 대부분 실업 통계에서 배제되었다. 완전고용은 더 많은 사람을 상근 일자리에 밀어 넣는 정치적 덫이 되었다. ILO 모델은 '노동으로부터의 자유[해방]'의 잠재적 수단에서 적당히 괜찮은 노동에 종속시키는 수단, 더 나아가 노동이 아닌 일을 위한 시간 사용을 주변화하고 그 권위를 실추시키는 수단으로 옮겨갔다.[43]

1950년대가 되면, 그리고 1970년대까지 사회민주주의의 제도와 정책 들은 남성 '생계 부양자'가 있는 가정에 노동 기반 보장을 제공했을 뿐만 아니라 가까운 미래에 대해 더 큰 통제 감각을 느낄 수 있도록 했다. 안정적인 상근 일자리를 가진 사람들은 그 일자리에 머물러 있고 경영진에 복종하는 한 물질적 필요를 보장

받았다. 완전고용을 지향하는 케인스주의적 거시경제 정책은 경제적 불확실성의 범위와 정도를 제한했다. 그것이 산업적 시간의 후기가 산업적 시민권의 시기로 서술될 수 있는 이유이다.

1945년 이후의 정치, 심지어 우파 정당들의 정치 틀까지 형성한 사회민주주의적 에토스는 노동의 탈상품화였다. 화폐 임금은 노동자들의 사회소득의 몫에 따라 줄어들었고, 노동의 성과는 점차 임금에 비례한 비임금 급여, 즉 직업별 연금, 건강보험, 보조금이 있는 구내식당, 기타 특전 등으로 보상받았다. 그리고 경제성장과 연관된 산업노동 혹은 서비스 직종에 있는 사람들에게로 '사회권'이 확대되었는데, 이들이 안정적인 상근 일자리에 있거나 그런 사람과 결혼하는 한 그러했다. 이때는 시민으로 분류된 모든 사람에게 동등한 시민권이 주어지는 시대는 아니었다. 지불받지 못하는 일을 하거나 이런 일과 함께 파트타임 혹은 임시노동을 할 경우에는, 얻을 수 있는 '권리들' 전부를 누리지는 못했다.

진보가 이루어진 영역 중 하나는 전일제 노동을 하는 사람들의 주당 표준 노동시간이 단축된 것이었다. 이 장기간의 투쟁은 협동조합운동의 창시자이자 진보적 교육 개혁가, 웨일스의 섬유 제조업자인 로버트 오언(1771~1858)이 1817년에 노동자가 '8시간 노동, 8시간 레크리에이션, 8시간 휴식'을 가져야 한다고 주장한 역사적 요청에서 비롯되었다. '영국 사회주의의 아버지'이자 '미스터 8-8-8'로 알려진 오언은 노동일 및 주당 노동시간 단축을 위한 1세기에 걸친 투쟁에 영감을 주었다. 20세기 초가 되자 8시간 노동제가 입법이 아니라 주로 산업노조와 사용자 조직의 부문

별 단체협상을 통해 널리 채택되었다.44 그러나 2003년 유럽연합 노동시간 지침 문서가 효력을 발휘하기 전까지는 많은 노동자들이 긴 주당 노동시간으로부터 보호받지 못했다.

여가: 스콜레에서 휴식으로

산업적 시간 시대의 결정적인 시간의 전환은 여가에서 '휴식'으로의 전환이었다. 여가는 잠재적으로 전복적이고 급진적인 활동의 영역이 아니라 그저 일의 반대물 혹은 좀더 정확하게 말하면 노동의 반대물이 되었다.

산업화 이전에 여가는 비록 다른 방식이긴 하지만 대부분의 계급이 소유하고 공유한 어떤 것이었다. 그것은 언제나 암묵적으로 정치적·사회적 참여와 연관되어 있었다. 이는 산업적 시간이 도래하자 변화했다. 상층 중간계급, 즉 부르주아지에게 여가는 점차 베블런이 『유한계급론』(1899)에서 서술한 과시적 소비가 되었다. 과시적 소비는 주로 가족생활의 가정적 측면, 즉 집을 돌보는 여성에 의해 이루어졌다. 남성에게 노동은 말할 것도 없고 일하지 않는 아내가 있다는 것은 경제적·사회적 성공을 상징했다. 그러나 노동계급으로 밀려 들어간 사람들에게는 여가가 꾸준히 줄어들었고, 수십일의 '축제일'holy days은 훨씬 적은 '휴일'holidays로 대체되었다.

19세기에 '휴일'로 시간을 보내는 새로운 방식이 '여가시간'의 증가를 반영한다고 생각하는 것은 잘못이다. 그것은 주로 변화하는 시간 체제를 반영한 것이었다. 노동에서 벗어나는 것으로서의 연례 휴일은 철도가 확산되고 본머스, 블랙풀, 브라이튼, 헤이스팅스, 그레이트야머스, 스카버러 같은 해안도시로 가는 열차표 가격이 싸지면서 현실이 되었다. 그러나 일반 대중이 '여행에 쓸 수 있는 더 많은 여가시간'을 가지게 되었다고 말하는 것은 지나치게 낙관적인 태도이다.[45] 그것은 상층계급 및 중간계급의 현상이었다.

하나의 시간 블록이 확고하게 자리 잡는 데는 몇십년이 걸렸다. TV 시리즈 「다운튼 애비」에 적절한 장면이 나오는데, 매기 스미스가 연기한 나이 든 귀족은 이렇게 묻는다. "주말이 뭔가?" 그것은 1920년대까지도 여전히 유효한 질문이었는데, 주말이라는 관념은 지나치게 20세기의 발명품이었기 때문이다. 전통적으로 일요일은 '휴식일'이었다. 그런 다음 점차 사용자는 토요일에 반근을 도입했다. 1930년대가 되어서야 완전한 주말(휴일)이 표준이 되었다.

산업자본주의는 수많은 축제일의 여가적인 라이프스타일을 없앴고, 나중 단계에서는 이를 직무로부터의 공식적인 휴식으로 대체하기 시작했다. 영국에서는 1871년 「공휴일법」의 통과가 중요한 진전이었으며, 그 법의 장기적인 결과로 현재 영국과 영연방 나라의 사람들 대부분이 현재 1년에 약 8일의 '공휴일'을 누리게 되었다. 이것은 찰스 다윈의 가까운 친구이며 괴짜이지만 뛰어난 인물이고, 자유당 의원이자 저명한 은행가, 자선가, 과학자인 존

러벅 경(1834~1913)의 아이디어였다. 그는 자신이 그렇게 많은 것을 이룰 수 있었던 것은 오직 원하는 것을 할 수 있을 만큼 부유했기 때문임을 인정할 정도로 지혜롭고 겸손했다. 그는 적절한 여가와 휴식이 창조성에 핵심적이라는 점을 이해했고, 또 무척 자주 말했다.

그조차 타협적인 조치였다. 1830년 이전에는 은행들이 성인의 날로 선언된 연간 40일 동안 문을 닫았는데, 이후 그 수가 겨우 4일로 줄어들었다. 1871년 법은 성인의 날만이 아니라 아무 날짜나 공휴일이 될 수 있도록 했다. 레크리에이션 및 가족이 함께 보내는 시간으로서의 여가는 공식화된 시간 블록이 되었고, 장시간·고강도 노동에 대한 보상이었다. '공휴일'bank holiday이라는 말은 금융과의 연관을 상징했는데, 돈 버는 일로부터의 허용된 휴식이었다. 은행들은 그러한 휴일이 약속하는 추가 지출을 환영했지만 말이다.

노동의 휴식으로서의 여가는 고대 그리스인과 로마인 들이 찬양했던 여가를 형편없는 방식으로 대체한 것이었다. 그것은 허용된 레크리에이션에 불과했다. 그리고 그러한 여가가 20세기에 확대되기 시작했을 때, 이는 노동하는 가족들로 하여금 더 많은 돈을 쓰게 함으로써 경제성장을 지속하려는 의도였다. 노동하거나 소비하지 않을 경우 점점 '게으르고', '국가로부터 공짜로 얻어내려 한다'는 말을 듣게 될 가능성이 높아졌다.

여가가 사적인 레크리에이션, 오락, 소비로 해석될 경우 여가가 시간의 할당에서 가지는 전복적이고, 연대적이며, 공공적인 위치만 상실하는 것이 아니다. 이는 정치가 자발적이고 피상적인 형태의 소비 자체로 바뀔 수 있을 정도로 스콜레로서의 여가가 주변화된다는 것을 의미한다. 능동적인 정치적 시민으로서 참여하기 위해서는 질적 시간이 필요하다. 여가가 레크리에이션 및 소비의 시간으로 바뀌면서 비롯된 결과 가운데 거의 주목받지 못하는 것은 정치적 메시지가 '단순화'되어 홍보 전문가가 지휘하는 상품화의 영역으로 바뀌었다는 점이다. 정치적 메시지의 평균적인 단어 수가 줄어들었고, 정치적으로 효과적인 코멘트는 더 짧아지고 더 진부해졌다. 이것은 제3의 시간하에서 더 나빠질 것이었다.

4

제3의 시간: 노동주의의 마지막 구간

1970년대 이래 산업적 시간 체제는 정보기술혁명으로 인해 두드러진, 이른바 제3의 시간 체제에 의해 대체되었다. '제3의'라는 개념은 부분적으로 경제를 1차(농업, 어업, 광업), 2차(제조업), 3차(서비스업) 부문으로 구성되는 것으로 보는 전통적 묘사에서 비롯되었으며, 또 부분적으로는 이전의 농업적 시간 체제 및 산업적 시간 체제 이후의 제3의 시대라는 점에서 유래한다.

영국·미국 등 부유한 나라에서 노동력 열 가운데 아홉은 애덤 스미스가 '비생산적 노동'이라고 묵살한 일자리, 즉 서비스 일자리에 있다. 대부분은 무형의 결과물을 생산하며, 그들이 쓰는 시간의 관점에서 보면 '신축적'이다. 과업은 노동자나 압력의 정도에 따라 빨리 수행될 수도 늦게 수행될 수도 있다. 생산성 혹은 효율성의 증대는 서비스나 그 서비스의 품질을 저해하는 요인일 수 있으며, 종종 실제로 그렇다.

제3의 시간은 시간 사용의 불분명함, 활동 유형 간 경계의 붕괴, 주어진 기간에 여러 활동이 동시에 이루어지는 경향 등의 특징이 있다. 일을 둘러싼 어휘 및 수사법도, 주류 정치와 사회정책도 제3의 시간에 적응하지 못했다. 그것들은 여전히 산업적 시간에 묶여 있다.

신자유주의 혁명이 케인스주의 경제학을 대체하면서 1970년대에 구조 변화가 시작되었다. 이는 법학과 경제학에서의 시카고학파의 부상, 또는 '워싱턴 합의'라고 불리는 것으로 특징지어졌다. 이 합의는 사유재산권의 우선성에 초점을 맞추었으며 워싱턴에 기반을 둔 국제통화기금IMF 및 세계은행의 후원을 받았다. 핵심적인 발전 내용은 금융시장과 무역, 국제 투자의 자유화 그리고 자본과 사용자에게 유리한 경제의 재규제였다. 산업적 시민권 시대의 고용 안정(보장)이 갑자기 경제성장의 방해물로 그려졌고, 경제성장을 유지하는 게 최고의 정치적·경제적 목표로 간주되었다.

금융기관들은 전능한 힘을 가지게 되었다. 이들은 각자의 부문을 지배하고, 성격상 다국적일 뿐만 아니라 다산업적이 된 주요 기업들을 지원했다. 대규모 금융적·기업적 자본의 힘은 그 대표자들이 주로 순응적인 정치가들을 통해 '지대 추구 자본주의'라고 부르는 게 가장 적절한 아주 새로운 유형의 시장경제를 만들어내는 제도, 규제, 정책 등을 수립할 수 있도록 했다. 소득의 더 많은 부분이 지대 수취자, 즉 금융적, 물리적, '지적' 재산을 소유한 사람들에게 흘러 들어갔으며, 더 적은 부분이 노동과 일에 생계를 의존하는 사람들에게 돌아갔다.[1] 이런 방식으로 국가기구는 모든 형태의 불평등을 키우는 데 이용되었다. 이 시대를 사멸하는 국가의 시대 혹은 '탈규제'의 시대라고 규정하는 것은 잘못된 것이다.

제3의 시간의 한가지 특징은 많은 사람들이 이전보다 더 많은 시간을 노동하고 일하는 데 쓰면서도 그 자신이나 비슷한 사람들이 벌던 것보다 더 적게 번다는 점이다. 그리고 더 많은 일과 노동을 하는 평균 노동자는 소득 수준 상위에 있는 사람들보다 훨씬 더 뒤처지게 되었다.

지대 추구 자본주의와 전지구적 계급구조

이러한 이야기와 가장 관련이 있는 발전은 세 차원으로 규정할 수 있을 새로운 전지구적 계급구조의 진화이다.[2] 각 계급은 별개의 생산관계를 가지며, 이는 일과 노동의 유형 혹은 시간 사용 유형을 나타낸다. 각 계급은 또한 별개의 분배관계를 갖는다. 이는 소득 원천의 혼합을 말한다. 그리고 국가에 대해서도 별개의 관계를 가진다. 이는 시민권 및 자격의 범위를 뜻한다.

오늘날 계급구조의 맨 위에는 부호계급이 있는데, 느슨하게 세계적인 억만장자로 규정할 수 있다. 대부분 '일하지'만 노동은 하지 않으며, 거의 대부분의 소득이 시간을 어떻게 사용하는가가 아니라 자산 혹은 재산에서 나온다. 그들이 깨어 있거나 일을 할 때보다 잠을 자고 놀 때 더 많은 돈을 번다는 것은 전혀 과장이 아니다. 그들은 전지구적 시민으로서 원하는 곳 어디에서나 권리를 가진다. 그들은 다른 수많은 사람들의 시간을 구매할 수 있고, 옛 날의 봉건제 귀족들 대부분보다 더 호화롭게 살 수 있다.

많은 부호들은 '게으른 부자'가 아니다. 일부는 분명 건강에 해 로운 정도까지 일에 몰두한다. 일론 머스크는 수년간 일주일에 120시간씩 일했다고 자랑하며, 한번에 5분을 넘지 않는 회의를 연달아 하는 관행이 있는 것으로 알려져 있다. 누구라도 정신적 판단 능력을 해치지 않고 주 7일 매일 거의 17시간 동안 일하는 게 가능한지 의심스럽다. 그렇다고 부호들이 대부분의 시간을 레 크리에이션에 쓰고 나태하게 보낸다고 가정해서는 안 된다.

소득 스펙트럼에서 그들 아래에는 엘리트(최상층 경영자, 법 률회사와 금융회사의 사장 등)가 있는데, 이들은 어느 정도 노 동을 하며 소득을 지대 형태뿐만 아니라 봉급으로 벌고, 완전 한 범위의 시민권이 있다. 그다음으로 성장하고 있는 '프로피 션'proficien(컨설턴트, 건축가나 수의사 같은 자영 전문직) 범주가 있는데, 이들은 고용에서 독립하는 것을 선택할 수 있고, 높은 화 폐소득을 위해 열정적으로 일하며, 완전한 범위의 시민권이 있다. 그들은 일에 많은 시간을 쏟고 많은 리스크를 감당하며 소진되는 경향이 있다.

평균 수입이라는 관점에서 프로피션 아래 살라리아트(국가나 기업의 피고용인으로 정례적이지 않은 서비스 일을 수행하고 정 기적인 봉급을 받으며 무기 혹은 장기 계약 중이다)가 있다. 그들 은 고용 보장이 되며 상대적으로 예측 가능한 수입이 있고 여러 비임금 특전 및 국가급여를 받는다. 그들은 또한 점차 재산 소유권 및 금융 자산으로부터 이득을 얻는다. 이는 그들이 단체협상, 노동법, 사회부조 등에 근거한 과거의 노동주의 정치와 자신을 동일시하지 않는다는 것을 의미한다.

산업적 시간 체제 절정기에 살라리아트는 공공 서비스에 열성적인 태도를 가지는 경향이 있었으며 온건한 기독교민주주의 혹은 사회민주주의 정치를 지지했다. 그것은 대체로 공공 서비스 약화 및 개인주의 강조와 맞물려 지나가버렸으며, 정치에 관여하지 않고 경력과 개인적 이해관계에 초점을 맞추는 것으로 이어졌다. 살라리아트는 전세계적으로 줄어들고 있다. 현재 살라리아트의 자식들을 포함한 젊은 사람들은 이 계급에 합류할 기회가 더 적다.

평균 이상의 소득을 얻긴 하지만, 살라리아트가 노동과 이와 관련된 일에 할당하는 시간은 증가했다. 공식 통계에 따르면 그들은 더 낮은 임금을 받는 사람들보다 평균적으로 더 오래 노동하는데, 이는 산업적 시간 시대의 상황이 뒤집힌 것이다. 실제로 살라리아트는 파우스트의 거래를 했다. 거의 모든 시간과 장소에서 의무적으로 일과 노동을 하는 것에 대한 댓가로 높은 수입을 얻고 있으며, 여기에는 소진, 스트레스, 약물과 알코올 중독의 위험이 따른다.

소득 스펙트럼에서 살라리아트 아래에 위치한 계급은 프롤레타리아트로, 이들은 산업적 시간 시대에 형성되었고 육체적인 일 혹은 일상적인 서비스 일을 한다. 이들에게 세가지 차원은 분명하다. 작업장 및 노동시간이 규정되어 있으며, 노동에 쓰는 시간 블록이 확대되었다. 필요한 경우 국가급여를 받는 것을 포함해서 임금과 비임금 급여가 혼합돼 있다. 국가 내에서 일련의 권리가 있다. 그러나 프롤레타리아트는 꾸준히 줄어들고 있으며, 그중 많은 사람들이 그 아래 집단으로 떨어질까 두려워한다.

그 아래 집단이 프레카리아트, 즉 소득을 거의 전적으로 노동과 일에 의존하는 점점 늘어가는 '노동자' 대중 계급이며, 다음 세가지 차원의 결합을 특징으로 한다. 생산관계의 관점에서 그들은 대개 일자리에서 불안정하고 불안전한 노동을 경험하며 분명한 직업적 서사나 정체성 혹은 기업이나 산업 분야의 서사나 정체성이 없이 근근이 살아간다. 또한 정해진 작업장이나 노동시간이 없고 부불노동인 많은 일을 수행해야 한다. 그들이 얻고자 하는 유형의 일자리에서 필요로 하는 것보다 평균적으로 더 많이 학교교육을 받은 역사상 첫번째 계급으로서 지위 좌절을 겪는다. 그들은 자신의 시간에 대한 통제 감각이 없다.

프레카리아트가 전형적으로 불안정하고 불안전한 노동을 수행하지만 이 용어들이 '위태로운'precarious이라는 말과 동의어는 아니다. 오늘날의 생산 체제에서 자본은 수많은 불안정 노동을 원하는데, 사용자가 최소 비용으로 노동 총량을 쉽게 변동할 수 있다는 의미이다. 그러한 노동은 노동자가 유사 영구 계약을 맺은 경우 '보장'될 수도 있지만 대부분의 경우는 아니다. 실제로 프레카리아트는 산업적 시간 체제의 후기 단계에서 핵심 프롤레타리아트가 획득한 일곱가지 형태의 노동 기반 보장 모두를 갖추지 못했다.

이 일곱가지 형태의 보장은 다음과 같다. 노동시장 보장(좋은 고용의 풍부한 기회), 고용 보장(고용 상실에 대한 보상을 포함하는 보장된 계약), 일자리 보장(꼭 맞거나 보장된 유형의 일), 숙련기술 보장(실행 가능한 숙련기술의 보유 및 이를 향상시킬 수 있는 수단에 대한 접근), 일 보장(작업장에서의 건강과 안전의 보장), 소득 보장(고용을 상실했을 때 상응하는 보상을 포함하는 예상 가능하고 적절한 임금), 대표성 보장(권리를 옹호하고 향상시킬 수 있는 집단적·개인적 발언 기회 혹은 행위 능력).

이런 형태의 보장이 부재하다는 사실은 ── 살라리아트와 프롤레타리아트는 가지고 있었다 ── 프레카리아트가 자신들의 시간을 가지고 무엇을 해야 하는지에 영향을 미친다. 프롤레타리아트의 평균 노동자가 프롤레타리아트화되고 있었던 것 ── 즉 경영 규칙에 순응하는 한 안정적이고 보장된 노동이라는 기준에 길들여졌던 것 ── 과 달리, 프레카리아트는 불안전한 노동과 일의 라이프스타일을 내재화하라는 압력하에서 '프레카리아트화'되고 있다.

프레카리아트의 독특한 분배관계 측면에서 보자면, 그들은 비화폐적 급여나 이에 대한 자격 없이 화폐임금 혹은 프로젝트에 대한 수수료 형태의 화폐적 보수에 거의 전적으로 의존한다. 그들은 또한 국가급여에 대한 자격이 줄어들고 공동체와 가족의 수당과 지원도 상실하고 있는데, 역사적으로 볼 때 이는 불안전한 노동자들이 공유지에 접근함으로써 가졌던 것이다. 그들 대부분은 '홀로 볼링을 하고' 있으며 친척이나 친구의 긴밀한 네트워크에 의존할 수 없는데, 이는 관계적 소득 보장이라고 부를 수 있는 것이 결여되어 있음을 의미한다.

혼자 사는 것이 과거보다 훨씬 흔해졌다.[3] 고독과 외로움의 감정이 커지고 있다.[4] 이에 따라 일자리에서의 외로움도 커진다. 2018년의 글로벌 조사에 따르면 사무직 노동자 다섯명 가운데 두명이 외롭다고 답했다. 관련 연구들은 외로운 노동자가 동기가 더 약하고, 생산성도 더 낮으며, 일을 그만둘 가능성이 높다는 결과를 내놓았다.[5] 이 때문에 프레카리아트가 경험하는 불안전성이 심리적·재정적으로 더 위협적이다.

프레카리아트는 또한 지대 추구 메커니즘, 주로 부채를 통해 우연히가 아니라 체계적으로 착취당하고 있다. 대부분은 지속 불가능한 부채의 경계에서 살아가고 있으며, 사고, 질병, 작은 사건이 한번만 일어나도 절대적 빈곤에 빠질 수 있다. 예를 들자면 미국에서는 개인 소득자의 하위 50퍼센트가 1995~2019년에 약 7퍼센트의 마이너스 저축률을 보였는데, 이는 간단하게 말하자면 그들이 벌어들인 것보다 부채가 더 많다는 것이다.[6] 영국에서는 소득과 지출의 간극이 꾸준히 넓어지고 있으며, 프레카리아트는 생활수준을 유지하거나 겨우 생존하기 위해 필사적으로 발버둥치고 있다.[7]

국가와의 관계를 보자면 프레카리아트는 시민권에 기초한 시민적, 사회적, 경제적, 문화적, 정치적 권리를 상실한 최초의 대중계급이다. 그들은 본질적으로 시민이 아니라 청원자supplicant이자

거류민denizen이며 권한 있는 사람들의 자유재량적인 호의와 결정에 의지한다. 이 결정에는 적법 절차에 대한 아무런 존중 없이 급여 요청을 거부하는 결정도 포함된다.

청원자가 된다는 것은 시간에 대한 통제력 부족을 심화시킨다. '프리케어리어스'precarius의 라틴어는 '기도를 통해 얻다'prex이다. 구호, 주목, 유의미, 기회를 위해 기도하는 것은 시간이 많이 들며, 좋은 사회에서는 대부분 불필요한 일이 될 것이다. 하지만 사회정책과 경제정책은 청원자 활동에 사용되는 시간을 늘려왔다.

위에서 설명한 계급구조는 경제의 모든 부문과 전문직을 포함한 모든 직업 집단에 존재한다. 예를 들어 법조계에는 엘리트, 큰 규모의 살라리아트, 소규모의 프롤레타리아트, 확산되는 프레카리아트가 있다. 의료계도 거의 마찬가지이다. 종종 프레카리아트는 준법률가, 준의료활동 종사자, 보조 교사 같은 범주에 들어가며, 이들은 자격이 한정되고 직업 내 상향 이동 기회가 제한된다. 준법률가나 준의료활동 종사자로 얼마나 노동을 했는지와 상관없이 변호사나 의사는 될 수 없다. 이러한 계급 기반 분화에 영향을 받지 않는 부문은 없다.

일부 논평가들은 신자유주의적 정책이 대부분의 사람들을 자기착취적이고 고립된 개인들로 축소했으며, 집단의식이 결여되어 집단행동에 동원할 수 없게 만들었다고 주장한다. 이러한 견해에 따르면 프레카리아트는 불안전과 불만에 대해 스스로를 탓하면서 분노를 내부로 향하게 한다. 한국 태생의 영향력 있는 독일 철학자 한병철의 말을 빌리자면 그들은 "혁명적이지 않고, 우울하게" 되었다.[8] 그러한 감정이 널리 퍼져 있긴 하다. 하지만 이것은 너무 비관주의적인 분석이다.

진화하는 계급구조에서 핵심은 시간 통제 및 다양한 유형의 활동에 대한 시간 할당 — 노동이나 일에 쓰는 시간의 양만이 아니다 — 이 계급에 따라 구별된다는 점이다. 이는 불평등과 불안전의 증대에 대한 전통적인 평가에서는 거의 간과되는 형태의 불평등이다. 전통적인 평가는 '밀레니얼' '베이비붐 세대' 'X 세대' 간에 있다고 주장되는 차이에 초점을 맞추면서 젠더나 세대 관점으로 서술한다.

연령이라는 관점에서 집단을 규정하는 것은 세대 내의 계급 기반 차이에 주의를 기울이지 않는 것이다. 오늘날 청년 세대의 더 많은 사람들이 프레카리아트이긴 하지만 기성세대의 상당수도 프레카리아트이며, 모든 연령대에서 일부는 다른 계급에 속해 있다. 과제는 제3의 시간 체제의 성격을 규정하는 계급들 사이의 서로 다른 시간 유형을 확인하는 것이다.

특히 프레카리아트는 산업적 시간 체제의 프롤레타리아트가 통제권을 상실한 것과는 사뭇 다른 방식으로 시간 통제를 상실했다(혹은 획득하지 못했다). 더 많은 사람들이 자신들의 현재 시간 — 오늘, 이번 주, 이번 달 — 도 미래 시간도 통제하지 못하게 되었으며, 앞으로 어디서 어떻게 될지 혹은 1년 정도의 시간에 무엇을 하게 될지 알지 (혹은 최소한 상상하지) 못한다. 많은 사람들은 또한 자신의 과거 시간도 통제하지 못한다. 자신이 한 일이나 있었던 일에 대해 의미 있는 서사가 없고 자신이나 자기 자식과 동료 들에게 말할 수 있는 정체성 및 지위에 관한 이야기도 없다.

학교교육의 시간

산업적 시간 시대에 프롤레타리아트 대열에 합류한 다수에게 학교교육은 암기 학습 및 시간 규율에 대한 존중을 통해 노동에 익숙해지기 위한 몇년으로 이루어져 있었다. 한편 부르주아지 및 귀족의 자식들은 더 많은 시간 동안 전문직 및 정부 일에 적합하도록 설계된 자유교육을 받았다. 그러한 이중 모델은 학교교육 제도를 통해 사회적 통제가 꾸준히 확대되면서 제3의 시간 시대에 맞게 진화해왔다.

평균 학교교육 연수가 늘어났으나 더 흥미로운 것은 정치적으로 교육을 '교육산업'이라고 묘사하는 것이다. 초등교육, 중등교육, 고등교육 등 모든 층위에서 그 목적은 '인적 자본'의 증대이다. 즉 학생들의 소득 획득 능력을 증대하는 것이다. 일자리와 무관하다고 여겨지는 과목들에 들이는 학습 시간은 줄어들었다. 일자리로 직접 이어지는 것도 아닌데 뭐하러 역사, 철학, 문학, 음악에 시간을 들여야 하는가? 과거 2천년 동안 교육의 본질로 극찬받았던 가치들이 비난받고 있다. 상업화된 사회에서 그 자체를 위한 학습, 즉 고대 그리스인들이 파이데이아paideia라고 불렀던 지식, 문화, 도덕성에 대한 추구는 주변으로 밀려났다.

오늘날 모든 층위의 학교교육은 경쟁, 자기 기업가 정신, 개인주의 등 신자유주의적 가치를 장려한다. 그리고 그 결과로 받은 자격증은 점차 이른바 '지위재'가 되어갔으며, 신분과 성공이 다른 사람들보다 더 많은 혹은 더 좋은 자격을 가지는 것에 의존하면서 자격증 인플레가 나타났다. 경제학자 프레드 허슈는 "모두가 발끝으로 서 있으면 아무도 더 잘 볼 수 없다"라는 말로 이를 요약했다.[9]

그럼에도 학생들은 깨어 있는 시간의 대부분을 동료들과 경쟁하는 데 쓰도록 몇년이나 강요받는다. 좋은 일자리 기회가 제한적으로만 공급되므로 교육 체제는 다람쥐 쳇바퀴 같은 일이 되었으며, 상업적 이해관계자들은 이 상황을 사적인 과외와 '사교육'을 제공하며 이용한다. 영국에서는 그러한 비공식 교육을 받는 11~16세의 비율이 빠르게 늘어났으며, 이를 감당할 수 있는 가정의 아동에게 학습능력에서 이점을 준다고 가정된다. 그러나 이는 사회적 활동 및 사회화 활동 등에 쓸 수 있는 시간의 많은 부분을 먹어치웠다.

중국과 한국에서는 부담이 큰 시험이 아동이 어느 학교에 진학할지, 그후에 명문 대학에 입학할 수 있는지를 결정한다. 이는 보상이 큰 일자리를 얻을 기회를 높이며 부모의 노후 또한 보장할 수 있다. 부모들은 아이들에게 열심히 공부해 시험을 잘 보라고 압력을 가한다. 중국의 도시들에서 학생들은 방과후 과외에 매주 평균 10.6시간을 쓴다.[10] 학생과 부모 들이 받는 스트레스가 너무 커서 두 나라 모두 학교시간 이외의 공부 시간을 제한하려 노력했다. 한국은 2009년에 입시학원을 밤 10시까지만 운영하도록 강제했다. 중국 당국은 2021년에 가족들이 비용 때문에 아이를 더 가지길 주저하는 것을 우려해서 핵심 교과목에 대해 이윤을 추구하는 과외를 금지했고, 주식시장에서 1천억 달러 규모에 달했던 사교육 기업들을 폐쇄했다. 시진핑 주석은 이 부문을 "관리하기 어려운 고질병"이라고 묘사했다.11

아이러니하게도 자격증 인플레는 여러 직업들의 상당 부분이 계급 경계선을 따라 분할되면서 탈숙련화를 수반했다. 따라서 늘어나고 있는 프레카리아트는 '관문 일자리'를 얻으려면 이수해야 하는 교육을 실제로 활용할 수 없다. 예를 들어 준법률가 노동을 수행하는 데는 대학 학위가 필요 없지만 이 일자리를 얻기 위해서는 학위가 필요할 수 있다. 과거에는 법률 전문직이 대학 학위를 요구하지 않았다. '전문화를 향한 경주'라고 불리는 것으로 인해 학생들은 설사 그 자격 편중주의가 거짓임을 안다 하더라도 일자리를 위한 자격증을 취득하는 데 시간을 더 많이 쓸 수밖에 없었다. 그들은 확대된 일자리의 '과장된 직함 붙이기', 즉 실제보다 복잡하고 숙련 기술이 더 필요한 것처럼 일자리에 장식적인 이름을 붙이는 것에 속지 않는다.

좀더 규제적인 국가의 일부로서 교직, 교사, 학생 등의 — 교육 시간의 블록에 따라 보수를 받는(그리고 지불하는) — 상품화와 함께 학교교육 커리큘럼의 표준화도 서서히 이루어졌다. 그리고 평생학습이라는 신념이 있다. 이는 뒤에 이야기할 이른바 훈련 그리고 외부 기관이 조직하는 강좌에 더 많은 시간을 들이는 것을 포함한다. 학교교육은 결코 멈추지 않으며, 부정적인 함의와 긍정적인 함의 모두가 있다. (후자는 전국적인 네트워크를 가진 영국의 노인대학University of the Third Age, U3A인데, 노인들이 다른 사람들에게 지식, 숙련기술, 관심사 등을 공유하도록 장려한다. U3A는 공유화의 한 형태이다. 사람들은 자기 시간을 무상으로 제공하며, 참여는 사회적·공동체적 유대를 강화한다.)

이미 확고하게 자리 잡은 것으로 MOOCs(대규모 공개 온라인 강좌)가 있는데, 종종 유명 '학자들'이 생산하는 표준화된 패키지로서 전세계의 학교와 대학 들에 팔린다. 가장 최근의 발전은 메타버스이다. 아바타가 추동하는 가상현실 강좌는 인간 교사를 대체할 잠재력이 있다. 메타(이전의 페이스북)가 마이크로소프트와 함께 이를 전지구적으로 주도하고 있다.[12] 지식이라고 부르는 것이 더 표준화되고 더 비슷해질 것이라는 전망은 시간과 정신에 대한 통제와 관련해 우려할 만한 추세이다.

고등교육 학비 그리고 그 결과인 학생 부채도 또다른 시간의 상품화로 이어졌는데, 몇몇 경우에는 기이할 정도이다. 미국에서 청년 여성은 난자의 유전자 성격이 정상일 경우 난자를 기증해서 주기당 최대 2만 달러까지 부채를 줄일 수 있다. 이를 위해 상업 의료기관에서 시간을 써야 하며, (기증을) 여러차례 할 수 있다. 한 학생을 설명했다. "첫번째와 두번째에 나는 실업 또는 거의 고용되지 않은 상태였는데, 돈이 필요하긴 했지만 절망적이지 않았다." 그때 그녀는 임대료를 내는 데 그 돈을 썼다. 세번째에는 등록금을 내는 데 썼다.[13]

좀더 일상적인 이야기를 하자면, 상품화 과정으로 인해 더 많은 청년들이 학교교육 비용을 지불하는 데 도움이 되는 일자리에 시간을 쏟게 되었다. 그렇게 함으로써 그들은 프레카리아트 대열을 확대했으며, 중요한 시험 과목을 공부하는 데 시간을 덜 썼다. 한편 상업적 압력은 학교교육 내에서 시간을 어떻게 할당할 것인지를 재규정했다. 문화 연구는 밀려났고, 건물이나 연구교수직 및 대학교수직에 대한 상업적 이해관계자나 정치적 이해관계자의 기부는 고대 이래 스콜레의 기초였던 정치적 사고의 의욕을 직간접적으로 꺾었다.

미국의 극우 억만장자 찰스 코흐가 후원하는 미국의 코흐 장학 프로그램은 학생들을 자유지상주의적 방향으로 이끌려는 목표가 있으며,[14] 영국석유회사[BP]의 후한 기부금을 받는 옥스퍼드자원-부경제분석센터가 서아프리카에서 BP가 벌인 해로운 활동에 대한 비판의 목소리를 약화시켰다는 보도가 있었다.[15] 좀더 일반적으로 보자면 상업적 적합성이나 일자리 적합성을 위한 연구가 진리를 위한 연구를 대체했다. "일자리 우선!"이 주문이다.

신자유주의적 인간[Homo Neoliberalis]

1970년대와 1980년대 신자유주의가 이데올로기적 헤게모니를 쥐었을 때 많은 사람들이 신자유주의를 19세기 자유시장 자본주의의 부활로 해석했다. 신자유주의적 이상형은 스스로 생산하고 판매하는 '자기 기업가'이다. 프랑스 철학자 미셸 푸코

(1926~84)와 연관이 있는 이 개념은 '개인주의화'에 대한 신자유주의의 집착, 즉 각 개인이 '자신의 자본'과 '자신의 생산자'라는 믿음을 반영한다.[16]

이는 만인에 대한 만인의 투쟁, 초경쟁이라는 현대의 홉스적 세계를 이루는 배경이 되었는데, 이 세계에는 소수의 승자 그리고 상처로 남은 만남, 갈가리 찢긴 신경, 존재론적 스트레스 등에 시달리는 희생자인 다수의 패자가 있다. 국가, 광고주, 특히 확보한 부에다 그에 수반되는 권력과 지위가 있는 의기양양한 지대 추구자들은 그러한 패자들에게 뭔가 부족함이 있을 경우 스스로를 비난하라고 부추긴다.

사람들이 스스로를 자기 기업가로 간주한다면 그들은 일, 돌봄, 공유화, 스콜레로서의 여가 등의 가치가 아니라 '자본주의적' 가치를 내면화하는 경향이 있을 것이다. 그럴 경우 이런 활동들에 쓰는 시간은 '비생산적' 혹은 심지어 '구걸한' 것으로 비난받으며 낭비된 시간으로 간주된다. 아이디어 공유는 자기 이익의 원천을 포기하는 것이기에 기업가로서의 자신을 배신하는 일이 된다. 이에 따라 '지식재산권'이라는 개념이 등장했다. 개인과 회사들이 발명 특허권이나 저작, 음악, 디자인 등에 저작권을 가지고 다른 사람이 이를 사용하는 것을 막는 것을 허용한다. 아이디어를 지식재산으로 전환하는 것은 이제 만연해 있다.

이런 신자유주의적 이상형과 일치하는 것이 자격, 활동, 경험, 네트워크 등의 포트폴리오를 쌓는 데 시간을 투자하는 것을 포함한 직업적 경력 만들기이다. 나중에 보았을 때 이러한 투자의 많은 부분은 '시간 낭비'로 보일 수 있다. 특히 예술가에게 경력은 "'공석'을 채우는 게 아니라 종종 매우 이질적인 여러 프로젝트에 참여하는 것으로 구성된다."[17] 많은 프로젝트가 중첩되어 진행될 수 있으며 한두가지 프로젝트를 하면서 다른 몇가지를 동시에 지원할 수도 있는데, 이는 '나는 프로젝트를 한다, 고로 존재한다'라는 병리적 태도를 낳는다. 지금 이 순간 프로젝트를 진행하고 있지 않으면 패배한 것이다.

제3의 작업장

산업적 모델은 역사적으로 특유한 장소와 시간의 분할을 낳았으며, 이는 이전에 존재했던 가정과 일의 상호 관련〔배태성〕을 끊어버렸다. 가정을 둘러싼 일 그리고 공동체 내의 일(공유화의 핵심)은 줄어들었고, 직장에서의 노동이 규준이 되었다. 제3의 사회에서는 직장, 공유지, 가정을 규정하는 경계 그리고 이와 관련된 시간 사용의 경계가 흐릿해졌다. 노동과 일의 분할이 흐릿해졌고, '놀고'(레크리에이션으로서) '휴식'이라는 압력은 스콜레로서의 여가를 몰아냈는데, 그중에는 정치 활동에 공적으로 참여하는 형태인 '사회적 관리'라 불리는 것도 포함되어 있다.

건축가와 도시 설계자 들은 현대적 형태의 노동, 일, 레크리에이션이 용이하도록 건물과 주변 토지를 설계하고 있으며, 이를 통해 사람들은 마찰 없이 여러 활동을 통합할 수 있다. 이는

2020~22년의 코로나바이러스 팬데믹의 엄청난 충격 이전에 일어난 일이었다. 10년도 더 전에 『이코노미스트』는 현대적 도시 노마드주의라고 부르는 것이 성장하고 있다고 썼다.[18] 대부분의 피고용인과 임원에게 사무실이나 고정된 작업장이 없는 '가상' 회사도 지난 20년 사이에 증가했다.

제3의 시간 체제의 또다른 특징은 발전한 파놉티콘 감시 체제이다. 이 체제는 산업적 시간 시대 말에 시작되었으며, 3장에서 언급한 것처럼 노동자들이 공장 안팎에서 시간을 어떻게 사용하는지를 추적하는 정교한 감시 메커니즘이 있는 '사회 공장' 모델을 구축한 선전주의로 요약된다. 후일 중국 정부는 소위 '안전한 도시' 사업을 추진한다는 명목으로 모든 인터넷 카페, 식당, '유흥업소'에 지역 경찰서로 연결된 비디오카메라 설치를 요구했다. 이는 금순공정金盾工程 혹은 국가공안정보관리 프로젝트로 알려진 거대 프로젝트의 일부인데, 시스코시스템스Cisco Systems가 주도하는 미국, 영국, 이스라엘, 기타 서방국 기업들이 공급하는 기술을 바탕으로 1998년에 개시되었다. 오늘날 모든 온라인·모바일 커뮤니케이션이 추적되고 있으며, 금순공정은 중국의 거의 모든 개인들을 포괄하는 데이터베이스를 만들어냈다. 이것은 전속력으로 작동하는 파놉티콘 국가이다.

노동 및 노동을 위한 일이 점점 더 고정된 작업장에서 벗어나고 있다는 사실은 20세기에 '작업장'을 기준으로 구축된 노동법과 노동 규제 체계에 영향을 미친다. 제3의 작업장 그리고 제3의 생산 체제 일반은 또한 '생산수단 소유권'이 흐릿해졌다는 것을 의미한다. 맑스주의적 관념은 프롤레타리아트를 소유권에서 '벗어난' 것으로 본다. 그러나 오늘날 프로피션과 살라리아트의 일부는 자신의 전자기기 속에 '생산수단'에다 자기 직종의 '원료'도 가지고 다닌다.

이는 장소, 직원, 시간이 거의 지속적으로 바뀌는 일과 노동의 그림을 연상시킨다. T. S. 엘리엇의 시 「앨프리드 프루프록의 사랑의 시」The Love Song of J. Alfred Prufrock(1915)에는 다음과 같은 불멸의 시구가 있다. "나는 커피 스푼으로 내 인생을 측정했다." 일부는 이를 정돈된 생활을 반영한다고 본다. 그러나 그것은 또한 아노미적인 허무한 삶의 이미지를 그리기도 한다. 급성장한 '예술가 공동체'는 이를 잘 이해한다. 즉 프로젝트를 쫓아다니고, 기회가 있을 때마다 작업장을 옮기고, 뿌리가 없고, 너무 자주 방향성을 상실하고, 그저 기다리는 삶 말이다.

제3의 노동

제3의 노동은 강한 경계가 없는 시간 사용 체제이다. 산업적 시간으로부터의 한가지 변화는 표준적인 9~5시, 주 5일 노동에서 훨씬 더 다양한 유형으로의 전환이다. 시간이나 날은 신성불가침하지 않다. 예를 들어 2010년까지 미국의 피고용인 다섯명 가운데 한명은 오전 6시에서 오후 6시 사이 이외 시간에 자기 노동시간의 절반 이상을 노동했다.[19] 2015년에 유럽연합에서는 모든 피고용인의 절반이 같은 노동을 최소한 매달 한번은 토요일에 수행했으며, 3분의 1은 최소한 한번은 일요일에, 약 5분의 1은 밤에 수행했다.[20]

수많은 유형의 유연노동이 번성했는데, 여기에는 장기간의 인턴, 0시간 계약과 가변 시간 계약, 파트타임 임시직, 파견노동, 가짜 자영노동 등이 포함된다. 이러한 다양성은 부분적으로 현대 24/7 생산 체제와 유비쿼터스 전자 연결을 반영하는데, 종종 '연속 근무 주간'이라고 불린다. 점점 더 많은 비율의 피고용인이 교대근무를 수행하며, 정해진 패턴 없이 시간 블록을 순환한다. 그러한 체제는 정신건강에 유해하고, 심장 질환과 위장 질환을 낳고, 가정생활에 해를 끼친다. 하지만 부유한 경제권에서 이러한 노동 유형이 확산되고 있다.

'비표준적' 고용과 '비전형적' 고용이라는 말이 너무 오랫동안 사용되었다. 많은 수의 사람들이 이러한 말로 포괄되는 일자리에 있다. 이런 고용의 성장은 가장 부유한 경제권에서도 일어났다. 독일에서는 2020년까지 ─ 즉 코로나바이러스 팬데믹의 충격이 느껴지기 이전 ─ 1150만명 혹은 공식적으로 집계된 노동력의 3분의 1이 이른바 미니잡이라 불리는 파트타임 일자리나 정해진 기간의 임시직에 있었다.[21]

또한 전지구적 노동시장의 이중적 '여성화'가 있었다. 여성이 남성을 대체했고, 일자리가 점점 전통적으로 여성이 주류였던 일자리의 성격을 가지게 되었다(경공업, 대부분의 서비스 일자리).[22] 전지구적으로 여성이 대학생의 절반을 넘었고, 이로 인해 여성이 경쟁력을 가지게 되었으며, 더 많은 남성이 대학을 그만 두었다. 그리고 여성의 노동 참여가 늘어나면서 노동 형태가 더 유연하게 변화했다.

정보기술과 알고리즘 통제 체제는 '적기' 생산을 '적기' 노동 배치와 일치시키는 정교한 노동 관리 기술을 가능하게 했다. 회사들은 특정 시점에 노동이 얼마나 필요한지를 계산할 수 있고, 노동자들에게 언제, 얼마나 오래 그들이 필요한지를 자동적으로 알릴 수 있다. 이는 노동자들의 일정 불안정으로 이어졌는데, 이는 고용 불안전과 같은 것은 아니다.

영국에서 생활임금재단은 2021년에 모든 노동자의 38퍼센트 ─ 약 1천만명 ─ 가 노동 일정을 일주일 이내에 통보받는 일자리에 있다고 추정했다. 7퍼센트는 24시간 이내에 통보받았다.[23] 저임금 피고용인 가운데 55퍼센트는 노동 일정을 일주일 이내에 통보받았고, 15퍼센트는 24시간 이내에 통보받았다. 0시간 계약을 사용하는 40개 대기업에 관한 또다른 연구에 따르면 35개 기업이 종종 예고 없이 근무시간을 취소했고, 4개 기업만이 이에 대해 노동자들에게 보상했다.[24] 이는 현대적인 경제 불안전의 원천으로 스트레스와 불안을 초래한다. 특히 사람들이 육아나 기타 해야 할 일을 처리할 때 그러하다. 일자리를 위해 비워둔 시간은 그저 버려진다.

산업적 작업장과의 또다른 차이는 노동시간과 생산성 사이의 관계이다. 제조업에서는 애덤 스미스가 핀 생산에 관해 지적한 것처럼 기술적 분업이 생산성을 증가시킨다. 그는 개별 노동자가 하나의 핀 전체를 만드는 대신 과업이 구성 요소로 분화되어 어떤 노동자는 핀 머리를 만들고, 어떤 노동자들은 끝부분을 만들면 핀 생산이 증가할 수 있다고 말했다.[25] 테일러의 과학적 관리는 이와 동일한 아이디어에 기반을 두었다. 그러나 테일러주의의 '구상'과 '실행'의 분리 혹은 '사고'와 '수행'의 분리는 노동자들이 중등교육이나 고등교육을 받은 경우 확실히 더 분노와 좌절을 일으켰다. 이러한 상황에서 직무 책임성을 제한하는 것은 생산성을 증대하기보다는 저하할 수 있을 것이다.

서비스 지향 경제는 또한 경제 성과가 생산성 증가로 측정되어야 한다는 주류 경제학의 주장에 도전한다. 제조업에서 심지어 농업에서도 투입 단위당 산출량의 증가는 기계류의 감가율 혹은 토지나 자원의 질의 저하 비율을 가속화하지 않고 유지될 수 있다면 (GDP로 측정된) 경제성장을 낳는다. 그러나 서비스 부문에서는 투입 단위당 '산출'의 증대가 서비스 전달의 질과 효율성을 쉽게 악화힐 수 있는데, 예를 들어 인격적 관계가 중요한 교육, 의료, 돌봄노동에서 그러하다. 서비스를 전달하는 데 적은 노동시간을 들이는 게 금융가, 관리자, 회계감사에게는 동기가 될 수 있지만 더 높은 생산성이 서비스를 받는 사람에게도 더 나은 서비스를 의미하지는 않으며 더 나쁜 것일 수도 있다.

생산성과 노동시간의 연계는 노동시간이 온라인과 앱을 통해 의뢰되는 플랫폼 자본주의에 의해 더욱 약화되었다. 세가지 주요한 형태의 노사관계가 장래의 노동시장을 지배하게 될 것으로 보인다.

하나는 새로운 종류의 하인 혹은 '심부름' 활동인데, 식사나 기타 상품 배달 서비스, 택시 서비스, 청소나 선반을 세우는 것처럼 가끔 하는 일을 처리하는 가사 서비스 등이 포함된다.26 온라인 플랫폼이 노동 중개인 노릇을 하는 이런 상품화된 서비스는 부유한 세계에서 삶의 모든 영역에 스며들 정도로 성장했다. 소비자 혹은 고객에게 이런 서비스는 다른 일을 위한 시간을 확보해주는 것이어야 한다(앱을 만지작거리는 게 이 시간의 일부를 상쇄할지는 몰라도). 그러나 서비스 제공자는 앱에 의해 시간이 통제된다. 로그인을 하면 그들은 오더를 기다려야 하고 오더가 오면 즉각 반응해야 한다. 빨리 반응하지 못하면 소득을 잃을 수 있으며, 어떤 경우에는 일자리 자체를 잃게 된다.

다른 대인 서비스는 물리적 접촉 없이 온라인으로 구독자에게 제공된다. 예를 들어 한 기업은 크라우드펀딩 웹사이트인 파트레온Patreon을 통해 돈을 내는 사람들에게 온라인 댄스 강좌를 제공한다.27 이른바 일부 '크리에이터'('인플루언서'라고도 한다)는 온라인 비디오나 기록을 보는 사용자에게 매달 요금을 부과함으로써 수천 파운드를 벌어들인다. 모두가 자기 재능과 관심사를 화폐화함으로써 이윤을 벌 수 있다는 주장이다. 놀랍지 않게도 그러한 창조성은 성노동자들 사이에서 확대되었다.

점점 더 앱이 매개하는 또다른 노동 형태는 '애니콜'beck-and-call 노동이라고 부를 수 있을텐데, 노동시간이 전혀 명시되어 있지 않다. 영국에서 실시한 어느 조사에 따르면 2019년에 77만명이 0시간 계약 혹은 탄력 시간 계약을 하고 있으며, 240만명의 노동자가 '계약상 보호장치가 없었다'. 즉 정기적이고 예측 가능한 노동시간이 규정되지 않은 고용계약 상태인 것이다.[28] 여기에 더해 490만명의 자영업자가 있는데, 이 가운데 다수는 고용 보장이 없는 프리랜서였다. 십중팔구 더 많은 사람들이 탄력 시간 계약 혹은 수입이 불안정하거나 탄력적인 계약을 맺고 있을 것이다. 다른 사람들은 노동시간은 예측 가능해도 고용 보장이 안 될 텐데, 이 가운데 다수는 임시 고용 대행사에 고용되어 있으며, 이는 새로이 급속하게 성장하는 노동 형태이다.

시간과 소득 분배가 더 파괴적인 것은 '클라우드 노동'인데, 온라인 플랫폼을 통해 어떤 기업이나 조직이 원격으로 할당하는 재량 과업을 수행하는 것이다. 현재 노동시간이 가장 크게 증가하고 있는 이 원격 노동은 아마존 메커니컬터크가 위탁하는 알고리즘 훈련을 위해 사진에 태그를 붙이는 미니 과업부터 법률 지원 서비스와 의료 지원 서비스 및 엔지니어와 건축가 들을 포함하는 전문가들이 수행하는 프로젝트 작업의 외주까지 다양하다.

일반적으로 프레카리아트에게 널리 퍼져 있는 클라우드 노동자들은 종종 '원거리 이민자'telemigrants라고 불리는데, 노동자가 아니라 노동이 나라와 공동체 들 사이를 이동하기 때문이다. 온라인 프리랜서 플랫폼은 단기 프로젝트를 위한 수백만건의 계약을 중개한다. 가장 큰 플랫폼 중 하나인 업워크Upwork는 2022년 회사 리스트에 등록된 프리랜서가 1200만명이 넘었으며, 웹사이트 및 앱 개발 분야에 가장 수가 많았다.

클라우드 노동의 성장, 그리고 더 일반적으로 원격 노동의 성장은 노동과정을 전지구화하고 있으며, 생계를 노동에 의존하는 사람들의 협상 지위를 약화하고 있다. 왜냐하면 전세계 어느 곳에 있든 가장 낮은 가격으로 서비스를 제공할 준비가 된 능력 있는 사람 아무에게나 과업을 맡길 수 있기 때문이다. 런던 히스로 공항에 전화를 걸어 분실물에 관해 문의하면 인도 방갈로르에 있는 서비스 노동자에게 전화를 거는 것일 수도 있다.

미국 다음으로 업워크가 많은 수익을 창출하는 나라는 인도와 필리핀이다. 이러한 노동 형태를 가속화한 한가지 요인은 기계 번역의 개선이었다. 2016년 이래 구글 번역 같은 앱들은 일상적으로 인간 번역자와 같은 점수를 받았다. 그 이전에 구글 번역은 6점 만점에 3.6점을 받았는데, 평균적인 인간 번역자보다 훨씬 낮은 점수였다. 2016년에 구글 번역은 5점을 받았고, 그 이래로 더욱 좋아졌다.[29]

요컨대 일자리라는 개념 자체가 서서히 사라지고 있다. 그리고 영국 같은 나라에서 노동력의 규모는 알 수 없는 숫자이다.

노동을 위한 일Work-for-Labour

산업자본주의에서 노동자는 노동을 할 때 착취당하고 억압당했으며, 일반적으로 놀이와 회복을 위한 '자유시간'이 주어졌다. 현재 노동자들은 더 적은 시간 노동하지만 노동시간 이외에도 더 많은 '노동을 위한 일'을 하도록 요구받는다. '노동을 위한 일'은

'고용 가능성'을 제고하고 '유연' 노동자로서 성공적으로 기능하기 위해 해야 하거나 해야 한다고 느끼는 무보수 일이다. 노동에서 측정되는 시간은 줄어들지 모르지만 노동을 위한 일의 시간은 늘어나고 있으며 다른 활동을 위한 시간을 몰아낸다. 우리는 거의 지속적인 패닉에 빠져 있다. 우수함의 기준이 없기에, 얼마만큼 노동하든 안심할 수 없다.

서비스 지향 노동의 한가지 측면은 일하는 시간이 강도 면에서 산업적 시간 체제보다 훨씬 더 변화무쌍하며, 일반적으로 정규 부불 초과근무 혹은 일시 부불 초과근무를 포함한다는 것이다. 이는 또한 공식 통계에서 보고되는 시간당 임금률이 과장되었음을 의미한다. 코로나바이러스 팬데믹의 충격 이전인 2019년의 공식 국민건강보험NHS 직원 조사에 따르면 영국의 의사, 간호사, 지원 인력은 평균적으로 매주 2~3시간 부불 초과근무를 수행하고 있었다.[30]

부불 초과근무는 또한 대학과 칼리지가 단기계약으로 그리고 종종 계약 시간에 따라 임금을 지불하며 고용하는 학기별 임시 고용 직원 ─ 종종 학계 프레카리아트에 해당하는 시간강사 ─ 에게도 부담이 된다. 이 집단은 대학들이 수입을 보다 안정적인 정부 보조금이 아니라 등록금과 연구기금에 점점 의존하게 되면서 영어권 세계에서 급속하게 늘어났다. 영국에서는 학계 직원의 3분의 1이 기간계약을 맺고 있다(그리고 연구 직원의 3분의 2).[31] 오스트레일리아에서는 대부분의 교수진이 (시간당 돈을 받는) 임시직 혹은 기간제 계약직이다.[32] 캐나다에서는 대학교수와 조

교수의 절반이 임시 계약직이다.[33] 그리고 미국에서는 대학과 고등교육 기관의 직원 4분의 3이 현재 단기 계약직이며 종종 빈곤선 수준의 임금을 받는다.[34]

모든 곳에서 학계 프레카리아트는 자신의 시간에 관한 가혹한 요구에 직면해 있다. 수업과 강좌 준비, 학생 성적 산출, 기타 일 등 지불받지 못하는 수많은 노동을 위한 일을 하는 데다 봉급은 근무 시간을 충당하기에 모자라기 때문이다. 그리고 이들은 자기 연구 분야에 대한 지식을 최신의 것으로 유의미하게 유지하기 위한 연구기금을 받지 못한다. 점점 줄어드는 정규계약이나 무기계약을 체결할 수 있는 조건인 연구 및 학술 논문 집필에 대해 지불받지 못하는 것은 말할 것도 없다.

경제학자와 기타 논평가 들이 일반적으로 지닌 견해는 종종 제4차 산업혁명이라 불리는 지속적인 기술혁명이 노동을 대체하고 대규모 해고를 낳게 되리라는 것이다. 잉글랜드은행의 수석 경제학자인 앤디 홀데인은 이를 긍정적으로 뒤집어 2019년 대중 강연에서 "제4차 산업혁명이 더 오래 사는 사람들에게 수십억시간 이상의 자유시간을 가져다줄 것이라고" 단언했다.[35]

이것은 너무나 낙관적인 생각이다. 반대로 이것은 지금까지 있었던 기술혁명 가운데 직접적으로 더 많은 일을 만들어내면서 분명 지불노동의 양은 줄일 최초의 기술혁명이다. 이 현상은 자동화automation와 대비되어 '헤테로메이션'heteromation이라고 불렸다. 자동화는 기계가 노동을 대체한다. 헤테로메이션은 기계가 인간에게 더 많은 일을 만들어낸다.

예를 들어 영국에서는 평균적으로 온라인에 쓰는 시간이 2005년 주당 10시간에서 2019년과 2020년에 25시간으로 두배 이상 증가했다. 2005년에는 성인의 약 35퍼센트가 거의 매일 인터넷을 사용했지만 2019년에는 90퍼센트가 사용했다.[36] 많은 사람들이 일어나서 잠자리에 들 때까지 온라인 접속을 할 정도로, 종종 침대에서도 그럴 정도로 중독되어 있다. 미국에서는 성인의 거의 3분의 1이 '거의 지속적으로' 온라인에 접속해 있다고 말한다.[37] 하지만 이 가운데 대부분은 일과 관련된 것이다. 이를 여가 혹은 심지어 자유시간이라고 부를 수는 없다.

대부분의 경제학자들은 노동을 둘러싼 모든 일이 아니라 오직 지불노동에만 초점을 맞추는데, 이는 의심스러운 결론에 이른다. 예를 들어 명망 있는 MIT 교수인 다론 아제모을루는 2021년 11월 미국 하원에서 자동화와 알고리즘이 "새로운 과업의 도입에 매우 급격한 둔화"를 야기하고 있다고 말했다.[38] 그는 자동화와 알고리즘이 많은 과업을 만들어내고 있지만 그 과업은 지불받지 못한다고 말했어야 했다. 그 과업들은 노동을 위한 일이다.

종종 팀으로 조직되어 수행되는, 예술가와 학자 들의 프로젝트 작업은 노동을 위한 일이 많다. 그런 프로젝트 팀에 있는 사람들은 자기 통제라는 환상을 가지고 있을지 모르며 상사나 감독자 없이 자유롭게 움직인다고 생각하고 싶어 할지 모른다.[39] 현실에서 그들은 종종 만성적인 초과근무를 하는데, '중심 없는 권력'에 의한 사회적 통제에 종속되어 있기 때문이다.[40]

요약하자면 특히 프레카리아트 주변의 저소득 집단 사이에서 노동을 위한 일의 확산은 일자리라는 관념을 더욱 흐릿하게 하고, 측정된 노동시간을 웃음거리로 만든다.

감정노동

수많은 서비스 일자리에서 대부분의 시간은 '감정노동'이라는 이름으로 사용되는데,[41] 사람들은 웃어 보이기, 인사하기, 건강과 자녀 및 부모 등의 안부를 물어보기 같은 매력적인 감정 표현을 할 것으로 기대된다. 이것은 사회적 숙련기술로 전환되어왔으며, 일부 사람들은 이를 거의 자연스럽게 할 수 있지만 다른 사람들은 할 수 없고, 또다른 사람들은 그렇게 하기를 그저 거부한다.

이와 관련된 측면이 생산성을 증대하는 것으로 간주되는 정서 지능이다. 다음과 같은 홍보물을 살펴보자.

정서 지능을 보았을 때 이를 식별하는 법을 배우기. 스마트한 사용자는 작업장에서 정서 지능의 가치를 인정한다. 고용 담당자와 인적자원 전문가 2600명 이상을 조사하여 인적자원 기업 커리어빌더는 다음의 내용을 발견했다. 71퍼센트는 피고용인에게서 IQ보다 정서 지능에 더 가치를 둔다고 말했다. 75퍼센트는 높은 IQ를 가진 사람보다 높은 정서 지능을 가진 사람을 승진시키는 경향이 있다고 말했다. 정서 지능이 있는 피고용인은 끈끈함을 만들기 때문에 가치가 있다. 훌륭한 팀워크는 위대한 팀을 만든다. 그리고 위대한 팀은 위대한 일을 한다. 그러나 사용자로서 정서 지능을 보았을 때 그것을 어떻게 확인할 수 있는가?42

좋은 질문이다. 엽서로 답을 보내주면 고맙겠다. 분명히 정서 지성은 타고난 것이기도 하지만 배울 수도 있다. 그것은 시간에 잠재적으로 중요하고 새로운 요구를 부여한다.

또한 신체적으로 매력적인 사람들이 고용될 가능성이 더 높고, 심지어 돈을 더 많이 받을 가능성이 있다는 것도 분명하다. 이러한 형태의 차별은 언제나 존재했지만 제3의 시간 체제에서 이런 특징이 더 또렷해졌다. 그것은 소외의 한 형태, 즉 신체를 상품화하고 코 성형, 유방 확대, 지방 제거술 등 미용수술을 장려하는 한 가지 요인이 되었다. 우리는 이것들을 섹슈얼리티나 순수한 나르시시즘으로 생각하는 경향이 있다. 그러나 그것들은 현대 노동과정에서도 일정한 역할을 한다.

감정노동을 공급할 필요가 재생산을 위한 일에 사용되는 시간을 늘렸는데, 이제 그것은 감정적 '숙련기술'을 취득하기 위한 시간을 요구한다. 자기 재현을 개선하고 고객과 감독자 들에게 받아들여질 만한 방식으로 행동하는 것 —푸코의 용어를 사용하자면 '유순한 신체' 되기43 —은 모두 시간을 요하며, 제3의 시간 체제에서 중요해졌다. 많은 사람들은 자신의 노동력이나 능력을 쉽게 재생산할 수 없는데, 자신의 시간을 통제할 수 없거나 그럴 기회가 없기 때문이다. 다른 사람들은 그런 일을 하는 데 아주 많은 시간을 쓰지만 숙련기술이 되리라고 여겼던 것이 철지나버려 그런 노력이 우스워졌다는 것을 알게 된다. 자기 돌봄은 프레카리아트로 존재하는 데 내재된 것이다. 이를 무시하려면 위험을 무릅써야 한다.

한편 가사일의 일부였거나 시간 제약 때문에 거의 수행되지 않던 활동들이 이제는 감정노동을 강화하는 상업 회사에 의해 공급된다. 회사들은 이전에는 이상화된 가족이 제공하는 것으로 기대되던 활동을 공급한다. 활동은 일단 상품화되면 표준화되는 경향이 있고, 소비자가 선택할 수 있는 다양한 형태로 제공된다. 이는 소비자들에게 이를 구매할 수 있게끔 더 많은 일과 노동을 하도록 압력을 가한다. 따라서 감정노동의 상품화가 가족생활에 침투하고 있다.

어쨌건 가족은 감정의 영역이며, 이는 태도, 행위, 시간이 할당되는 방식에서 드러난다. 그러나 가족생활의 상품화는 그러한 영역을 부식한다. 시장은 감정적 필요(혹은 인위적 필요)를 확인하고 상품화하며, 이는 '좋은' 부모, 아내, 남편이 해야 하는 것에 관한 바람직한 규준을 창출하는 데까지 이르렀다. 당신이 무언가 잘못할 수도 있는 속 편한 생일 모임 대신, 주머니 사정에 따라 메뉴를 선택할 수 있는 파티 전문가나 패스트푸드 체인점이 준비해주는 적절한 파티를 열어야 한다(카우보이와 인디언,「스타트렉」 등). 디너파티도 패키지로 마련되며, 심지어 '대화조력자'와 함께 제공된다. 엄마 대여 서비스는 엄마 돌봄의 부족을 채운다. 아빠는 아이들과 시간을 충분히 보내지 않는다. 이제 시장이 해결책을 제공한다.

가사일을 평가하는 데 점차 상업적 기준이 도입되었다. 미국의 일부 회사들은 경영진과 고참 피고용인들에게 가정 활동이 고용의 요구에 부합하도록 가족생활을 효율적으로 관리하는 방법을 훈련하고 가이드라인을 제공했다. 어떤 사람이 부모와 배우자로서 지닌 수행능력에 대한 평가는 작업장 프로그램에 기초한다.[44] 이것은 상업화된 서비스이다. 더 많이 더 잘 노동하도록 시간을 확보하는 가족 경영이다.

그 지지자들은 가족 영역 내에서 감정노동 서비스가 가족 구성원들로 하여금 압박감과 가족생활을 좀더 효율적으로 처리할 수 있도록 해준다고 주장할지 모른다. 그러나 가사일을 감정노동으로 전환함으로써 시장은 더 많은 노동, 더 많은 '일자리'를 만들어낸다. 과거에는 단지 상상에만 그쳤던 이상화된 상업적 규준이 만들어지고 있다. 그리고 이 과정에서 시간 유형이 형성되고 조작된다. 이러한 상업화는 좀더 일반적으로 상업화에 대한 방벽 역할을 하는 가족의 심리적 능력을 침식한다. 인격적 호혜성이 약화되어 공감, 이타주의, 사회적 연대에 관한 우리의 이해가 약해진다. 우리가 우리의 시간을 가지고 무엇을 하는지는 이러한 가치들을 보존하는 데 매우 중요하다.

작업장과 가정의 경계가 흐릿해진 것은 사회학자 앨리 혹실드가 가정이 '일'work에 종속되고 있다고 주장한 것으로 분명하게 확인할 수 있다. 그녀가 일이라고 표현한 것은 일자리 내의 노동을 의미한다. 그녀가 인터뷰한 피고용인의 절반 이상이 가정에 있을 때보다 일자리job에 있을 때 더 '편하다'at home고 말했는데, 부분적으로 일자리에서 감정적 지원을 더 경험하기 때문이다.⁴⁵ 이는 일자리를 옹호하는 게 아니라 상업화된 가정생활의 감정적 결여를 비난하는 것이라고 보아야 한다.

훈련으로서의 일

노동자를 위한 일종의 노화 방지약인, 지속적인 '노동을 위한 훈련' 문화도 있다. 한 인적자원 컨설턴트는 『파이낸셜 타임스』에 모두가 매년 자기 시간의 최소 15퍼센트를 훈련에 써야 한다고 말했다.⁴⁶ 오늘의 나는 어제의 나만큼 좋을 수 없고, 내일을 위해서는 불충분하다. 훈련을 더 하라! 거기에 드는 돈도 내고!

산업화된 세계에서 현재 대부분의 전문직은 '지속적인 전문성 개발'CPD을 수행하는 현역을 요구한다. 미국에서는 변호사, 교사, 회계사, 엔지니어, 파일럿, 내과의사, 간호사, 심리학자, 약사, 건축가 등이 여기에 포함된다. 영국의 공인인력개발연구소CIPD의 '학습 어드바이저'는 이렇게 말했다. "벽에 붙어 있는 자격증이 더이상 능력의 보증서로 받아들여지지 않을 수 있다."

노동자들은 스스로를 리모델링하고 재시장화해야 하며, 종종 접대하는 상업적 신체로 바꾸어야 한다. 이것은 큰 변화일뿐더러 시간을 크게 잡아먹는다. 영국의 대부분의 전문직은 모든 전문가가 자신의 숙련 기술을 유지하고 갱신할 의무가 있다는 이유로 자발적인 제도에서 강제적인 제도로 바뀌었다. 오늘날 기업과 전문가 들은 과실 청구나 사고에 대해 보험 보장을 받으려면 전문 손해보험사에 정기적으로 숙련기술을 갱신하고 있다는 것을 증명해야 한다. 갱신이 실제로 이루어졌는지 증명할 필요가 없거나 증거가 없더라도 그렇게 해야 한다.

훈련은 기술적 능력을 넘어 개인의 성격으로 확장되었다. 훈련의 초점이 엄격해지고 있다. '리더십' '팀플레이' '듣는 능력 학습' '피드백에 대한 반응' '깊은 기대에 도전하기' '자기 제한적 믿음의 극복' 등의 훈련이 있다. 구 프롤레타리아트와 달리, 제3의 시대의 살라리아트는 정신적 프롤레타리아트화의 대상이다.

대부분의 전문직은 정기적인 재훈련을 받아야 할 뿐만 아니라 종종 특정 훈련 제공자에게서 받아야만 한다. 기업들은 점점 훈련을 외주화한다. 영국 공인경영연구소^{CMI}에 따르면 "피고용인의 경력 개발을 도맡은 가부장주의적 조직의 시대는 끝났다. 오늘날 평균적인 관리자는 일을 하는 동안 아홉번 자리를 옮길 것이다."

노동을 위한 훈련의 확장은 전문직과 살라리아트에게만 한정되지 않으며, 점점 불평등의 주요한 원천이 되어왔다. 프레카리아트는 주변화된 최하층 계급으로 떨어질 가능성을 줄이려면 노동을 위한 훈련을 더 많이 해야 한다. 잠재적 사용자의 마음에 들기 위해 그들은 새로운 숙련기술 묶음을 배울 각오가 되어 있어야 하는데, 아마 야간 강좌나 그 비슷한 것에 자기 시간과 비용을 들여야 한다. 하지만 이는 종종 시간 낭비이며, 훈련을 받는 사람들도 이를 안다.

정부는 다양한 동기 때문에 훈련 프로그램에 의존하며, 어떤 미사여구를 늘어놓든 간에 기술적 능력 향상이 반드시 주된 목표는 아니다. 도제라는 유서 깊은 아이디어를 보자. 영국 정부가 장려한 도제 프로그램은 원래의 도제 개념을 비웃을 정도로 기간을 짧게 단축했다. 2015년 훈련 정책의 도입 이후 한 실업자는 이렇게 썼다. "토리당이 지겹도록 말하는 도제 프로그램은 값싼 노동을 6개월 동안 제공하는 것에 불과하다. 1970년대에 젊은이들이 어떤 업무를 제대로 배울 때 3~5년의 도제 기간을 거친 것과는 다르다."[47]

또다른 구직자는 노동연금부DWP에서 훈련 코스를 제안받았지만 제공된 시간 안에 충분히 배울 수 없다고 생각해서 거부했다. 입학 담당자는 그에게 솔직하게 말했다. "6주가 그 커리큘럼을 배우기에 적절한 기간이 아니라는 데 동의해요. 하지만 정부는 실업자 대열에서 빠져나오는 사람을 두배로 만들기 위해 훈련 기간을 절반으로 줄이라고 말한답니다."[48]

전세계의 기업과 조직 들은 2019년에 '학습과 개발'에 총 3700억 파운드를 썼지만[49] 대부분의 사내 '훈련'은 숙련기술을 개선하거나 노동자들의 직무 수행을 돕는 것과 별 상관이 없었다. 예를 들어, 또다른 형태의 훈련을 위한 일은 윤리 훈련이다. 이것은 몇몇 전문직, 특히 의료와 법률 분야의 필수 요소였는데, 윤리 강좌를 수강하는 게 '개업할 권리'를 위해 요구된다. 최근에는 그러한 강좌가 전문직을 넘어 확산되었다.

미국에서는 법적 요구사항이 아닐 때조차 거의 모든 기업과 조

직의 피고용인이 의무적으로 윤리 강좌를 들어야 하는데, 연방조
직양형기준Federal Sentencing Guideline for Organization에 따르면 "효과적인
준법 윤리 프로그램"이 있으면 부패, 성희롱, 인종차별 같은 범법
행위로 기소된 "조직의 최종 처벌을 완화"할 수 있기 때문이다.50
상업 회사가 제공하는 표준화되고 종종 단순화된 온라인 윤리 강
좌에 수백시간이 쓰이지만 윤리 위반을 막았다는 증거는 거의 없
다. 반대로 그런 강좌가 상사의 뒤를 지키는 일일 뿐이라고 믿는
다면 사람들은 이를 진지하게 대하지 않고 여기에 필요한 시간을
아까워할 것이다. 그리고 예를 들어 무의식적 편향 훈련에 관한
연구에 따르면 그런 강좌의 대부분은 별로 효과가 없거나 다양성
을 감소시켜 역효과를 낳기까지 한다.51

　말이 나온 김에 덧붙이자면 대부분의 제3의 노동은 이미 윤리
의 지대에 들어서 있다. 수많은 서비스 제공자, 특히 공공 부문의
서비스 제공자는 정기적으로 윤리적 결정을 해야 하는데, 이는
시간과 정신적 에너지를 많이 소모한다. 2008년 금융위기와 그
이후의 긴축 시대는 공공 서비스 제공자에게 윤리적 부담을 가중
시켰다. 사회적 돌봄, 의료 서비스, 교육, 문화 지원 등에서의 재
정 삭감으로 인해 그들은 어떤 서비스를 누구에게 공급해야 하는
지에 관해 고통스러운 결정을 해야 했다. 그 결과 초래된 것은 수
급자의 어려움에다 서비스 제공자 측의 우울증과 소진이었다.

대기하는 일

그다음으로 대기하는 일이라는 간과되는 형태의 일이 있다. 여기에는 간헐적인 노동을 기다리면서 대책 없이 시간을 때우는 것과 같은 '빈둥빈둥 기다리기', '언제든 갈 수 있도록 기다리기'on call와 줄, 혼잡한 교통, 사무실 혹은 병원에서 '차례를 기다리기' 같은 대기가 포함된다. 이는 대부분 시간을 강제로 사용하는 일이다.[52]

제3의 노동은 '대기하는 일'에 쓰는 시간을 늘렸다. 과거에는 표준화된 노동 일정이 엄격히 통제된 노동일과 함께 프롤레타리아트와 살라리아트 하층에게 손상을 입힐 정도로 시간 사용을 압축했다. 그러나 오늘날에는 프레카리아트 내의 노동자들로 하여금 희박한 노동시간을 기다리게 하는 것이 규율 메커니즘이자 경제 권력의 행사가 되었다. 가상의 대기 줄에서 노동할 기회를 기다리는 것은 프레카리아트화 과정의 일부가 되었고, 어떤 더 높은 권위가 통제하고 있음을 상기시키면서 청원자의 지위를 고착시킨다.

변화가 일어날 때마다 새로운 권력자들은 그들의 필요에 맞게 노동을 재설계하기 위한 방법으로서 대기하는 일을 활용한다. 예를 들어 대기는 18세기와 19세기 유럽의 부유하는 인구의 특징이었는데, 가끔 있는 잡일을 바라면서 떠돌아다니는 노동자 무리가 있었다. 개발도상국들에서는 빈둥빈둥 기다리는 일이 도시 실업자의 시간 대부분을 잡아먹으며, 이들은 과잉 인구로 낙인찍힌다.

부유한 나라들에서 빈둥빈둥 기다리는 일은 국가의 복잡성이 증가한 것 그리고 사회정책이 더 명령적이고 강제적인 방식으로 바뀐 것과도 연관되어 있다.

급여나 사회서비스를 장시간 기다리는 일은 현대인의 숨겨진 비극 가운데 하나이며 수백만명의 시간을 심각하게 제약한다. 아이러니하게도 기업에 대한 정부 규제가 기업 활동을 위축시킨다고 개탄하는 정치가들이 복지 지원을 받기 위해 시간을 소모해야 하는 규제 조건을 늘리는 데 가장 열심인 경향이 있다. 이에 대해서는 나중에 다시 살펴볼 것이다.

'프레젠티즘' 대 '앱센티즘'

노동 결근에 관한 정책은 대체로 질병과 같은 결근의 '정당한 사유'의 규정과 다른 사유로 인한 결근에 대한 제재에 관한 것이었다. 그러나 일자리 보유자 사회의 한가지 특징은 앱센티즘 Absenteeism(결근)의 정반대인 '프레젠티즘'Presenteeism(무결근)이다. 팬데믹 이전인 2019년에 영국 성인의 4분의 3 이상이 전화로 병결을 알리는 것을 주저한다고 말했으며[53] 이 비율은 2022년에도 거의 변하지 않았다.[54] 여기서 논의하는 것은 코로나바이러스 이전에 이미 확고하게 자리 잡은 추세이지만, 제6장에서는 코로나바이러스 이후에 노동 유형의 변화가 있었음에도 어떻게 그 추세가 지속되는지를 살펴볼 것이다.

2018년에 영국 피고용인들은 1년에 겨우 평균 4일의 병가를 냈는데 이는 1993년의 7일에서 줄어든 것이다.[55] 이는 유럽 평균인 10일과 비교되며 유럽에서 네번째로 낮은 것이었다(스위스가 가장 낮아서 겨우 1.6일이었다). 근면하다는 독일인들은 18일 이상을 썼다.

어떤 건강과 웰빙 조사에 따르면 '무결근 문화'가 있는 영국 작업장의 비율은 2010~18년에 26퍼센트에서 86퍼센트로 3배 이상 늘어났다. 2018년에 피고용인들은 평균 겨우 6.6일 결근했으며, 상병률은 낮았다. 공공 부문에서는 2.6퍼센트이고 민간 부문에서는 1.7퍼센트였다. 상병률은 공중보건 노동자들에게서 가장 높아 3.3퍼센트였다. 연례 휴가 기간에 직무 관련 일을 하는 '리브이즘'Leavism도 증가하고 있었다. 피조사자의 거의 70퍼센트가 자기 회사에 이런 것이 있다고 말했다.[56]

2011년에 영국 총리 데이비드 캐머런은 자신이 '병결 증명서 문화'라 이름 붙인 것이 자원 낭비라고 비난했다. 그런 문화라는 게 존재하는지는 아무 증거도 없다. 그러나 이러한 태도는 여전히 만연해 있다. 2015년에 조사한 영국 기업의 관리자 가운데 겨우 42퍼센트만이 인플루엔자가 병가를 낼 수 있는 적절한 사유라고 말했다. 일하러 오는 게 다른 노동자들을 감염시킬 수 있는데도 말이다.[57] (미국의 한 연구는 집에 머물게 하는 '하루이틀의 독감 병가' 정책 중 하루짜리 정책은 작업장 전파를 약 25퍼센트, 이틀짜리 정책은 거의 40퍼센트 줄인다고 추산했다.[58]) 그리고 40퍼센트 이하가 요통이나 선택적 수술이 합당한 사유라고 생각했다. 같은 조사에 따르면 피고용인의 거의 40퍼센트가 전화로 병결을 신청할 때 관리자에게 진짜 이유를 말하지 않았는데, 재단하거나 믿지 않으리라 생각했기 때문이다. 병결 원인이 정신건강과 관련될 경우 이 비율은 60퍼센트 이상이 되었다.

프레젠티즘의 증가는 정신질환 발생 및 그 결과 스트레스 관련 결근이 증가하는 것과 연관되었다. 건강과 웰빙 조사에서 응답자의 55퍼센트는 2016~18년에 그러한 질환 발생이 증가했다고 대답했다. 영국의 보건안전관리국은 직무 관련 스트레스, 우울증, 불안 등으로 인한 노동일 손실이 1540만일이며, 이는 건강상의 이유로 인한 모든 노동일 손실의 57퍼센트에 달한다고 추산했다.[59]

무의미한 노동

노동에서 시간을 사용하는 또다른 만연한 방식은 더 많은 주목을 받을 필요가 있다. 통찰력 있는 책에서 롤런드 폴슨은 "무의미한 노동"이라는 현상을 피고용인이 자신의 직무에서 노동을 수행하길 회피하는 것 혹은 "직장에서 자신의 일이 아니지만 하는 모든 것"을 포괄하는 것으로 정의했다.[60] 태만, 태업(생산 지연), 준법노동, 시간 낭비, 좀도둑질, 소소한 사보타주 등은 노사관계에 언제나 있었다.[61] 하지만 제3의 시간 체제에서 일상어로 '농땡이 치기'Soldiering라고 알려진 것의 범위는 산업적 시간 시대보다 훨씬 크며, 눈에 덜 띄거나 보이지 않는다.

농땡이치기는 프레더릭 테일러의 1919년 책인『과학적 관리』에서 "하루치 일을 회피하기 위해 고의로 일을 천천히 하는" 관행으로 정의되었다. 그러나 제3의 시간 체제에서는 폴슨이 말한 것처럼 전문직들이 직무의 내용에 대한 의뢰인의 무지를 이용하여 시간 낭비의 가장 부당한 형태를 보여주는데, 이를테면 변호사가 사건 처리에 실제로 필요한 시간보다 훨씬 더 오래 걸린다고 말하는 것이다.

일부 사람들은 무의미한 노동을 원하지 않는 노동에 대한 수동적 형태의 저항 혹은 낮은 임금과 열악한 노동 조건에 대한 항의로 본다.[62] 진보 정치가 부재하면 수동성이 번성한다. 이탈리아 철학자 페데리코 캄파냐는 그 딜레마를 이렇게 해석했다. "이것은 공격의 시간이 아니라 철수의 시간이다."[63] 무의미한 노동은 고전적 형태의 철수이다.

무의미한 노동이 잡아먹는 시간은 그 노동의 대부분이 비밀리에 이루어진다는 분명한 이유로 인해 명확히 측정되지 않는다. 미국의 연구에 따르면 피고용인의 3분의 2가 매일 일과 무관한 웹사이트를 방문한다고 인정했다. 거의 절반은 소셜미디어와 문자 보내는 일에 시간을 쓴다고 말했다. 4분의 1은 동료 노동자와 잡담하는 데 시간을 쓰며, 6분의 1은 온라인 쇼핑과 같은 '가사 활동'을 한다고 말한다.[64] 대중적인 편견과 달리 핀란드와 미국의 조사에 따르면 나이 든 노동자들도 젊은 노동자들과 마찬가지로 시간을 낭비한다.[65]

코로나바이러스 이후 널리 퍼진 출근 노동과 '재택' 노동을 결합한 하이브리드 배치 이전에도 더욱 유연한 노동시간과 신뢰 기반 노동시간으로 향하는 추세 — 주로 피고용인의 돌봄 활동을 위한 더 나은 '워라밸'을 성취하려는 의도 — 가 무의미한 노동의 범위를 확대했다.[66] 무의미한 노동의 주된 형태가 성격상 정치적인 것이 아니라 소비자주의적인 것이라는 점은 거의 확실하다. 대부분의 포르노 인터넷 사이트 이용이 '노동시간' 내에서 이루어지며, 매일매일의 상품화 서비스에 대한 온라인 구매도 마찬가지이다. 이것은 제3의 노동시간의 흐릿함을 반영한다.

무의미한 노동의 가장 유명한 사례는 2012년 공식적으로 은퇴할 때 동료들에게 작별 이메일을 보낸 독일 공무원이었는데, 그는 이메일에서 이렇게 말했다. "1998년 이래 저는 출근하긴 했지만, 실제로는 그곳에 있지 않았습니다. 그러니 은퇴할 준비는 충분히 되어 있습니다. 안녕히 계세요!"[67] 이 이메일은 언론에 유출되어 세계적인 뉴스가 되었다. 그는 1974년부터 국가 측량사 사무소에 고용되었는데, 1998년 조직 개편 뒤에는 당국이 중복된 유사 조직을 만들었기 때문에 할 일이 아무것도 없었다. 그는 다른 과업을 달라고 요청했지만 무시당했다. 그 이후의 성명에서 그는 아무것도 하지 않은 댓가로 74만 5천유로를 벌었다고 발표했다.

그런 행위가 공무원 조직 탓이라고 생각하는 사람들이 있을 수 있으나, 영국 보험업계의 몇몇 주요 기업에 고용되어 오랜 시간을 보낸 이가 또다른 사례를 잘 보여준다. 데이비드 볼초버는 『산

주검: 스위치가 꺼지고, 의식이 없는』*The Living Dead: Switched Off, Zoned Out*
에서 이렇게 지적했다.

> 1997년에서 2003년까지 나는 상근 일자리에 고용되어 있었
> 다. 그 6년 동안 사용자를 위해 해야 하는 모든 일이 지금 주어
> 진다면, 내 능력을 다해 열심히 일할 경우 이 모든 것을 월요일
> 부터 금요일까지, 9시부터 5시까지, 약 6개월 동안 아주 무난하
> 게 할 수 있을 것이다. 내가 고용되어 있던 6년을 기준으로 하
> 면 매년 한달이다. 대략 맞을 것이다.[68]

이 일들은 극단적인 사례처럼 보일 수 있지만 널리 퍼져 있는
것으로 나타난다. 1천명의 상근 피고용인에 대한 미국의 한 조사
에 따르면 거의 80퍼센트가 사무실에서 의무적으로 있어야 하는
8시간보다 더 적은 시간에 매일의 과업을 수행할 수 있을 것이라
고 말했다.[69] 볼초버는 자신의 직무에서 무기력하게 시간을 낭비
하는 "끊임없는 무無의 주술"이 유일하게 도달하는 중요한 지점
이 소득을 버는 것이라는 점을 한탄했다. 하지만 '소진'burnout과
대비되는 '무력감'boreout은 별다른 주목을 받지 못했다.[70]

관료제나 대기업에 고용된 사람들은 무의미한 노동이 대부분
의 작업장에 만연해 있다는 것을 알 것이다. 이는 노동시간의 측
정을 자의적인 것은 아닐지라도 매우 우연적인 것으로 만든다.
또한 그것은 많이 이야기되는 생산성이라는 수수께끼를 설명하
는 데 도움이 될 수도 있다. 기술 변화가 노동 생산성을 제고한다

고 하지만 정보기술의 광범위한 적용은 약한 상관관계만 있다. '사이버 빈둥거리기'Cyberloafing — 피고용인이 직무와 무관한 온라인 활동을 하는 것 — 가 그 이유의 일부일 수 있다.

노동에 쓰는 시간과 생산성 및 산출을 동일시하는 것이 어려웠으므로 지금은 사실상 보편화된 '감사' 노동이 1990년대에 시작되었다. 1997년에 회계학 교수 마이클 파워는 점점 많은 양의 시간이 노동을 점검하고 조사하는 데 사용되었고, 이는 '감사 폭발' 및 '규제 국가'의 확대의 일부라고 서술했다.[71] 지금과 마찬가지로 가짜 기준이 번성하여 종종 장황하고 따분한 매뉴얼에 담겼고, 사람들로 하여금 열심히 노동하는 것처럼 보이는 것을 우선시하고 필요한 만큼 일하고 있다는 사실을 증명하는 자의적인 규칙에 집착하게 했다. 이는 더 역기능적인 시간 사용 방식을 만들어냈다.

시간 절도로서의 직업 면허 발급

수많은 논평가들이 주장하는 것과 달리 신자유주의 시기가 노동시장 탈규제의 시기가 아니라고 말하는 데는 여러 이유가 있다. 그 가운데 하나로 직업 내 노동, 일, 시간에 대한 통제가 자기규제적인 전통 길드 등의 기관에서 국가로 체계적으로 이전한 것을 들 수 있다. 정부가 지정하거나 승인하는 기관에 의한 직업 면허 발급은 미국에서 가장 확대되긴 했으나 전지구적 추세였다.

미국에서는 1천개 이상의 직업이 최소한 한개 주에서 면허를 발급받아야 하며, 피고용인 네명 가운데 한명이 주의 규제를 받는다.[72] 영국에서는 의사, 사무 변호사, 수의사, 민영 보안요원, 가스 취급업자, 택시운전사, 대형 수송차 운전사 등이 일을 하는 데 면허가 필요하다. 종종 보험업계 및 기타 금융업계의 이해관계가 이런 규제를 지배한다.

직업 면허 발급의 본질은 외부 기관이 특정 직업의 업무를 결정한다는 점이다. 어떤 행동이 필요하고, '업무에 대한 권리'의 정지나 취소를 정당화하는 행위가 무엇인지 말이다. 직업이 더욱 분절되어 층화된 직위가 생기고, 한 층에서 다른 층으로 이동하는 데 제약이 생긴 게 그 결과 가운데 하나이다.

이런 국가 규제의 현대적 형태가 가진 전반적인 의미에 대해서는 다른 곳에서 다루었고[73] 여기서는 사람들의 시간에 어떤 의미가 있는지에 관심을 두어야 한다. 직업 노동시장의 두가지 극단적 유형을 상상해보자. 대체로 산업적 시간 체제에 상응하는 한 유형에서는 어떤 직업으로 들어가는 유일한 관문인 훈련생 혹은 도제로서 기초 수준의 일자리를 둘러싼 경쟁이 있다. 그들이 규칙을 준수하고 능력과 성실함을 보여준다면 그들은 경험을 쌓고 숙련기술, 지위, 소득, 특권의 측면에서 수년에 걸쳐 위로 올라간다. 처음에는 경쟁자가 많을지 몰라도 지위가 올라가면서 그 수가 적어진다.

두번째 모델에서 사람들은 몇몇 수준에서는 진입할 수 있지만 다른 수준이나 더 높은 수준으로 이동하려면 일을 그만두고 새로운 자격증을 취득하고 다른 관문에 지원하는 데 시간을 써야 한다. 어떤 사람은 그 직업을 그만두고 자격증을 취득한 다음 다시 복귀해야 한다. 이런 모델이 지배적인 한 더 많은 시간이 그 일을 그만두고 자격증을 취득하고 더 많은 관문을 준비하고 지원하는 데 쓰인다.

위에서 설명한 방식의 극단은 존재하지 않지만 제3의 노동과정은 전자보다 후자의 모델에 더 가깝다. 더 많은 사람들이 직접적으로 생산적이지 않은 일 관련 활동, 노동으로 분류되지 않는 일을 수행하는 데 더 많은 시간을 써야 한다. 그들은 국가가 부과하는 규제, 규준, 기준 등을 준수하고 있다는 점을 증명하려 더 많은 시간을 쏟아야 하며, 직업 사다리를 올라가거나 예전에 있던 자리로 복귀하기 위해서조차 자격증 취득이나 재취득에 더 많은 시간을 써야 한다. 이것은 미국에서 가장 극단적인데, 예를 들어 평균적인 인테리어 디자이너는 업무 면허를 얻기 위해 2190일의 교육과 실습을 완수해야 한다.[74] 시간에 대한 요구를 가중시키며 노동 분업이 심화될수록 사용자나 국가 규제자가 직무 군집들을 불안전하고 불안정한 일자리를 놓고 다투는 청원자로 가득 찬 프레카리아트로 더 쉽게 바꿀 수 있었다.

구직으로서의 일

노동시장은 수백만명이 일자리를 찾기 위해 준비하고, 일자리에 지원하며, 그 일자리에 맞는지 평가받기도 하는 장소이다. 이는 서로 구별되는 세 단계이며, 모두 많은 양의 시간이 필요하고, 잠재적으로 트라우마가 생길 수 있다.

프레카리아트에게 구직은 삶의 주요한 특징이고 어마어마하게 시간을 잡아먹는 노동을 위한 일의 형태이다. 어떤 분석에 따르면 이는 종교적 순례에 비교할 만한 것으로 "고통, 의심, 자기변화"를 함축하며, "구직을 영혼의 시험으로 만든다". 실업자 수십명을 인터뷰한 그 저자는 "사람들이 '게으름뱅이'와 '기식자' ─ 연구를 통해 반복적으로 반박된 스테레오타입 ─ 에 관한 정치에서 유래하는 사회적 낙인을 매우 자주 내면화한다"라고 결론 내렸다. 그는 이를 몇개의 구직 가이드를 참조하여 뒷받침했다.[75]

미국의 성공회 목사가 쓴 『당신의 낙하산은 무슨 색깔인가?』 *What Color Is Your Parachute?*는 1970년에 처음 출판된 이래 1천만부가 넘게 팔린 국제적인 베스트셀러인데, 그는 실업자가 되는 게 신이 내린 시험이라고 말했다. 또다른 베스트셀러인 『실직이라는 선물』*The Gift of Job Loss*(2011)은 실업을 개인적 변화의 기회로 그린다. 자립 가이드인 『일 없는 삶』*Life Without Work*(1994)은 스스로 선택된 존재라고 여겨야 할 이들이 치르는 시험으로 실업을 기술하면서 "우리에게 주어진 어려움은 우리를 성장하게 하며 (…) 우리가 감당할 수 없는 문제는 주어지지 않는다"고 덧붙인다.[76] 이 저자들은 현실감각이 없는 것처럼 보이며, 아마 그게 그들의 책이 베스트셀러가 된 이유인 것 같다!

프레카리아트 사이에서는 여러가지 버전이 있는 풍자적인 농담이 떠돈다. "질문: 전구 하나를 가는 데 얼마나 많은 프리랜서가 필요한가? 대답: 5백명. 모두가 지원한다, 그러나 오직 한명만 일자리를 얻는다." 이 농담은 현실을 포착한다. 다만 실제로 일어나는 일의 일부만 포착한다. 여기서 우리는 세가지 일을 구분해야 한다. 첫째, 농담에 나오는 것처럼 단기 일자리(과업)에 지원하기. 둘째, 수많은 예술가, 교수, 프리랜서에게 현실인 '프로젝트'에 대한 재정 지원을 구하는 좀더 복잡한 과정. 셋째, 좀더 장기적인 고용을 찾는 일.

이 세 경우 모두에서 구직이라는 시간 사용 활동은 어떤 직종이건 사용자들이 점점 더 많이 이용하는 채용 알고리즘과 게임을 해야 해서 복잡해진다. 미국의 거의 모든 대기업 그리고 그보다 작은 기업들도 지원자 관리 체계를 사용하는데, 평균적으로 모든 일자리 지원서 가운데 약 75퍼센트를 걸러낸다.[77] 영국을 포함해 다른 나라에서도 널리 사용되는 이 체계는 잠재적인 사용자를 대신해서 사람이 직접 조사하기 전에 무자격 지원자뿐만 아니라 자격이 있는 지원자도 걸러낸다.

관리 체계를 통과할 경우 지원 과정에서 4~5개의 시험을 더 치르게 될 수 있는데, 이 또한 인터뷰를 하기도 전에 알고리즘이 평가하는 것이다. 이는 시간이 엄청나게 많이 드는 일이다. 이 과정은 또한 다른 일에 시간을 사용하기 어렵게 해서 지원자에게 스트레스를 준다. 그러나 회사에 드는 비용은 없다. 회사는 수많은 지원서를 추려내는 대신 알고리즘이 다층적인 시험을 통해 성공적으로 걸러내 최종 명단에 올린 소수를 가지고 인터뷰만 하면

된다.

소프트웨어를 통한 심사의 가장 극단적인 예는 ── 십중팔구 유일한 예는 아니다 ── 표준적인 엔지니어링 일자리에 2만 5천장의 지원서를 받은 어떤 회사 이야기다. 여섯차례의 시험과 인터뷰 이후에 모든 지원자가 자격이 없다며 거절당했다. 자격과 경험이 충분한 어떤 후보자는 사유를 알고자 했다. 그가 들은 이야기는 그가 이전에 돈을 약간 벌기 위해 가졌던 일자리가 엔지니어링 분야가 아니어서 떨어졌다는 것이다.[78] 또다른 회사의 경우 한 지원자는 이전에 가졌던 직위가 이 회사의 공석인 직위와 맞지 않는다는 이야기를 들었는데, 그 직위는 해당 회사에만 있는 것이었다.[79]

좀더 일반적으로 보면 대학 학위나 전문직 자격증이 있는 누군가가 자신의 능력에 비해 평이한 일자리를 가지려 할 때 채용 알고리즘이 그들이 가질 자격이 있는 일자리를 막을 위험을 감수해야 한다. 왜냐하면 알고리즘이 최근의 일자리 경험에 과도하게 가중치를 두기 때문일 것이며, 알고리즘이 그 사람이 숙련기술을 상실했거나 기술 발전을 따라가지 못했다고 추정할 것이기 때문이다. 그러한 디지털 차별에 대한 한가지 반응은 자신의 자격 조건보다 아래에 있는 단기 일자리를 가지지 않는 것이다. 그러나 프레카리아트 내의 수많은 사람들은 선택권이 없을 것이다.

채용은 큰 사업이 되었다. 구직 시간의 상업화는 취업 대행사와 '헤드헌터'가 뒷받침하고 있으며, 이들은 수많은 시험, 평가, 실무 인터뷰, 필수적인 행동 특성 및 정신상태 입증 등으로 무장하고 있다. 회사들은 채용 절차를 재능 평가에 특화된 인적자원 컨설턴트와 기업들에 외주한다. 미국에 기반을 둔 재능 컨설턴트 회사인 케미스트리 그룹은 후보자의 경력과 정신능력을 분석하기 위한 온라인 게임을 설계했다. 영국에서 가장 널리 사용되는 채용 툴은 SHL 기업 관리 컨설턴트 회사가 출판한 정신력 측정 시험인데, 회사에 들어올 피고용인의 도형, 수, 언어 추론 능력을 시험하는 것이다.

물론 채용 산업에서 일하는 많은 사람들은 일자리를 찾는 사람들을 돕기 위해 애쓰고 있으며, 그들의 시간을 절약해줄 수도 있다. 그러나 구직은 점점 더 복잡한 시간 사용 절차가 되었다. 단기 불안전 일자리와 '프로젝트' 사이를 왔다 갔다 하는 프레카리아트에게는 구직과 관련해서 수많은 에피소드가 있을 것으로 보인다.

평균적으로 볼 때 인터뷰 하나를 하기 위해서 영국의 지원자는 일자리 지원서를 27회 써야 하는데, 각각 많은 문서 작업과 스트레스가 따르고 시간을 잡아먹는 시험을 준비하고 치러야 한다. 일자리를 차지하기 위해서는 더 많은 지원서를 작성해야 할 수도 있는데, 일반적으로 채용 제안 한건을 위해 인터뷰를 다섯번 해야 한다.[80] 미국에서는 채용 제안 한건을 위해 지원서를 21~80회 작성한다.[81] 베를린에 있는 트렌덴스연구소에 따르면 2013년에 프랑스, 독일, 이탈리아에서 대학을 막 졸업한 사람들은 일자리를 얻기 전에 평균 30회 이상 지원서를 보냈으며, 그리스와 에스파냐에서는 60회 넘게 보내야 했다.[82]

프레카리아트 대열에 있는 수백만명은 길고 복잡한 과정을 거쳐야 하는데, 그 과정은 시간과 비용을 엄청 잡아먹지만 대개 성과는 없다. 사람을 잘못 고용할 경우 회사에 비용이 더 들어가므로 적절한 자격이 있는 사람을 고용하려 시간을 들이는 일은 가치가 있다고 주장하는 이들도 있을 것이다. 그러나 복잡한 과정 때문에 드는 시간, 사기, 에너지 등의 비용은 거의 전적으로 구직 지원자가 부담한다. 게다가 아이러니하게도 장기적인 선발 과정에도 불구하고 주요 기업들은 여전히 잘못된 선택을 하고 있는데, 미국 제조업 회사들의 관리직 고용 가운데 약 3분의 1이 그렇다.[83]

영국에서 국가급여 수급자는 지속적으로 이력서를 갱신해야 하며, 구직활동 일지를 써야 한다. 이렇게 비자유주의적인 시간 통제 제도는 가부장주의적이며 공동의(일반적) 정의에 반한다. 공동의 정의는 취약한 사람에게 부과되는 어떤 의무든 그것이 모든 사람에게 평등하게 부과되지 않는 한 불공정하다고 말한다. 한 실업자는 노동연금부를 만족시키기 위해 '청구인의 노력'을 지어내는 데 쓸모없는 시간을 얼마나 많이 썼는지 편지로 말해주었다. 그는 노동연금부의 "워크 코치들이 이력서와 기회균등 일자리 지원서를 직무 분석표 및 개인의 능력 등에 맞추어서 쓰는 데 시간이 얼마나 드는지 멍청할 정도로 모른다"고 말했다.

한편 사람들이 재단이나 대행사로부터 기금을 받기 위해 합동으로 지원하는 프로젝트 영역이 커지고 있는데, 여기서 개인들은 보통 하나의 경쟁 팀 이상에 함께함으로써 자기 자신과 경쟁하게 된다. 이것은 혼돈의 경쟁 상태를 만들어내며 대부분 시간을 낭

비하게 된다.[84]

일자리 (그리고 프로젝트) 지원 과정은 활동으로서의 일뿐만
아니라 사고에도 지장을 주는 방식이 되었다. 지원자는 사람들이
그에게 원한다고 인지한 것과 다른 지원자들이 제공할 것이라 예
측한 것에 자신을 맞추는 데 시간을 할애한다. 이는 일자리나 프
로젝트의 과제를 수행할 수 있는 능력에 기반한 경쟁의 문제만이
아니라 태도의 문제기도 하다.

예를 들어 — 극단적이지만 아마도 앞으로 덜 극단적이게 될
것이다 — 캘리포니아대학교의 몇몇 교수직 지원 과정에서 모든
지원자의 76퍼센트는 연구, 교수법, 학문적 업적 등을 평가받기
도 전에 경쟁에서 배제되는데, 젠더 및 인종 문제에 관해 지원자
들이 작성한 다양성 진술이 부적절하다고 여겨지기 때문이다.[85]
다른 말로 하면 채용 과정이 기술적 능력과 거의 상관이 없다는
것이다. 물론 인종주의적 견해나 성차별주의적 견해를 가진 사람
을 배제하는 것은 합리적인 일이다. 그러나 다양성 진술에 관한
검토는 소수자나 여성의 채용이 유리하도록 의도적으로 설계되
어 있는 것으로 보이며, 이를 사전에 알지 못한 지원자들은 합격
할 기회가 없으며 시간을 낭비하게 된다.

실업자를 보자면 국가는 지속적으로 이들의 시간을 소모하는
방법을 찾고 있다. 노동연금부가 도입한, 수습이라 불리는 노동을
위한 일의 한 형태를 통해 사용자는 노동연금부 명부에 있는 구
직자를 최대 6주 동안(30일의 노동일) 임금을 지급하지 않고 고
용할 수 있다. 그동안 구직자는 평균임금보다 훨씬 적은 구직 급

여만을 지급받는다. 이는 노골적으로 착취적인 일이며, 프레카리아트를 더욱 불안전하게 만든다. 19세의 어떤 여성은 수습에 참여했지만 그후에 일자리를 갖지는 못했는데, 주머니에 남은 것은 20파운드였다. 해당 일자리에 적합한 유니폼으로 간주되는 셔츠와 바지를 사야 했기 때문이다.

노동연금부는 2020년에 부불 수습에 관한 통계자료가 없다고 주장했다. 노동연금부 대변인은 이렇게 말했다.

수습을 착취적이라고 하는 것은 오해의 소지가 있고 솔직하지 못한 것이다. 고객이 수습에 자원할 경우 일자리센터는 우선 사용자에게 고용으로 이어질 수 있는 진짜로 가치 있는 기회를 제공하게 한다. 수습은 대개 5일이며, 자원한 고객은 일자리센터를 통해 재정 지원을 받는다.[86]

이것이야말로 솔직하지 못한 것이다. 노동연금부에 데이터가 없다면 얼마나 많은 사람들이 임금을 받지 못하는 채 얼마나 오래 일하는지 어떻게 알겠는가? 그리고 구직자가 부불 고용 기간에 진짜로 '자발적으로' 진입하는가?

국가를 위한 일

기소불욕 물시어인(己所不慾 勿施於人, 내가 원하지 않는 것은

남에게도 베풀지 말라)

──공자 『논어』(기원전 497년경)

이제 국가를 위한 일이라고 부를 수 있는 것으로 이어지는데, 이는 국가가 개인에게 요구하는 것을 충족하기 위해 수행하는 과제이다. 소득세 자진신고 납세가 하나의 예이며, 가장 심각한 것은 복지급여를 받기 위해 사람들이 해야 하는 일이다. 여기에는 길고 복잡한 지원서 양식이 포함되고, 게다가 이를 온라인으로 해야 하기 때문에 집에서 인터넷에 접속할 수 없거나 컴퓨터를 잘 다루지 못하는 사람들은 다른 사람에게 도움을 청해야 한다.

청원자에게 부과되는 대부분의 일은 국가급여 수급 자격이 있는 사람들에게 지원을 단념시키기 위해 의도적으로 고안된 것이며, 그럼으로써 공공 기금 ── 이른바 '납세자의 돈' ── 을 '절약한다'. 역대 복지 체제 개혁은 처음부터 프레카리아트에게 추가적인 일의 체제, 즉 강제적인 시간 사용을 강요했다. 부낭한 예로 영국의 유니버설 크레디트를 들 수 있는데, 일자리가 없거나 일자리 소득이 낮은 사람들을 대상으로 한 주요 자산심사 급여다. 이 급여의 근본적인 목표는 프레카리아트 구성원을 프레카리아트화된 삶에 길들이려는 것이었다. 이들은 급여 청구, 급여를 받을 경우 이의 유지, 제재 위협에 대한 대응, 제재에 대한 길고 스트레스 받는 항소 과정에 많은 시간을 사용해야 한다.

설사 이들이 며칠 혹은 몇주가 걸릴 수 있는 복잡한 지원 과정을 무사히 마쳤다 하더라도 유니버설 크레디트 청구인은 첫번째 급여를 지급받기까지 법적으로 5주를 기다려야 하며, 실제로는 종종 그보다 더 오래 기다린다. 급여를 받기 위해서 '일할 능력'이 있다고 간주되는 사람들은 '청구인 약정'에 서명하고 매주 최소한 35시간의 다양한 과제를 수행해야 하며, 이를 준수하지 않으면 급여 철회라는 형태의 재정적 불이익을 받는다. 이들은 강도 높은 구직활동이나 구직 준비를 해야 하며, 적합한 일자리가 있는지 여부와 상관없이 그렇게 했다는 것을 증명해야 한다. 지정된 과제 가운데 어느 하나라도 수행되지 않았거나 '워크 코치'가 분명하게 만족하지 않았을 경우 그 사람은 제재를 받을 수 있으며, 급여가 철회되어 유일하거나 주된 소득 원천이 줄어들거나 없어질 수 있다.

청구인과 워크 코치 사이의 계약은 지위와 시간이라는 점에서 비대칭적이다. 청구인이 미리 정해진 인터뷰에 늦을 경우 제재를 받을 수 있다. (인터뷰를 잊어버리거나 늦는 게 현재까지 가장 일반적인 제재 이유이다.) 워크 코치가 늦거나 막판에 취소하는 경우 청구인은 시간 상실의 댓가와 교통비를 감당한다. 비슷하게 청구인이 '일자리 박람회'에 가도록 요구받았는데 그렇게 하지 않을 경우 제재를 받을 수 있다. 그 일자리 박람회에 갔더니 16~24세를 위한 일자리 박람회이고 청구인이 그보다 나이가 많아 여기에 가느라 시간과 돈을 낭비했더라도 보상받지 못한다.

1217년의 마그나카르타 이래 보통법은 적법 절차, 처벌의 비례성, 대표의 권리 등을 포함하는 기본 원칙에 근거했다. 적법 절차를 부정하는 유니버설 크레디트 제도에는 이런 원칙 가운데 어느 하나도 적용되지 않는다. 사람들은 동일한 담당자, 그것도 하급 담당자에 의해 기소를 당하고 유죄판결에다 처벌도 받는다. 그 이후에야 항소할 수 있다. 이것은 법률 절차가 작동하는 방식이 아니다.

그런 식의 제재를 이용해서 — 결국 이것은 생존의 권리를 부정하는 것이며, 따라서 무슨 잘못을 했다고 주장하든 간에 엄청나게 가혹한 것이다 — 코로나바이러스 이전에 매년 1백만명의 청구인들이 급여를 철회당했는데, 이는 치안판사 법원과 주 법원에서 유죄판결을 받은 숫자보다 많은 것이다. 그리고 평균 소득 손실(벌금)은 법원에서 진짜 경범죄로 유죄판결을 받은 사람들보다 제재를 당한 사람들에게 부과된 것이 훨씬 많다.

항소는 최종 결정까지 1년이 걸리며 사람들은 몇달 동안 소득 없이 지내야 한다. 매우 높은 비율로 항소가 승인된다는 사실은 자의적이고 불공평한 절차임을 입증한다. 복지 체제가 이 나라에서 가장 큰 법 집행 도구가 되었다고 밀할 수도 있겠다. 이것을 '영국의 비밀 형벌 체제'라고 부르는 것도 놀랄 일은 아니다.87

이 장을 쓸 때 한 장애인 청구인이 이 과정에 관한 생각을 이메일로 들려주었다. 그의 진술(허락을 받았다)은 전문을 인용할 가치가 있다.

매주 엄청난 양의 일자리 지원서를 쓰는 일은 적대적인 환경을 만들어내는 것의 일부인데, 이 환경에서 청구인들은 법적 조건인 '협상력'과 '약인'約因에 근거한 통상적인 계약법을 무시하는 모욕적 체제에 의해 처리량으로서 다뤄집니다. 1998년에 정부가 돈을 대는 컴퓨터기술교육센터에서 교육생들은 하루에 겨우 두시간만 컴퓨터를 쓸 수 있었으며, 많은 강좌가 매일 교실을 바꾸었습니다. 이는 교육생의 경험의 질을 댓가로 이윤을 뽑아가는 것입니다.

일자리센터 센터장은 교육생들에게 "최소 16건의 지원서와 함께 구직 포트폴리오를 매주 말에 제출하지 않을 경우 강좌에서 탈락할 것이며 겁먹은 채 일자리센터로 돌아가 변명을 해야 할 것"이라고 말했습니다. 일자리에 지원할 때마다 하나의 이력서를 복사해서 쓰는 대신 내가 진짜로 관심이 있는 자리에 맞추어 이력서를 수정했는데, (집에 컴퓨터가 없기 때문에) 컴퓨터를 쓰기 위해 며칠을 기다려야 했으며, 정해진 표지가 있는 편지의 초고를 여섯번 작성하느라 주말 전부를 썼습니다. 일자리센터 센터장은 말했습니다. "당신은 구직활동에 충분한 시간을 쓰지 않은 게 분명하군요…" 나는 인터뷰를 한건 했습니다. 일주일에 16건 이상의 지원서를 작성해야 하는 사람이 대체 얼마나 많은 인터뷰를 할 수 있나요?

간신히 감추어진 분노를 대부분이 확실히 느꼈을 것이다. 또다른 이는 2021년 8월에 요양원 책임자가 하루 만에 버는 돈을 벌기 위해 돌봄노동자들은 세달을 노동해야 한다는 사실에 관해 나에게 쓰면서 이렇게 덧붙였다.

돌봄노동자들의 보수라고 하는 시간당 8.80파운드는 주당 35시간 일한다고 할 때 한달에 1224파운드입니다. 많은 돌봄 노동자들이 0시간 계약을 했거나 하고 있으며, 현재 유니버설 크레디트가 언제나 착취할 수 있는 지위인 사람들을 제재하고 있다는 사실은 말하지도 않았습니다. 나는 2005년 5월부터 2006년 4월까지 0시간 계약 노동자였으며, 대체로 시간당 8.71파운드를 받으며 3시간 교대로 런던 도심 자치구에 사는 학습 장애를 가진 성인을 돌보는 방문 돌봄노동자로 고용되었으며, 2주마다 지역 일자리센터에서 구직자 급여 청구인으로서 서명할 때 파트타임 소득을 보고했습니다.

이 일을 하기 위해 런던 도심의 옆 자치구에 있는 서비스 이용자들의 집까지 왕복하는 데 하루에 최소한 10킬로미터를 걸어야 했는데, 구직자 급여JSA 담당자들은 내가 시간당 8.71파운드를 받으며 주당 6시간 일하기 때문에 구직자 급여 기준보다 높아 그걸 '받을 자격'이 없고, 일하러 가는 교통비를 받을 수 없다며 잘못된 주장을 했습니다. 그 당시 신노동당의 노동연금부가 만든 텔레비전 방송과 공공게시판은 신노동당이 '급여 절도범을 단속할 것이다'라고 선언했습니다. 일자리센터 플러스 콜센터가 제대로 운영되지 않아서 나를 포함한 많은 청구인들이 궁핍의 위험에 직면하게 되었는데 말이죠.

그다음으로는 청구인에게 반복적으로 자격을 증명하라는 고의적이고 가혹한 요구가 있다. 한 장애인 연금생활자는 나에게 이렇게 썼다.

　점점 모든 것에 대한 게이트키퍼(문지기)로서 신분 증명 서류가 영국을 점령하고 있습니다. 예를 하나 들자면 2014년 일자리센터에 '고객 준수 부서' 인터뷰를 하라고 소환되어 갈 때 신분 증명을 위해 6개월치 은행 입출금 내역서를 가져오라는 지시를 받았습니다. 그런 과제는 심리적으로 스트레스가 심한 일이며, 시간을 소모하게 하고 취약한 상황에 있는 사람들로 하여금 자신의 '권리들'을 얻기 어렵게 하려고 거의 고의로 설계된 것입니다.

　국가를 위한 일은 정치적으로 거의 주목받지 못하지만 주요한 시간 절도범이다. 아이러니하게도 이 일을 수행할 때 필연적으로 가지게 되는 불쾌함은 '국가를 위한 일의 결핍(적자)'이라고 부를 수 있는 것에 의해 악화되었다. 이는 많은 사람들이 성공하거나 안전을 얻을 수 있을 정도로 충분한 일을 수행할 수 없다는 점에서 기인한다. 수많은 주해와 지시사항이 있는 50페이지짜리 지원서 양식을 앞에 둔 복지 청구인을 떠올려보자. 자신의 시간에 대한 다른 요구로 스트레스를 받고 있고 두려워하는 이들은 이 일을 하는 데 1시간을 쓸 수도 있고, 제대로 하기 위해서는 3시간이 걸릴 수도 있고, 가장 잘하기 위해서는 4시간이 걸릴 수도 있다. 문제는 프레카리아트의 시간은 전혀 가치를 인정받지 못한다는 것이다.

돌봄으로서의 일

산업적 시간 시대의 일에 관한 서술에서 부불돌봄이 생략된 것
은 성차별적이고 뒤틀린 것이다. 제3의 시간 체제에서 이러한 생
략은 더욱 왜곡된 의미가 있었다. 사회가 요구하지는 않는다 하
더라도 예상하는 돌봄의 범위는 훨씬 더 커졌다. 최소한 부유한
나라들에서 평균적인 인간의 생애 중 돌봄을 받는 시간이 더 많
아졌는데, 아동은 학교에서 더 오랜 시간을 보내고, 더 많은 사람
들이 의존적인 노령까지 살며, 더 많은 장애인들이 더 오래 살기
때문이다. 또한 더 많은 사람들이 더 많은 시간을 다양한 종류의
돌봄을 제공하는 데 쓴다. 이러한 두가지 추세는 상업화된 요양
원을 통한 돌봄의 사영화와 연결된 돌봄의 상업화에도 불구하고
여전히다.[88]

무급 돌봄노동을 비노동으로 취급하는 것은 말이 안 되는 일이
다. 나이 든 내 어머니를 내가 돌보고, 당신의 어머니를 당신이 돌
볼 경우 명백히 아무 일도 수행되지 않는다. 내가 당신에게 돈을
주고 내 나이 든 어머니를 돌보게 하고, 당신이 내게 돈을 주고 당
신 어머니를 돌보게 하면 두개의 일자리가 만들어지고 국민소득
은 올라간다.

정책입안자, 경제학자, 통계학자 들이 돌봄노동을 무시한 것은
20세기 내내 하나의 실패였다. 자본주의 경제에서는 교환가치가
사용가치보다 우선시되고, 이는 정서적인 돌봄 역할에 해가 된다.

소수의 사회과학자들이 여기에 초점을 맞추었지만 이들의 연구는 주변으로 밀려났다. 페미니스트들은 돌봄노동이 진지하게 취급되어야 한다고 요구했으며, 맑스주의자들은 생산적 노동, 비생산적 노동, 재생산 노동을 둘러싼 논쟁을 벌이면서 같은 요구를 했다. 그러나 정치적 우파뿐만 아니라 좌파도 이를 무시하지는 않더라도 열등한 것으로 간주했다.

이 주제에 관해 최근에 엄청나게 많은 문헌이 있음에도 경제학자들은 여전히 돌봄노동을 사회학자나 '복지 공동체'가 다루는 주제로 간주하는 경향이 있다. 내가 인도의 자영여성협회SEWA와 수년 동안 일하면서 알게 된 바로, '비공식' 일을 경제 활동으로 포함시키려는 로비스트들조차 돌봄을 비노동으로 간주하는 경향이 있었다.

최근에 와서야 통계학자들이 돌봄노동의 경제적 가치나 사회적 가치는 말할 것도 없고 돌봄노동의 범위와 영향을 진지하게 측정하려고 했다. 20세기에 정책입안자들은 암암리에 돌봄노동 — 부불돌봄 — 이 줄어드는 것을 방치했는데, 경제성장이 측정되는 방식 때문이며 GDP 성장이 일자리 창출과 연계되어 1차적인 경제적 목표로 간주된 탓이다. 이런 관점에서 보면 주로 부불 돌봄노동을 수행하는 사람들은 성장과 일자리 숫자를 감소시킬 뿐이다.

돌봄노동의 위치를 잡는 것은 경제학자들에게만 어려운 일이 아니다. 돌봄과 '돌보는' 활동이라는 생각에 있는 언어적 애매함에서 어려움이 시작된다. '누군가를 돌본다는 것'은 몇가지 의미를 가질 수 있는데 한 의미가 다른 의미를 흐릿하게 한다. '나는 제인을 돌본다'I care for Jane는 나는 그녀에 관해 관심이 있다'care about her에 불과할 수 있으며, 그녀가 잘되기를 바란다는 의미이다. 혹은 그 말은 나는 그녀의 연인이다, 혹은 연인이 되고 싶다일 수도 있다. 혹은 그 말은 나는 그녀의 안녕을 보살피는 데 책임이 있다일 수도 있다. 혹은 그 말은 그녀가 장애가 있거나 노쇠해져서 그녀의 필요를 충족시키는 것을 통해 그녀에 대해 책임을 지고 있다일 수 있다. 이런 여러 의미들이 일반적인 사회분석과 일의 측정에서 돌봄노동을 무시하도록 하는 데 확실히 원인이 되었다.

그러한 무시의 또다른 요인은 돌보는 일의 보편성이다. 우리 거의 대부분은 돌봄노동이라고 부르게 된 어떤 것을 수행했으며, 아프거나 쇠약해졌거나 장애가 있는 사람들을 제외하고 우리 모두는 필요하거나 원할 때 돌봄노동을 수행할 수 있다고 생각한다. 거의 보편적인 이런 능력에 관한 인식이 돌봄노동의 평가절하의 원인이었다. 그것은 특별한 게 아니라고, 전통적인 견해는 주장할 것이다. 이것은 불행한 일이다. 왜냐하면 돌봄노동을 잘 수행할 수 있는 능력은 이른바 수많은 형태의 숙련노동에서 요구되는 것과 같은 종류의 경험과 훈련을 통해 획득되기 때문이다.

무시의 또다른 원인은 관련된 일의 상이한 강도이다. 돌봄이란 사고 혹은 뜻밖의 사태가 발생하여 누군가를 도와야 할 필요가 있는 경우에 대비해 단순히 존재하는 것에 불과할 수 있다. 혹은 다른 극단적인 경우 침대에 누워 있는 병약자에게 거의 지속적으로 주의를 기울이는 일 같은 것이다. 이로 인해 정책입안자와 통계학자 들이 명확한 돌봄노동 개념을 가지기가 어렵다. 예를 들어 일부 사회과학자들은 어머니의 육아 시간을 1차 활동과 2차 활동으로 분리하려고 했는데, 전자는 아동에 대한 직접적 돌봄과 관련이 있다.[89] 일부 사회과학자들은 더 나아가 1차 활동을 아동을 가르치기 위해 크게 읽거나 함께 놀아주는 것과 같은 성장 시간 그리고 저강도 시간으로 나누었다. 다른 사회과학자들은 육아를 여전히 넓게 정의해서 심지어 식당에서 밥을 같이 먹는 것도 포함시킨다.[90]

돌봄노동이 정치적으로 중요해진 것은 노령자 및 장애인에 대한 돌봄이 필요하다는 인식이 커졌기 때문이다. 그들의 숫자가 극적으로 늘어났고, 그들 및 그들을 돌보는 사람들이 투표권을 가지고 있다. 오늘날 영국에는 장기 만성질환을 가진 사람이 1500만명 정도 있다. 수많은 젊은이들이 쇠약한 노령의 부모를 돌보는 문제에 직면해 있으며, 종종 시간과 돈이 상당히 든다.

돌봄관계가 점점 더 상업화됨에 따라 돌봄이 계속해서 가정에서 벗어나면서 (기존의 돌봄관계를) 교란하는 추세가 나타났다. 돌봄관계는 점점 더 돌봄 제공자와 수급자 양자만이 아니라 중요한 타자가 관여하게 되었다. 돌봄의 상업화가 확산되고 공적 공급 및 국가 규제가 상업적 및 규제가 덜한 공급으로 전환되면서 타자(친척, 국가, 지역 당국, 자선단체)가 재정 및 기타 지원을 제공할 수도 있게 되었다. 사회복지사가 돌봄관계를 용이하게 할 수도, 공공기관이 민영 돌봄 회사가 제공하는 돌봄을 추적할 수도 있다.

이렇게 가능한 여러 관계의 조합 속에서 상당한 범위의 착취, 억압, 자기착취 등이 나타날 수 있으며, 이때 사람들은 죄의식이나 우려 때문에 건강이나 정신적 안녕에 좋은 정도보다 더 많은 시간을 돌봄 제공에 쓸 수도 있다. 21세기에는 오늘날 우리가 사는 방식으로 인한 스트레스로부터 우리 자신, 친척, 동료 들이 회복하고 대처하도록 돕느라 돌봄노동에 시간을 더 쓰게 된다는 의견도 있다.

규제의 억압

1980년대 신자유주의자들은 노동시장의 탈규제를 주장했다. 그때 이래 대부분 정치적 좌파인 비판자들은 탈규제를 비난했다. 하지만 그러한 변화는 없었다. 제3의 시간 시대의 노동과정은 그 이전의 어떤 시대보다 엄격하고 포괄적으로 규제되고 있다.

규제는 경제 체제가 요구하는 구직자와 자질을 만들어내도록 재설계되어온 학교교육에서 시작되었다. 그리고 훈련과 재훈련 프로그램에 대한 점점 더 엄격해지는 국가 규제와 표준화된 상업화 과정으로 지속되었다. 이는 직업 면허 발급을 통해 국가 규제가 확대되고 관리 통제권을 보험회사와 금융기관에 넘겨주는 것으로 계속되었다. 신자유주의 혁명은 길드 및 길드의 특징이었던 공유화의 잔존물을 파괴하는 데 착수했다. 신자유주의 혁명의 교부인 밀턴 프리드먼이 전문직의 자기규제를 해체할 필요성에 관해 1945년에 출판한 『독립적인 전문직 관행의 소득』*Income from Independent Professional Practice*(GDP 개념의 발명자인 사이먼 쿠즈네츠와 공저) 이 그가 첫번째로 쓴 책이라는 것은 상징적이다.

학교교육-훈련-직업 영역에 관한 국가 규제가 탈규제라는 연막 속에서 강화되는 한편 국가는 권리 기반, 보험 기반 복지를 자산심사, 행위심사 '워크페어'로 바꿈으로써 노동시장의 더 하층에 대한 규제에 착수했다. 감시 국가가 탄생했고 프레카리아트가 자신의 시간을 어떻게 사용해야 하는지를 규정할 뿐만 아니라 순응하지 않는 사람들의 비용을 상승시켰다. 탈규제가 있었던 게 아니라 사람들이 자신의 시간을 어떻게 할당해야 하는지에 관한 국가 규제가 엄격해졌다.

다음 장은 이런 변화의 함의를 살펴볼 것이다. 하지만 제3의 시간에 대한 이러한 평가에서는 일과 여가의 이분법이 현실을 흐릿하게 만들고 있다는 점을 명확히 해야 한다. 코로나바이러스 이전에도 사람들은 많은 장소에서 그리고 모든 시간에 일과 노동을 수행하고 있었다.

고정된 작업장이라는 생각은 약해지고 있었고, 노동 통계가 전달하는 일의 시간은 점점 더 오도되거나 왜곡되었다. 가정은 작업장의 확장이 되었고, 그 역도 마찬가지였다. 점점 더 사람들이 노동을 집으로 가져오며, 많은 사람들이 놀이를 통상적인 작업장으로 가져가고 있었다. 더 많은 사람들이 여러 작업장에서 노동을 수행하고, 가정 및 통상적인 작업장 밖에서 수행된 일이 점점 더 전체 일과 노동의 일부가 되고 있었다.

한편 숙련기술에 대한 산업적 통념 그리고 숙련기술이 수년간의 실천을 통해 단련된다는 가정에 근거한 연공서열제가 무너졌다. 역사적인 길드 체제가 신자유주의의 맹공에 파괴된 지금 직업의 분화와 재구조화가 가속화되고 있다. 자신이 훈련받은 직종에서 일할 수 있는 사람은 거의 없다.

노동이 아닌 모든 형태의 일은 금전적으로 보수를 받지 못함에도 대부분 이를 수행하는 사람들에게 비용을 물리며 이를 수행하지 않을 경우 소득 상실의 위험마저 있다. 비용은 결과의 불확실함 때문에 커진다. 어떤 시간 사용이 더 높은 보상을 가져오는가? 할 수 있는 다른 활동과 비교할 때 이 노동을 위한 일에 얼마나 많은 시간을 들여야 하는가? 그런 질문에 대해 답하기는 불가능하지는 않을지라도 어렵다.

노동이 아닌 일의 경제적 가치는 분명 커지고 있다. 그러나 이를 측정하는 것은 어렵고 대체로 자의적이다. 영국의 어떤 추정치에 따르면 디지털 일을 고려할 경우 연간 측정된 경제성장률에 3분의 1에서 3분의 2 퍼센트를 더할 수 있을 것이라고 한다. 그 보고서는 이렇게 말한다. "온라인 연결 및 인터넷을 통한 정보 접근으로 기회가 늘어나면서 일과 가정 생산 사이의 경계가 흐릿해졌다."[91]

일로서 수행하는 것의 대부분이 돈을 받지 못하는데도 우리는 해야 할 일의 폭탄이라는 혼란의 시간에 직면해 있다. 그 배경에는 두가지 질문이 남아 있다. 사람들이 실제로 얼마나 많은 시간을 레크리에이션에 쓰는가, 그리고 공적·정치적 영역에 참여한다는 고전적 의미에서 얼마나 많은 시간을 여가에 쓰는가? 취미, 스포츠(혹은 최소한 스포츠를 구경하는 것), 영화 관람이 확실히 우세하며, 그 대부분은 수동적이거나 소외된 노동 및 노동 관련 일로부터 회복하기 위해 필요한 것이다. 계속된 공유화의 심각한 주변화 이외에 제3의 시간 시대의 가장 큰 패배자는 고대 그리스인들이 시민의 시간에서 주요한 권리로 여겼던 스콜레, 즉 정치적 생활에 대한 공적 참여였다.

5

제3의 시간에 대한 반작용

어둠의 세력이 홍수처럼 일어나고 있다.

　　　　　—마이클 티펫 「우리 시대의 아이」 중에서 알토 솔로

　코로나바이러스 팬데믹이 닥치기 이전에도 제3의 시간 체제는 경제적 웰빙, 사회활동 관리, 공중보건 등에 악영향을 미치고 다양한 형태의 불평등을 악화시킨다는 것이 명백했다. 이 장은 경제적 맥락과 거버넌스 개혁을 시작으로 가장 만연한 영향을 살펴본다. 코로나바이러스 팬데믹의 충격은 다음 장에서 다룰 것이다.

　정치적 담론을 계속 왜곡시키는 논점을 반복하는 것에서 시작해보자. 노동과 일 사이의 전환, 이전에는 노동이었던 일의 성장, 이전에는 레크리에이션이었던 노동, 이 모든 것은 경제성장의 GDP 척도를 더욱 신뢰할 수 없고 오도하는 것으로 만들었다. 우리가 계산원의 노동에 의존하지 않고 셀프서비스 계산대에서 소비재에 대한 돈을 지불하는 경우 GDP는 덜 성장한다. 우리가 간병인이나 가사 도우미에게 돈을 지불하는 대신 부불 돌봄을 늘릴 경우 GDP는 내려간다. 우리가 온라인 쇼핑을 하면서 테크 기업이 광고 수입을 창출하는 데 우리 시간을 공급하더라도 우리의 일은 일로서 계산되지 않는다. 버로마이도기Borrow My Doggy 같은 앱을 통해 개를 산책시키는 사람에게 돈을 지불하지 않고 개를 직접 산책시킬 경우 우리는 GDP를 낮춘다. 이것은 불합리하고 자의적인 체제이다.

'일자리 보유자 사회'라는 한나 아렌트의 디스토피아적 전망은 경제학자와 정치가 들이 일자리 물신을 만들면서 제3의 시간 시대에 현실이 되었다. 일자리를 갖는 것이 심지어 자유와 같은 것이 되었는데, 이는 노벨상 수상자인 경제학자 아마르티아 센이 취한 입장이기도 하다.[1] 일자리를 갖지 못한 것은 '존엄성'의 부정으로 묘사된다. 따라서 『이코노미스트』의 '바틀비'는 말한다. "궂은일이라는 생각은 일자리를 갖는 게 존엄성의 원천이라는 사실을 흐린다."[2] 그러나 부유한 논평가들이 하는 주장, 즉 불쾌한 일일지라도 일자리가 존엄성을 부여한다는 주장은 역겹다. 그리고 국가기관들이 일자리 보유를 시민권과 '가치'의 표지로 만들 때 이는 필연적으로 터무니없는 결론으로 이어진다. 일자리가 없는 게 국가급여를 받을 자격에 요구되는 '사회적 책임성'이나 '호혜성'의 결여를 증명한다는 터무니없는 결론 말이다.

미래의 상실

신자유주의의 광신도 집단은 —이 집단이 주장하는 것인 바—사회와 경제를 운영하는 다른 방식들이 실패했음이 드러났기 때문에 오늘날의 자본주의가 역사의 종말이라고 선언했다. 대안은 없다. 개인들은 자기 기업가로서 소득, 부, 소비를 극대화하기 위해 자신을 팔아야 한다. 과거에 있었던 것은 지나갔으며, 오늘날만큼 좋지 않았다. 오늘날의 체제와 근본적으로 다른 체제의 전망이라는 의미에서 미래는 없다.

따라서 그들은 유토피아적 꿈과 청사진은 20세기의 사회주의적 망상으로 인해 신뢰를 잃었다고 추론했다. 큰 이야기에 반대하고 이데올로기를 의심하는 포스트모더니즘의 철학적 전통은 이런 패러다임이 강화되는 데 도움이 되었다. 포스트모더니즘의 스승인 자크 데리다(1930~2004)가 말년에 이렇게 선언했음에도 말이다. "나는 해방이라는 위대한 고전적 담론을 버리는 것을 거부한다."[3]

지대 추구 자본주의의 맥락에서 제3의 시간은 또다른 미래 — 혹은 그리스 경제학자 야니스 바루파키스가 상상한 것처럼 '또 다른 현재'—에 대한 사고를 더욱 방해하는 구속복을 만들어냈다.[4] 이는 보수적이고, 반동적이며, 근원적으로 비관주의적 정신병을 만들어냈고, 많은 진보적 사상가와 정치가 들로 하여금 최소한의 일만 하게 하고 현상에 대한 반대를 소심하게 비갈등적인 용어와 진부한 방식으로 말하게 했다. 훌륭한 사람들이 회색의 사람들이 되었고, 이는 신자유주의 모델의 승리를 입증한다.

본질적으로는 산업적 시간 시대의 가정이 뒤집어졌다. 우리는 자연적·사회적 진보가 아니라 퇴보를 예상한다. 고약하게 보자면 많은 사람들에게 오늘은 어제만큼 좋지 않으며, 내일은 오늘보다 더 나쁠 것이다. 우리는 이러한 비관주의를 거부해야 하지만 우리 시대에 무슨 일이 일어났고, 그 결과가 무엇인지를 이해해야만 그렇게 할 수 있다.

시간의 불평등

제3의 시간 시대의 가장 분명한 결점은 좋은 시간에 대한 접근의 불평등 및 서로 다른 집단에 지워지는 다양한 요구이다. 엘리트와 살라리아트는 자신의 시간을 상당히 통제하지만, 프레카리아트는 거의 그렇게 하지 못한다.

모든 형태의 노동과 일에 퇴행적인 경향이 있다. 자기관리를 위한 일을 살펴보자. 부유한 사람들은 금융 문제와 관련된 일을 직접 하느라 시간을 쓰지 않고 전문가를 고용할 수 있다. 프레카리아트는 전문가를 고용할 형편이 안 된다. 그들의 희소한 금융 자원을 감안할 때 실수의 잠재적 비용은 그 복잡성을 이해하기 위해 더 많은 시간을 들여야 한다는 것을 의미한다. 하지만 다른 형태의 일과 노동이 그렇게 하는 데 필요한 시간과 에너지를 밀어내기 때문에 그들은 그렇게 할 수 없다.

오늘날에는 저소득 노동자라 할지라도 과거보다 훨씬 더 복잡해진 금융 결정을 내려야 한다. 예를 들어 『파이낸셜 타임스』의 기사가 지적한 것처럼 "부유한 나라에 사는 현대의 평균적인 노동자는 현재 노년을 살아가는 데 충분한 자원을 오로지 스스로 확보해야 한다".5 최근에 저축 이자율이 매우 낮아서 금융 투자가 상대적으로 더 매력적이게 되었고, 이는 커지는 불평등의 원천이기도 한데, 합리적인 투자를 하기 위해 전문가의 조언과 충분한 시간이 필요하게 되었다. 이 분야에 전문인 학자들이 '금융 문해 교육'을 주장하는 것은 그럴 듯한 일이나, 프레카리아트는 이를 위한 시간이 없거나 여기에 돈을 쓸 수 있는 여력이 없다.

중개인의 시간을 살 수 있는 부유한 사람들과 달리 프레카리아트는 국가를 위한 일에도 많은 시간을 써야 하는데, 다양한 정부 공무원을 종종 청원자로서 대면 접촉하고, 규율적 종속의 형태로서 대기하거나 줄을 서야 한다. 국가가 프레카리아트에게 부과하는 일의 '거래 비용'은 일에 관한 분석에서 간과된다. 그들의 시간은 존중받지 못한다. 모든 공리주의적 정부는 소소한 것들을 개혁하고자 한다. 오늘날의 정부는 행위 조건을 사용하여 급여 청구인이 대부분 쓸모없고 시간을 소모하며 보수 없는 일을 하도록 강요한다. 이것은 잔인한 형태의 불평등이다.

대기하는 일과 구직으로서의 일도 불평등의 원천이다. 프레카리아트는 다른 사람들보다 이를 더 많이 수행하도록 강요받는다. 임시 단기 일자리에서 인정받지 못하는 한 측면은 일자리와 일자리 사이에 다른 일자리를 찾거나 기다리며 사용하는 필수적인 시간이다. 그 추가적인 시간은 불평등을 드러내며, 소득 불평등을 심화시킨다. 심부름 경제에서 다양한 시간 계약 등으로 단기 일자리를 왔다 갔다 하는 사람들은 관료제의 변덕을 만족시키거나 사용자 혹은 잠재 고객의 부름을 기다리기 위해 구직하는 과정에서 추가적인 과제를 수행할 필요가 있거나 그렇게 해야 한다. 노동 외부의 모든 시간을 '여가'라고 간주하는 것은 이렇게 시간을 잡아먹는 일을 무시한다.

제3의 시간 배치의 또다른 측면은 노동소득을 결정할 때 사용되는 시간 단위이다. 기이하게 내재된 불평등에서 최상위 소득자는 자신의 돈 대부분을 연 단위로(배당, 보너스 등), 살라리아트는 대부분 월 단위로(점점 더 많은 금액을 연 단위로 벌지만), 프롤레타리아트는 주로 주 단위로, 프레카리아트는 주로 시간당 혹은 개수별로 소득을 올린다. 보수 지급 기간이 더 짧을수록 변덕스러움과 예측 불가능성은 더 커지고, 그만큼 소득 불안전이 더 키진다. 미국 노동력의 거의 60퍼센트가 시간당 소득을 올리는데, 이는 프레카리아트의 성장을 암시하는 하나의 지표일 뿐이다.[6] 불안정하고 변덕스러운 소득은 스트레스를 강화하고 그 당시뿐 아니라 이후의 삶에서도 건강에 나쁜 영향을 미친다.

불평등은 또한 노동을 위한 훈련 체제에도 내장되어 있다. 살라리아트는 여기에 대해 돈을 지불받거나, 지불받는 노동시간에 훈련할 수 있는 것으로 보이지만, 프레카리아트는 자신이 돈을 내야 하고, 자신의 자유시간에 훈련을 수행해야 하는 것으로 보인다. 이런 불평등이 강화되면서 프레카리아트는 어떤 훈련을 받든 기대할 수 있는 이익이 낮음에도 역으로 훈련을 더 많이 해야 한다는 압력을 받는다. 구조화된 경력 경로가 존재하는 살라리아트 대열에 있는 사람은 소득이 늘어나고 지위가 상승할 가능성이 높은 조건에서 훈련을 수행할 수 있다. 반면에 다른 종류의 일자리를 들락날락하는 (혹은 그럴 것이라 예상되는) 사람은 설사 이득이 있다 하더라도 모든 선택이 불확실한 이득을 가져오는 조건에서 어떤 유형의 훈련을 선택할지 결정해야 할 것이다.

시간 통제의 불평등은 또한 직업 면허 발급에 의해 두드러졌다. 시간에 관한 통제가 길드의 규칙과 문화적 전통에 의해 제한되던 길드 규제로부터 경쟁력을 규제위원회들 및 그 배후에 있는 금융 이해관계의 주된 규칙으로 삼는 국가 규제로 이행하면서 하층에 있는 사람들에게 더 많이 노동하라는 압력이 가해졌다. 이는 또한 직업 공동체의 재구조화에 영향을 미쳤는데, 과업이나 직무 분석에 관한 통제권이 거의 없는 프레카리아트가 증가했다.

다음으로 놀이 혹은 레크리에이션의 불평등이 있다. 신자유주의 시대 노동주의의 광란은 더 능동적 형태의 레크리에이션을 잠식했다. 미국에서 — 부유한 나라 가운데 법정 유급휴가가 없는 유일한 나라 — 사람들은 더 적고, 더 짧은 휴가를 가지게 되었다. 1975년부터 2000년까지 미국의 평균적인 노동자에게는 매년 20일 이상의 휴가가 있었다. 2015년에 이는 16일로 떨어졌다.[7]

유급휴가를 보장하는 일자리에는 사람들의 절반이 — 근속 연수에 따라 대개 10~20일이다 — 허용된 휴가를 다 사용하지 못했다. 그리고 모든 민간 부문 피고용인의 4분의 1에게는 — 많은 수가 프레카리아트이다 — 유급휴가 권리가 전혀 없다. 그들은 대개 무급휴가를 갈 형편이 안 되며, 휴가를 가기 위해 일자리를 포기해야 할 수도 있기 때문에 특히 그렇다. 이는 휴가가 가져다 줄 수 있을지 모르는 치유적 가치를 위험에 빠뜨리는 결정을 해야 한다는 뜻이다. 휴가 권리는 은폐된 형태의 불평등이다.

전일제 피고용인에게 매년 28일의 법정휴가가 있는 영국에도 유사한 유형이 존재한다. 코로나바이러스 팬데믹 이전에 피고용인 다섯명 가운데 두명이 정해진 휴가의 절반 이하만 썼다.[8] 한가지 이유는 휴가에서 돌아와서 해야 하는 밀린 과업에 대한 두려움이고, 다른 이유는 일자리를 잃을 수 있다는 두려움이었는데, 이는 더 많은 프레젠티즘을 유발했다.

휴가는 에너지를 보충하고, 개인적 관계와 가족관계를 강화하고 노동으로부터 심리적 거리를 회복하고, 더 넓은 사회적 전망을 줄 가능성이 있다. 휴가의 축소는 건강을 악화한다. 미국 질병통제예방센터는 휴가가 거의 없는 여성은 관동맥성 심장병이 생길 가능성이나 심장마비가 올 가능성이 매년 최소한 두차례 휴가를 가는 사람보다 8배 높다는 것을 발견했다.[9] 고위험의 심장질환이 있는 1만 2천명 이상의 남성에 관한 연구에 따르면 연례 휴가를 가지 않는 사람은 연례 휴가를 가는 사람에 비해 모든 종류의 원인에 따른 사망 위험이 21퍼센트 더 높고, 심장마비로 사망할 위험이 32퍼센트 더 높다.[10]

살라리아트와 엘리트는 더 많은 노동으로서의 레크리에이션을 즐긴다. 그들은 통계적으로 노동시간으로 간주되는 레크리에이션 시간 ─ 무의미한 노동 ─ 을 가질 수 있다. '유한계급'의 과시적 소비라는 베블런의 관념이 작업장으로 이전되었다. 널리 알려진 예는 런던 킹스크로스 지역에 잘 조성된 구글 영국 본사에서 벌어지는 노동시간 내 레크리에이션의 과시적 소비인데, 여기에는 루프탑 정원, 25미터 풀에다 농구, 5인조 축구, 테니스 등을 위한 다목적 경기장도 있다.[11]

그러한 특전들은 측정되지 않은 소득 불평등의 한 형태이자 인식되지 않은 시간 불평등의 형태이다. 사무실에서 보내는 시간에 의해 혹은 계약된 노동시간에 의해 일을 측정할 수 없는 것과 마찬가지로 사무실 밖에 있는 시간으로 여가를 측정할 수 없다!

아직 알려지지 않은 제3의 시간의 한가지 측면은 관리자와 경영자 들이 많은 무의미한 노동을 하고 있으며, 이로 인해 노동자의 시간을 통제할 도덕적 권리를 포기한다는 것이다. 여기에는 긴 점심시간, 골프를 치러 가는 것, 오후의 낭만적인 정사 등이 포함된다. 최고 경영자가 골프를 치기 위해 자리를 비우는 회사는 다른 회사보다 실적이 나쁘다는 것을 보여주는 연구도 있다.[12] 이런 무의미한 노동은 불평등의 한 형태일 뿐만 아니라 노동시간 체제 일반을 우습게 만든다.

미래에 대한 감각의 상실, 즉 사회가 진보하고 있으며 미래는 과거나 현재보다 더 나을 것이라는 믿음의 상실이야말로 프레카리아트를 가장 고통스럽게 한다. 프레카리아트는 구 프롤레타리아트에게 주어졌던 사회적 전망과는 완전히 다른 사회적 전망에 직면해 있다. 구 프롤레타리아트는 대체로 규율 잡힌 노동에 대한 댓가로 사용자(자본)와 국가가 중기적인 시간 보장을 제공한다는 사회적 협상을 받아들였다. 일자리를 상실하거나 사고 혹은 질병이 발생하거나 아이가 생기거나 연금 수급권이 주어지는 연령에 도달할 경우 보호받게 될 것이다. 개인 분담금을 냈거나 사용자와 국가가 분담금을 내게 했을 경우, 보상금 형태로 지불되는 어느 정도의 보장된 시간을 가질 수 있을 것이며, 그 시간 동안 좀더 장기적인 대응을 계획할 것이다. 이것이 윌리엄 베버리지가 1942년에 전후 복지 개혁에 관해 영국 정부에 제출한 보고서에서 소득 능력의 일시적인 '중단'이라고 기억할 만하게 서술한 것이다.13

반면에 프레카리아트는 장기 미래는 말할 것도 없고 단기 미래에 관한 통제의 전망도 없이 지속적으로 현재를 살아야만 한다. 미래는 불길한 예감으로 그려진다. 이것은 불평등의 한 형태이다. 지금 나의 시간을 가지는 것은 가치 있는 자산이다. 미래 시간이 보장되었다는 감각을 가지는 것은 심리적으로 매우 중요하다. 미래에 원하는 대로 자신의 시간을 채울 수 있으리라는 자유의 정신상태에 화폐가치를 매길 수는 없을지라도 그러한 감정은 우리 대부분에게 커다란 가치가 있는 게 확실하다.

또한 살라리아트와 프레카리아트 사이에는 이전의 살라리아트와 프롤레타리아트 사이보다 더 날카로운 차이가 있다. 오늘날의 살라리아트는 주식, 주식 옵션, 직업 연금, 상병수당, 육아휴직 등 같은 상당한 지대 소득과 특전을 받는데, 이 모든 것은 불확실성에 덜 노출되어 있고 시간에 관한 통제권을 가질 수 있는 더 큰 물질적 능력이 있다는 것을 의미한다. 프레카리아트는 대개 이 가운데 어느 것도 허락되지 않으며, 그 대신 변덕스럽고 불확실한 소득에 적응해야만 한다.

담보물이 풍부한 살라리아트와 엘리트는 저리로 신용 거래를 하거나 빚을 낼 수 있고, 이는 장기적인 보장과 시간 통제권을 강화한다. 반면에 프레카리아트는 현실에서 고리 단기 부채를 늘릴 수밖에 없고, 이는 장기적인 보장이나 시간 통제권을 가질 수 없게 한다. 이는 불평등을 악화한다. 게다가 국가는 종종 세금 경감이나 대출 지원제도를 통해 살라리아트의 채무에 보조금을 준다. 게다가 2008년 금융위기 이후 정부와 중앙은행 들이 추구한 저리 정책은 부호계급, 엘리트, 살라리아트가 가진 주택과 기타 자산의 가격을 올렸고, 이는 부의 불평등을 증대했다.

한편 프레카리아트 대열에 있는 사람들은 실질임금의 정체를 경험했고, 이는 음식, 의료, 주택, 교통, 학교교육에 들어가는 필수적인 지출을 포함해서 생활수준을 대출로 유지하도록 만들었다. 자산이 거의 없는 프레카리아트는 고소득 집단보다 더 높은 대출 비용에 직면했다.

따라서 차별화된 금융시장은 불평등의 증대 및 프레카리아트가 소유한 얼마 안 되는 자산의 소멸을 가져왔다. 이 누적적인 불평등 및 이에 수반되는 프레카리아트의 불안전은 경제 전반을 더 취약하게 만들었다. 일부 사람들은 이런 곤경에서 벗어나는 유일한 방법이 "거시 정책의 1차적인 목표로 다시 완전고용을 우선시하는 것"이라고 생각한다.[14] 더 효과적인 탈출 방법은 일자리 자체에 초점을 맞추지 않으면서 프레카리아트의 소득을 늘리는 일이 될 것이다.

시간 불평등 일반은 화폐소득의 관점에서만 불평등을 측정하는 게 잘못되었다는 것을 알려준다. 화폐소득의 관점에서만 불평등을 측정하는 것은 프레카리아트가 받는 소득의 가치를 낮추는 변덕스러움과 불확실성을 무시하는 일이며, 재산을 소유한 사람들에게 주어지는 국가 보조금과 다양한 형태의 보장 — 이는 이들의 화폐소득과 부를 상당히 증대시킨다 — 을 무시하는 일이다.

블랙 스완에서 만성적 불확실성으로

공자가 말하길, '불안전은 빈곤보다 더 나쁘다'. 이 말은 잘못된 결정을 하는 것, 생존을 위협하고 인간의 존엄성을 침해할 수 있는 충격에 빠지는 것에 대한 우려와 걱정을 나타낸다. 그러나 아리스토텔레스에서 유래하는 또다른 전통이 있는데, 이는 불안전한 인간만이 자유롭다고 주장한다. 공자와 아리스토텔레스는 분명 정도가 다른 불안전을 생각했을 것이다.

인간으로서 우리는 합리적으로 기능하고, 추론하고, 행동하기 위해 기본 보장이 필요하다. 완전한 보장이 있다면 우리는 무심해질 것이고, 우리의 운명을 개선하려고 시도할 동기를 상실하게 될 것이다. 기본 보장은 공공재의 한 유형인데, 사적 상품과 달리 원칙적으로 누군가가 공공재를 가졌다고 해서 다른 사람도 공공재를 가지지 못하게 하는 게 아니기 때문이다. 실제로 기본 보장은 우월한 공공재이다. 더 많은 사람이 이를 가질수록 개인들에게 그 가치가 커지기 때문이다.

제3의 시간 시대에 수백만명이 다층적인 형태의 불안전을 경험하면서 자신의 시간에 대한 심리적 통제권을 상실했다. 산업적 시간 시대에 국가는 주요한 형태의 불안전에 대한 대응으로 산업적 시민권을 형성하기 위한 조치들을 마련했다. 이는 순응하고 안정적인 노동을 하거나 그런 노동을 하는 사람과 친척관계에 있는 사람들에게 노동 기반 보장을 제공하는 것이었다. 오늘날에 그런 것은 시들어버렸다.

제4장에서 개요를 서술한 산업적 시간 시대에 제공된 여러 형태의 보장을 다시 떠올려보자. 그것들은 노동시장 보장, 고용 보장, 일자리 보장, 숙련기술 재생산 보장, 일 보장(직업적 건강과 안전), 소득 보장, 대표성 보장 등으로 이루어져 있었다. 오늘날에는 이런 보장 가운데 어느 것도 그렇게 강하거나 확산되어 있지 않으며, 제3의 시간 체제에서는 식별하는 것도 어렵다.

대부분의 경제학자들은 다양한 형태들 사이의 차이를 구별하지 않으며, 특히 고용 보장과 일자리 보장을 혼동한다. 그 구별은 중요하다. 어떤 사람이 보장된 고용계약을 맺을 수 있더라도 회사 내에서 직무 보장이 없을 수 있는데, 이럴 경우 사용자가 요구할 때 다른 유형의 노동으로 옮겨가야 한다. 반면에 어떤 사람은 고용 보장이 약하지만 필요할 경우 다른 곳에서 유사한 직무를 찾을 수 있다.

주관적 보장과 객관적 보장 사이의 차이도 있다. 어떤 사람은 사용자와 구두계약을 맺을 수 있는데, 법적으로는 고용 보장이 안 되지만 사용자가 그 관계를 유지할 것이라는 확신이 있을 수 있다. 반면에 어떤 사람은 문서로 된 고용계약이 있어도 아무 때나 고용계약이 종료될 수 있다고 걱정할 수 있다. 게다가 주관적 감정은 다른 요인들을 반영할 수 있다. 어떤 사람이 저축이 있거나 파트너가 돈을 잘 벌 경우 객관적으로 고용 보장이 없어도 고용을 상실할까 걱정하지 않을 수 있다. 그리고 심한 불안정이 표준으로 보일 경우 이전에는 불안전하다고 인식되었던 수준의 고용 불안전이 이제는 꽤 보장된 것으로 간주될 수도 있다!

좀더 일반적으로 보자면 불안전은 위험(리스크)과 불확실성의 혼합으로 구성된다. 위험은 불의의 사고와 기업가적 위험으로 나눌 수 있다. 전자는 고용의 상실이나 사고나 질병 같은 '충격', 그리고 결혼, 아이 출산, 대학 진학 결정 등 정상적이고 주로 생애주기에 따라 발생하는 '우연적 사건'이다. 반면에 기업가적 위험은 어떤 식으로든 투자하거나 투기하기로 의도적으로 결정하는 것이다. 지난 40년 동안의 지배적인 에토스인 신자유주의는 모든 사람이 자기 기업가, 위험 감수자가 되기를 원한다.

불의의 사고라는 위험에는 세가지 고려사항이 적용된다. 부정적 사건을 당할 가능성, 충격을 받았을 때 대처할 능력이 있을 가능성, 회복할 수 있는 가능성. 프레카리아트는 부정적 사건을 당할 가능성이 높고 이에 대처하거나 이로부터 회복할 수 있는 가능성은 낮아 고통받는다. 프레카리아트는 강건함, 즉 충격과 우연적 사건의 잠재적인 해로운 영향을 회피하거나 이에 저항할 수 있는 능력이 결여되어 있다.

역동적 사회는 내적인 충격과 우연적 사건을 수반하는 단절이 필요한데, 오스트리아 태생 경제학자 요제프 슈페터는『자본주의 사회주의 민주주의』에서 이를 '창조적 파괴'라고 불렀다. 어떤 충격과 우연적 사건은 부정적 영향만이 아니라 긍정적 영향도 주지만 이는 강건함 및 회복력에 달려 있다. 많은 사람들은 둘 다 없다.

위험과 더불어 불확실성도 있는데, 이는 특별한 형태의 불안전으로 전지구화, 정보기술혁명, 기후변화 및 오염의 효과 등이 낳은 결과 때문에 더욱 심화되었다. 불확실성은 '모르는 것을 모른다'는 것이다. 일어날 가능성을 알지 못하고, 어떤 영향을 미칠지 모르며, 사람들이 그에 대처하거나 그로부터 회복할 수 있을지 혹은 어느 정도나 그럴 수 있을지 모른다는 것이다.

널리 인용되는 책인『블랙 스완』(2007)에서 나심 니콜라스 탈레브는 드물게 일어나는 사건을 지칭하기 위해 '블랙 스완'이라는 말을 만들어냈는데, 파괴적인 충격이 있고 회고적으로는 예측할 수 있지만 미리 예측할 수는 없는 사건이다.[15] 그 이후 블랙 스완이라는 유비는 불확실하고, 예측할 수 없으며, 해로운 사건들이 더이상 드물지 않다는 사실 때문에 약화되었다. 그렇기에 탈레브가 발전시킨 또다른 개념을 주목해야 한다. 사회와 개인 들이 '취약하지 않아야'[antifragile] 할 필요성 말이다.[16]

위험의 경우와 마찬가지로 우리는 설사 가능하다 하더라도 불확실성 모두를 회피하는 것을 목표로 삼을 수는 없다. 강건함과 회복력을 만들어내는 것에 강조점을 두어야 한다. 삶에서 우리는 예측하지 못한 많은 사건 및 변화에 직면하며, 그 가운데 대부분의 영향을 쉽게 완충한다. 이것은 화이트 스완이다. 가끔 블랙 스완이 온다. 그러나 현 시대에 우리 대부분은 가끔 블랙 스완을 만나는 게 아니라 블랙 스완 한무리를 만난다. 블랙 스완은 더 많아졌을 뿐만 아니라 그 영향이나 얼마나 많은 사람들이 피해를 입는가라는 관점에서 볼 때 훨씬 더 파괴적이다.

인류는 심리적으로나 물리적으로나 불확실성을 다룰 준비가 잘 되어 있지 않다. 코로나바이러스 팬데믹 기간에 사회에 불확실성이 얼마나 만연했는지를 생각해보자. 유행병에 대한 공중보건의 대응 문제를 다룬 한 내과의사는 불확실성의 다층성을 지적했다. 바이러스에 노출되고 감염될지에 관한 불확실성, 우리의 신체가 사소한 징후 혹은 생명을 위협하는 징후를 보일지에 관한 불확실성, 우리가 사랑하거나 중요하게 생각하는 누군가에게 미칠 위협에 관한 불확실성, 지원을 받을 수 있는가에 관한 불확실성, 고용에 관한 불확실성, 치료 및 백신의 전망에 관한 불확실성, 공동체와 국가 경제에 미칠 충격에 관한 불확실성, 우리가 생산하는 것에 관한 불확실성, 신용 상실에 관한 불확실성, 미래가 어떨지에 관한 불확실성, 정신적·신체적 건강에 미칠 장기적 영향에 관한 불확실성.17

프레카리아트는 불의의 사고라는 위험에 더 많이 노출되어 있을 뿐만 아니라 불확실성에도 더 많이 노출되어 있다. 프레카리아트는 강건함이 결여되어 있고, 사회적으로나 개인적으로 부정적 사건에 취약하다. 나쁜 일이 다른 사람들보다 프레카리아트에게 더 많이 일어난다. 그리고 이들은 특히 개인적 관계 및 일 관련 관계에서 우연적 사건을 더 많이 경험하며, 이는 새로운 위험과 불확실성을 가져오고 취약함fragility의 감정을 강화한다.

프레카리아트는 또한 충격이나 우연적 사건에 대처할 회복력이 결여되어 있다. 그렇게 하려면 상당한 시간이 들며, 이런 노력에 드는 비용이 더 많고 해당 기간에 지원받을 수 있는 자원이 더 적다. 프레카리아트는 전형적으로 낮고 변덕스러우며 불확실한 임금을 받으며, 비임금 급여가 없고, 권리 기반 국가급여가 없으며, 믿을 만한 공동체나 가족의 급여가 없고, 단기 보장을 해줄 저축이 없다. 그 결과 그들은 트라우마를 견디고 적응과 회복의 비용을 관리할 재정적·심리적 자원을 불러낼 수 있는 적절한 시간이 없다.

프레카리아트가 접근 가능한 혜택의 정도를 보자면, 그들이 이용할 수 있는 자산심사에 기반하여 지급되는 급여는 그 자체가 불확실성의 갖은 원천이다. 개인들이 급여를 받을 자격이 있는지의 여부, 급여를 받게 될지 그리고 계속해서 받게 될지의 여부, 급여를 받는 게 낙인이 될지, 그럴 경우 신용거래를 거절당하거나 장래의 고용에 걸림돌이 될지의 여부. 감당할 수 없는 부채의 경계선에 있는 프레카리아트는 자원을 상실하는 소용돌이에 빠져들 위험을 겪게 될지도 불확실하다. 이렇게 시간을 소모하는 모든 불확실성은 회복력의 정신을 약화하고, 사람들을 위태로운 상황으로 더 깊숙이 밀어 넣으며, 사람들은 청원자처럼 비굴한 아노미 상태에 빠진다.

이 불안전은 충격에서 회복될 수 없는 무능력으로 확장된다. 충격은 대개 종종 이른바 복지기관으로부터 받는 압력에다 노동 시장에서의 하락세와 지원 네트워크의 상실을 수반한다. 불안전 은 또한 연민, 이타주의, 관용을 발휘할 수 있는 개인의 역량을 약 화하고 자신과 다른 사람들에 대한 자존감과 열망을 낮춘다.

불안전한 사람들은 '정신적 대역폭'의 축소로 고통받으며 나날 의 일을 넘어서는 결정에 초점을 맞추기 힘들게 된다. 만성적 불 안전과 함께하는 이런 상황은 계획을 축소시키고 시간 지평을 압 박한다. 이것은 열망을 좌절시키며 더 취약한 사람들 사이에서 비굴함과 낙담의 감정을 낳는다. 이것은 어제로 돌아가고 싶다는 인간 본래의 정서를 부추긴다. 포퓰리스트 정치가들이 이용하는 정서 말이다. 극단에서는 만성적 불확실성이 내부로 향하는 아노 미적 분노를 유발할 수 있으며, 자해 및 자살 경향으로 이어진다.

아마 최악의 불확실성은 양적으로나 질적으로 강화되고 있는 지구온난화 및 그에 수반되는 자연재해와 맞서 싸우기를 정치가 들이 거부하는 것과 연관되어 있을 것이다. 2021년에 기후변화에 대한 정부 간 패널IPCC은 음울한 여섯번째 보고서에서 별로 주목 받지 못한 결론에 도달했는데, 과거에는 더 드물었던 유형의 사 건일수록 빈번하게 일어날 가능성이 높아진다는 것이다.[18] 다른 말로 하자면 블랙 스완이 더 일반적인 일이 된다는 것이다. 불확 실성이 만성적이다. 그리고 아래에서 논의하겠지만 이는 우리가 시간을 사용하는 방법에 압력을 가하게 된다.

파놉티콘 국가: 시간 사용에 대한 넛지

제3의 시간 체제의 또다른 도구인 알고리즘이 우리의 삶에 침입하고 있다. 인간 활동의 모든 영역에 침투한 알고리즘은 우리의 시간 활동을 변화시키는 은폐된 방식이다. 이는 1949년에 출판된 조지 오웰의 『1984』 속 디스토피아를 연상시킨다. 빅브라더는 통제 불능이다. 인공지능 및 기계학습의 확산과 함께 알고리즘은 '블랙박스'가 되고 있으며, 제 규칙을 만들어내는데 어디에 근거해서 결정을 내리는지 개발자조차 알지 못한다.

알고리즘의 의사결정 기준은 알고리즘을 훈련할 때 사용한 대량의 데이터로부터 계산한 상호작용하는 일련의 가능성을 반영한다. 이 데이터들은 종종 함축된 편향을 포함하는데, 그 데이터들이 편향이 있는 샘플에서 가져온 것이기 때문이다. 예를 들어 안면인식 기술은 초기에 흑인 얼굴이나 여성이 아니라 백인 남성의 얼굴을 인식할 때 작동했다. 알고리즘이 백인이자 남성인 경우가 압도적으로 많은 개발자의 얼굴을 가지고 훈련했기 때문이다. 특정 우편번호 지역을 우범지역이나 채무불이행이 높은 지역으로 분류하는 알고리즘의 편향은 좀더 교묘하다. 예를 들어 알고리즘이 위험률이 높다고 결정하기 때문에 어떤 사람이 대출이나 일자리를 거부당할 수 있다. 그 사람은 어떤 정보가 그를 거부당하게 했는지 혹은 그 정보가 진짜인지 가짜인지를 알 수 없다. 그리고 사람들은 대개 이를 다툴 수단이 없다.

네덜란드 정부가 복지, 세금, 기타 유형의 사기를 저지를 수 있는 개인들을 감지하기 위해 여러 정부기관들이 가진 시민들의 정보를 하나로 모으려고 사용하는 리스크 프로파일링 방법인 시스템 리스크 인디케이션System Risk Indication을 살펴보자. 그것은 위험하게도 사람들이 어떤 범죄도 저지르기 전에 혹은 어떤 범죄를 저지를 것이라는 증거도 없이 사람들을 범죄자화하는 것에 가까웠다. 2016년에 가난한 지역에 사는 사람들을 표적으로 이 시스템을 사용하는 것이 프라이버시 침해라는 근거로 차단되었다. 그러나 전세계적으로 유사한 도구가 시험 및 적용되고 있다.

알고리즘 블랙박스는 옛 철학적 토대가 있다. 1787년에 제러미 벤담(1748~1832)은 러시아에서 예카테리나 여제를 위해 일하던 자기 동생(예카테리나 여제의 여러 애인 가운데 한명)을 만나러 갔을 때 감옥 설계에 관한 동생의 자문 요청을 받고 일련의 편지를 써서 1791년에 『파놉티콘』을 출판했다.

벤담은 파놉티콘 ― 그리스어 판pan과 옵티콘optikon, 즉 '만물을 꿰뚫어보다'에서 유래 ― 이라는 개념에 근거해서 설계의 기초를 마련했는데, 감옥에 있는 모든 수감자가 중앙의 감시탑과 얼굴을 마주하게 되어 있는 원형 복합체를 구상했다. 감시탑의 간수는 수감자를 볼 수 있지만 수감자들은 간수를 볼 수 없었다. 그리고 수감자는 자기가 언제 감시당하는지를 모르기 때문에 끊임없이 감시받고 있다고 상정해야 할 것이었다. 벤담은 그 감옥 설계를 "선택의 건축"이라고 기술했다. 수감자들은 물리적으로 강제당하지 않았다. 그러나 수감자가 최선을 다해 노동을 하는 "올바른 선택"을 하지 않을 경우 그는 "하소연할 데 없이 나쁜 빵을 먹고, 물을 마시게" 될 터였다.

벤담은 또한 20세기 말 신자유주의자들이 잘 이해한 요점을 인식했는데, 수감자들이 "사람들 사이의 협력"을 형성하지 못하도록 고립되어야 한다는 것이다. 집단적 행위자는 파놉티콘 프로젝트를 위험에 빠뜨릴 것이다.

벤담은 자신의 설계를 진심으로 좋아해서 병원, 정신병원, 학교, 공장, 구빈원 그리고 모든 사회기관에 권유했다. 진정한 파놉티콘이 건설된 적은 없지만 방사형 설계는 지난 두세기 동안 전 세계적으로 많은 장소에서 모방되었으며, 여기에는 런던의 원즈워스 교도소와 지금은 박물관이 된 쿠바의 프레시디오 모델로(모델 감옥)가 포함된다. 벤담의 개념은 후일 프랑스 철학자 미셸 푸코가 사회통제 이론을 발전시키는 데 사용되었다.

행동경제학은 파놉티콘적 사고방식의 현대적 판본이다. 2008년에 출판된, 영향력이 아주 큰 책인 『넛지: 복잡한 세상에서 똑똑한 선택을 이끄는 힘』(이하 『넛지』)에서 경제학자 리처드 탈러와 법학자 캐스 선스타인은 연금 제도나 장기기증에 대해 사람들에게 옵트인이 아니라 옵트아웃*을 요구하는 것과 같이 올바른 결정을 하도록 장려해야 한다고 제안했다.[19] 이들은 벤담을 인용하지 않으면서도 벤담의 파놉티콘 문서를 사용했고, 심지어 '선택의 건

---

* 옵트인(Opt-in)은 당사자가 개인 데이터 수집에 동의할 때만 데이터 수집이 가능하도록 하는 것이며, 옵트아웃(Opt-out)은 명시적인 거부를 표시하지 않는 한 동의한 것으로 간주하는 것을 말한다.

축'을 언급하기도 했다. 『넛지』에서 강조된 좋은 의도가 기만적인 것으로 혹은 최소한 일면적인 것으로 폭로될 경우 그 근거가 벤담주의의 선구자에게 있다는 것이 명백해질 테지만 말이다.

버락 오바마가 미국 대통령이 되었을 때 그는 캐스 선스타인을 백악관 정보규제국 국장으로 임명했다. 데이비드 캐머런은 2010년 영국 총리가 될 때 리처드 탈러를 총리실의 신설 행동조사팀 자문으로 임명했다. 곧 '넛지 팀'으로 알려지게 된 이 조직의 임무는 '사회'의 이해관계에서 사람들이 '더 나은 결정'을 하도록 자극하는 것이었다.

후일 넛지 팀은 사영화되었고, 현재는 수익성이 매우 좋은 기업이 되어 자신의 전문기술을 전세계로 수출하고 있다. 전지구적으로 약 4백개의 행동조사팀이 공공 부문과 민간 부문에 설립되었다. 한편 2017년에 리처드 탈러는 노벨 경제학상을 받았는데, 이는 자유시장 원칙을 옹호한다고 하는 주류 경제학 내의 모순을 잘 보여준다. 주류 경제학은 사람들이 필요한 정보가 있고 자유롭게 결정한다고 가정하는 데 반해 '넛지'는 사람들이 필요한 정보를 모르거나 정책입안자들이 올바르다고 생각하는 결정을 내리지 않는다는 가정에 근거하여 선택을 유도하려는 목적이 있다.

넛지 이론의 지지자들이 주장하는 방식으로 이 이론이 작동하는지에 관해 신뢰할 만한 증거가 별로 없음에도 이 이론의 이용이 지속적으로 확산되고 있다.[20] 그 영향은 시간 사용을 교란한다는 것이다. 세계에서 가장 부유한 사람 가운데 하나인 제프 베이조스의 주된 소득 원천인 거대 소매 괴물 아마존을 보자. 아마존은 노동 강화 제도를 운영했는데, 이는 기업과 관련해서 화이트 칼라 노동자들이 '올바른 선택을 내리도록' 유도하는 것과 확실히 일치한다. 여기서 쓰는 전술 가운데에는 이런 것들이 있다. 직원들은 늦은 밤에 이메일을 받고 즉각 답장을 해야 하고, 노동자들은 기대한 대로 일을 수행했음을 증명해야 하는 수시 수행평가 모임에 참석해야 한다. 여기서 노동자들은 장황한 질문들에 대답해야 하며, 그렇지 못할 경우 임금이 깎이거나 심지어 일자리를 잃을 수도 있다. 기업은 또한 부끄러운 듯이 협동적 수시 피드백 도구Collaborative Anytime Feedback Tool라고 부르는 것을 운영했는데, 이를 통해 피고용인들이 동료 노동자들에게 '비밀 피드백'을 보낼 수 있다. 베이조스가 정교화한 통제 방식은 2015년에 충격적인 방식으로 드러났다.[21] 그 이래 변한 것은 별로 없다.

제3의 시간 체제에서 프레카리아트는 사소한 규칙 위반을 찾아내기 위해 공적 공간 어디에나 있는 CCTV 카메라를 포함한 파놉티콘적 감시만 당하는 게 아니다. 프레카리아트는 또한 '바놉티콘'banopticon에도 시달리는데, 이는 한병철이 바람직하지 않다고 여겨지는 것을 식별하고 체제에 맞지 않거나 적대적인 사람들을 배제하는 장치라고 규정한 것이다.[22] 예를 들어 영국에서는 바놉티콘 정부가 성장하고 있으며, 특히 사회정책 영역에서 이러한 구조를 더욱 숨을 데 없이 만들기 위해 규제를 확대하고 강화하고 있다. 적법 절차, 즉 공권력의 작용이 법적 절차와 내용를 따라야 한다는 등 마그나카르타의 기본 원칙을 침해하는 '반사회적 행동 명령'이 이에 해당된다.

바놉티콘은 게으르다, 선량한 사람이 아니다, 사기꾼이다, 기피자다 등 비유적으로 낙인찍고 오명을 씌워서 트라우마를 겪게 하고 공동체나 완전한 시민에서 배제하는 것이다. 그것은 파놉티콘을 보완한다. 파놉티콘이 중앙의 눈으로 다수를 감시하는 것이라면, 바놉티콘은 널리 퍼져 있는 작은 눈으로 소수를 감시하는 것이다. 쉴 새 없이 엿보고 개입하는 관료제는 급여 청원자가 사회에 진입하는 것을 거부하고, 이들이 원하지 않는 방식으로 시간을 사용하도록 조종하고, 그렇게 하지 않을 경우 이들을 축출한다. 바놉티콘은 통제사회의 일부로, 배제의 관리 도구이다.

마이클 하트와 안토니오 네그리가 영향력 있는 책『제국』(2000)에서 주장한 것과 달리 삶은 '사회 공장' 같은 게 아닐 것이다.[23] 그러나 파놉티콘-바놉티콘 국가란 어느 곳에서 한 행동이든 어디로나 전달될 수 있음을 의미하는데, 여기에는 현재의 상사나 미래의 상사, 집주인, 대출 기관 등이 포함된다. 사회적 기록 보존은 제3의 시간에 적합한 규율 장치이며, 프레카리아트가 '책임 있는' 방식으로 행동하고 반감을 일으킬 수도 있는 행동 혹은 심지어 의사표현까지 회피하도록 압력을 가한다. 따라서 노동조합 조합원 혹은 활동적인 환경단체 회원이라는 것을 장래의 사용자나 일부 정부 당국이 볼 수 있는 이력서나 프로필에 쓰는 것은 권할 일이 못 될 수 있다. 살라리아트도 파놉티콘이라는 추세에 영향을 받는다. 사용자의 전자기록에 들어가는 직무평가나 수행평가를 보자. 평가받는 사람은 자신이 옳다고 믿는 것에 따라서가 아니라 평가자가 좋게 생각하는 것에 따라 자신의 행동을 맞출 가능성이 있다. 탈레브는 이렇게 썼다. "생존이 조직의 더 높은 자리에 있는 누군가의 질적 '직무 평가'에 달린 사람은 비판적 결정이라는 면에서 신뢰할 수 없다."[24]

사람들이 노동, 일, 사적인 시간 등에서 무엇을 하는지 추적하는 일련의 도구들이 급속하게 성장하고 있다. 피고용인의 생산성을 감시하고 양화하려 강화된 시도의 일부인 '보스웨어'Bossware는 노동자가 온라인에서 시간을 얼마나 썼는지를 감시할 뿐만 아니라 컴퓨터 자판 누르기와 마우스 움직임을 기록하고, 스크린샷을 찍고, 언제 어떤 웹사이트를 방문했는지를 식별하고, 웹캠과 마이크를 활성화시키고, 컴퓨터 사용자가 모르는 사이에 정기적으로 혹은 부정기적으로 사진을 찍는 소프트웨어도 포함한다.[25] 2016년에 설립된 프로도스코어Prodoscore라는 기업은 개별 노동자의 이메일, 메시지, 데이터베이스 입력 등의 양을 추적하여 일일 생산성 점수를 계산하는 소프트웨어를 제공한다. 이것은 관리자와 노동자에게 보내지며, 다른 사람들과 비교해서 자신의 순위를 알게 된다.

또다른 추적 기술인 베리아토Veriato는 노동자에게 일일 위험 점수를 부과하는데, 예를 들어 민감한 정보를 우연히 혹은 고의적으로 누설함으로써 노동자가 사용자에게 보안 위험을 가져올 가능성이 있는지를 보여주는 것이다. 인공지능이 노동자의 이메일과 채팅 텍스트를 분석해서 '정서'를 알아내는 것도 또다른 입력값에 포함된다. 하이어뷰Hire-Vue는 온라인 인터뷰 과정에서 태도, 표정, 목소리 톤, 단어 선택 등 거의 인식할 수 없는 변화를 감지

해서 일자리 지원자의 성적을 매긴다. 다른 알고리즘은 어떤 개인이 일자리를 그만둘지, 임신을 할지, 노조를 만들지를 예측한다고 한다. 이러한 기술의 대부분은 검증되지 않았거나 대중에게 알려져 있지 않다.[26]

따라서 제3의 시간 체제에서 사회의 통제는 불안전의 주된 형태인 만성적 불확실성과 파놉티콘 및 바놉티콘 장치의 혼합체가 하나로 결합해서 이루어진다. 그 결과 우리는 두 유형의 두려움에 의한 통제에 종속되어 있다. 강건함과 회복력을 갖지 못한 채 맞이하게 되는 충격과 우발적 사고에 대한 두려움 그리고 우리의 행동과 태도가 감시당한다는 두려움. 이는 우리가 우리의 시간으로 무엇을 할 것인가를 제약하고 통제권 및 잠재적 자유의 상실이라는 감정을 낳으며 심리와 행동에 영향을 미친다.

프레카리아트화된 정신

제3의 사회에서는 모든 시간이 침범당한다. 새로운 규준은 사람들이 아무때나 자신의 시간에 대한 요구의 세례를 받는다는 것이다. 종종 성격이 다른 과제를 결합하라는 압력은 '고삐 풀린 합리성'이라는 상황으로 이어지며, 여기에는 너무나 많은 선택지가 따른다.[27] 이는 프레카리아트화된 정신이라고 불러야 할 것을 만들어낸다. 무엇이 시간의 최적화된 사용인가? 혹은 특정한 행동이나 행위 유형에 할당해야 하는 시간의 적절한 양은 얼마인가?

저것 또는 저것 또는 저것을 더 많이 해야 하나, 이것은 더 적게 해야 하나?

현대의 기술과 일하는 방식은 동일한 시간대 안에서 우리가 더 많이 할 수 있고 더 많이 해야 한다고 생각하게 만든다. 이는 시간에 관해 최적이 아닌 결정으로 이끌 뿐만 아니라 지속적으로 깊이가 없고 부적절하다는 느낌도 낳는다. 멀티태스킹은 영웅적인 성취 같은 게 아니라 자신의 시간에 관한 통제 불능을 완곡하게 표현한 것이다.

인간의 두뇌는 한번에 다층적인 행동을 관리할 수 없다. 멀티태스킹은 여러 행동 사이를 빨리 옮겨다니는 것이며, 전체적으로 수행성이 떨어지는 결과를 낳는다. 극단적일 경우 멀티태스킹은 어찌 되었든 시간을 효율적으로 사용하는 능력을 우리에게서 앗아간다. 현재 상황은 버트런드 러셀이 『게으름에 대한 찬양』(1932)을 썼을 때나 나중에 무정부주의 철학자 이반 일리치(1926~2002)가 '바쁨'에 관해 우려했을 때[28]보다 더 어려워졌다.

심한 멀티태스커는 여러 과제에 관해 수행성이 훨씬 나쁘다.[29] 한 연구에 따르면 수많은 전화와 이메일로 주의가 산만해지면 IQ가 10퍼센트포인트 떨어진다.[30] 다른 연구에 따르면 멀티태스킹은 스트레스, 분노, 피로를 낳는 한편 공감능력을 손상시킨다.[31] 그리고 대중적인 고정관념과 반대로 여성이 남성보다 멀티태스킹을 더 잘하는 것도 아니다. 이런 고정관념은 분명 여성이 남성보다 가사 책임을 더 많이 지고, 이를 일과 결합하고 있어서 시간에 대한 더 다양한 요구에 직면하는 경향이 있다는 사실을 반영

한다.[32]

　시간 채우기[time filling] 또한 제3의 시간 체제의 한가지 특징이다. 사람들은 언제나 뭔가를 하고 있어야 한다는 압력에 시달린다. 우리는 적극적이어야 하고 우리의 시간에 대한 여러 요구 사이에서 결정을 내려야 한다는 압력에 시달리며 고갈될 때까지 과제들 사이를 옮겨다닌다. 시인 시어도어 로스케는 자신의 시「병약」[Infirmity]에서 이 점을 잘 포착했다. "너무 적극적인 사람[mind]은 생각[mind]이 전혀 없다."[33] 거꾸로 제3의 시간과 프레카리아트화된 정신의 또다른 특징은 생각 없는 수동성인데, 끊임없이 알림을 체크하고, 항상 외모를 유지하려고 한다. 그러나 종종 그저 배제될까, 보잘것없는 일자리를 상실할까, 알지 못하는 어떤 활동에서 배제될까 두려워할 뿐이다.

　이것은 일부 사람들이 자본주의의 창조성 명령이라 부르는 것에 의해 강화되는데, 새로운 것의 지시를 반영하는 것이다. 사람들은 자신의 '창조성'에 근거하여, 최신의 사고를 결과물로 바꾸는 능력에 근거하여 평가된다. 정보기술은 분노와 지속적인 미충족이 널리 퍼져 있는 속도의 세계를 만들어냈다. 노벨 경제학상 수상자 허버트 사이먼은 이런 재담을 한 적이 있다. "정보가 소비하는 것은 아주 명백하다. 정보는 그 수취자의 주의를 소비한다. 따라서 정보의 부는 주의의 빈곤을 창출한다."[34]

　게다가 현대 정보기술은 대화의 구조를 붕괴시키거나 체코 소설가 밀란 쿤데라가『느림』(1995)에서 쓴 것처럼 시간을 조직하는 대화 능력을 약화한다. 그리고 끊임없이 훼방놓는 정보기술의 힘이 대화를 통해 끈끈한 관계를 구축하고 유지하는 능력을 붕괴시킨다. 모바일폰을 통한 접촉이 물리적 접촉보다 우세하다. 한가지가 끼어들면 다른 것은 보류된다. 더 일반적으로 보자면, 강화된 연결성이 인격적 관계 및 일 관계의 깊이와 강도를 축소했다.[35]

사회가 집단적 주의력결핍장애로 고통받고 있다고 말해도 전혀 과장이 아니다. 제3의 시간은 지속가능한 집중에 필요한 공간을 조금씩 깎아먹고 있다. 우리는 돌봄이나 공부처럼 본래 지속적인 주의가 요구되는 어떤 일에 일정 시간을 쏟을 수도 있으나 다른 과제에 시간을 사용하라며 침입하는 요구 때문에 돌봄이나 공부의 질에 악영향을 받는다. 우리는 어떤 것을 깊이 파고들기보다는 큰 노력을 필요로 하지 않는 활동 사이를 왔다 갔다 하는 데 익숙해졌고, 따라서 정신적으로 도전적인 과제나 활동에 직면했을 때 다른 편한 일로 바꾸는 게 정서적으로 더 쉬워졌다. 이게 우리를 '행복하게' 만든다.

사회정책을 지배하는 행동심리학자와 공리주의자 들은 행복이 삶의 전부여야 한다고 말한다. 그러나 프레카리아트화된 정신은 축소된 정신이며, 부지불식간에 영향을 미치는 광고에 의해, 상품된 정책에 의해, 마음에 아무런 부담도 주지 않기에 쉽게 소화할 수 있는 진부한 이야기를 늘어놓는 정치가들에 의해 손쉽게 이용당할 수 있다. 프레카리아트화된 정신은 약해지며 통제 불능이기 때문에 결국에는 우울증에 빠진다.

제3의 시간 체제는 또한 네트워크 시간이라 부를 수 있는 것에도 영향을 끼친다. 경제학에서 네트워크 재화는 더 많은 사람들이 이를 가질수록 가치가 증가하는 것이다. 시간은 네트워크 재화인데, 부분적으로 그 가치가 가족이나 친구와 같은 다른 사람이 유사한 일정을 가지고 있는지 여부에 의존하기 때문이다. 표준적인 주당 노동시간은 소중한 다른 이들과 공유할 시간이 부족하다는 이유로 많은 비판을 받았다.[36] 제3의 시간은 실제로 시간 계획의 제약이 커지게 하며, 다른 사람들과 시간을 맞출 수 있는 능력을 줄인다. 따라서 노동시간 단축을 요구하더라도 그 시간을 다른 사람과 동일한 방식으로 재할당할 수 없다면 다른 사람들과 공유하는 시간에서 큰 개선은 없을 수 있다.

종종 실업자는 취업자보다 자유시간이 더 많으며, 또한 주말에 다른 사람들과 사회적으로 상호작용할 수 있기 때문에 〔다른 사람들과〕 비슷하게 일정이 있다고 주장된다. 하지만 최소한 영국에서는 국가가 실업자의 시간에 대해 이중의 불이익을 부과했다. 유니버설 크레디트 같은 자산심사 급여를 얻기 위해 실업자는 무의미한 구직같이 시간을 소모하는 활동에 참여해야 한다. 구직활동을 원하지 않거나 좀더 편리한 시간에 구직하는 것을 선호하더라도 말이다. 실업자 청구인은 취업자보다 주중에 자유시간이 더 적을 수도 있다. 실업자는 주말에 일정이 더 적을 수 있다. 왜냐하면 사회적 네트워크가 더 제한되어 있으며 사회활동에 쓸 수 있는 돈이 더 적기 때문이다.

특정한 시간 블록의 가치에 대해 생각해보면 **부정적인 네트워크 효과**도 있다. 너무 많은 사람들이 같은 시간에 같은 활동을 하기를 원한다. 어떤 활동을 하는 데 원하는 것보다 더 많은 시간을 쓰는데, 왜냐하면 다른 사람들이 그 활동을 하고 있기 때문이다. 혹은 많은 요구에 직면한 서비스 제공자에 의해 무시되는 시간이 생긴다. 그 결과는 줄서기와 기다리기의 답답한 반복이다. 부유한 나라에 사는 대부분의 사람들은 진료 약속을 잡거나 공무원과 접촉하거나 불만 사항을 접수하려면 수십분이나 심지어 수시간 전화기를 붙들고 있어야 할 것이다. 놀랍지 않게도 높은 수준의 불평등으로 인해, 일정의 가치가 더 큰 엘리트와 살라리아트가 극장 티켓, 새로운 아이폰 출시 등에 줄을 대신 설 사람을 고용하는 비공식 노동시장이 생겼다. 뉴욕에서 이는 수익성 좋은 활동이다.**37**

프레카리아트화된 정신은 또한 청원자가 된다는 감정에 영향을 미친다. 이는 대부분이 프레카리아트로 구성된 예술가 공동체에서 심한데, 프로젝트를 위해 자금 제공 기관에 지원하는 데 의존하기 때문이다. 지원 및 전체 과정이 예술가들을 청원자로 바꾸고, 일시적인 꿈과 희망을 충족시키기 위해 문화 관련 관료들에게 청원을 한다. 이 꿈과 희망은 많은 경우 예술가 내부로부터 비롯된 게 아니라 관료들에게 팔기 위한 것이다.**38** 관료화된 자금 제공 기관은 점점 늘어나는 예술 프레카리아트의 시간과 건강을 규정한다. 예술가들은 지원하고, 결과를 기다리고, 거부당한 것을 다시 처리하고, 프로필을 갱신하는 데 시간을 소비한다. 이들이 가진 유일한 권리는 지원할 수 있는 권리뿐이다.

스트레스와 절망사

제3의 시간 체제는 본질적으로 스트레스가 심하다. 이것은 신자유주의의 중추인 성격 특성 ─ 경쟁과 자기 기업가 정신 ─ 과 연관되어 있다. 철학자 한병철은 21세기에 우리는 성과사회에 살고 있으며, 여기서는 모두가 더 많이 성취하려면 시간을 쏟아야 한다는 극심한 압력에 시달린다고 말한다. 아무것도 불가능하지 않다면서 말이다.39 돈 포스터가 『린 아웃』*Lean Out* (2016)에서 지적한 것처럼 노동자들에게, 특히 프레카리아트에게 항상 다른 사람들과 경쟁하는 것은 규율 도구로 기능한다. "모든 동료가 경쟁자이다. 그 결과 우리는 언제나 과민한 상태에 있으며, 아주 사소한 말실수나 부주의해서 일어난 실수로 사람들의 신임을 잃게 되고 이에 따라 소득을 상실할 수 있다는 것을 의식하게 된다. 이러한 환경에서 단결하여 조합을 결성하는 일은 거의 불가능하다. 그 결과가 빤하니 가장 먼저 생산라인을 떠나는 위험한 일을 할 피고용인은 한명도 없다."40

이와 관련된 압력이 일자리에서 열심히 하라는 훈계이다. 열심히 하는 게 이점이 있긴 하지만 너무 열심히 하는 것은 높은 수준의 스트레스를 낳을 수 있다. 미국의 피고용인 1천명 이상을 조사한 바에 따르면 다섯명 가운데 두명이 열심이면서 낮은 수준의 소진을 보인다고 대답했다. 다섯명 가운데 한명은 열심이면서 높은 수준의 소진을 보인다고 대답했다. 이렇게 열심히 하고 소진되는 노동자들은 자신의 일에 열정적이지만 이에 대해 아주 복잡한 감정이 있는데, 높은 수준의 관심, 높은 수준의 스트레스, 높은 수준의 좌절 등이 있다고 대답했다. 그들은 또한 일자리를 바꿀 의사가 가장 높으며, 심지어 열심히 하지 않는 집단보다도 높다.[41]

마찬가지로 프로젝트와 지원을 통해 자신을 판매해야 하는 프레카리아트 대열의 사람들은 일상화된 불안전으로 고통받으며, 언제든 연결되어 있고 일할 수 있는 상태여야 한다고 느끼는데, 이는 정신적·신체적 소진 및 '위태로움의 병리학'으로 이어진다.[42] 스트레스가 장기화되면서 앞으로 건강이 더 악화될 것이라는 신호가 온다.

19세기 말에 산업적 시간 체제가 공고화되면서 '신경증'이 유행했고, 아편 사용의 증가 및 자살의 증가로 이어졌던 것을 떠올려보자. 역사가 반복되고 있다. 오늘날 불안전과 시간에 대한 통제권 상실은 스트레스의 유행을 부채질하고, '절망사'라고 불리는 것을 부추긴다. 미국에서는 청년층과 중년층의 초과 사망으로 인해 미국을 '죽어가는 사람들의 땅'이라고 부르게 되었다.[43]

심리학자들은 노동 관련 스트레스, 소득 불안전, 정신질환 사이에 강한 관계가 있다는 것을 발견했다. 심리학자들은 '자유' 시간의 결여가 한 원인이라고 주장했으며, 노동생활의 불만족을 의학적 문제로 재구성하는 것을 비판한다. 그렇게 할 경우 정신질환의 원천이 아니라 증상을 치료하게 된다는 것이다.[44] 영국 성인 네명 가운데 한명(미국에서는 다섯명 가운데 한명)은 매년 항우울제나 향정신성의약품을 처방받고 있으며, 이 비율은 꾸준히 올랐다.45 1980년대 이래 영국에서 정신건강 장애 비율은 거의 세 배가 되었고, 정신건강 문제의 유행은 네배로 올라갔다. 정신건강 의료에 대한 공적 지출이 늘어났음에도 그렇다.46

일자리 보유자 사회에서 강제된 저고용 또한 심리적 고통을 낳는다.47 마찬가지로 노동과 노동을 위한 일의 결합에서 나타나는 시간의 강화는 주요한 스트레스 원인이다. 그리고 만성 스트레스에 시달리는 부모를 둔 아이들은 성인이 되었을 때 정신질환과 신체질환 둘 다를 겪을 경향이 크다.48

베이징에 있는 중국인 프리랜서가 쓴 싸늘한 기사는 중국에서 일어나고 있는 능력주의적 제3의 시간 체제의 극단적인 진화를 '퇴화'라는 말로 포착한다.49 이 아이디어는 미국의 인류학자 클리퍼드 기어츠가 쓴 『농업의 내향적 정교화』(1963)에서 온 것인데, 자바 농경에서 더 적은 산출에 어떻게 더 많은 노동이 지출되었는지를 기술하고 있다. 중국에서는 퇴화에 해당하는 말이 네이주안內卷인데, '끊임없는 자기 채찍질의 순환'을 가리킨다. 실질적인 목표 없이 불분명한 목적지를 향한 진전을 추구하면서 더 열심히 일하는 것을 말한다.

그 결과는 믿을 수 없을 정도의 스트레스와 만성적인 과다 활동인데, 중국 프레카리아트는 이에 대해 '996'(오전 9시부터 오후 9시까지 일주일에 6일 일하는 사람들을 가리킨다)과 '007'(온라인으로 하루 24시간, 일주일에 7일 일하는 것)이라는 밈을 만들어냈다. 시간 압력이 자살과 신경쇠약으로 이어질 것이라 예측할 수 있다. 이는 또한 젊은 사람들이 스트레스가 많은 일자리에서 벗어나도록 자극하는 소셜미디어에서의 전복적인 밈과 '탕평족' 캠페인을 통한 수동적 저항 운동으로 이어졌다. 이는 정부에 경종을 울렸다. 2021년 8월 정부 대변인은 이렇게 말했다. "이 혼란의 시대에 탕평족과 번영을 기다리는 일 같은 것은 없습니다. 오직 화려한 분투와 노력만 있을 뿐입니다. 젊은이들이여, 자, 함께 갑시다!"[50]

극심한 노동주의 문화에 반대하는 조용한 반란이 몇가지 방향으로 나타나는데, 여기에는 초과노동의 거부 및 게으른 것을 기꺼이 자랑하려는 것이 포함된다. 이는 '물고기 만지기'라는 이상한 이름으로 불렸는데, 다음과 같은 중국 속담에서 온 것이다. "진흙탕에서는 물고기를 잡기 쉽다." 즉 위기 혹은 혼돈의 시기를 전화위복으로 삼을 수 있다는 뜻이다. '물고기 만지기'를 실천하는 어떤 사람은 블로그에 이렇게 썼다. "우리는 우리 일에 최선을 다할 생각이 없다. 그 대신 우리는 부업을 위해 시간과 에너지를 남겨놓는다. 그게 일에 모든 노력을 쏟는 것보다 더 낫지 않겠는가?"[51]

이런 태도가 중국에서 극단적인 방향으로 간 것 같지만 전지구적 경제에서 이는 전지구적 추세이다. 모든 사람이 다른 모든 사람과 경쟁하고 있다면, 수많은 패자가 있게 될 것이다. 그리고 지대 추구 자본주의에서 그런 것처럼 승리해서 얻게 되는 이득이 계속해서 올라가고 패했을 때 감당해야 하는 비용 또한 계속해서 올라간다. 이는 부분적으로 승리하기 위해 노력하는 비용이 올라가기 때문이다. 이 유독한 조합이 대중의 스트레스와 우울증을 위한 처방전이다. 이것이 오늘날의 현실이다.

교대 노동, 윤번 교대, 예측할 수 없는 일정은 제3의 시간의 주된 특징이며, 스트레스, 건강 문제, 가족 해체 등과 연관되어 있다. 이것들은 자기돌봄 시간, 가족의 일상사, 정기적인 친구관계의 유지 등을 방해한다. 여러 연구들에 따르면 교대 노동자의 20~30퍼센트가 불면증이나 기타 수면장애를 겪고 있으며, 이는 정신건강과 신체건강에 부정적 영향을 미쳤다.[52]

예측할 수 없는 노동시간은 또한 예측할 수 없고 변덕스러운 소득 그리고 전반적인 소득 보장의 결여로 이어지며, 더 큰 분노, 수면 부족, 신체적 스트레스를 낳는다. 미국의 어느 연구에 따르면 가장 안정적이지 않은 노동 일정을 수행하는 노동자들이 가장 안정된 일정을 가진 노동자들에 비해 심리적 고통이 두배 이상 크다.[53] 그리고 불안정한 노동 일정을 가진 부모는 자기 아이들을 적절히 돌보지 못하는 경향이 있으며, 이는 부모의 스트레스가 주는 영향과 별도로 아이들의 발달에 부정적 영향을 미쳤다.[54] 게다가 저소득층은 일정 불안정을 경험할 가능성이 더 크고, 이는 시간이 지남에 따라 커지는 건강상 차이라는 생애 불평등을 공고하게 만든다.[55]

한병철의 『피로사회』(2010)는 20세기를 "면역학의 시대"로 규정하는데, 바이러스와 박테리아에 의한 감염이 질병과 사망의 주된 원인이지만 대체로 백신 접종과 항생제에 의해 극복된 시대이다. 반면에 21세기는 우울증, 주의력결핍과잉행동장애ADHD, 소진증후군, 경계성인격장애 같은 신경정신 질환 등 '신경'의 시대이다. 이것들은 감염증이 아니라 '성과사회'로 굳어진 것이기 때문에 어떤 면역학 기술도 이에 맞설 수 없다.

2020년 초에 닥친 코로나바이러스 팬데믹은 단순화된 이 모델을 약화했다. 그러나 역사란 그런 법이다. 광범위하게 퍼진 정신적·심리적 쇠약뿐만 아니라 팬데믹은 불평등이 심화되고 지배적인 경제 패러다임이 붕괴하는 시기의 막바지에 더욱 빈발하고 더욱 악화한다. 21세기 초에 우리가 본 것은 경제, 사회, 개인적 관계에서 일어난 변화와 연관된 스트레스 및 정신건강 악화에 대한 사회정치적 반작용이다.

제3의 시간의 조정 직업들

사회경제적 이행과 위기의 시대에는 많은 시간이 정신적 압력과 장애를 다루는 데 쓰인다. 그리고 이러한 시대에 새로운 '조정 직업들'이 등장해서 감정적 혼란을 누그러뜨리고 사람들로 하여금 시간 사용의 새로운 질서를 내면화하도록 설득한다. 이를 재생산을 위한 일이라고 기술할 수 있을 텐데, 근본적인 목적이 종종 새로운 생산 체제에서 제대로 기능하는 구성원이 되도록 조정하는 것이기 때문이다.

19세기 말로 돌아가보면 확장된 조정 직업에는 종교인과 여러 비정통적 치료법을 제공하는 유사의료 직업도 있었다. 경제적 관계, 사회적 관계, 가족관계에 나타난 혼란으로 인한 스트레스가 신경학을 정당화했으며, 여기에 종사하는 사람들은 불면증, 수면

장애, '산발적 고양감', 만성 두통, 분노, 우울증에 진정제, 최면술, 흥분제 등을 처방했다. 정신의학이 경찰이나 종교인처럼 다른 직업에 큰 영향을 미치는 직업으로 부상했다. 정신의학의 접근법은 스트레스를 받고 불안전한 개인들이 그들의 시간에 대한 새로운 요구에 적응할 필요가 있다고 가정했다. 그 반대가 아니라.

제3의 시간의 위기에서 어떤 조정 직업이 번성했는가? 가장 온화한 수준에서는 기업들이 경영진을 위해 그럴듯한 새로운 직무 칭호를 만들어냈다. 최고 청취 담당자, 최고 성장 담당자, 최고 지속가능성 담당자, 최고 의료 담당자, 최고 인재 담당자 등이 그것이며, 심지어 재택근무 모범 사례를 설계하고 전파하는 일을 책임지는 최고 원격 담당자도 있다.[56]

새로운 사회 통제 직업들은 더욱 중요했다. 제3의 시간 체제가 확고해지면서 증폭된 스트레스는 회복과 치료적 조정을 다루는 의료인인 정신의학자들 그리고 예방적 조정을 제공하는 심리학자들에게 새로운 기회를 주었다. 둘 다 가부장주의적 통제기구의 일부이며, 이는 사회복지 업무, 치안, 감옥으로 확장되었다.

21세기 초에 등장한 가장 강력한 조정 메커니즘은 미국에서 개발된 치료 형태의 하나인 인지행동치료[CBT]일 것이다. 2008년에 영국의 신노동당 정부는 '행복 차르'(리처드) 레이어드 경의 권고를 받아 '심리치료 접근 개선'이라는 이름의 국가 계획에 착수했다. 이 계획의 근간은 불안증이 있는 시민들을 지원하는 인지치료 인력을 훈련하던 것이었다. 이는 영국 국립보건원의 지침으로 채택되었고, 오스트레일리아 국민건강보험 체제에 포함되었다.

인지행동치료가 일부 사람들에게서 분노와 우울증을 줄이는 것처럼 보이지만 전문가들은 그 방법이나 이유를 확신하지 못하고 있다. 이 치료는 '인지적 왜곡' '부정적 자동사고' '잘못된 추론'을 교정하는 것을 목표로 한다.[57] 이 치료는 별다른 문제의식 없이 행동경제학의 넛지 이론에 근거한다. 그러나 우리 모두는 나름대로 잘못된 추론을 한다. 우리는 빠른 결정을 하려고 덤비는데, 좀더 사려 깊은 선택을 할 수 있는 시간이 부족하거나 부족하다고 믿기 때문이다. 아이러니하게도 우울증이 있는 사람들이 자신이 시간에 대한 통제권을 가지고 있지 않다는 사실을 더 잘 이해하는 듯 보이며, 도리어 이른바 정신적으로 건강하다고 하는 사람들이 실제보다 더 많이 통제권을 가지고 있다고 느낀다. 이로부터 분명하게 생각할 수 있는 것은 우리의 시간에 대한 통제권을 확대하는 방법을 찾는 길이 바람직한 대응이라는 것이다.

어느 경우든 행복이라는 의제는 제한된 성공만을 거두었다. 신자유주의가 강조하는 긍정성, 자기 기업가 정신, 성취를 위한 과도한 활동 등은 너무 많은 사람들을 낙오시켰다. 1997~2014년에 인지행동치료에 관한 연구를 다룬 비평을 보면 그 효과가 사라졌다는 것을 알 수 있다.[58] 그러나 현재는 ACT를 찾아냈는데, 이는 수용전념치료의 머리글자이다. 이것은 그 말이 암시하는 것처럼 신자유주의적 관점의 정교화를 대변한다. 그저 네가 훌륭하지 않다는 것을 수용하는 방법을 배워라! 그저 더 나아지기 위해 전념하라! 물론 이보다는 더 세련되었다. 전문 학술지『심리치료와 심신의학』*Psychotherapy and Psychomatics*에 실린 ACT에 관한 연구 비평에서 분노장애 및 우울증의 치료에 있어서 플라시보보다는 ACT가 더 효과적이라고 결론지었다는 것을 알면 마음이 좀 편안해질 수 있다.[59] 그 기준이 아주 높지는 않다.

CBT와 마찬가지로 ACT도 광범위하게 퍼진 정신적 고통의 구조적 원인 — 제3의 시간과 함께 찾아온 불평등, 불안전, 불확실성, 스트레스 — 에서 주의를 돌리는 또다른 조정 도구로 보인다.

여가의 잠식

물질적 압력을 통해 노동, 노동을 위한 일, 재생산을 위한 일 등을 더 많이 하도록 유도되면서 우리는 재화, 서비스, 오락거리를 끊임없이 소비하며, 이것이 노동과 일의 목적이라고 믿는다. 따라서 우리는 제한된 우리의 '자유시간'을 레크리에이션을 위해 쓴다. 원기를 회복하고 긴장을 풀기 위해 필요하기 때문이고, 상업적 이해관계가 우리가 그렇게 하기를 원하기 때문이다. 그러나 수동화가 뒤따른다.

버트런드 러셀이 아이에게는 지루한 게(권태) 좋다고 말했을 때, 그가 말하고자 한 것은 대부분의 시간 동안 지루한 게 아이에게 좋다는 것은 아니었을 것이다. 그러나 지속적으로 재미있는 상태에 있는 것이 상상력을 둔하게 한다고 본 그가 확실히 옳았다. 지루하다고 느끼는 사람은 곧 생각이나 아이디어로 자기 정신을 채울 것을 찾게 마련이다. 계속해서 스크린이나 이어폰에 붙어 있는 것은 그러한 이미지나 사운드의 창조자에 의해 상상력이 깎여나가거나 왜곡되게 하는 것이다. 그러한 수동화가 진정한 여가를 잠식한다.

강력한 이해관계가 그리스적 의미에서 스콜레인 여가에 우리가 시간을 쓰지 않기를 바란다. 성찰, 논쟁, 창조적이고 회생적인 게으름, 이 모든 것이 시간 낭비로 폄하되거나 간주된다. 그 결과는 선거 투표율의 감소, 정당 당원 수의 감소, 정당 내부 활동의 쇠퇴 등에서 드러나는 민주주의의 약화이다.

그리스에서 시민이란 폴리스에 참여할 수 있는 지위와 역량이 있는 어떤 사람이었다. 실제로는 성차별적이고 불평등한 방식으로 이루어졌지만, 숙의 민주주의는 참여할 수 있는 시간과 유효하게 참여하기 위해 역량을 획득하고 유지할 수 있는 시간이 모두 필요하다는 점을 인정했다. 또한 시간 사용에 필수적인 활동으로 공감을 강화하기 위한 시민 교육과 예술 체험을 요구했다. 오늘날 그것은 '인적자본'을 추구하는 가운데 희생되었다. 시민적 지식은 높은 투표율과 지역 공동체에 적절한 개인들을 선출할 가능성을 제고하고, 진정성과 지식의 가치를 장려한다. 시민성의 상실은 사기꾼들에게 힘을 실어주는 것으로 이어진다.

시민적 지식과 정치생활 참여는 미국 건국의 아버지들에게 필수적인 것으로 간주되었으며, 토머스 제퍼슨이 천명한 것처럼 공공 학교교육의 추동력은 사람들에게 시민이 되는 법을 가르치는 것이어야 했다. 더이상은 그렇지 않다. 미국 시민권에 관한 전국회의가 편찬한 「연례 시민 건강 지수」에 따르면 시민적 지식과 참여, 자발적으로 공동체 활동에 쓰는 시간 등이 꾸준히 줄어들고 있다. 2016년 도널드 트럼프가 대통령으로 당선된 이후에 정치 참여가 급증하긴 했으나 2020년 대통령 선거의 투표율은 전체 유권자의 겨우 67퍼센트였으며, 이는 국제 기준으로 볼 때 낮은 것이다(영국의 2019년 총선에서 같은 투표율이 나오긴 했다). 당파성은 진지한 정치 토론을 질식시켰다.

시간에 대한 통제권 상실은 상품화 추세에 반대하는 에너지의 상실과 함께 나타났다. 상품화는 노동에서의 시간의 구멍뿐 아니라 하루 전체의 구멍도 막아버리는데, 맑스는 이를 자본주의에 내재하는 목표로 인식했다. 그 결과는 스콜레의 잠식이다.

자유주의적 자유의 쇠약

시간을 생각할 때 우리는 레이디 맥베스의 갑작스러운 죽음에 반응하는 맥베스의 냉소주의에 굴복해서는 안 된다.

인생이란 그림자가 걷는 것, 배우처럼
무대에서 한동안 활개치고 안달하다
사라져버리는 것, 백치가 지껄이는
이야기와 같은 건데 소음, 광기 가득하나
의미는 전혀 없다.[60]

이는 우리가 시간을 사용하는 방식이 종국적으로는 문제가 되지 않는다는 점을 암시한다. 그것은 모두 정교한 게임이었다. 그것은 살인적인 책략가의 극단적인 기회주의로 이어지진 않더라도 최소한 자신의 성공에 도움이 되리라고 생각하는 것이라면 아무거나 말하고 보는 정치가들의 부도덕한 경솔함을 낳는다. 점점 더 정교해지는 홍보와 소셜미디어에 의해 세련되어지는 이것은 정보 과잉과 우리가 읽고 듣는 것의 진실성을 확인할 시간이 부족한 시대에 성공적인 전술이었다. 원칙 없는 정치가들은 자신이 침착하기만 하다면 거짓말을 해도 별 문제없이 넘어갈 수 있다는 것을 안다.

철학자와 신학자 들은 최소한 고대 그리스 시대 이래로 자유의지에 관해 숙고했다. 후일의 두가지 철학적 전통 — 자유주의적 자유와 공화주의적 자유 — 이 시간 통제를 숙고할 때 의미가 있다. 잠재적 지배로부터의 자유인 공화주의적 자유는 나중에 다룰 것이다. 자유주의적 자유는 도덕적일 자유, 우리가 도덕적 행위 방식이라고 믿기 때문에 특정한 방식으로 행동할 자유이다. 그것은 가족과 공동체 내에서 육성되는 자유이며, 혹은 반대로 사회에 의해 부식되는 자유이다. 우리의 시간이 다른 사람에 의해 혹은 기계나 장치에 의해 통제될 경우 우리는 도덕적일 수 없다. 왜냐하면 도덕적이라는 것은 도덕적 결정을 내릴 수 있는 공간과 시간 자체를 필요로 하기 때문이다.

맥베스의 도덕성이 해롭고 레이디 맥베스의 달콤한 말로 쉽게 유독해졌다 해도 맥베스는 자유주의적 자유가 있다고 말할 수 있다. 그러나 1936년 영화 「모던 타임스」에서 찰리 채플린이 잊힐 수 없게 그려낸 것처럼 우리가 조립 라인에 서서 반복적인 과제를 높은 속도로 하고 있다고 가정해보자. 최소한 작업 시간이 끝나서 공장 문을 나서기 전까지 우리는 자유주의적 자유를 행사할 수 없다. 우리는 도덕적 결정을 내릴 수 없다. 우리는 정신과 신체를 빼앗기고 있다. 그것은 극단적인 테일러주의이다. 그렇게 강화된 노동에 종속되어 있는 사람은 허위의식에 유혹당할 수 있으며, 특정한 방식으로만 사고하고 다른 방식으로는 사고할 능력을 상실하는 경향이 있다. 그러한 조립 라인에서 채플린은 일시적으로 정신이상 상태가 되고, 흰 가운을 입은 남자들에게 끌려 나간다. 그의 시간에 대한 물리적 통제가 그의 정신에 대한 통제의 상실로 확장된다.

21세기의 아마존의 창고가 이에 해당한다. 노동자들은 상품 선별과 포장을 할 때 부담이 큰 목표를 할당받으며, 휴대 스캔 장치를 통해 지속적으로 추적당하고 신자유주의적 인센티브 — 기준 이상의 성과에 대한 재정적 보상과 성과 미달이나 사소한 노동 규칙 위반에 대한 불이익 — 를 받는다. 파놉티콘 노동과정이 크게 발전했다. 21세기의 변형판과 채플린 사이의 한가지 차이는 '넛지'를 포함한 사회적 통제의 정도이다. 사회적 통제가 작업장 외부 그리고 노동시간 외부의 공간과 시간에 침입하고 있다.

노동자 일반은 20년 전보다 훨씬 강도 높게 노동하고 있는 것으로 보인다. 영국 정부 조사를 보면 자신의 일자리에서 매우 열심히 해야 한다는 데 '강하게 동의하는' 피고용인의 비율이 1992

년 30퍼센트에서 2017년 46퍼센트로 올라갔다. 대부분의 시간 동안 빡빡한 마감에 맞추어 일해야 하는 비율은 53퍼센트에서 60 퍼센트로 증가했다. 매우 높은 속도로 일한다고 답하는 비율은 23퍼센트에서 45퍼센트로 올라갔다.[61] 노동 강화는 관리자, 간호사, 항공 노동자, 교사, 정보기술 종사자, 돌봄노동자에게서 일어났다. 또한 유럽과 미국 등지에서도 노동 강화가 일어났다는 증거가 있다. 높은 강도로 노동하는 것은 스트레스, 우울증, 소진, 아플 때도 출근하는 프레젠티즘 등을 낳는다.

디지털 노동도 마찬가지로 시간을 세세하게 통제한다. 현대적 형태의 노동 중개인에 의해 통제되는 알고리즘은 모든 거래에서 지대 소득을 추출하며, 가상 형태의 감독관으로서 추적 장치로 기능하기도 한다. 알고리즘은 불확실성을 강화하여 프레카리아트에 대한 통제를 행사한다. 파놉티콘 기계가 어느 정도까지 작동하는지 알 수 없는 불확실성, 요구받은 일을 하지 않거나 요구받지 않는 일을 하는 것을 알아냈을 때 어떤 결과가 나오는지 알 수 없는 불확실성.

프레카리아트의 덫

이제 국가가 사회의 하층에 있는 사람들의 시간을 통제하는 방식에 내재한 함의로 옮겨가자. 우선 갈수록 엄격해지는 조건부 복지의 경우 국가는 사람들이 급여를 찾고 유지하는 데 비용과 시간을 더 많이 소비하도록 만들었다. 주류 정치가들이 오랫동안 선호한 자산심사는 심각한 빈곤의 덫을 만들어낸다는 것을 일관되게 보여주었으며, 사람들은 저임금 일자리로 옮겨갈 경우 급여를 상실해 사실상 거의 나아지지 않는다. 유연한 노동시장이 임금을 하락시키고 비임금 급여에 대한 자격을 축소하면서 빈곤의 덫은 더 악화되었다.

설사 급여 철회가 여러달에 걸쳐 생기거나 세액공제 방식이 사용된다 하더라도 국제적인 증거에 따르면 노동시장의 경계에 있는 사람들은 종종 소득에 대해 80퍼센트 이상의 실질 한계세율에 직면한다. 이는 특히 시간, 출퇴근, 외식, 적절한 복장 등의 비용을 고려할 때 사람들이 저임금 일자리를 가지지 못하게 하는 커다란 저해 요소이다. 2021년 10월 영국의 유니버설 크레디트의 테이퍼taper(벌어들인 소득의 추가 1파운드당 급여 상실분)가 63퍼센트에서 명목상 55퍼센트로 줄어들었는데, 이러한 저해 요소를 인정했기 때문이다. 그렇다 해도 소득세와 국가보험 분담금이 실질 한계세율을 훨씬 더 높이고 있다.

이제 프레카리아트 대열에 있는 사람의 관점에서 상황을 그려보자. 일자리를 잃은 후 그녀(혹은 그)는 급여 신청을 해야 한다. 이는 시간 소모적인 과정이 시작되는 일인데, 그녀는 겁을 먹게 하는 서류를 채워야 하고 ─지원 서류가 준비되어 있어야 한다─가구 구성 및 기타 개인정보를 포함해서 신청 자격 결정을 위해 설계된 기분 나쁜 질문에 답해야 한다. 대면 신청이 필요한 경우 급여 사무소나 지원센터에 가서 줄을 서기 위해 멀고 비용도 많이 드는 길을 떠나야 한다. 종종 그녀는 자신이 서류를 잘못 가지고 갔거나 서류가 불충분하다는 사실을 알게 될 것이다. 그녀는 돌아와서 모든 것을 다시 하게 된다. 이 과정은 며칠이 아니라 몇달이 걸릴 수 있다.[62] 그사이에 저축은 바닥나고, 친구의 선의를 다 써버리고, 부채가 발생하고, 집을 잃을 수도 있다.

결국 프레카리아트의 덫에 빠지게 된다. 급여를 얻기 위해 많은 시간, 에너지, 의지를 들이면 관료들은 그녀에게 시간을 어떻게 사용해야 하는지를 알려줄 것이다. 여기에는 몇가지 형태의 워크페어가 포함될 수 있으며, 그녀는 그렇게 시간을 잡아먹는 모든 활동을 해야 할 필요성에 계속 두려움을 느낄 것이다. 도시 반대편에서 저임금 단기 일자리가 나왔을 때 그녀는 급여를 상실할 뿐만 아니라 상대적으로 적은 소득만을 얻게 될 것이다. 그 일자리가 끝나면 그녀는 급여를 재신청하는 동안 소득 없이 몇달을 더 지내야 할 것이다. 이렇게 결합된 프레카리아트의 덫과 빈곤의 덫은 프레카리아트 대열의 사람이 저임금 일자리를 받지 않도록 하는 강력한 저해 요인이다. 새로운 형태의 일과 노동이 불안전을 강화하고 있으며, 시간을 파괴적인 방식으로 사용하게 한다.

유니버설 크레디트의 시간 착취

지난 40년 동안 공리주의적이고 가부장주의적인 정치가들이 국가급여에 의존하게 된 사람들의 시간과 활동을 통제하기 위해 설계된 국가급여 체제를 만들어냈다. 처벌의 위협 속에서 무엇을 해야 하고 무엇을 하면 안 되는지를 듣는 것은 자유주의적 자유를 부정하는 것이다. 이것은 또한 책임지지 않아도 되는 권위를 가진 위치에 있는 사람들에게 수백만명이 청원자가 되어야 한다는 점에서 공화주의적 자유의 부정이기도 하다.

복지정책은 언제나 시간을 잡아먹고 급여를 얻는 사람, 얻으려고 하는 사람, 얻을 수 있으나 무지·두려움·부끄러움 때문에 신청하지 않는 사람, 일생 동안 급여 주변에 있는 사람 들의 건강에 영향을 미쳤다. 유니버설 크레디트를 도입한 2013년 영국 정부의 주된 개혁은 어마어마한 부정적 영향을 미쳤다. 그 제도가 표면적 목표인 고용을 증가시켰다는 증거는 없는 반면 수백만명을 우울증과 궁핍에 빠뜨렸다. 지급된 액수가 먹고살기에 충분하지 않았다. 5주 동안 급여를 기다려야 했기에 많은 사람들이 부채와 극빈에 빠졌다. 청구인이 준수해야 하는 조건이 부담스럽다. 제재체제가 가혹하고 적법 절차를 부정한다. 청구인이 수행하는 국가를 위한 일은 쓸모없는 일이다.

2009년에서 2018년까지 5만 2천명의 성인을 다룬 어느 독립연구에 따르면 유니버설 크레디트의 도입이 청구인 사이에서 심리적 질환의 발병이 6.6퍼센트 늘어난 것과 연관이 있으며, 여기에는 임상우울증의 급격한 증가가 포함된다.[63] 다른 연구들에 따르면 청구 과정 자체 그리고 떠나지 않는 제재 위협이 장기적인 건강 문제를 악화했다. 의사단체들은 지역보건의GP 방문이 증가했다고 보고했으며, 이에 더해 의사들의 과도한 진료 부담, 피할

수 있는 건강 문제를 치료해야 하는 의사와 환자 모두의 시간 부담이 있었다.[64]

영국 복지 체제에 내장된 또다른 시간 관련 부정의가 있다. 예를 들어 육아 지원에서 나타나는 가부장주의적 차별은 '일자리 보유자'를 우대한다. 잉글랜드에서 3~4세 아동이 있는 모든 가족은 정부가 돈을 대는 주당 15시간의 무상 보육이나 유치원 등원을 신청할 수 있으나 2017년에 부모 둘 다 (혹은 편부모가) 일자리를 가진 경우 30시간으로 두배가 되었다. 일자리가 없는 사람은 평균적으로 더 가난하고 재정 지원이 더 필요할 수 있다. 실제로 30시간에 해당하는 보조금을 받을 자격이 있는 가족의 70퍼센트가 중위 소득 이상이었다.[65] 정책입안자들은 일자리가 없는 사람들이 돌봄에 쓸 시간이 더 많다고 가정하지만, 이것은 사실이 아닐 수 있다. 이 정책은 심지어 유치원이 30시간 이용 자격이 있는 사람들을 선호하고 15시간 이용 자격만 있는 사람들을 몰아내는 상황을 유발했고, 불평등을 악화했다.

노동연금부와 그들이 만든 유니버설 크레디트라는 포괄적인 제도는 영국의 프레카리아트 및 늘어나는 하층계급 혹은 '룸펜프레카리아트'의 시간과 삶에 나쁜 영향을 미치고 있는 파놉티콘-바놉티콘 장치의 주요 형태이다. 그것은 신자유주의 시대에 구축된 시간 정치의 폐단을 충격적으로 보여준다. 하지만 이 체제와 관계가 없는 대부분의 일반 대중은 아마 그 비열함과 부당함을 거의 모르거나 전혀 모를 것이다.

자선국가

끝으로 빅토리아 시대 산업적 시간의 위기 시기와 마찬가지로 제3의 시간의 위기 시기에 등장한 부수적인 시간 폭식자가 있다. 신자유주의 및 지대 추구 자본주의 시대의 한가지 결과는 긴축정책이 사회급여, 사회서비스와 공동체 서비스, 그리고 좀더 일반적으로 공유지에 대한 정부 재정 지원을 줄이면서 나타난 자선국가의 부활이다. 영국 전역에서 약 20만개의 자선단체와 자원그룹을 지원하는 회원들로 구성된 전국공동체자원활동협회National Association for Voluntary and Community Action 회장인 매디 디스포지스의 말에 따르면 이 부문이 정부 지원의 간극을 "뒤에서 메우고" 있으며, 또한 이 부문 자체가 재정 압박을 겪고 있다.66

앤디 홀데인은 2020년에 "뒤처진 사람들과 홀로 남은 사람들을 지원하는 문제에 대처하고 있다"라고 주장했다.67 그는 이렇게 물었어야 했다. "이것이 바람직한가?" 그 대신 그는 사회(자선이라고도 하는) 부문이 재정 및 자원자 지원을 받아야 한다고 주장했다. 그렇게 함으로써 그는 철학자 데이비드 흄(1711~76)이 강조한 교훈, 즉 자선은 동정pity이며, 동정은 경멸과 유사하다는 것을 잊어버렸다. 사람들을 자선에 의존하게 만드는 것은 시민권을 부정하는 것이다. 그리고 이는 국가와 정치가들이 공리주의적 사고를 하도록 부추기며, 뒤처진 소수에 대한 책임을 스스로 면제하게 한다.

산업적 시간 체제에 대한 진보적인 반응으로는 복지국가가 사회권의 체계를 구축함으로써 자선에 대한 의존을 대체할 것이라는 합의가 있었다. 그러나 21세기에 자선국가가 부호계급을 정점으로 하는 전지구적 체제로서 등장해 거대한 재단들을 통해 박애주의를 드러냈다. 이 재단들은 자신들이 적절하다고 여기는 것에 따라 기금을 분배한다. 다른 쪽 끝에는 무수한 작은 자선단체들이 있는데, 이들 가운데 다수는 불꽃놀이처럼 등장했다 사라지며 좋은 대의에 많은 시간을 쏟는 자원자들과 형편없는 보수를 받는 프레카리아트가 운영한다.

자선 일에 시간을 들이는 대부분의 사람들은 이타주의적 동기로 그렇게 하며, 존경받을 만하다. 하지만 체제와 그 체제가 대변하는 것은 의문시되어야 한다. 자선국가는 가부장주의적이고, 도덕주의적이며, 모욕적이다. 사회적 연대와 공감을 동정으로 대체하며, 그 밑에 경멸이 깔려 있다. 소수자들을 청원자로 바꾸며, 다수를 거지와 다름없는 사람으로 만든다.

사회가 형성된 초기부터 구걸은 소수에게 시간의 주된 사용처였으며, 자연재해나 인적 재해는 종종 다수의 운명이었다. 지난 세기 동안 현대 복지국가가 구걸을 극소수의 부적응자, 약물중독자, 알코올중독자, 쓸모없는 사람에게 귀속시켰다고 여겨져왔다.

슬프게도 이는 중대한 착각이었다. 구걸이 노숙자들 사이에서 증가했으나, 생존하기 위해 구걸에 시간을 써야 하는 것은 길거리의 사람들만이 아니다. 수백만 이상이 벼랑 끝에 몰려 있으며, 전일제 일자리에 있지만 부끄러움 속에 자선 푸드뱅크를 찾아야 하는 사람들도 많다. 2021년에 영국의 가장 큰 푸드뱅크 자선단체인 트러셀트러스트 네트워크 소속 푸드뱅크가 1300개를 넘었는데, 이는 2010년에 1백개 이하였던 것과 비교된다. 또한 상대적으로 새로운 두가지 현상, 즉 의류 뱅크와 위생용품 뱅크(생리대를 포함한 위생 물품)가 등장했다.[68] 비영리단체인 위생용품 뱅크Hygien Bank는 현재 영국 전역에서 10여군데 지역 조직을 운영하고 있다.

푸드뱅크는 유럽과 북아메리카에서 급증했다. 한편 미국에서는 위생용품이 주된 바우처 형태의 자산심사 급여로 구입할 수 있는 품목에서 제외되면서 '미국의 무언의 위생 위기'가 드러나게 되었다.[69] 적지 않은 소수자들이 구할 수 있을지 없을지 모르는 것을 위해 자선단체를 찾아 줄을 서며 상당한 시간을 쓴다. 이는 시간 불평등의 일부이며, 프레카리아트가 아주 잘 아는 어떤 것이다.

자선은 임시방편이며, 부유한 사람들에 의해 부유한 사람들을 위해 운영되는 권위주의적 정치로의 이동과 계급구조의 성장을 촉진하는 지대 추구 자본주의의 안전밸브이다. 박탈과 불안전에 몰려 자선단체를 찾는 사람들은 감사하는 마음을 갖고 그에 맞게 행동하라는 훈계를 듣는다. 궁극적으로 이들의 박탈을 초래한 정책에 책임이 있는 사람들이 청원자들을 공격할 수 있으며, 이들이 자격이 있다거나 정직하다는 것을 부정할 수 있다.

예를 들어 2022년 5월에 어떤 보수당 의원은 하원에서 '푸드뱅크의 대규모 증가'는 없으며, 푸드뱅크를 이용하는 사람들은 요리할 줄 모르기 때문에 이를 이용하는 것이라고 주장했다. 그는 하루에 30페니로 '집에서 요리를 해서' 식사를 준비할 수 있는 좋은 방책을 덧붙였다. 아이러니하게도 그의 정부는 2014년에 요리와 예산 관리 교육이 포함된 가정경제 과목을 학교에서 없애버렸다.

그의 주장은 부조리한 것이었다. 보수당이 권력을 잡기 직전인 2009~10년에 트러셀트러스트가 운영하는 푸드뱅크를 약 40만 9천명이 일주일에 3일치의 긴급 식량을 얻기 위해 이용했다. 코로나바이러스 발발 직전인 2018~19년 그 숫자는 거의 2백만명으로 증가했고, 코로바이러스 팬데믹 기간에는 250만명을 넘어섰다. 분명 요리하는 법을 아는 사람이 그렇게 빨리 줄어들지는 않았을 것이다. 푸드뱅크에 의존하는 사람들이 늘어난 이유는 대개 제재를 받거나 급여가 삭감되어 청구인들이 가난해졌기 때문이다.

그 의원은 자기 지역구 내의 자신이 선호하는 푸드뱅크를 예로 들었다. 무료 식량이 필요하거나 이를 원하는 사람은 모두 예산 관리 강좌와 요리 강좌에 등록해야 했다. 이렇게 그들은 식량을 얻는 데 시간을 써야 했고 필요성이 증명되지도 않은 일에 더 많은 시간을 썼다. 보수가 없다는 점은 말할 것도 없다.

새로운 자선국가는 시간 사용과 관련해서 어떤 의미가 있는가? 청원자들은 그럴 일이 없었다면 가고 싶지 않은 장소까지 가야 하고, 줄을 서는 데 막대한 시간을 써야 하고, 많은 경우 불편하고 난처한 서류 작성을 해야 한다. 그들은 청원자로서 불만을 제기하지 않으며, 어떤 경우든 최전선에서 자선을 제공하는 기관은 일반적으로 자신들이 운영하고 있는 체제에 책임이 없다. 실제로 많은 자원자들이 자신의 생활수준을 개선하는 데 썼을 시간을 여기에 사용하고 있다. 그리 유익한 장면은 아니다.

6

코로나바이러스의 관점에서 본 시간

어리석은 시간은 시계로 측정하지만, 지혜로운 시간은 시계
가 측정할 수 없다.

— 윌리엄 블레이크『천국과 지옥의 결혼』(1790)

예고된 충격

2008년의 금융 붕괴가 예측할 수 있었고, 예측되었던 것처럼
2020년의 코로나바이러스 팬데믹도 특정 바이러스를 예측할 수
는 없었지만 포괄적인 의미에서 그 충격은 예측할 수 있었고,
예측되었다. 그것은 2003년의 사스, 2009년의 H1N1(돼지독감),
2012년의 메르스, 2014년의 에볼라, 2016년의 지카에 이어 21세
기에 벌써 여섯번째로 일어난 팬데믹이었다. 바이러스성 질환의

발발이 유례없이 자주 일어났다. 이것은 블랙 스완 사건이 아니었으며, 예측할 수는 있었지만 시기, 정도, 국가들과 국제기구들의 대응 측면에서 불확실성이 있었다. 각국 정부들은 고의적으로 준비를 하지 않았으며, 대응도 느렸다.

코로나바이러스는 사람들이 시간을 사용하는 방법과 시간의 정치에 전환적 영향을 미칠 터였다. 비교할 수 있는 것으로 전세계적으로 5천만명의 사망자를 낳은 1918~20년의 스페인독감이 있지만, 2020년의 전지구적 경제는 스페인독감이 발생한 제1차 세계대전 당시보다 더 취약한 상태였다. 1918~20년에 정부와 가계 부채는 국민소득을 감안할 때 그리 크지 않았지만 2020년 정부·기업·가계부채는 전지구적으로 유례없이 높은 수준이었다. 팬데믹이나 다른 커다란 충격이 발생할 경우 수백만의 사람들과 기업을 감당할 수 없는 부채와 파산으로 밀어 넣을 수 있는 상태였다.

시스템의 충격에 직면해서 강긴힘과 회복력이 부족했다. 코로나바이러스가 닥쳤을 때 장기적인 함의에 주목한 정치가도 거의 없었다. 잘해봐야 그들은 임시방편으로 대응했고, 만성적인 불확실성 속에서 시간 사용의 전환을 위한 준비를 하지 않았다.

금융위기와 마찬가지로 — 금융위기도 좀더 빈발해졌다 — 팬데믹들은 절대적 빈곤의 발생 정도, 빈곤의 강도, 소득 및 부 불평등의 심각성 등을 증가시켰다.[1] 오늘날의 지대 추구 자본주의 경제에서 이는 모든 유형의 재산소유권의 수익이 증가한 데서 잘 드러나며 각국 정부와 중앙은행의 정책 대응으로 인해 두드러졌

다. 재산 소유자들은 팬데믹 동안 세금 우대 형태로 정부 지원금의 도움을 받으며 정말로 좋았다.[2]

금융자본이 번성했다. 가장 큰 사모펀드 운영사인 블랙스톤은 세계에서 가장 큰 재산 관리자가 되어 폭등한 부를 처리하고 있다. 2008년 금융위기에 대응하면서 실시된 정책들이 금융자본의 소득과 부를 증가시킨 것과 마찬가지로 코로나바이러스 팬데믹에 대응하면서 실시된 정책들도 부호계급을 키우고, 살라리아트를 지원했으며, 프레카리아트를 부채와 불안전에 더 깊이 밀어넣었다.

갑자기 시간이 겉보기에 새로운 방식으로 중요해졌고, 시간을 더 잘 사용할 수 있는 방법과 더 잘 사용해야 하는 방법에 관한 관심이 커졌다. 하나의 즉각적인 결과는 사회가 빠르게 일부 사람들이 끝없이 계속되는 현재라고 부르는 것으로 빠져들면서 표준적인 주 7일의 리듬이 깨졌다는 것이다. 먼데이Monday가 넌데이Noneday(무의미한 날)로, 서스데이Thursday는 블러스데이Blursday(흐릿한 날)로 대체되었다는 농담이 있었다. 팬데믹이 지겹게 지속되면서 주당 근무시간이라는 과거의 통념이 회복될지 점점 더 의심스러워졌다. 록다운과 재택근무로 인해 집에서 일자리 한개가 넘는 일을 수행한다는 의미인 '폴리 워킹'poly-working과 '사이드 허슬링'side hustling 같은 신조어가 생겼다. 혹은 줌이나 마이크로소프트의 팀스에서 수없이 열리는 회의로 인해 소진되고 쇠약해진 사람들을 가리키는 '줌비'Zombies와 '팀비'Teambies 같은 신조어도 생겼다. 엄청난 것부터 좀더 지엽적인 것까지 새로운 시간의 정치라는 더 큰 과제가 있었다.

병적 증상

팬데믹들은 높은 발병률이라는 유산을 남기는데, 팬데믹 이후 수년 동안 높은 신경쇠약 발병률을 보였다. 이것은 1890년대의 러시아독감 이후에도 그리고 더 파괴적이었던 스페인독감 이후에도 나타났다. 살아남은 수백만명이 이후 스트레스, 우울증, 만성 무기력, 심신쇠약 등으로 고통받았다.

코로나바이러스도 다르지 않을 터였다. 2021년에 있었던 국제조사에서 포스트코로나바이러스 신드롬PCS 혹은 장기 코로나바이러스의 증상이 2백가지 이상 확인되었다. 영국에서는 2023년 초 180만명으로 추정되는 사람들이 코로나바이러스에 걸렸거나 걸렸다고 의심된 이후 3개월 넘게 PCS 증성이 지속되있다고 말했다. 이 가운데 120만명이 PCS로 최소 1년 동안 고통받았고, 69만명은 2년 이상 갔는데, 특히 여성과 중년에게서 발병률이 높았다. 이는 좀더 포괄적인 상황 —— 만성피로증후군CFS —— 과 연결되어 있었으며, 영구적인 심신쇠약을 초래할 수 있다. 환자의 4분의 3은 그것이 일할 능력을 포함해서 일상활동에 영향을 미쳤다고 말했다.[3]

영국에서는 이미 앞선 긴축 시기의 삭감과 사영화 이후 힘겹게 유지되고 있던 공공의료 서비스가 과부하에 시달렸다. 수백만명이 암을 비롯해 기타 생명을 위협하는 상황에서 치료를 받지 못해 불필요한 죽음과 질병이 발생했다. 2022년 말에 영국심장재단 British Heart Foundation은 코로나바이러스 팬데믹 발발 이후 심장병으로 인해 3만명 이상이 '불필요하게' 죽었다고 주장했는데, 이는 코로나바이러스가 아닌 이유로 일어난 초과 사망 가운데 가장 높은 숫자였다. 즉 과거에 기초해 예측할 수 있었던 것보다 더 많이 사망한 것이다.[4]

모든 건강 관련 영향이 부정적인 것만은 아니었다. 영국의 첫 번째 록다운 기간에 사람들 가운데 3분의 1은 이전보다 더 좋다고 느낀다고 말했으며, 과거의 노동 관행 및 시간 요구로 돌아가기를 원한다는 사람은 거의 없었다.[5] 하지만 코로나바이러스는 사회적 상호작용을 축소했고, 증가된 헤테로메이션이 더 많은 노동을 위한 일을 일상화했다. 사회적·경제적 충격은 더 견디기 어려워졌다. 모든 곳에서 정신건강이 악화되었고, 외로움, 분노, 우울증, 불면증, 음주 폐해와 약물 사용, 자해나 자살 행위 등이 증가했다.[6] 세계보건기구WHO에 따르면 코로나바이러스 팬데믹 첫 해에 분노와 우울증이 전지구적으로 25퍼센트 증가했다.[7]

팬데믹은 항상 자살 경향을 증가시켰다. 서기 1세기에 시인 오비디우스는 전염병 기간에 사람들이 "죽음으로 죽음의 공포를 없애기" 위해 스스로 목을 맨다고 썼다.[8] 자살률은 스페인독감 기간에도 올라갔다. 그리고 장기 코로나바이러스의 충격이 아직 완전히 느껴지지 않는데도 자살 시도와 죽음이 코로나바이러스 팬데믹 기간 동안 증가했다.[9]

젊은 사람들에게는 추가적인 스트레스가 기존의 높아진 분노와 우울증 추세를 증폭시켰는데, 특히 여성들이 그러했다. 미국의 심리학자 진 트웽이Jean Twenge는 스마트폰이 모든 곳에 존재하게 된 2010년경부터 미국 십대 사이에서 자해율과 자살률이 늘어난 것이 너무 많은 시간을 온라인, 특히 소셜미디어에 사용한 결과 생겨난 사회적 고립 때문이라고 보았다.[10] 그리고 여러 연구들은 십대가 소셜미디어에 시간을 많이 쓸수록 친구들을 만날 시간이 더 적어지며 정신건강은 악화된다는 것을 보여준다.[11]

미국 질병통제예방센터가 2021년 봄에 한 조사에서는 미국 십대의 44퍼센트가 그 전해에 슬프거나 희망이 없다고 느꼈다고 말했다. 코로나바이러스 이전인 2019년에는 그 수치가 이미 2009년의 26퍼센트에 비해 37퍼센트로 오른 상태였다. 코로나바이러스 팬데믹은 정신건강 위기를 더 악화했다. 영국에서는 2022년 조사에서 십대의 44퍼센트가 급성 심리적 고통의 경계에 있다는 것이 드러났다. 이는 2007년의 23퍼센트에서 올라간 것이다. 심리적 고통을 겪는 부모를 둔 십대도 대개 같은 고통을 느끼는 것으로 보였다.[12] 한편 국민건강보험이 의뢰한 잉글랜드 아동과 청년에 대한 조사는 2022년에 7~16세 아동 여섯명 가운데 한명이 정신질환 가능성이 있다고 결론내렸는데, 이는 2017년 아홉명 가운데 한명과 비교되는 수치이다. 17~19세 청년들의 경우에는 2022년에 더 걱정스럽게도 네명 가운데 한명이 정신질환 가능성을 보였는데, 2017년의 열명 가운데 한명과 비교된다.[13] 사회가 엉망인 상태였다.

주된 이야기는 코로나바이러스가 기존 모든 질병의 상승 흐름을 가속화했다는 것인데, 이는 19세기 말 산업적 시간의 위기 시기에 일어났던 것의 반향이다. 특히 가장 궁핍한 지역에서 항우울제에 의존하는 인구 비율이 꾸준히 늘어나고 있다는 것이 하나의 징후였다.14 정신건강 악화는 다층적인 불안전을 반영했다. 정신건강 서비스를 받기 위해 기다리는 시간이 그러했는데, 광역 맨체스터시는 치료를 기다리는 동안 사람들을 지원하기 위해 웨이팅 웰Waiting Well이라고 불리는 새로운 기본 서비스를 만들었다. 예측할 수 있는 일이었지만 기다리는 데 쓰는 시간 동안 증상이 악화되었으며, 치료가 효과를 발휘할 가능성을 낮추었다. 이것은 또다른 형태의 불평등과 관련이 있다. 스트레스와 우울증으로 고통받는 많은 수의 살라리아트는 사용자로부터 지원을 받을 수 있었다.15 프레카리아트 대열에 있는 사람들은 그러한 도움을 받지 못했다.

기대수명의 불평등이 코로나바이러스 팬데믹 이전에도 꾸준히 커졌지만 '건강 수명' — 장애나 질병이 없는 삶의 시기 — 의 평균연령이 2014년 이래 실제로 떨어졌으며, 소득이 낮거나 불안전한 사람들이 가장 많이 떨어졌다. 건강을 증진하는 시간 정책의 필요성이 분명 긴급했다.

재생산 시간에 미친 충격

팬데믹은 또한 대면 쇼핑에서 온라인 쇼핑과 가정배달로의 전환을 가속화했다. 온라인 쇼핑은 '생활을 위한 시간은 더 많이, 쇼핑 시간은 더 적게'라고 홍보되었다. 그러나 수많은 옵션을 감별하느라 시간을 잡아먹었다. 일부 사람들에게는 없는 시간을 부가적으로 사용하는 일이 되었다. 자유로워진 시간이 얼마나 되는지는 불분명하지만 온라인 쇼핑이 대면 쇼핑이라는 사회적 활동에 쓰는 시간을 축소했고, 이는 부정적인 심리적 효과가 있다. 코로나바이러스 이전의 연구는 사람들이 판매원과 잡담하는 것을 포함해 물리적 쇼핑의 사회적 측면에 가치를 둔다는 것을 보여주었다. 그런 사회적 측면은 감정적 웰빙을 증대하고 외로움을 완화할 수 있다.[16] 소비자들은 또한 제품을 만져보는 것을 좋아하며, 상점을 방문하는 감각적 자극을 즐긴다. 이러한 특성 가운데 어떤 것도 온라인에서 재현될 수 없다.

좀더 긍정적으로 보이는 것은 소매retail 공유화의 징후가 있었다는 것이다. 록다운은 더 느리고, 더 지역적이고 직접적인 쇼핑을 촉진했다.[17] 유고브YouGov 조사를 보면 영국인의 40퍼센트가 록다운 기간 동안 지역에서 쇼핑을 했고, 대부분이 제한 조치가 풀린 이후에도 계속해서 그렇게 할 것이라고 말했다.[18] 사람들은 시내 중심가의 체인 상점이 아니라 독립 상점을 좋아한다. 그러한 '진짜 상점'은 슈루즈베리타운 의회가 한 시장 건물을 음식 노점, 카페, 전문점의 센터로 만들어 재활성화한 것처럼 점점 공동체의 자원으로 인식되고 있다.

하지만 코로나바이러스 팬데믹은 또한 온라인 상품과 서비스를 제공하는 기업들의 합병을 가속화했으며, 현금 결제에서 카드 결제로의 전환도 가속화하여 수백만명에게서 중개수수료로 지대 소득을 가져갔다. 상업 정글의 고릴라는 아마존이며, 이 회사는 모든 곳에 있게 되었기 때문에 어떤 싱크탱크는 지금을 아마조니아 시대라고 불렀다. 아마존 창업자이자 2022년까지 CEO였던 제프 베이조스의 알려진 부는 코로나바이러스 팬데믹 첫 3개월 동안 350억 달러로 늘어났는데, 이 시기는 수백만명이 소득을 모두 잃고 더욱 더 부채로 밀려가던 때였다.

재생산 시간의 또다른 측면에 미친 영향은 복합적이다. 등하교 및 학교 구내 레크리에이션에 쓰는 시간이 줄어들었고, 가정내 교습과 학습에 쓰는 시간이 늘었다. 이는 부모 중 한명 혹은 두명 다 살라리아트에 속하고 넓은 집에 거주하는 핵가족에게 금전적으로 유리했다. 영국에서 부모들은 하루에 3시간 이상을 육아에 그리고 거의 2시간을 홈스쿨링에 쓰고 있다고 대답했다.[19] 많은 사람들이 또한 재택근무를 하고 있었다. 부모의 정신건강이 절대적으로도, 다른 사람들에 비해 상대적으로도 나빴고 여성이 더 많이 영향을 받았다. 어떤 지친 엄마는 육아 토론장인 멈스넷 Mumsnet에 이런 글을 올렸다. "나는 정신줄을 꽉 잡고 있습니다."

부모들은 또한 지식과 숙련기술을 보완하는 데 사용하던 시간도 줄였다. 영국 부모들이 일상적인 공부에 쓰는 시간이 하루 평균 12분에서 겨우 1분으로 확 떨어졌다(자녀가 없는 사람들은 16

분에서 12분으로 떨어졌다). 이것은 장래 이들의 노동과 일에 영향을 미칠 것이다. 이것은 또다른 형태의 불평등이었다. 살라리아트는 록다운 기간에 유급휴가를 더 많이 받은 것으로 보였다. 예를 들어 미국에서 석사학위 이상을 가진 고소득자의 29퍼센트가 유급휴가를 받은 데 비해 대학 학위가 없는 사람들은 9퍼센트만 유급휴가를 받았다. 고등교육을 받은 노동자는 다섯명 가운데 한명이 사용자로부터 육아나 가정 학습에 대한 재정 지원을 받았지만, 대학 학위가 없는 사람들은 스무명 가운데 한명만 받았다. 시간 관련 불평등이 심해졌다.

코로나바이러스 팬데믹과 자동화

코로나바이러스가 닥쳤을 때 미국 경제조사국과 IMF를 포함한 주요 경제 싱크탱크들은 코로나바이러스가 일자리 자동화를 가속화할 것이라고 예측했다.[20] 노벨 경제학상 수상자인 조지프 스티글리츠는 코로나바이러스의 추가 비용이 "인간의 일을 자동화하는 신기술의 개발과 적용을 가속화하고 있다"고 주장했다.[21] 이전의 수많은 연구들은 인공지능 및 눈앞에서 벌어지는 기술혁명이 대량 실업을 초래할 것이라고 주장했다.[22]

자동화가 코로나바이러스 팬데믹에 의해 가속되었다는 징후가 있다. 로봇은 사회적 거리두기를 할 필요가 없으며, 병들지도 않는다. 피츠버그국제공항은 자외선 기술을 이용하는 청소 로봇을 사용한 미국 최초의 공항이 되었다. 영국과 미국의 상점들은 계산대 없는 기술을 실험했는데, 고객들은 입장할 때 스마트폰으로 QR코드를 스캔하고 진열대에서 상품을 집어들 때 카메라가 감시하며, 상점을 나설 때 자동으로 계산이 된다.[23] 일부 상점은 고객 서비스 직원 없이 운영되기 시작했다. 놀라운 일도 아니지만 영국 국립통계청ONS은 슈퍼마켓 계산원 일자리가 가장 위험한 일자리라고 예상했다.

이러한 발전은 노동 대체 기술의 범위가 확대된다는 전망을 암시했다. 그러나 『이코노미스트』의 연구에 따르면 이것이 실제로 일어났다는 증거는 거의 없었다. 실제로는 관례적 과업의 자동화 속도가 느려진 것으로 보였다.[24] 그리고 코로나바이러스 팬데믹과 새로운 기술 모두 노동과 일의 새로운 원천을 찾을 가능성을 높이기도 했다. 프랑스 기업들에 관한 어떤 연구는 자동화의 효과가 자동화를 채택하는 기업의 고용을 증대하지 축소시키지 않는다고 결론 내렸다.[25] 이것은 자동화가 기술적으로 더 발전한 기업에 생산과 고용을 집중시키고, 생산성이 더 낮은 기업에서 일을 빼앗아가는 경향이 있음을 가리킬 수 있다.

유사한 흐름이 일본과 핀란드의 제조업에서도 생겼다.[26] 그 결과는 지대 추구 자본주의 때문에 발생한 불평등의 확대에 상응하는 것인데, 자동화는 보상을 왜곡되게 상층으로 향하게 한다.[27] 실제로 자동화와 인공지능은 고용의 성장과 함께 간다. 가장 커다란 도전 과제는 경제적 이득의 잘못된 분배에 대응할 방법을 찾는 것이다.

일시휴직

2020년에 코로나바이러스 팬데믹에 대응하면서 영국 정부는 유례없는 조치를 시행했는데, 이는 자본주의를 뒷받침하는 오랜 사회정책의 취지를 뒤집는 것에 다름 아니었다. 일시휴직제도는 사람들에게 노동을 하지 않는 조건으로 상당한 금액을 지급하는 것이었다. 이것은 문자 그대로 아무것도 하지 않는 것에 대해 뭔가를 주는 정책이었다. 다른 나라들도 유사한 조치를 시행했다.[28]

코로나바이러스 일자리 유지 정책CJRS하에서 영국 정부는 일시휴직시킨 피고용인들에게 임금을 주는 기업에 보조금을 주었다. 즉 고용은 되어 있으나 기업을 위해 아무 노동도 하지 않는 게 조건이었다. 코로나바이러스 일자리 유지 정책 그리고 자영업자를 위한 유사 정책인 자영업자 소득 지원 정책SEISS은 야당인 노동당과 노동조합회의TUC를 포함해서 거의 보편적인 정치적 지지를 받았으며, 나중에 노동당과 노동조합회의는 이 제도를 확대하라고 압박했다.

2021년 말 이 정책들이 축소되기 시작한 이후 IMF는 이 정책들이 성공적이었고, 오미크론 변이 코로나바이러스가 확산될 경우 이 정책들을 재개하라고 권고하는 보고서를 발간했다. 저명한 언론인들이 동의했다.[29] 그리고 왕립예술협회RSA의 '일의 미래' 프로그램 책임자는 코로나바이러스 일자리 유지 정책의 "대단한 성공"에 찬사를 보내면서 이렇게 덧붙였다. "복지국가 영국의 역사를 장기적 관점에서 보더라도 '일시휴직'만큼 효과적일 뿐만 아니라 거대한 정책을 상상하기 어렵다. (…) '성공'이라는 평결에 반대하는 주장을 하는 것은 어려운 일이다."[30]

이런 인정의 합창은 특이한 일이었다. 이 정책은 특히 결함이 많았고, 여러 단점이 있었다. 물론 정부가 거의 1천억 파운드에 달하는 보조금을 소수의 회사와 노동자 들에게 준다 하더라도 수급자들에게는 인기가 있을 것이다. 그러나 정책은 극소수가 아니라 다수에게 그 정책이 어떠한지, 기회비용은 어떠한지, 장기적인 왜곡 효과는 어떠한지 등에 근거해서 판단해야 한다.

2020~21년에 거의 1100만명을 대상으로 한 영국의 일시휴직 정책은 현대사에서 십중팔구 가장 역진적인 정책이었을 것이다. 이 정책은 피고용인 임금의 80퍼센트를 매달 2500파운드까지 지급했다. 3천 파운드를 벌던 사람은 아무것도 하지 않는 데 대해 2400파운드를 받고, 8백 파운드를 벌던 사람은 640파운드를 받았다는 뜻이다. 이렇게 고소득자는 저소득자에 비해 거의 네배를 받았다. 저소득자가 매달 160파운드를 상실한다는 것은 빈곤화를 의미했을 것인데 반해 십중팔구 저축이 있는 고소득자는 교통비 같은 일자리 관련 지출이 줄어든 것으로 소득 상실분을 만회했을 것이며, 이는 역진성을 악화하는 일이었다.

이 정책하에서 일자리를 잃은 사람은 아무것도 얻지 못했다. 임금 삭감을 받아들이고 자기 회사의 사업을 유지하기 위해 계속 노동한 사람들은 아무것도 받지 못했다. 보건노동자나 돌봄노동자, 청소노동자 등과 같은 필수 노동자는 계속 일해야 했지만 아무것도 받지 못했다. '우산 회사'—규제받지 않는 중개회사로 2020~21년에 50만명을 고용하고 있었다—를 통해 노동을 제공하는 사람들이 늘어나고 있었지만 이 정책은 이들을 포괄하지 못했다.[31]

자영업자 정책도 유사하게 역진적이었는데, 분기별로 팬데믹 이전 이윤의 8퍼센트를 최대 7500파운드까지 지급하는 것이었다. 전일제 자영업자로 등록한 사람들의 약 4분의 3이 이 정책의 혜택을 받았는데, 자격이 있는 피고용인의 3분의 1이 일시휴직 정책으로 혜택을 본 것과 비교된다. 그러나 자영업자 소득 지원 정책은 자영업 소득이 전체 소득의 절반 이하인 사람들을 배제했는데, 이는 프레카리아트 내의 일반적인 범주이다. 자영업으로 자기 소득의 절반 이하를 버는 사람들 가운데 다수는 1년 총수입이 2만 5천 파운드 이하였다.

역진적인 대응에 더해 영국 정부는 외식비 지원 정책이라는 술책을 시행했다. 이 정책은 2020년 8월 외식에 보조금을 주는 것이었는데, 외식을 할 수 있는 사람들이 혜택을 받았다. 조사를 통해 이 정책이 더 부유한 사람들에게 주는 선물일 뿐만 아니라 코로나바이러스 감염을 증가시켰다는 것이 드러났다.[32]

이중 기준이 적용되었다. 급여 청구인에게 부과된 엄격한 조건과 달리 일시휴직 지불금을 요구하는 기업에는 일시휴직한 피고용인이 노동을 하지 않는다는 조건 이외에 다른 어떤 조건도 부과되지 않았다. 따라서 도널드 트럼프의 회사는 스코틀랜드에 있는 호화 골프 리조트의 일시휴직한 직원들에 대해 3백만 파운드

이상을 받았다. 그 경영진이 별도로 250명 이상을 해고했음에도 그러했다.[33] 억만장자인 트럼프는 확실히 임금을 감당할 수 있었을 것이다. 그러나 기업에 대한 심사 수단이 없었다. 수억 파운드의 이윤을 내는 다국적기업들이 일시휴직 정책 및 기타 정책으로 이득을 얻은 반면 극빈자들은 자신의 극빈을 증명해야 했고, 아주 적은 돈밖에 얻지 못했다.

일자리 유지 정책이 시행되기 전, 영국 국세관세청 청장은 광범위한 남용을 예측했다.[34] 나 역시 그 정책과 기업 대출을 포함해서 기타 정책이 명백하게 사기꾼들을 겨냥하고 있으며, 이는 이런 정책들의 역진적 성격을 더 악화할 것이라고 주장했다.[35] 아니나 다를까 초기 조사는 일시휴직한 피고용인 세명 가운데 한명이 일할 것을 요구받거나 지시받았으며, 정부지원금을 받은 사용자에게 수입을 가져다주었다는 것을 알아냈다.[36] 2022년 중반 영국 국세관세청은 일시휴직, 자영업자, 외식비 지원에 지급된 45억 파운드 가운데 거의 5퍼센트가 사기이거나 오류였으며, 그 가운데 절반이 계속 일하고 있는 직원들에 대해 일시휴직 지불금을 신청한 사용자에게 잘못 지급된 것으로 추정했다.[37] 2022년 10월에 영국 국세관세청은 5만건의 조사에 착수했는데, 그 비용은 처음부터 명백하게 잘못된 정책에다 공적 자원을 추가로 낭비하는 일이었다. 잘못 지급된 돈의 대부분을 회수할 수 없다는 것이 곧 분명해졌다.[38]

지독한 사기도 있지만 — 예를 들어 국민보험 번호를 위조하거나 훔쳐서 피고용인을 날조한 사기 — 많은 부정 청구는 발견되지도 않고 지나갈 것이다. 이것들은 이 정책의 역진적 성격을 더할 것인데, 높은 봉급을 받는 피고용인들이 눈에 보이지 않는 재택노동을 더 많이 할 수 있을 것이기 때문이다. 그리고 영국 정부는 "돈이 필요한 사람에게 가능한 한 빨리 돈을 주기 위해서"라고 말하면서 고의적으로 사기 위험을 받아들였다. 재정 지원을 가장 필요로 하는 사람들은 이 정책이 포괄하지 않았다. 그리고 일자리를 잃고 유니버설 크레디트를 신청해야 하는 사람들에게 매우 다른 규칙이 적용되었다. 그들은 보잘것없는 급여를 얻기 위해 최소 5주, 종종 그 이상을 기다려야 했다. 일시휴직한 사람들은 돈을 즉시 받았다.

중소기업들이 코로나바이러스 팬데믹에서 생존할 수 있도록 지원하는 회복대출 정책도 마찬가지로 사기 경향이 있었다. 어떤 기업가는 5만 파운드를 대출받아 일급 약물을 사는 데 썼다. 어떤 학생은 존재하지 않는 중고차 대리점을 위해 5만 파운드의 대출을 신청했다. 전직 식당 경영자는 이미 문을 닫은 식당을 위해 동일한 금액을 타냈다.[39] 2022년 4월 하원 공공회계위원회는 이 정책에 쓴 470억 파운드 가운데 50억 파운드를 사기당해 손실을 보았으며, 또다른 120억 파운드는 주로 코로나바이러스 팬데믹 기간의 기업 파산으로 손실을 보았다고 말했다.[40] 국립공공회계국 NAO은 회복대출 정책에 쓴 모든 지출의 55퍼센트(260억 파운드)가 사기 및 비의도적인 채무불이행으로 인해 상환되지 않을 것이라고 계산했다.[41]

다른 나라들도 코로나바이러스 지원에 대한 사기 청구로 커다란 손실을 보았다. 비록 대부분의 나라에서 입증되지 않은 증거만 있을 뿐이긴 하지만 말이다. 미국 국토안보부 비밀수사국은 「코로나바이러스 지원, 구제, 경제보장^{CARES} 법」 예산인 2조 2천억 달러 가운데 1천억 달러라는 엄청난 돈이 도둑질당했다고 추산했다. 이 법에는 개인들에게 직접 지급하는 것뿐만 아니라 피고용인 유지 정책 및 소상공인에 대한 저리 대출이 포함되어 있다.[42]

일시휴직의 더 광범위한 경제적 영향도 있었다. 노동자가 아무 노동도 하지 않을 경우에만 임금을 지급하는 것은 생산 축소 및 노동시간 단축이 아니라 완전한 경제적 비활동을 부추겼다. 이는 노동을 수행하는 사람들에게 불이익을 주는 것이었고, 따라서 이 정책이 없었을 경우에 비해 생산을 더 많이 떨어뜨렸다. 그리고 대규모 사중손실 효과^{deadweight effect}가 발생했는데, 정부가 피고용인에게 지원한 일시휴직 수당은 어떤 경우든 회사가 보장했거나 보장할 수 있었던 것이기 때문이다.

이 정책은 또한 코로나바이러스 팬데믹 기간에 구조 개혁을 할 의지를 꺾었으며, 노동 이동성을 저지하고, 정상적인 시기라면 살아남았을 가능성이 거의 없는 '좀비' 기업을 지원했다. 수백만명의 노동자가 의미 없는 노동을 하면서 좀비 기업을 위한 노동에 시간을 사용하거나 그 기업들에 의해 일시휴직을 당한 척해야 했다. 그 결과 코로나바이러스 팬데믹 불황기에 정상 시기보다 파산률이 낮았다.[43] 그러다 2022년에 정부 지원이 사라지면서 기업의 지불 불능이 치솟았다.[44] 고의적 지불 불능 —— 십중팔구 일부는 대출금 상환을 피하기 위해서 선언되었을 것이다 ── 이 1960년에 기록이 시작된 이래 가장 높은 수준에 도달했다.

2021년 12월 재무부는 전체 기업들이 코로나바이러스 위기 이전보다 40퍼센트 더 많은 현금을 은행에 넣어두었고 순예금이 70억 파운드 증가했다고 말했다. 코로나바이러스 정책들은 많은 기업이 단지 생존하는 것만이 아니라 순이익을 보게 했으며, 반면에 수백만명의 저소득층은 더욱 나빠져 2백만명 이상이 푸드뱅크로 갈 수밖에 없었다. 이것을 성공이라고 간주해야 하는가?

사기가 난무하는 역진적인 정책에 낭비적으로 투입된 수십억 파운드는 불평등과 만성적 불안전을 완화하는 데 쓰였을 수도 있다. 이렇게 했다면 사람들이 더 자기 시간을 통제하도록 할 수 있었을 것이다. 그리고 일시휴직은 일자리에 대한 노동자들의 애착을 유지하는 것이 아니라 반대로 약화했을 수도 있다. 많은 사람들에게 집에 머문다는 것이 매력적인 선택지처럼 느껴지기 시작했다.

2022년 초 오스트레일리아, 벨기에, 불가리아, 캐나다, 프랑스, 뉴질랜드를 비롯한 여러 곳에서 대중 항의가 분출했다. 중도 정치가들은 항의자들을 우익 극단주의자라고 비난하는 것으로 대응했다. 그러나 주로 남성에다 항의를 주도한 트럭 운전사와 기타 육체노동자들은 대부분 각국 정부가 추진한 정책들로 인해 불이익을 받은 사람들이었다. 이 정책들은 금융 및 기업 자본, 재산 소유자, 일을 계속하면서 집에서 조용히 돈을 벌 수 있는 살라리아트 등을 보호한 반면 육체노동자들은 종종 일시휴직에 대한 지불금보다 적은 돈을 받으면서 필수 서비스를 계속 운영해야 했다. 그들은 방어적 형태의 공유화를 나타내고 있었으며, 오스트레일리아 수도인 캔버라에서처럼 오큐파이 스타일의 공적 행동 속에서 다른 사람들과 유대관계를 형성하고 있었다.[45] 개인들은 공동체가 부재한 사회 속에서 일종의 공동체를 찾고 있었다.

요약하자면 코로나바이러스에 대응하는 영국 정부의 경제정책들은 역진적이고, 불공정하며, 왜곡되었고, 처음부터 예측 가능했다시피 광범위한 남용에 무방비였다. 그리고 수백만명이 자신들의 시간 사용 방법에 관해 거짓말했다.

원격 노동: 재택근무

재택근무는 그 범위가 2020년까지 20년 동안 커지긴 했지만 여전히 매우 작은 현상이었다. 영국과 미국에서는 2019년에 20명 가운데 한명만이 집에서 일을 수행했다.[46] 코로나바이러스 록다운이 큰 변화를 촉발했다.

2020년 여름이 되면 유럽과 북아메리카 노동자의 40퍼센트 이상이 재택근무를 했다.[47] 미국에서는 재택근무가 총 노동 서비스의 약 62퍼센트이며, 소득으로 보았을 때 경제활동의 3분의 2 이상에 기여했다.[48] 2021년 말 록다운이 끝나면서 이 수치가 떨어지긴 했지만, 모든 미국 노동력의 40퍼센트가 여전히 원격 노동을 수행했으며, 사용자의 88퍼센트가 유연 노동시간을 제시했는

데, 코로나바이러스 팬데믹 이전에는 27퍼센트였다.[49]

유럽연합 나라들에서는 2020년 중반 평균 피고용인의 48퍼센트가 부분적으로 혹은 전적으로 재택근무를 했다. 벨기에, 덴마크, 네덜란드에서는 이 수치가 절반 이상이었으며, 핀란드에서는 60퍼센트가 넘었다.[50] 영국에서는 재택근무를 하는 비율이 2020년 6월 49퍼센트로 절정에 달했으나 2020년 초에도 여전히 3분의 1이 넘었다.[51]

이 수치들은 아마 과소 추산되었을 것이다. 일시휴직 정책은 가정에서 하는 노동을 숨길 유인을 제공했다. 물론 모든 원격 노동이 사람들의 가정에서 이루어지는 것은 아니지만 대부분은 그랬다. 일부 사람들은 정원 창고를 작업장으로 만들었다.[52] 휴가객이나 출장객이 없는 일부 호텔과 펍은 방을 주간 작업장으로 임대했다. 기업들이 디지털 하드웨어와 소프트웨어에 투자하면서 용이하게 된 이러한 변화는 일자리와 고정 작업장이라는 과거의 모델을 더욱 약화했다. 2020년 말이 되면 마이크로소프트 팀스, 줌, 구글 미트, 시스코 웨벡스 등이 주도하는 다양한 플랫폼의 사용자가 3억 명을 넘었다. 2021년이 되면 네트워크화된 새로운 현실이 전지구적으로 확산되었고, 시간 사용의 지배적인 원천이 되었다.

'사무실이 없는 것'과 함께 이른바 노동의 하이브리드 모델이 번성했다. 피고용인은 주당 근무시간의 일부를 사무실(십중팔구 공동 책상이 있는 공유 사무실로 설계되었을 것이다)에서 보내고, 다른 일부는 카페 같은 공공장소에서 또다른 일부는 가정에서 일을 수행할 것이다. 이는 노동자들이 가정환경에서 끌려 나와 공장과 광산으로 갔던 산업적 시간 체제의 전도였다.

어떤 연구는 코로나바이러스 팬데믹 이후 지불받는 모든 노동일의 약 4분의 1이 재택근무 혹은 회사의 사무실이나 공장에서 벗어난 곳에서 수행될 것이라고 보았는데, 이는 코로나바이러스 팬데믹 이전 상황보다 다섯배 증가한 것이다.[53] 하지만 재택근무 노동에 대한 사용자의 태도는 복잡하다. 골드만삭스의 데이비스 솔로몬은 재택근무를 '일탈'이라고 말했다. 당시 트위터의 사장인 잭 도시는 코로나바이러스 팬데믹 초기에 트위터(지금은 X) 직원들은 '영구적으로' 재택근무를 할 수 있다고 밝혔으나(이 정책은 2022년 10월 일론 머스크가 인수하면서 즉각 뒤집혔다) 넷플릭스 창업자는 재택근무를 "완전히 부정적인 것"이라고 말했다.[54] 영국에 있는 딜로이트의 피고용인 2만명은 재택근무가 성공적이라고 인식된 2021년 6월 '언제, 어디서, 어떻게 일할지'를 결정할 수 있게 되었다.[55] 155개 나라에 28만 5천명의 피고용인을 둔 컨설팅업체 PwC의 회장 케빈 엘리스는 "새로운 노동 유형을 소중히 간직해서 코로나바이러스보다 오래 갈 수 있도록 하기를" 원한다고 말했다.[56]

원격 노동으로의 전환에서 예측할 수 있는 결과 중에는 기업이 유지하는 사무 공간의 축소가 있었다. 2021년 영국 정부에 아웃소싱 서비스를 제공하는 카피타Capita는 사무소 가운데 많은 부분을 폐쇄할 것이라고 발표했다. 광고와 마케팅 대기업인 S4캐피털은 여러 사무실 임차를 종료했고, 이 회사가 '디지털 토박이'라고 묘사하는 자사 노동자들에 적합한 하이브리드 사무소 모델을 개발했다. 냇웨스트^{NatWest}는 장래에 사무실에서 전일제로 일하는 노동자는 전체 6만 4천명 가운데 13퍼센트에 불과할 것이라고 예측하며, 3분의 1은 영국 내 아무 곳에나 살면서 일할 수 있게 될 것이고, 한달에 두번만 냇웨스트 사무소에 출근하면 될 것이라고 말했다.[57]

잉글랜드에서는 2020년에서 2021년 말 사이에 약 170만 제곱미터의 사무실이 공실이었는데, 코로나바이러스 팬데믹 이후 사무실 열개 가운데 한개가 남아돌 것으로 예측되었다.[58] 한 부동산 중개인은 『이코노미스트』에 이렇게 말했다. "이메일을 처리하기 위해 평균 74분 걸려 출근하고 다시 74분 걸려 퇴근하는 사람들의 일상, 그런 시절은 갔습니다."[59] 27개국 노동자들에 대한 어떤 조사는 재택근무가 2021년과 2022년에 노동자 한명의 주당 출퇴근 시간을 약 2시간 절약했다는 것을 보여주었다.[60]

원격 노동을 수행하는 사람들 사이에서는 시간이 가면서 〔원격 노동에 대한〕 태도가 점점 더 긍정적이어졌다. 2021년 1월 31개국에서 3만명 이상을 조사한 결과 73퍼센트가 원격 노동 선택권이 지속되기를 바란다고 말했다.[61] 어떤 논평가가 말한 것처럼 노동자들은 '숨 막히는 상태'로 돌아가고 싶어하지 않았다.[62] 대부분은 재택근무와 작업장 노동을 혼합한 하이브리드 모델을 원했다. 2021년 영국에서 5천명에 가까운 피고용인을 조사한 결과 40퍼센트가 일주일에 2~3일, 28퍼센트가 4일 이상의 재택근무를 선호하는 것으로 나타났다.[63] 미국에서는 재택근무를 하는 사람들이 더 만족하고 행복하다고 대답했으며, 많은 사람들이 평균 노동시간의 절반 가까이 재택근무를 하고 싶다고 말했는데, 코로나바이러스 팬데믹 이전에는 이 비율이 최대 5퍼센트였다.[64] 2022년이 되면 산업화된 나라들의 경영자와 노동자 들은 일주일에 2~3일의 재택근무가 이상적이라는 데 광범위하게 동의하는 것처럼 보였는데, 생산성과 피고용인의 웰빙 모두에 긍정적으로 기여한다는 것이다.[65] 2022년 중반 조사된 영국 경영자의 약 60퍼센트는 재택근무가 생산성과 동기를 증가시킨다는 데 동의했다.[66]

원격 노동으로의 전환이 노동의 양에 어떤 영향을 미쳤는가? 이 전환으로 인해 확실히 시간 할당에 더 커다란 변동성이 생겼으며, 일부는 그들이 보고한 것보다 더 적은 노동을 수행했고, 다수는 노동을 위한 일을 많이 수행했다. 즉 자신이 지불받는 것보다 더 많은 시간을 쓴 것이다. 일반적인 결론은 거의 모든 곳의 사람들이 더 많은 시간을 일하고 있었다는 것이다.[67] 따라서 위에서 언급한 출퇴근 시간 조사를 통해 절약된 시간의 평균 40퍼센트가 일자리에서의 추가 노동 혹은 노동을 위한 일에 쓰였다는 것이 드러났으며, 여기에는 두번째 직업이나 '부업'이 포함된다.

비즈니스 소프트웨어 사용에 기반을 둔 어떤 연구는 영국, 오스트레일리아, 캐나다, 미국에서 재택근무를 하는 피고용인들이 하루에 추가로 2시간을 컴퓨터 앞에 머문다는 것을 알아냈다.[68] 영국의 피고용인들은 주당 노동시간을 거의 4분의 1 정도 늘렸고, 종종 점심시간에도 일했으며, 저녁 8시경에 로그아웃했다. 또다른 조사에서는 피고용인의 30퍼센트가 재택근무로 더 많이 일한다고 말했다.[69] 유럽 전역에서 유로파운드 데이터는 원격 노동 직원이 유럽연합의 주당 48시간 노동을 두배가량 초과한다고 시사했다.[70]

원격 노동은 시간 사용의 다른 영역에도 침입했다. 왕립공중보건협회RSPH가 수행한 연구는 피고용인의 56퍼센트가 원격으로 일할 때 노동을 중단하는 것이 더 어렵다는 것을 알게 되었다고 보고했다.[71] 그리고 유연노동 자문업체 타임와이즈Timewise의 공동 창립자는 "근무시간이 경계를 상실할 위험이 있으며, 정신건강과 웰빙에 진짜로 영향이 있을 것"이라고 논평했다.[72]

생산성에 관한 증거는 엇갈린다. 경제 전반의 수준에서 생산성 증가를 보여주는 것은 거의 없다.[73] 코로나바이러스 팬데믹 초기의 연구들은 재택근무가 노동 생산성을 향상시켰다고 시사했다. 2021년 PwC가 수행한 조사에 따르면 미국 사용자의 52퍼센트가 자사 피고용인의 생산성이 더 높아졌다고 여겼다. 비록 노동자의 34퍼센트만이 여기에 동의하긴 했지만 말이다.[74] 이런 차이는 사용자가 피고용인 1인당 산출에 초점을 맞추었다는 사실을 반영할 것이다. 여기에는 더 많은 시간을 일한 사람들을 포함했을 것인데, 이들의 시간당 산출은 떨어졌을 것이다. 그럼에도, 영국에서 있었던 2021년의 또다른 조사에 따르면 원격 노동자의 54퍼센트가 이전보다 시간당 일을 더 하고 있다고 여겼다.[75]

노동자들은 자신들이 더 많이 일하고 있다고 느끼는지 몰라도, 반드시 더 많이 생산하지는 않을 수도 있다. 아시아의 한 대규모

테크기업에서 일하는 전문직 1만명에 대한 조사에 따르면 재택근무를 하는 사람들의 생산성은 5분의 1까지 떨어졌다. 많은 사람들은 더 많은 시간을 일하면서도 산출은 떨어졌는데, 부분적으로 그 이유는 이들이 회의에 더 많은 시간을 쓰고 있었기 때문이다. 일본의 경제무역산업조사연구소는 재택근무가 생산성을 거의 3분의 1 정도 줄인다고 시사했다.[76] 그리고 또다른 연구는 재택근무가 사람들을 좋은 친구이자 파트너로 변모시키는 긍정적 효과 및 더 생산적이게 할 수 있는 추동력을 줄일 수 있다고 결론 내렸다.[77]

직접 사람을 만나야 하는 일을 가진 이른바 최전선 노동자들은 분노의 느낌 혹은 더 조심성이 있어야 한다는 인식 때문에 노동생산성을 낮추었을 수도 있다. 이에 대응해서 일부 기업들은 그런 노동자들에게 주당 노동일수를 줄이는 대신 하루 노동시간을 늘리는 것 그리고 돌봄이나 병원 예약 같은 외부 일정에 따라 일정을 바꾸거나 혹은 교대시간을 바꾸거나 추가 노동을 할 수 있도록 하는 '노동자 우선' 일정 같은 좀더 유연한 선택지를 제시했다. 여전히 저임금 불안전 일자리에 있는 노동자들은 사용자들이 정하는 일정에 따라 일을 하고 있으며, 이는 자신들의 필요에 맞게 좀더 유연한 배치를 요구할 수 없거나 요구하는 것을 꺼리기 때문이다.[78] 2023년에 영국 정부는 모든 피고용인에게 6개월 뒤부터가 아니라 새로운 일자리 첫날부터 파트타임 노동이나 재택근무를 요구할 수 있는 권리를 부여했다. 그러나 사용자들에게는 여전히 그러한 요청을 거부할 권리가 있으며, 신입사원을 모집할

때 유연노동을 제시할 의무가 없었다.[79]

출퇴근을 하지 않음으로써 절약된 시간의 재할당 또한 역진적이었다. 교육을 더 많이 받은 사람들은 절약된 시간을 자신의 1차 일자리에서 노동을 수행하는 데 더 잘 쓸 수 있었다. ONS는 재택근무를 하는 사람들은 평균적으로 재택근무를 하지 않는 사람들보다 자기 일에 시간을 더 많이 쓰며, 평균 이상의 임금을 받고 있다는 것을 발견했다. 재택근무자 가운데 다수는 또한 지불받지 못하는 초과근무를 특히 저녁 시간에 많이 했다.[80]

원격 노동으로의 전환은 활동 유형들 사이의 경계선을 더욱 흐릿하게 했다. 컴퓨터 사용 및 일과 삶의 균형에 있어 전문가라는 어떤 사람은 이른바 일과 삶의 균형 악화를 사용자가 추적 소프트웨어를 사용하면서 만들어진 압력과 불안전 탓으로 돌렸다. 애나 콕스는 "그들은 언제나 대기 중이어야 한다는 기대가 있다고 느낀다"라고 말했다. "그것은 노동자들에게, 특히 높은 지위에 있지 않은 관리자들에게 영향을 미쳤다."[81]

재택근무의 범위는 명백하게 필요한 서비스의 유형 그리고 현대기술의 온라인 역량에 달려 있다. 어떤 연구는 금융 일자리의 90퍼센트를 포함해서 현재 미국에 존재하는 모든 일자리의 37퍼센트가 재택근무로 이루어질 수 있다고 결론 내렸다.[82] 그리고 고소득 일자리는 저소득 일자리보다 일반적으로 재택근무에 훨씬 더 적합했다.[83] 2022년 말 영국 노동자의 약 44퍼센트가 부분적으로 혹은 전적으로 재택근무를 했지만 재택근무는 고소득과 전문직 일자리에 있는 사람들 사이에 훨씬 더 퍼져 있었다.[84] 재택근무 일자리는 소득 불평등의 현대적 추동력 가운데 하나가 될 것으로 보인다.

재택근무나 원격 노동을 작업장에서의 시간과 결합한 하이브리드 체제가 많은 사용자들과 그들이 고용한 노동자들에게 새로운 표준이 되었다. 2022년의 어떤 조사에서 경영자의 3분의 2 이상이 피고용인들은 일주일에 4일 이상 사무실로 올 필요가 없다고 말했다.[85] 제3의 시간 체제는 전前 산업적 시간 체제의 요소들과 합쳐지고 있고, 시간 사용은 다시 이전과 같아지지 않을 것이다.

해외 생산과 디지털 노마드

노동과정과 노동시장의 전지구화가 지난 20년 동안 꾸준히 성장했다. 해외 생산 일자리의 비율 확대는 원격 노동과 해외 생산 혹은 외주화된 노동 사이에 수많은 상쇄〔교환〕가 있으리라는 점을 의미한다. 여기에 시간의 수출 능력이라는 새로운 현실이 있다. 노동자를 수출하지 않으면서 노동을 수출하는 것과 같은 것 말이다. 이것은 2000년대 초반에 시작되었고, 확실히 코로나바이러스 팬데믹 시기에 확대되었다.

어느 곳에서든 일하기 ─ 자기가 선택한 곳에 머무르면서 하는 원격 노동 ─ 가 새로운 비즈니스 모델이 되고 있다. 이를 수행하고자 하는 사람들을 위한 비자와 여행을 알선하고 이들을 위한 장소를 찾고 임대하는 일을 하는 기업들이 등장하고 있다. 이것은 국가 노동시장이 전지구화된 노동시장에 자리를 내주는 또다른 방식이며, 코로나바이러스 팬데믹으로 두드러지게 되었다.

클라우드 저장 회사인 드롭박스 — 피고용인들로 하여금 노동시간의 90퍼센트를 사무실 밖에서 쓰도록 장려했다 — 그리고 노동자들로 하여금 자국을 포함해 170개 나라 중 어디서든 1년에 최대 90일까지 노동할 수 있도록 적절히 허용하는 에어비앤비가 이러한 전환의 전조이다.[86]

어느 곳에서든 가능한 일자리anywhere job라는 관념은 모호하다. 보통 말하는 일자리가 아니라 어느 곳에서든 온라인으로 수행되는 정례적이지 않은 서비스 과업이기 때문이다. 어떤 연구는 일자리 다섯개 가운데 한개가 이런 과업으로 전환될 수 있다고 추산했다.[87] 저숙련 일자리뿐만 아니라 수많은 고숙련 일자리도 전환될 수 있기 때문에 이는 부유한 나라들에서 노동 소득의 몫을 더욱 줄일 수 있다. 숙련 온라인 과업을 더 낮은 보수를 받으려는 다른 곳의 노동자들이 가져가기 때문이다.

미국 PBS 티브이 시리즈 「일의 미래」The Future of Work는 2021년에 얼마나 많은 사람들이 안정적인 전일제 일자리에서 프레카리아트로 옮겨가는지 기록했다. 국제적으로 볼 때 이것은 전세계를 돌아다니면서 가능한 한 많은 시간을 이국적인 열대지역에서 보내는 디지털 노마드라는 관념으로 낭만화되었다. 이러한 시간 사용 모델을 장려하는 문헌들이 쏟아졌다.[88]

2021년 중반 1천만명의 미국인이 주택담보대출이나 영구적인 일자리의 부담이 없는 디지털 노마드로 추산되었으며, 5500

만명 이상이 임시 일자리 경제에 속한 것으로 추산되었다.[89] 디지털 노마드 — 컨설팅업체 딜로이트는 이를 '노트북 돗단배'라고 지칭했다 — 가 선호하는 상위 10개국 가운데 8개 나라가 포함된 유럽에서도 유사한 추세가 일어났다.[90] 그러한 노동자를 지원하는 세무사를 위한 온라인 시장이 워크프롬애니웨어팀Work from Anywhere Team이라는 이름으로 만들어졌다. PwC의 마이클 우에르타스에 따르면 "국가 경계선을 따라 세금이 징수되는 것은 진짜로 낡은 게 되었기" 때문이다.[91]

현재까지 각국 정부는 시민권이 있거나 통상적인 주거지가 있는 나라 밖에서 노동을 제공하는 노동자들의 필요에 맞는 사회정책과 노동시장 정책을 만들지 않았다. 그러나 2023년 초 현재 전세계적으로 24개 나라 이상이 에스토니아의 예를 따라 '디지털 노마드 비자'를 발급하기 시작했다. 이 비자는 사회보장 체제에 부담을 주지 않으면서 임시 이주노동자에게 6개월이나 그 이상 세금 감면과 이동 지원을 해주는 것이다. 유사한 어떤 것이 다른 나라들에서도 일어나고 있다. 미국에는 '줌 타운'이 있는데, 몇몇 타운은 원격 노동자들을 끌어들이기 위해 관대한 현금 유인책을 제공한다. 이들은 종종 '편의시설amenity 이주자'라고 불린다.

적어도 일부 피고용인에 대해 원격 노동 제도를 고려하는 다국적기업으로는 PwC, 딜로이트, 트위터, 구글, 지멘스, 시스코 등이 있었다. 이것은 저비용 나라들에서의 디지털 노마드로 이어질 수 있는데, 이들은 자신이 노동을 제공하는 나라의 동료 노동자들에 대해 경쟁 우위를 가질 수 있기 때문이다.

문제가 되는 측면 가운데 하나는 이른바 디지털 노마드주의가 전지구적 프레카리아트를 확대할 것이며, 이들이 분산되고 뿌리가 없게 되면서 정치적 힘이 약화된다는 것이다.[92] 실제로 어떤 사람들은 이러한 노마드적 노동생활을 국민국가에 대한 거부로 보면서 특정 국가의 제약 없이 시간을 쓰는 새로운 자유를 표현하고 있다고 주장한다.[93]

지금까지는 '세계시민'으로 자칭하는 사람들의 수가 너무 적어 큰 정치적 영향력은 없다. 하지만 그 수가 증가하고 그들이 노마드적 방랑에 더 많은 시간을 쓰게 되면 그들은 모든 곳에서 참정권을 박탈당할 수 있고, 따라서 탈정치화될 수 있으며, 고대 그리스인들이 가장 가치 있는 시간 사용으로 보았던 폴리스의 삶에 대한 공적 참여가 줄어들 것이다.

더 큰 시간의 불평등

코로나바이러스 팬데믹과 정부의 대응은 지대 추구 부호와 재산 소유 살라리아트의 그로테스크한 부를 더욱 부유하게 한 것 이외에도 몇가지 새로운 역진적 변화를 낳았다. 거의 주목받지 못한 한가지 추세는 대기업 사용자가 자신의 살라리아트에게 더 많은 비임금 급여를 제공한 것인데, 여기에는 추가 유급휴가 수당과 매우 유연한 노동 일정이 포함된다.

전지구적 스트리밍 서비스업체인 넷플릭스는 무제한 유급휴가 수당 및 유연노동 선택 관행을 더욱 개선했다.[94] 사무실 내의 특전에서 작업장 외부 특전으로의 전환도 있었다.[95] 사용자들이 이용할 수 있는 '맞춤형' 패키지를 개발한 회사들이 등장했는데, 여기에는 건강 앱과 가상 운동 강좌가 포함된다.

작업장 내에서 일상적인 접촉이 부재하거나 축소되면서 살라리아트를 위한 유대 강화 모임이 대기업 내에서 더 중요해졌다. 이것은 또다른 불평등의 원천인데, 비즈니스와 레저의 결합인 '블레저'bleisure의 형태로 살라리아트를 위한 의미 없는 노동이 더 커지는 것과 관련이 있다. 주요 다국적기업의 하나인 세일즈포스는 캘리포니아에 트레일블레이저라는 리조트를 만들었는데, 여기서 피고용인들은 명목상 훈련 및 기업 문화 습득을 위해 모인다. 이 기업은 "가이드가 있는 자연 관찰 산책, 회복 요가, 정원 투어, 그룹 요리 강좌, 아트 저널링art journaling, 명상 등과 같은 촉각 경험"이라고 부르는 것을 제공한다.[96] 이것은 여가의 기업화라고 부를 수 있을 것이다. 왜냐하면 이것이 부분적으로 '레크리에이션적'이고 부분적으로 무의미한 노동이긴 하지만 특권적 자본주의 형태를 지지하도록 하는 유사 정치적 기능이 있기 때문이다.

코로나바이러스 팬데믹은 또한 좀더 전통적인 형태의 노동시장 불평등도 증가시켰다. OECD 국가들 내에서 저임금 노동자들('저숙련 노동자'라고 조롱하듯이 불린다)이 일자리를 더 많이 상실한 것처럼 보이는 반면 고숙련 노동자(이를 '고소득 노동자'라고 읽을 수 있다)들은 노동시간을 더 많이 줄인 것으로 보인다.[97] 그리고 일자리에 있는 더 많은 저임금 노동자들은 종종 건강 위험에 노출되면서도 계속해서 노동해야 했으며, 반면에 살라리아트의 고소득 구성원들은 일시휴직을 하고 집에서 편안하게 지낼 수 있었다.

원격 노동으로의 전환이 노동자의 협상력 일반에 영향을 미쳤는지 여부는 불명료하다. 작업장 공동체와 공동의 시간 감각과 연대성을 축소함으로써 협상력을 낮추었을 수 있다. 또한 노동자들을 고립시키는 요인일 수 있다. 심부름 노동이나 온라인으로 과업을 수행하는 사람들은 협상력이 더 침식되고 있는 것으로 보인다. 그리고 대기업에서 새로운 형태의 체계적인 임금 차별이 동일한 노동과 일을 수행하는 피고용인들 사이에서 나타날 수 있는데, 어느 곳에 거주하는가에 따라 보수가 결정되는 경우가 있다. 메타(페이스북) 직원들에게 보내는 비디오에서 마크 저커버그는 이렇게 발표했다. "우리는 지역에 따라 급료를 조정할 것입니다. (…) 이를 정직하게 밝히지 않은 사람들에게는 가혹한 결과가 있을 것입니다."[98]

화이트칼라 피고용인들은 십중팔구 자신의 시간을 쓰는 데서 더 유연성을 가지게 될 것이며, 프레카리아트에게는 0시간 계약과 대기 앱on-call apps을 통해 유연성이 강제될 것이다. 한편 살라리아트에게 원격 노동은 더 많은 선택과 자율성의 가능성을 제공하지만 앞으로 보게 될 것처럼 사용자의 감시가 늘면서 약화되긴할 것이다. 프레카리아트 대열에 있는 다수에게 재택근무는 또한 더 강도 높은 착취 및 자기착취로 가는 경로이기도 하다. 과도한 산출 수준이 불안전하고 고립된 '재택근무자들'outworkers에게 강제될 수 있으며, 더 빠른 소진으로 이어질 것이다. 이것이 대량 실업 때문에 수백만명에게서 그러한 조건을 거부할 수 있는 역량이 약화된 1930년대에 미국에서 그런 노동이 금지되었던 주된 이유이다. 국가가 시장 실패를 극복하기 위해 개입했었다.

재택노동home labour의 확산은 불평등과 불공평의 새로운 원천이자 그것의 반영이다. 많은 사람들이 전일제 혹은 시간제 재택근무자가 될 수밖에 없다면 좋은 설비와 생산수단이 있는 사람들이 그렇지 못한 사람들에 비해 유리할 것이다. 기본적인 필요조건은 노동을 하는 곳과 개인 생활을 분리할 수 있는 적절한 공간이 집 안에 있는 것이다. 잉글랜드의 경우 자가주택 거주자는 임대주택에 사는 사람들에 비해 재택근무에 쓸 여분의 방이 있을 가능성이 훨씬 크다. 임대주택에 사는 사람들은 프레카리아트이고 소득이 낮을 가능성이 더 크다.[99] 많은 사람들은 이 새로운 노동 체제에 쉽게 적응할 수가 없다.

불평등의 한가지 원천은 노동으로 인한 장애이다. 코로나바이러스 이전의 연구에 따르면 재택근무를 하는 사람들이 목 통증, 손목 통증, 신경 손상, 수면 부족 등에 시달릴 가능성이 더 높았다.[100] 많은 사람들이 출퇴근을 하지 않는 것은 좋아했지만 다수는 또한 재택근무가 스트레스가 더 많다고 말하기도 했다. 신체적·정신적 문제의 한가지 원인은 사람들이 집에 인체공학적 설비가 없기 때문이었다. 그리고 불안전한 사람들은 스스로 매우 강도 높게 일할 수 있으며, 이는 자기착취의 한 형태이다.

재택근무는 또한 카를 맑스가 생산수단으로부터 자유로운 노동자라고 서술했던 산업자본주의의 결정적 특징의 전환을 가속화했다. 산업적 시간 시대에는 자본가들이 생산수단을 소유하고 노동자들은 생산수단 소유가 허용되지 않았다. 현재는 고용되기 위해서는 노동자 자신이 생산수단을 점점 더 소유해야 하며, 따라서 자원이 부족한 노동자들은 구조적으로 불리한 위치에 있게 된다. 집이 안 좋고 필요한 장비를 구입할 돈이 부족한 사람들에게는 고용에 새로운 장벽이 생긴다. 일부 사람들은 사용자가 제공하는 생산수단을 사용하기 위해 낮은 임금의 일자리를 받아들여야 하는 압력을 받게 될지도 모른다.

또다른 측면은 가계 내 관계에 미치는 영향이다. 제한된 노동 공간 및 인터넷 접속을 두고 한 사람 이상이 경쟁할 경우 누가 우선권을 갖는가? 이는 새로운 형태의 젠더 기반 불평등으로 이어질 수 있으며, 특히 남성의 노동이 여성의 노동보다 보수가 높은 경우 그러할 수 있다. 그러나 어느 경우든 이는 가계 내 불평등을 강화할 것이다.

일부 사람들은 '쉬세션'she-cession*을 우려하는데, 여성이 코로나바이러스 팬데믹 기간에 남성보다 더 높은 비율로 노동력에서 빠져나갔거나 일자리에서 노동을 수행하는 데 쓰는 시간을 줄이도록 강요받으면서 승진 및 장래의 경력에 피해를 입었기 때문이다.[101] 이와는 대조적으로 일부에서는 좀더 유연한 노동에 대한

---

* she(그녀)와 recession(후퇴, 퇴장)의 합성어로 경기 침체기에 남성보다 여성이 더 빨리, 더 많이 일자리를 그만두거나 노동시간을 줄이는 현상을 말한다.

여성의 필요와 요구가 전체 노동시장을 재규정할 것이라고 예측했다.[102] 여기서는 대부분의 사람들이 경력을 쌓는 평생 일자리를 갖고 있다고 가정하는데, 사실이 아니다. 그리고 코로나바이러스 팬데믹은 십중팔구 노동시장의 이중 여성화라는 장기 추세를 가속화했다. 즉 여성 일자리 노사관계의 특징이 전체 노사관계의 특징이 되는 것과 일자리에 있는 남성을 여성이 상대적·절대적으로 대체하는 것이 그것이며, 이는 전지구적 현상이다.[103]

그러나 원격 노동의 강제 성장으로 초래된 가장 중요한 구조적 결과는 아마도 주요 기업들이 일자리의 외주 계약을 가속화하리라는 점이다. 외주화는 노동의 해외 위탁 이상을 의미할 것이다. 이는 21세기 초에 중국과 기타 아시아 나라들이 인프라와 생산 역량을 가지고 등장하면서 제조업에서 일어난 일이다. 이제 이것이 서비스 부문에서도 일어나고 있다. 예측건대 고소득 나라들에서 살라리아트가 축소되고 프레카리아트가 더 늘어날 것이다.

일자리주의의 재앙, 프레젠티즘

프레젠티즘은 코로나바이러스 팬데믹 기간 재택근무로 인해 두드러졌다. 감염병이나 질병에 걸렸을 경우 피고용인을 작업장에 오지 않게 하는 것이 사용자들에게 이익이 됐다. 그들이 다른 사람들을 아프게 해서 생산과 생산성을 떨어뜨릴 수 있기 때문이다. 그러나 노동이 집에서 수행될 경우 이런 우려는 대체로 사라지게 된다.

이것이 건강보험이나 유급병가를 줄 의향을 약하게 할 것인가? ONS는 재택근무를 하는 사람들이 사무실이나 공장에서 노동을 수행하는 사람들에 비해 평균적으로 병가를 절반 정도만 낸다고 보고했다.104 이는 그들이 병가 중 급여(소득)에서 손해를 보고 자신과 가족을 위험에 빠뜨렸다는 것을 시사한다. 아마도 그들은 아플 때도 일을 하려고 했을 테니 말이다.105 ONS는 사람들이 아프지만 이동하기는 힘든 상태에서는 재택근무를 할 수 있다고 느끼는 것이 아닌가라고 추측했다.106 약간 아픈 사람들은 일을 계속해야 한다는 불문율 같은 기대가 있을 수도 있으며, 아픈 사람들에 대해 관대하지 않은 태도도 있을 수 있다. 사람들은 재분배 형태건 단순한 돈 계산이건 아픈 게 소득 상실로 이어진다고 생각할 때 두려움을 갖고 말하지 않는 것 같다. 이것이 새로운 형태의 프레젠티즘, 즉 가정 내에서의 프레젠티즘으로 이어졌던 것 같다.

대부분의 저소득 노동자들은 휴가를 가질 형편이 못되는데, 소득의 상실뿐만 아니라 다수가 법정 상병수당 혹은 업종 내 상병수당 혹은 적절한 국가급여 자격 등이 없기 때문이다. 영국에서는 코로나바이러스 팬데믹 기간의 첫 두해 동안 법정 상병수당이 주당 겨우 96파운드였는데, 병가를 내지 않을 수 있다면 굳이 병가를 낼 이유가 없는 액수였다. 그러나 거의 2백만명의 피고용인들 — 분명 프레카리아트의 일부이다 — 에게는 상병수당 수급 자격이 전혀 없었다. 그 자격을 얻을 만큼 많이 벌지 못한다는 잘못된 이유 때문으로, 주당 최소한 120파운드는 벌어야 한다는 것이다.

이런 불공평을 암묵적으로 인정한 정부는 강제 자가격리 시기를 감당하기 위해 최대 5백 파운드까지 지급하는 기금을 만들었다. 하지만 신청자 가운데 거의 3분의 2가 이를 받지 못했는데, 아마도 지역 기관이 지급할 돈을 받지 못했기 때문이었을 것이다. 이렇게 많은 수의 사람들이 병가를 가져도 보상을 받지 못했다. 그 결과 이들은 아픈 경우에도 '고용된' 상태를 유지할 재정적 유인이 있었고, 이들이 작업장에 갈 경우 잠재적으로 동료들을 감염에 노출시켰고, 집에 머물면서 '일하는' 경우 가족 구성원들을 감염에 노출시켰다. 다수는 계속 노동하는 척했을 가능성이 높다.

고장난 체제는 여기서 끝나지 않았다. 또다른 5백만명이 자영업자로 분류되기 때문에 법정 상병수당을 받을 자격이 없었다.[107] 다수의 이민자들도 자격이 없었다. 2021~22년 신년 축제 기간의 계절노동자 64만 7천명에게도 자격이 없었다.[108] 어떤 형태의 프레젠티즘이건 간에 이는 장래의 상병 가능성을 높이고 건강하지 못한 상태를 더 악화하는 쪽으로 나아가는데, 그 개인에게만이 아니라 가족 구성원과 동료들에게도 마찬가지이다.[109]

코로나바이러스 팬데믹은 표준적인 주 7일의 종말도 가속화했다. 록다운 및 대규모 재택근무 하에서 모든 나날이 구분되지 않고 흐릿해졌다. 이에 대응해서 24/7을 유지하기를 원하는 기업들은 이를 더욱 쉽게 만드는 노동 일정을 창안했다. 디자인과 엔지니어링 회사인 에이럽Arup이 대표적이다. 이 회사는 워크 언바운드Work Unbound라는 노동 체제를 수립했는데, 이 회사에 있는 모든 사람이 월요일에서 금요일까지라는 이전 체제가 아니라 7일에 걸쳐 핵심 시간을 배치할 수 있도록 했다.[110] 많은 사람들이 자기 노동시간의 일부를 주말에 배치하는 선택을 했다. 이 정책은 피고용인들에게 인기가 있는 것처럼 보이지만 일부 사람들이 지속적으로 노동에 묶여 있도록 유도할 위험이 있다.

또다른 확장된 형태의 프레젠티즘은 휴가 미사용이었다. 많은 사람들이 록다운과 여행 제한 때문에 2020년에 전통적인 휴가를 갈 수 없었다. 이는 아주 많은 소득 차이를 초래하는 또다른 불공평을 낳았다. 영국의 노동시간 규정하에서 이전에는 피고용인들에게 휴가 가운데 8일을 다음 해로 이월할 수 있는 권리가 있었다. 이 규정이 2020년에 개정되어 피고용인들은 사용자가 동의할 경우 2021년과 2022년으로 4주를 이월할 수 있게 되었다. 대기업의 피고용인이나 살라리아트는 유급휴가의 전부나 일부를 이월할 수 있었던 것으로 보인다. 프레카리아트 대열에 있는 사람들은 그러한 특권을 받지 못한 것으로 보인다.

과잉 취업

과잉 취업이 확산되고 있는데, 이는 사용자 모르게 두개, 세개 심지어 네개의 전일제 일자리를 동시에 가지는 속임수 관행이다.[111] 이는 부분적으로 여러 일자리에서 무의미한 노동이 우세한 데서 비롯했으며, 살라리아트 지위에 있는 경계선 프로피션의 새로운 규준이라고 말할 수 있을 것이다. 전형적인 인물은 전일제 일자리에서 여유롭게 일할 수 있는 IT 피고용인이다. 실제로 그들이 생산하는 것의 일부는 다음번 사용자를 위해 쉽게 복제될 수 있다.

영국에서는 코로나바이러스 팬데믹 기간에 전 법무부 장관이자 전일제 보수당 의원인 제프리 콕스 경이 자기 시간의 많은 부분을 영국령 버진아일랜드의 호화 해변 빌라에서 보내면서 영국령 버진아일랜드 정부의 부패에 대한 조사가 이루어질 때 해당 정부를 변호하는 역할을 한 것이 드러나면서 과잉 취업이 공적 관심사가 되었다. 보수당 의원으로서 그는 지역구의 이익을 위해 봉사하고 의회 입법에 참여해야 했다.

그 이전에는 그가 또다른 조세 도피처인 케이맨제도에 있는 기업들을 자문하면서 엄청난 돈을 벌었고, 나중에는 이 영국령에 더 엄격한 금융 규제를 가하려는 것에 반대하는 로비를 했다는 것이 드러났다. 부업을 위해 하원 표결에는 불참하고 부업으로 6백만 파운드 넘게 번 제프리 경은 고소득 부업이 있는 수많은 보수당 의원 가운데 한명일 뿐이었다.112 의원들은 외부의 재정적 이해관계를 신고해야 하지만, 이는 엄밀하게는 사기적인 과잉 취업에 해당하지 않는다. 이 스캔들은 과잉 취업에 대한 관심을 더 넓게 불러일으켰다.

과잉 취업을 옹호하는 사람들은 과잉 취업이 초과근무가 아니라 비어 있는 시간을 자본화하는 한가지 방식이라고 주장한다. 성장하고 있는 온라인 공동체인 오버임플로이드닷컴overemployed.com 은 사용자가 알지 못하게 하면서 두개의 전일제 일자리를 관리하는 방법 그리고 세금을 관리하는 방법에 관한 조언을 제공한다. 그러한 관행은 소득을 조세 취지에 맞게 신고하는 한 불법은 아니다. 하지만 이는 고용계약 및 경쟁 회사를 위해 일할 수 없다는 조항이 있는 비경쟁 계약을 위반할 수 있다. 친구나 친척에게 부가적인 일을 하청 주는 사례도 알려졌는데, 이는 명백히 노동계약 위반이며, 공식적인 노동시장 통계에 잡히지 않을 것이다.

과잉 취업의 옹호자들은 만약 사용자들이 만족한다면 해가 될 게 없으며, 기업들이 원할 경우 사람들을 해고할 수 있는 것과 마찬가지로 피고용인도 과잉 취업 기회를 이용하는 게 정당하다고 주장한다. 20대 중반의 한 금융노동자는 과잉 취업은 "노동자가 종속적일 필요 없이 자신의 삶을 통제하는 한가지 방식"이며 "9~5시 노동은 공식적으로 죽었다. 기업들은 이를 받아들일 수 있고, 우리에게 자유를 줄 수 있다"고 말했다.113 아마도 이런 가정이 유효할 수 있겠지만 자유를 얻는 방식은 분명 아니다.

게다가 과잉 취업은 주로 이미 보수가 좋은 원격 노동자들에게나 가능하다. 저임금 육체노동자는 그러지 않아도 겨우 먹고살기 위해 두개 혹은 세개의 일을 억지로 수행하는데, 그런 기회를 갖기는 어려울 것으로 보인다. 이는 노동시장 불평등이 커지는 또다른 샛길이다.

파놉티콘 국가의 강화

재택근무자 가운데 다수가 노동을 더 많이 하는데, 이는 부분적으로 가정생활과 노동생활을 분리하는 것이 어렵기 때문이지만 이들의 노동이 엄격하게 감시되기 때문이기도 하다.[114] 피고용인에 대한 알고리즘 감시가 코로나바이러스 팬데믹 기간에 가속화되었다.[115] 2022년 초 영국 조사에 따르면 노동자의 3분의 1이 감시되고 있는데, 이는 2021년 중반 4분의 1과 비교된다. 가정에서 사용되는 감시 카메라 비율은 이 기간에 5퍼센트에서 13퍼센트로 올라갔다.[116]

최근 육체노동자를 고용하는 수많은 대기업들은 노동자들을 감시해왔으며, 슈퍼마켓에서의 대기 줄 감시 및 배달기사를 위한 시간당 배달 기준 같은 알고리즘을 통해 복잡한 수행 과제를 정했다. 아마존은 화장실 이용을 감시하는 것으로 악명 높았다. 코로나바이러스 팬데믹은 재택근무 감시의 어마어마한 증가를 초래했으며, 이를 수행하기 위한 더욱 정교해진 기술의 발전을 가져왔다.

기술과 소프트웨어를 파는 회사들은 감시의 목적이 소비자, 투자자, 피고용인 들을 오남용에서 보호하는 것이라고 말한다. 하지만 그 회사들은 전혀 자애롭지 않다. 리모트데스크Remote Desk라는 기업은 초기에 자사의 피고용인 감시 소프트웨어가 "재택근무 준수"를 이루는 것을 목표로 한다고 말했다.[117] 이것이 대중의 경각심을 자아내자 이 기업은 서둘러 말을 바꾸었다. 그러나 그 의도는 명백했다. 해당 기업은 자사 소프트웨어가 "원격 작업장에 있는 피고용인의 신원을 확인하고 생산성을 보장하기 위해 지속적인 웹캠 감시를 통해 사무실 같은 환경"을 만든다고 자랑했다.[118] 이 기업은 여기에서 프라이버시 침해를 인식할 정도의 상상력은 발휘하지 못했다.

미국의 어느 연구는 감시 소프트웨어가 피고용인의 높은 긴장 및 낮은 직무 만족도와 연관되어 있으며, 직원들의 높은 이직률로 이어진다는 것을 찾아냈다.[119] 영국 노동조합회의TUC의 연구에 따르면 피고용인들이 가장 싫어하는 것은 안면인식 소프트웨어와 정서 감시(76퍼센트가 반대), 일 이외의 소셜미디어 계정 감시(69퍼센트), 휴대 기기의 위치 기록(67퍼센트), 자판 사용 감시(57퍼센트) 등이었다.[120] 2021년에 영국의 '노동의 미래에 관한 초당적 의회 연구 그룹'은 「알고리즘 책임법」Accountability for Algorithm Act을 포함해서 노동 감시에 대해 더 엄격하게 규제하라고 권고했다. 이 그룹이 낸 보고서 『새로운 프런티어: 일터에서의 인공지능』The New Frontier: Artificial Intelligence at Work에 따르면 "특히 만연한 감시 및 표적 설정 기술이 지속적인 실시간 미시 관리 및 자동화된 평가의 극단적인 압력을 경험하는 노동자들의 정신적·신체적 웰빙에 미치는 분명하게 부정적인 영향과 연관되어 있다."[121]

34개국에서 38만명을 고용하고 있으며, 영국 기업 및 정부 부처를 고객으로 둔 프랑스의 다국적 콜센터 기업 텔레퍼포먼스Teleperformance는 피고용인들에게 이렇게 말했다. "이 시스템이 자판 사용과 마우스 클릭을 감지하지 못할 경우 이는 여러분이 그 시간 동안 놀고 있다는 것을 보여주는 것이며, 감독자에게 보고될 것이다."[122] 또다른 기업은 재택근무를 하는 자사 피고용인들에게 화상 컨퍼런스 콜을 언제나 열어두어 피고용인이 무엇을 하는지 관리자가 볼 수 있도록 하라고 말했다.[123]

일부 회사들은 피고용인의 우려 때문에 더 침해적인 형태의 감시 체제를 도입하지 않기로 했지만 다른 회사들은 규제의 부재 속에 서둘러 더 앞으로 나아가고 있다. 그리고 규제가 더 엄격해진다 해도 사람들의 시간 사용법을 통제하려는 파놉티콘 국가의 확산을 저지하지는 못할 것 같다. 감시 비용이 떨어지고, 이를 사용함으로써 얻는 잠재적인 상업적 이익이 올라가고, 일부 회사가 분위기를 잡으면 다른 회사들은 그것이 해도 되는 정상적인 행동이라고 느낄 것이다.

바놉티콘 국가의 강화

코로나바이러스는 바놉티콘 국가의 강화로 이어졌다. 즉 사회적 권리, 급여, 서비스 등에 대한 사람들의 권리를 부정하는 경향이 있으며, 이 과정에서 일부 사람들의 경우 시간에 대한 부담이 아주 커지는 경향이 나타났다. 일시휴직 정책의 역진적 성격에 급여 체제의 비열함이 더해졌다고 봐야 할 것이다. 『이코노미스트』가 2020년에 경고했듯이 "형편없이 설계된 자격 규정으로 빈곤의 덫을 놓고 인센티브를 왜곡하는 것보다 적절한 복지국가의 재원을 마련하기 위해 세금을 올리는 게 더 낫다."[124] 실제로 정부는 유니버설 크레디트를 받는 6백만명에게 주당 추가로 겨우 20파운드를 주었을 뿐이고, 유니버설 크레디트가 시행되지 않은 지역에서 전통적인 급여에 의존하는 260만명에게는 아무것도 주지 않았다.

2021년 말에 정부가 유니버설 크레디트에서 20파운드 추가 지원을 없애버리면서 보리스 존슨 총리는 이것이 모든 사람에게 이익이라고 주장했다. 그는 이렇게 덧붙였다. "앞으로 나아가는 가장 좋은 방법은 사람들이 고임금·고숙련 일자리를 가지게 하는 것이며, 더 많은 복지와 더 좋은 고소득 일자리 사이에서 날더러 선택하라고 한다면 나는 더 좋은 고소득 일자리를 선택할 것입니다."[125]

이것은 계급 정치다. 그런 식의 선택은 없었다. 보수가 더 좋은 일자리가 있다면 사람들에게는 복지가 필요 없을 것이다. 그들의 소득이 줄어드는 게 저소득층 누군가의 이익이 되는 일도 전혀 아니었다. 이는 연간 1040파운드에 달하는 금액으로 역대 가장 큰 급여 삭감이었으며, 50만명을 절대적 빈곤으로 몰아넣었다. 그중 다수가 일자리가 있는데도 말이다.[126]

전반적으로 보면 유니버설 크레디트 수급자의 3분의 1 이상이 일자리가 있음에도 보수가 너무 적어서 급여 자격이 있었다. 또 다른 20퍼센트는 질병, 장애, 출산 등으로 일자리를 요하지 않았다. 그리고 기본 급여는 형편없을 정도로 낮아서 주당 1백 파운드 이하 혹은 이전 평균 소득의 20퍼센트에서 시작했는데, 다른 유럽 나라들에 비해 훨씬 낮은 것이었다.[127] 영국은 또한 스위스를 제외한 다른 OECD 나라들에 비해 아동 양육비용이 높다. 따라서 복지급여를 저임금 일자리로 바꾸는 것은 저소득층 어머니를 심각하게 궁핍한 상태로 몰아넣는 일이 될 것이다.

코로나바이러스 팬데믹 기간에 이른바 핵심 노동자들 ― 모두 상대적으로 저임금인 돌봄노동자, 슈퍼마켓 피고용인, 교육노동자, 응급 서비스 노동자 ― 에 관한 어떤 조사에 따르면 다수가 경제적 불안전의 덫에 빠져 있으며, 소득을 지킬 것인가 건강을 지킬 것인가라는 선택을 해야만 했다. 다수는 유니버설 크레디트가 만들어놓은 빈곤의 덫에 빠져 있었다. 이들은 더 많이 노동할수록 받을 수 있는 급여가 적어졌고, 추가 수입에서 얻는 이득은 최소가 되었다.[128]

국제적으로 보면 코로나바이러스 팬데믹은 현금 급여 실험의 물결을 불러일으켰다. 한 공동체 내의 거주자 가운데 임의로 정해진 표본이나 저소득층에게 주거나 혹은 둘 다에게 주는 방식이긴 했지만 대부분은 기본소득이라고 불렀다. 그럼에도 현금 급여는 받을 만한 빈곤층이라고 간주되는 사람들에게만 급여를 주던 과거의, 하지만 여전히 지배적인 추세와는 확실히 단절하는 것이었다.

코로나바이러스 팬데믹 기간의 소득 지원 덕분에 사람들은 더 안전하게 지낼 수 있었다. 지원을 거부당하거나 충분한 지원을 받지 못한 사람들은 불공평하게도 더 큰 위험에 처했다. 소득을 벌기 위해 일터로 가야만 했던 많은 사람들은 코로나바이러스 감염의 위험에 노출되었을 뿐만 아니라 잠재적 전파자로서 다른 사람들을 위험에 빠뜨렸다. 위험에 처했다고 느끼거나 다른 사람들을 위험에 빠뜨릴 수 있다고 느낄 때 모두가 집에 머물 수 있도록 만드는 일반적 사회보장은 모두에게 충분한 소득 지원을 하는 것일 테다. 모두를 위한 기본소득이 곧 공공안전 정책이었을 것이다.

여행 유형에 관한 국가 교차 연구에 따르면 고소득 공동체보다 저소득 공동체에서 노동과 일을 위한 사람들의 이동이 훨씬 덜 줄었다. 이 연구는 또한 저소득 집단에 대한 소득 지원이 있는 지역에서는 이동이 더 줄어들었으며, 이로 인해 공중보건 규칙을 지키고 따라서 코로나바이러스의 확산과 지속을 통제하는 데 도움이 되었다는 것을 보여주었다.[129]

반면에 코로나바이러스 기간의 한가지 추세는 푸드뱅크에서 식품 꾸러미를 구해야 하는 사람들의 숫자가 증가했다는 것이다. 이런 가시적인 어려움으로 인해 영국 정부는 원인을 해결하는 게 아니라 또다른 임시 조치를 도입했다. 영국 정부는 가계지원기금 Household Support Fund을 만들어 저소득층 지원자에게 지역 당국이 일회성으로 매우 소액을 지급하도록 했다. 노동연금부는 지역 당국이 푸드뱅크를 전달 파트너로 이용해야 한다고 제안했다. 자선국가는 청원의 문화를 강화하고 있었다.

노동연금부는 또한 일부 청구인에게 현금 대신 바우처를 주면서 현금은 수급자가 식품이라는 '정책 의도' 이외의 물품을 사는 데 이용할 수도 있기 때문에 사기의 위험이 있다고 가부장적인 태도로 주장했다. 이 정책은 청원자와 푸드뱅크에서 자원활동을 하는 사람들의 시간을 잡아먹었다. 이는 일시휴직 정책과 비교되는데, 여기에는 대규모 사기가 있었음에도 수급자들이 돈을 특정한 방식으로 사용해야 한다는 조건이 전혀 없었다.

2021년 중반에 독립식품지원 네트워크라는 집단이 식품 꾸러미 대신 현금을 지급하는 것의 경제적·심리적 영향을 살피는 연구를 했다. 가정들은 전형적인 식품 꾸러미의 가치에 해당하는 현금을 지급받았다. 수급자들은 시간 사용 방법과 특정한 때 가장 필요한 것에 돈을 할당할 유연성이 커진 것을 환영했다. 이 연구에 참여한 임상 심리학자 레이철 트라이브는 요지를 분명하게 말했다. "푸드뱅크를 방문하는 일이 수치스러운 경험이라는 것을 우리는 안다. 종종 푸드뱅크를 이용하면 줄을 서고 도움이 필요한 이유를 답하는데, 이는 이 과정을 스트레스 쌓이게 하고 품위 없는 일로 만들 수 있다. 현금이 있으면 가게를 돌아다니면서 알레르기에서 안전하거나 문화적으로 적절한 식품처럼 특정한 필요를 만족시킬 수 있다."[130] 물론 현금은 수급자들에게 더 큰 자율성과 존엄성을 주었는데, 이는 정부를 구성하고 뒷받침하는 부유한 사람들은 당연하게 누리는 일이다.

사회정책에서 가장 용서할 수 없는 부분은 충분히 받을 자격이 있는 것을 청구인들에게 주면서 이를 체계적으로 지연시키는 것이었다. 급여를 기다리는 데 쓴 시간은 사회적 권리의 부정이었다. 예를 들어 2022년 중반에 장애급여 신규 청구인은 약 30만 명이었는데, 평균 4개월을 기다려야 했다.[131] 장기간의 기다림은 공식적인 무시가 반영된 것이었고, 취약한 계층을 명백히 더 가난하게 만들었다.

그것은 고의로 적법 절차를 어긴 것이었다. 장애독립급여를 신청한 사람의 거의 절반이 초기에 거절당했다. 그러나 몇달을 기다린 후 항소한 사람들의 68퍼센트가 결국 이겼다. 항소인들은 급여를 돌려받는 것뿐 아니라 정당하지 못한 불안전이라는 부당한 기간에 대해서도 보상받았어야 했다.

유니버설 크레디트를 위해 작동하는 제재 체제 — 청구인이 엄격한 조건을 지키지 못하면 수당이 줄어들거나 철회되었다 — 또한 적법 절차를 심각하게 어겼다. 2022년 말에 유니버설 크레디트 제재 건수는 코로나바이러스 이전의 같은 시기에 비해 두배 이상이었다. 그리고 제재에 대한 항소의 절반이 이기긴 했으나 노동연금부의 독립 사례 조사부에 항소한 사람들은 자신의 사례에 조사관을 배정받기까지 53주를 기다려야 했다. 이와는 대조적으로 제재는 즉각 실시되었다.

달리 말해, 영국에서 가장 가난한 사람들 다수가 오랫동안 힘겹게 살아가며 생계를 위해 지급되었어야 할 돈을 받지 못했다. 이는 분명 용납할 수 없는 일이었다. 사람들의 시간이 변명의 여지없이 남용되고 있었고, 남용한 사람들에 대한 처벌도 남용에 대한 보상도 없었다.

출근길: 집념의 광기?

유니버설 크레디트의 실업자 청구인은 임시 일자리temporary job
를 거부할 수 없으며, 이는 앞서 서술한 프레카리아트의 덫을 만
들어낸다. 이들은 0시간 계약을 거부할 수 없었다. 어떤 사람이
지금 일자리를 자발적으로 그만두고 다른 일자리를 가졌다가 계
속 일하지 않을 경우, 그 사람은 첫번째 일자리를 자발적으로 그
만두었다는 이유로 급여를 상실했다. 2022년에 노동연금부가 출
근길 정책을 도입해 구직자가 급여를 받는 네번째 주부터 자신의
직업 수준보다 낮은 일자리를 받아들이게 하면서 또다른 뒤틀림
이 생겼다. 이전에는 세달 뒤에 그렇게 할 수 있었다. 이를 거부하
면 제재로 이어질 수 있었다.

2년 동안 일하지 않는 살라리아트에게 돈을 주면서 애정을 쏟
아부었던 정부가 실업자에게는 4주 후에 낮은 수준의 일자리를
받아들여야 한다고 말하고 있었다. 자신의 직업 수준보다 낮은
일자리를 받아들일 경우 일생의 예상 소득이 줄어들고 자신의 자
격에 맞는 일자리를 얻을 가능성이 낮아지는데도 말이다. 이는
유니버설 크레디트에 의존하는 것을 피할 수 있는 저축이나 가족
의 지원이 없어서 낮은 수준의 일자리에 강제로 들어가야 하는
가난한 사람들에게 더 불리했다. 출근길 정책으로 노동력 부족
문제를 해결하고 50만명의 청구인들이 6개월 이내에 일자리를
가지게 되었다는 정부의 주장은 말이 안 되는 것이었다. 당시 3개
월 미만으로 유니버설 크레디트를 받은 43만 3천명 가운데 구직

자는 17만 9천명밖에 없었다.132

빡빡한 노동시장은 오히려 노동 공급의 축소를 반영하는 것이었는데, 이는 부분적으로는 이민 노동의 축소 때문에, 또 부분적으로는 노인들이 가질 수 있는 일자리가 임금이 낮고 건강 위험이 있어 조기 은퇴를 선호했기 때문이다. 낮은 실업률에도 불구하고, 금융 서비스와 비즈니스 서비스를 제외하면 실질임금이 떨어지고 있었다.

이미 영국은 기본 실업급여가 절대 빈곤에 대한 공식 추산보다 훨씬 낮은 월 325파운드로 OECD에서 가장 낮은 쪽에 속했다. 급여에 대한 고의적 압박으로 사람들은 원하지 않거나 자신의 능력 혹은 필요에 맞지 않는 일자리를 받아들여야만 했으며, 제재는 또한 일부 사람들을 노동력에서 완전히 이탈하게 했다.

NAO는 제재를 받은 이후에 사람들이 취업으로 옮겨 갈 가능성과 일자리를 찾지 않고 급여 청구를 중단할 가능성이 거의 같다는 것을 알아냈다.133 스웨덴의 어느 연구에 따르면 제재 이후 사람들은 저임금, 파트타임, 자신의 직업 수준보다 낮은 일자리를 가지는 것처럼 보였다.134 영국과 덴마크의 어느 연구에 따르면 대부분의 사용자가 조건부 복지를 싫어하는데, 급여 상실에 대한 두려움으로 적합하지 않은 많은 사람들이 빈 일자리에 지원하기 때문이다.135

이와 별도로 노동연금부는 규칙을 강화해서 장애인이 매주 일자리센터 직원과 대면 만남을 가지게 했다. 이것이 정신적 고통을 일으킨다고 이미 널리 알려져 있음에도 말이다.136 많은 청구인들이 몇달 동안 매주 만남에 참석해야 하는 한편, 자신들을 일자리로 밀어 넣기에 부적합하다고 판정할 수 있는 노동능력심사 Work Capability Assessment를 기다렸다. 질병이 있는 사람과 장애인을 자주 '노동 적합자'로 분류하는 결함이 있는 이 심사를 폐기하겠다는 2023년 3월의 정부 제안은 더 많은 장애인을 일자리로 밀어 넣으려는 의도인 것처럼 보인다. 실제로 아주 심각한 질병과 장애가 있는 사람들을 잠재적으로 '노동 적합자'로 간주하고 재정 지원을 줄일 텐데, 이는 단기 질환 혹은 단속적인 질환이 있는 사람들에게 특히 타격을 줄 것이다.[137] 노동연금부가 장애인을 다루는 방법, 특히 심각한 우울증이나 광장공포증이 있는 사람들을 다루는 방법은 복지 개혁 시기에 발생한 수백건의 자살 및 수천건의 다른 사망과 연관되어 있다.[138] 이것은 사람들의 시간을 노골적으로 남용하는 것이며, 끔찍한 결과를 가져온다.

미국에서 온 증거도 비슷한 그림을 그린다. 자산심사 복지정책의 노동 요구는 급여를 받는 사람을 줄이면서도 청구인들의 취업률은 전혀 증가시키지 않는다.[139] 제재는 그것을 받는 사람들의 아이들이 학교에서 수행성이 더 낮은 것과도 관련이 있을 뿐만 아니라 그들에게 아동학대 및 가족 해체의 가능성이 큰 것과도 관련이 있다.[140]

이런 증거 가운데 어느 것도 영국 정부 정책의 징벌적인 공격에 영향을 미치지 못했다. 2022년 11월 재무부 장관은 유니버설 크레디트에 등록된 60만명은 노동 공급 확대를 위해 '코치'를 받게 될 것이라고 발표했다. 코치를 받기 원하지 않을 경우 제재가 뒤따르리라고 추측할 수 있었다. 그들의 시간은 그들의 것이 아니었다.

요약하자면 코로나바이러스 팬데믹 기간과 그 이후에 영국 정부는 프레카리아트의 삶을 더 힘들게 만들었고, 노동을 위한 일과 국가를 위한 일을 더 많이 하도록 유도했다. 이렇게 말하는 게 전혀 과장이 아닌바, 이는 삶을 위협하는 결과를 가져왔다.

거대한 사직

2021년은 거대한 회복이라고 부를 수 있을 것이다. 록다운과 일시휴직 정책이 끝나면서 피고용인들이 사무실과 공장 현장으로 무리지어 돌아와 이전의 노동 규준이 회복될 것이라는 기대가 있었다. 그렇게 되는 대신, 경제가 회복되면서 영국, 프랑스, 그리스, 미국, 이스라엘 등 여러 나라의 기업들은 노동력 부족에 불만을 품게 되었다.[141] 1919년 스페인독감의 여파처럼 많은 사람들이 이전의 작업장으로 돌아가기를 원치 않았으며, 과거에는 참을 만했던 방식들이 더이상 참을 만하지 않음을 알렸다.

미국에서는 조 바이든 대통령의 경제보좌관들이 노동력 부족을 노동자의 더 강화된 협상력 탓으로 돌렸다. 이로 인해 노동자들이 임금이 더 높고 더 나은 조건의 일자리로 옮겨갈 수 있었다는 것이다. 정치적 우파는 코로나바이러스 팬데믹 기간의 일시 현금 급여 ─공화당이 장악한 주들에서는 이것의 확대를 거부했다――를 비난했다. 그러나 일자리로 돌아가는 것을 주저하게 만든 데는 다른 요인들이 있었는데, 이용할 수 있는 아동 돌봄의 결여, 아동 돌봄 체제의 붕괴, 작업장에서의 더 많은 소통이 더 많은 바이러스 감염을 가져올 수 있다는 두려움, 기존 피고용인에 대한 늘어난 노동 요구와 결합된 인원 부족에서 기인하는 스트레스 증가 예상 등이 그것이다.

거대한 사직의 더 흥미로운 이야기는 코로나바이러스가 수많은 사람들이 자기 시간을 사용하고 싶어하는 방식에 전환적인 변화를 일으켰음을 시사한다. 수백만명이 일자리를 그만두고 더 나은 삶의 방식을 찾는다는 것이다. 2021년에 기록적인 숫자의 미국 노동자들이 일자리를 떠났는데, 특히 스트레스 높은 노동 조건 및 불확실하고 변덕스러운 일정 때문에 소진이 광범위하게 일어나는 접객업과 케이터링에서 그러했다.[142]

영국에서는 사직이 2020년 말부터 가파르게 늘어나 2021년 내내 높은 비율을 유지했다. 한 조사에 따르면 전세계 피고용인의 41퍼센트가 1년 이내에 일자리를 그만둘 것을 고려한다고 말했다.[143] 16개국 1만 6천명 이상의 피고용인에 대한 또다른 조사에 따르면 54퍼센트가 일하는 시간과 장소에서 어느 정도의 유연성이 제공되지 않을 경우 일자리를 바꿀 준비를 하고 있었다.[144] 2021년 말 고용대행업체 랜드스타드Randstad 조사에 따르면 영국 피고용인 네명 중 한명이 사용자를 바꿀 계획을 가지고 있다고 말했다.[145]

하지만 사직은 코로나바이러스 오래전부터 증가 추세였다.[146]

미국에서는 사직률이 2008년의 금융 붕괴 이후 가파르게 떨어진 뒤 2010년에서 2019년까지 꾸준히 올라갔다. 그리고 2020년에 떨어졌다가 2021년에 가파르게 올라갔다. 미국인적자본관리협회American Society for Human Resource Management의 지식 총괄 책임자는 거대한 사직을 사람들이 덜 부담스럽거나 더 만족스러운 것을 하려는 '코로나바이러스 명료성' 탓으로 돌렸다. 의사 보조였던 27세의 어떤 여성은 기자에게 이렇게 말했다. "사람들은 계속해서 일자리를 바꾸는 세대가 왜 그러는지 이야기합니다. 그 이유는 누구도 괴롭힘을 당하거나 과소평가되려고 하지 않기 때문입니다. 그리고 말이죠? 그게 절대적으로 맞는 겁니다. 우리 부모들은 한 일자리에 머물러 있어야 한다고, 그 일을 계속해야 한다고 가르쳤지만, 왜 그래야 하죠?"[147]

일부 논평가들은 일어나고 있는 일에 대해 감상적으로 말했다. 그러나 50세 이상을 제외하면 사직은 주로 일자리를 바꾸는 일이라는 점을 증거가 보여주었다. 많은 전직자가 더 높은 임금을 받기는 했지만 전직 자체가 더 높은 직업 수준이나 더 낮은 직업 수준으로 이어진 것처럼 보이지는 않는다. 거대한 사직은 출세로 가는 길을 더 나아지게 하지 않았으며, 2021년 말에 차츰 감소하여 퇴직이 줄어들고 임금 성장도 낮추었다.[148]

또하나의 측면은 건강 개선, 유연한 노동 선택권, 법정 정년 연장, 연금 감소로 인해 50대, 60대, 70대의 노동 참여가 증가하던 이전 추세가 역전된 것이다. 미국에서는 3백만명 이상의 '초과 은퇴자'가 코로나바이러스 팬데믹 시작부터 2021년 중반까지 노동시장을 떠난 525만명의 절반 이상을 차지했다. 영국에서는 2021년 말까지, 팬데믹 이전의 추세가 계속되었다고 가정할 때보다 노동시장의 노인 인구가 30만명 줄었는데, 이는 감소한 전체 노동인구 100만명 중 3분의 1에 달하는 수준이었다.[149] 2022년 중반이 되면서 젊은 층은 대부분 노동인구에 다시 합류한 반면, 50대와 60대의 조기 은퇴는 일자리가 없거나 구직을 하지 않는 노동 가능 인구 가운데 팬데믹 이후 늘어난 50만명의 대부분을 차지했다.[150]

한가지 이유는 발병률의 상승이었던 것으로 보이는데, 이는 노인층에 더 많이 닥친 코로나바이러스 팬데믹과 연관된 것일 뿐만 아니라 의료 서비스가 감당할 수 없는 지경이 되어 다른 질병에 대한 의료가 무시된 것과도 연관된다. 영국에서 장애급여를 청구한 사람들의 숫자는 2022년 중반까지 두배가 되었다.[151] 미국에서도 건강 악화가 널리 퍼졌다는 유사한 지표가 있었는데, 2022년에 매달 160만명이 최소한 일주일의 병가를 가졌다. 이는 코로나바이러스 이전의 1백만명과 비교된다.[152] 원격 근무라는 선택지가 없었던 노인들은 일자리를 가지고 출퇴근하면서 건강상의 위험이 높아지는 것보다 소득 감소를 택했을 것이다. 코로나바이러스 이전에 이들은 저임금 서비스 일자리를 가질 수 있었는데, 불충분한 임금을 연금이나 저축으로 보충할 수 있었기 때문이다. 어떤 사람들은 자산과 저축 가치의 상승으로 이득을 보았고, 이로 인해 재정적 완충 장치를 가지고 더 쉽게 은퇴할 수 있었다. 특히 60대가 일자리에서 벗어난 것은 거대한 사직뿐만 아니라 거대한 철수의 일부일 것이다.

예측할 수 있는 일이었지만 주류 논평가들은 노동력의 축소를 한탄했다. 고용연구소 소장은 이렇게 말했다. "노동 공급이 노동 수요를 따라갈 수 없을 뿐만 아니라 문제가 더 악화되고 있다."[153] 그러나 사람들이 노동하지 않는 이유 혹은 노동에 기대를 걸지 않는 이유를 모른다면 이를 '문제'라고 말할 수 없다. 일부는 부불 돌봄 활동으로 바꾸었을 수도 있고, 일부는 다시 교육을 받으러 학교로 돌아갔을 수도 있으며, 일부는 노동시장에 조금씩 참여하기보다는 완전히 은퇴하기로 결정했을 수도 있다. 그리고 그 '문제'는 두가지 바람직한 반응을 불러올 수 있다. 더 높은 임금, 그리고 저생산에다 위험하고 사람들이 기피하는 일자리의 자동화 증대. 이것을 문제라고 간주하는 것은 노동주의적 편견이다.

아마 좀더 낙관적인 견해를 뒷받침하는 것으로는 코로나바이러스 팬데믹이 물러간 후 '자기 고용' 혹은 자영업에 착수한 사람들의 숫자가 확 늘어났다는 점이 있다. 이는 코로나바이러스 팬데믹 기간에 지원을 받던 좀비 기업들의 대규모 파산과 함께 벌어졌다. 최초의 록다운과 2021년 사이에 OECD 나라들에서 1백만개의 새로운 기업이 생겨났다.[154] 이는 부분적으로 일시휴직 정책으로 이득을 본 사람들의 저축 증대에서 기인할 것이며, 또한 라이프스타일을 바꾸고 대규모 작업장에서 바이러스 감염에 노출되는 것을 줄이기 위한 욕망에서 기인했을 것이다. 이는 또한 가능하다면 정식 일자리를 피하려는 생각도 반영했던 걸까?

미국에서는 2020년에 코로나바이러스가 확산되고 고용이 줄어들면서 440만개가 넘는 신규 업체가 국세청에 등록했는데, 전년도에 비해 24퍼센트 늘어난 것이었다. 2021년에는 신규 업체 신청이 23퍼센트 더 늘어난 540만개가 되었는데, 미국 정부가 해당 데이터를 수집하기 시작한 2004년 이래 가장 많은 수치였다.

이것은 거대한 사직이 아니라 '거대한 탈일자리'de-jobbing였으며, 대부분 자영업에 뛰어든 사람들을 반영했다. 새로운 기업 가운데 거의 3분의 1이 실업자가 만든 것이었다. 어떤 조사에 따르면 신규 업체의 절반 이상이 경제적 필요 때문에 설립되었다.[155] 2021년에 경제가 회복되기 시작하자 신규 업체 신청은 코로나바이러스 팬데믹 이전 비율의 두배로 쌓였다. 더 많은 사람들이 저금리의 이점을 누리려 했고, 이용할 수 있는 온라인 툴이 많아졌고, 원격 노동에 대한 욕망이 있으며, 대규모 기업과 사무실에서 노동하는 게 불쾌할 뿐만 아니라 건강에도 위험하다는 확신이 있었다.

영국에서는 경험이 다소 달랐다. 코로나바이러스 팬데믹 이전에 자영업이 크게 증가했는데, 1975년 약 8퍼센트에서 2019년 약 14퍼센트로 늘었다. 대부분은 단독 사업자였다. 그러나 2020년에 자영업자의 수는 5백만명에서 420만 명으로 떨어졌고, 2021년과 2022년에도 그 수준에서 움직였다. 대개 고임금이며 세금 혜택을 받으려고 자기 회사를 통해 스스로 임금을 지급하던 일부가 일시휴직 정책의 이득을 보기 위해 피고용인으로 자신을 재분류해서, 또는 가짜 자영업자에 대한 정부의 단속 결과로 그렇게 되었다. 그러나 많은 수는 질병이나 조기 은퇴로 노동시장에서 철수했던

것으로 보인다.[156]

물론 추세는 금세 역전될 수 있다. 거대한 사직에 대한 논쟁이 한창일 때 거대한 재취업이라고 부르는 반대 추세가 확인되었다. 급격한 가격 인플레이션에 따른 영향으로, 영국 노동력에서 65세 이상이 2022년에 17만 3천명까지 크게 늘어났다.[157] 이는 연금 수급 연령의 상향, 연금기금에 대한 개인의 기여가 낮아진 것, 부채 증가 등과 연관되어 있었다. 무엇보다 이것은 나이듦에서 나타난 새로운 유형이었는데, 살라리아트 가운데 더 많은 사람이 50대에 노동에서 벗어나는 선택을 하는 데 비해 저소득층에서는 더 많은 사람이 60대와 70대에 어쩔 수 없이 노동으로 돌아오는 선택을 하고 있었다.

반노동으로서의 반-일 Anti-Work

거대한 사직 혹은 철수는 일에 대한 대중적 거부라는 요구를 자극했는데, 어떤 논평가는 이를 제2차 세계대전 이래 가장 큰 혼란이라고 불렀다.[158] 이것은 장기적인 노동 거부 추세의 가속화 이상이었다. 일부 논평가들은 어떤 변화가 있다는 것을 부정했다.[159] 그러나 한가지 잠재적인 조짐이 있었다. 미국의 어느 연구에 따르면 코로나바이러스 팬데믹 이후 노동력 참여율은 노동시장이 빡빡해진 것을 제대로 반영하지 못했다. 사람들이 제공하고자 하는 노동시간이 코로나바이러스 팬데믹 기간에 줄어들었을

뿐만 아니라 다시 회복되지도 않았기 때문이다.160

코로나바이러스 팬데믹이 촉발한 노동에 대한 전복적인 반응이 있었다. "미국에서 초과노동을 하면서 제대로 인정받지 못하는 피고용인들의 자석"이라고들 하는 레딧Reddit의 앤티워크 Antiwork 게시판에는 2022년 초까지 160만명의 이용자가 생겼다.161 인기 있던 게시물은 장래성 없는 일자리를 포기하고 시간을 목공에 쓰고 싶다는 사람이 작성한 것이었다.

앤티워크에 모여든 사람들은 노동자들에게 수동적으로 파업을 하라고 장려했다. 예를 들어 아마존과 기타 기업들이 대규모로 할인을 해주는 추수감사절 다음 날 블랙프라이데이에 아마존을 보이콧하라는 주장 같은 것이다. 일부 심리학자들은 코로나바이러스 팬데믹이 가져온 체제 붕괴의 결과로 일의 문화가 바뀌었다고 확신했다.162 앞으로 두고볼 일이다.

반-일 정서는 의도적인 노동 축소로 분명해졌다. 더 많은 사람들이 작가 닐라냐나 로이Nilanjana Roy가 "시간 백만장자"라고 부르는 사람이 되기 위해 노력 중이다. 고용으로부터 시간을 환수해서 자신이 추구하는 데 쓰려고 한다는 것이다. 그리고 원격 노동은 무의미한 노동의 기회를 늘렸다. 한 상습적인 시간 백만장자는 기자에게 이렇게 말했다. "이보다 더 행복할 수는 없을 거예요. 내 상사는 내가 하고 있는 일에 행복해 합니다. 좀더 정확하게 말하면, 그가 생각하기에 내가 하고 있는 일이겠죠."163 어느 작가는 노동하는 것을 공격하면서 사람들에게 그 대신 '아무것도 하지 말라'고 촉구했다.164 그러나 그것은 스콜레에 대한 사회적 필요,

노동이 아니라 일하는 것을 원하는 인간의 조건을 무시한다.

끝으로 새로운 용어가 노동의 어휘 목록에 들어왔는데, '조용히 사직하기'이다. 일부 사람들은 이런 아이디어를 묵살했다. 하지만 일자리에 굴종적으로 집착하기보다는 작업 협상effort bargain이나 준법 노동labouring to rule에서 하향 이동이 일어났다는 일화적인 증거가 있다. 이것이 노동으로부터의 해방의 징후인가? 그것은 확실히 안락한 위치에서 일자리가 사람에게 존엄과 자유를 준다고 주장하는 사람들에게 곤란한 질문을 제기했다.

7

일자리라는 선택지: 노동주의의 최종 단계

프레카리아트의 성장 및 노동주의 모델의 붕괴에 대응할 때 정치적 정책 입장들에서 기묘한 수렴 현상이 나타났다. 수사법은 다르지만 본질적으로 좌파의 사회민주당과 정치적 우파의 신자유주의자 및 자유지상주의자 모두 유사한 태도를 취했다. 우파는 사람들이 일자리를 가져야 한다고 말했다. 사회민주당은 모든 사람들이 일자리 기회를 가져야 한다고 말했다. 우파는 사람들이 일자리를 가지도록 보장하겠다고 말했다. 좌파는 모든 사람들이 일자리를 가지도록 보장하겠다고 말했다. 실제로 양쪽 다 워크페어의 어떤 변형을 설교했다.

일자리 물신이 대부분 논평가들의 의식에 퍼져 있었다. 어느 좌파 기자는 진지한 기사에서, 슈퍼마켓 선반에서 집어든 상품의 가격을 스캔하면 계산대에서 내야 하는 총액이 나오는 앱을 쓰는 것이 망설여지는데, 자신이 생각하기에 그런 앱의 사용이 계산대 노동자의 일자리 상실로 이어지기 때문이라고 말했다.[1] 이렇게 그는 짜증나고, 별로 까다롭지 않고, 지루하고 임금이 형편없는 일자리를 보존하겠답시고 시간 절약 장치를 사용하지 않은 것이다.

모두의 시간을 존중하면서 절약된 노동시간의 이득을 공유하는 소득-분배 체제가 있는 사회라면 확실히 그런 기술이 환영받을 것이다. 좋은 뜻에서 비롯됐을 그 기자의 양심은 인간적 관점의 상실을 반영한다. 우리는 무의미한 일자리의 필요성을 제거하는 모든 전망에 대해 기뻐해야 할 것이다. 일자리 최소화라는 목적이 일자리 최대화를 대체하는 그런 미래를 우리는 상상할 수 있는가?

임금 보조금: 제3의 길의 최종 단계

전지구화 및 다른 요인들이 OECD 나라들에서 실질 임금을 떨어뜨리던 1990년대에 일단의 사회민주주의 지도자들은 제3의 길이라고 알려진 전략을 수립했다. 그들의 정책 가운데에는 세액공제tax credit 형태의 취업자 급여가 있었다. 즉 일자리에 있는 사람들이 최저 생활수준 이하로 떨어지지 않도록 보장하기 위해 저임금에 추가분을 주는 것이었다. 그런 정책 가운데 가장 큰 것이 미국의 근로소득세액공제EITC였다. 영국에서도 신노동당이 기꺼이 이런 접근법을 채택했다.

세액공제는 18세기 말의 스핀햄랜드 제도를 뒷받침한 임금 보조금처럼 기능한다. 세액공제는 계속 저임금 일자리에 머무르는 사람들에게만 지급되는 국가 재정의 임금 보충분이다. 코로나바이러스 시기가 되면 최소한 한명의 임금 소득자가 있는 영국 가구의 58퍼센트가 노동세액공제^{Working Tax Credit} 혹은 이에 해당하는 유니버설 크레디트를 받고 있었다. 6장에서 다룬 코로나바이러스 팬데믹 시기 영국의 일시휴직 정책 또한 임금 보조금이었다.

스핀햄랜드 제도가 보여주었던 것처럼 임금 보조금은 분명한 결함이 있다. 실제로 임금 보조금은 노동시장의 하층에 있는 사람들의 임금과 생활수준을 하락시키는 기능을 할 수 있고, 생산성 증대 및 기술 혁신을 방해한다.

정부가 특정 금액 이하의 임금에 보충분을 줄 것이라고 말한다고 해보자. 사용자들은 국가가 차액을 보충해줄 것을 알기 때문에 평소보다 더 낮은 임금을 지급함으로써 이윤을 올릴 수 있다. 생산성과 기술 혁신에 미치는 영향을 보자면 세액공제 때문에 하락한 임금이란 사용자들이 낮은 생산성에도 여전히 이윤을 올릴 수 있으며, 노동 비용 때문에 생산성을 높여야 한다는 압력을 덜 받을 것이라는 점을 의미한다. 좀더 일반적으로 보자면 인위적인 값싼 노동은 '동적 효율성'을 떨어뜨린다. 생산성을 높이기 위해 기술 혁신을 도입하고 잠재적으로 자동화를 통해 노동 필요량을 축소할 압력이 덜해서다.

따라서 세액공제는 임금을 낮추는 경향이 있으며, 저임금 일자리에 보조금을 주는 것이다. 게다가 일자리를 창출하거나 유지하는 임금 보조금은 직접 보조금이건 세액공제건 대규모 사중손실

효과(일자리는 어떻게 하든 창출되었을 것이기에)와 대체 효과(보조금을 받는 일자리가 그렇지 않은 일자리를 대체하기에)가 있다. 임금 보조금은 주로 사용자에게 주는 보조금임에도 영국 및 각국 정부들은 이를 계속해서 운영하고 있다.

2020년에 영국 정부는 킥스타트Kickstart라는 19억 파운드짜리 일자리 창출 정책을 시작하면서, 유니버설 크레디트를 받고 있고 장기 실업의 위험에 처한 24세 이하 청년을 위해 질 좋은 일자리 25만개를 만들겠다고 약속했다. 이는 6개월 동안 주당 25시간 최저임금을 지급하는 일자리가 될 것이었다. 주당 25시간 최저임금을 지급하는 것으로 어떻게 양질의 일자리가 만들어질 수 있는지에 대해서는 전혀 설명하지 않았다.

영국과 기타 다른 지역에는 실패한 청년 임금 정책의 긴 역사가 있으며, 돈만 많이 드는 의례적인 정책을 막았어야 했다. 2021년 11월에 국가감사국NAO은 킥스타트가 쓴 돈에 걸맞는 가치를 제대로 산출하지 못했다고 결론 내렸다. 초기에 킥스타트의 비용-편익 분석을 한 노동연금부는 이미 〔목표로 한〕 일자리의 겨우 50퍼센트만이 늘어날 것이라고 추정했는데, 그것도 결국에는 록다운 이후 노동 수요가 크게 회복되면서 이루어진 것이다. 이는 더 높은 사중손실 효과가 있었다는 것을 의미한다.[2] 따라서 추가적으로 만들어진 개별 일자리의 실제 비용은 명목상 보조금의 최소 두배로 일자리당 7천 파운드로 추산되었으며, 아마 실제로는 더 많을 것이다. 2021년 말이 되면 킥스타트는 목표였던 25만개가 아니라 개념상 9만 6700개의 일자리를 만들었지만 이는 보조금이 지급되는 수에 불과했다.

NAO는 노동연금부가 일자리가 양질인지, 훈련을 해주는지, 이 정책이 의도한 사람들에게 일자리가 갔는지 등을 추적하지 않았다고 지적했다. 하지만 그것은 노동주의의 또다른 연막작전이었는데, 노동 비용을 낮추어 이윤을 올리는 자본에게 보조금을 주는 것이다. 무엇보다 중요한 목표가 일자리를 보존하거나 창출하는 것이라면 이런 일이 일어날 수밖에 없다. 하지만 실패의 증거에도 불구하고 킥스타트는 2022년 3월까지 연장되었으며, 킥스타트의 동반 정책으로 성인 실업자를 위한 '표적화된 일자리 진입 지원'Job Entry Targeted Support 정책도 2022년 9월까지로 연장되었다.

세액공제와 임금 보조금은 노동주의를 떠받치는 방법이었으며, 노동에 많은 시간을 쓰는 개인들의 숫자를 최대화하는 것이 사람들이 살아가는 최적의 방법이라는 전제에 기반한다.

조건부 복지: 자유지상주의의 최종 단계

한편 정치적 우파인 사람들은 (좌파 일부와 함께) 임금이 하락하고 일자리가 파편화되는 시기에 노동주의를 유지하기 위해 또다른 길을 택했다. 그들은 점차 노동으로서의 일을 수행하거나 준비하는 것을 조건부로 국가급여를 받을 수 있도록 하는 데 착수했다. 이것은 더 불리한 위치에 있는 사람들로 하여금 시간을 쓰게 만드는 것일 뿐이었고, 대개 시간을 의미 없게 사용하게 했다.

영국에서 유니버설 크레디트를 받는다는 것은 가능한 한 일 자리에 있는 것이어야 한다고 노동연금부는 분명하게 천명했다. "신중하게 고용계약을 반영한 것으로서 청구인 약정은 복지가 일 자체와 다를 바 없다는 것을 분명히 한다. 일하는 사람이 사용자 에게 의무가 있는 것과 꼭 마찬가지로 청구인도 납세자에게 책 임이 있다. 현재 일자리센터의 누군가가 말하는 것처럼 지원받는 댓가로 청구인은 '일을 찾기 위한 일'을 한다."[3]

유니버설 크레디트의 수장인 닐 쿨링은 2021년 3월 의회 내 두 개의 위원회에서 이렇게 말했다. "이 제도는 유니버설 크레디트 를 받는 250만명에게 유니버설 크레디트를 받는 조건으로 구직 활동을 요구합니다. (…) 일자리를 찾지 않으면 일자리를 갖지 못 할 것입니다."[4]

그러한 천명 뒤에는 도덕적 착란이 있다.[5] 개인의 시간 사용과 웰빙 모두에 미치는 영향이 매우 크다. 그러한 태도에는 세상에 가질 수 있는 적절한 일자리가 있다는 것, 실업자 모두가 노동연 금부가 지정한 방식으로 구직활동을 할 능력이 있다는 것, 노동 연금부가 이를 가장 잘 안다는 것이 전제되어 있다. 일단 노동연 금부에 관대하게, 그 전제들 각각이 진실일 가능성이 60퍼센트 있다고 치자. 그럴 경우에도 청구인 다섯명당 한명 이내에게만 공정한 일이 될 것이다.

다시 말하지만 유니버설 크레디트는 국가급여를 신청할 때의 낙인을 이미 받아들인 사람들에게 유순함을 심어주려는 사회적 규율의 한 형태이다. 그것은 어마어마한 규모의 일선 관료제가 부과하는 시간 통제 체제이며, 위법 행위 추정에 있어서 극히 불공평하고 삶을 위협하는 제재의 체제이다.

이 전략의 핵심에는 노동시장의 하층에 있는 사람들, 즉 프레카리아트의 시간에 대한 통제가 있다. 그것은 한번쯤 청구인이 된 수백만명 그리고 청구인이 될 수도 있는 더 많은 사람들의 시간이 가지는 가치를 전혀 존중하지 않는 체제이다. 그리고 대부분의 노동주의자들은 노동시장 가장자리에 있는 사람들에 대한 그러한 처우가 임금을 억제하는 효과가 있다는 사실을 의식하지 못한다.

'일자리 보장': 사회민주주의의 최종 단계

한편 수많은 사회민주주의자들은 경제정책의 주된 목표가 완전고용이어야 한다는 노동주의적 관점에서 유래하는, 산업적 시간 형태를 갈망한다. 모두를 위한 일자리 보장이라는 포퓰리즘적 정책을 포함하는 그들의 제안은 결국 다양한 형태의 워크페어로 귀결된다.

대부분의 일자리 보장 주창자들은 사람들이 제안받은 일자리를 거부할 경우 어떤 일이 벌어질지에 대해 말하지 않지만, 일부 주창자들은 그럴 경우 급여를 상실하게 될 것이라고 말했다. 2015년 총선 선거운동 기간에 당시 노동당 대표인 에드 밀리밴드는 1년 이상 실업 상태인 18~24세의 모든 사람들에게 일자리를 제공할 것이며, 이를 거부하는 사람은 급여를 상실할 것이라고 제안했다. 이것이 워크페어의 본질이다.

일자리 보장 제안은 일할 권리를 둘러싼 역사적 논쟁의 맥락에서 보아야 한다. 이것은 일할 권리에서 노동할 권리로 진화했고, 그런 다음 제2차 세계대전 이후 산업적 시간 시대의 절정기에는 노동할 의무가 되었다. 이때는 산업적 시민권의 시대로, 확장되고 있던 사회권의 범위가 안정적인 전일제 일자리의 남성에게 적용되던 이른바 표준적인 고용관계에서의 노동 수행 및 노동할 의사에 의존하던 때였다. 사회민주주의자와 기타 노동주의자 들은, 노동자들이 노동할 의무가 있다는 암묵적인 견해에 기초한 정책들을 내세우면서 황금시대로 간주된 이 시대를 여전히 상기하고 있다.

일할 능력이 있는 모든 사람을 위한 일자리 보장이라는 주장은 2008년 금융위기 이후 그리고 이어지는 긴축의 10년 동안 커졌다. 2020년 미국 대통령 선거에서 저명한 민주당 상원의원과 대통령 후보 들이 이를 지지하고 나섰는데, 부통령이 된 카멀라 해리스도 포함된다.

영국에서는 토니 블레어의 행복 차르인 레이어드 경이 신노동당 정부 시절 일자리 보장을 촉구했다.6 그는 또한 청년에게 일자리를 가지도록 강제해야 한다고 말하기도 했다. 그러나 그가 주장한 것처럼 일자리가 사람들을 행복하게 만든다면 왜 사람들이 일자리를 가지도록 강제해야 하는가? 코로나바이러스가 닥친

2020년 초에도 중도파 싱크탱크인 해결재단Resolution Foundation은 일자리가 모든 고등학교 졸업자와 대학 졸업자 들에게 보장되어야 한다고 제안했다.

잠시 동안 이 아이디어가 유행했다. 많은 논평가들이 일자리 보장이 정치적으로 인기 있을 것이라고 주장했다. 연간 20만 달러 넘는 소득이 있는 사람들에게 5퍼센트의 세금을 부과해서 '민간 부문에서 일자리를 찾을 수 없는' 모두에게 일자리를 보장하는 정책을 지지하는가라고 묻는 미국의 여론조사에 근거해 많은 논평이 이루어졌다. 결과는 52퍼센트가 찬성했다. 지지자들은 이것이 '놀라운 일'이라고 생각했다.[7] 그런 식의 유도 질문에 겨우 절반 넘는 지지가 있다는 것에 놀라야 할 것이다. 결국 대부분의 응답자는 자신들은 돈을 낼 필요가 없을 것이며, 가질 수 있는 다른 일자리가 없다는 이야기를 들은 것이었다. 있을 것 같지 않은 시나리오이다.

저명한 사람들의 목소리가 지속되었다. 로버트 스킬델스키와 시몬 개스퍼린은 2021년에 최저임금 이상을 지급하는 전일제 공공 부문 일자리 보장을 위한 '공공 일자리 프로그램'이라는 제안에서 이 정책이 완전고용을 목표로 해야 한다고 말했다. 그리고 이렇게 덧붙였다. "완전고용의 정의는 복잡하지 않고 매우 명확할 수 있다. 완전고용은 준비되고, 의지가 있고, 일할 능력이 있는 모든 사람이 정해진 기본 임금으로 유급 고용되는 것이다. 이것은 '비자발적' 혹은 '원치 않는' 실업의 부재에 해당한다."[8]

'복잡하지 않은' 그 정의가 현실의 규칙으로 변환되기란 어려울 것이다. 어떤 사람이 자발적 실업인지 비자발적 실업인지를 결정하는 것은 자의적인 것으로 악명 높으며, 저자들이 "비자발적 실업은 강제된 불안정 고용을 포함한다. 불안정 고용은 자신이 원하는 것보다 적은 시간 일하는 것이다"이라고 말한 것도 도움이 되지 않는다.[9]

이 말은 이 정책이 일자리를 가지고 싶어하는 모든 불안정 피고용인에게 전일제 일자리를 보장한다는 것을 함축한다. 제3의 노동시장에서 불안정 고용이 확대되었고, 그 속에서 수많은 그런 노동자들이 시간당 최저임금 혹은 그 이하의 임금을 받는 일자리에 있다는 것을 감안할 때 (2020년 영국에서는 2백만명이다) 제공되어야 하는 공공 부문 보장 일자리의 숫자는 현재 등록된 실업자 수보다 훨씬 클 수 있다.

레이철 케이와 함께 쓴 논문에서 스키델스키는 "취업자 급여의 이용 가능성을 포함해서 정부 정책이 선택을 규정하기 때문에 자발적 파트타임 노동과 비자발적 파트타임 노동 사이에 항상 명확한 선이 있는 것은 아니다"라고 인정했다.[10] 그런 경우 어떻게 정책 입안자들이 비자발적 불안정 피고용인과 실업자에게만 일자리를 보장할 수 있는가?

누군가 실업자가 되었을 때 최소한 처음에는 가능하면 이전에 벌던 것과 비슷하거나 자신의 교육·훈련 수준 혹은 직업적 배경이 있는 사람에게 적합하다고 생각하는 일자리를 찾을 것이다. 그러면 정책이 보장하는 일자리에서 주는 최저임금보다 많이 벌 것이다. 확실히 이러한 상황에서 그 사람을 자발적인 실업자로 보면 안 될 것이다. 그리고 그렇게 정책상 보장된 일자리를 의무적으로 받아들여야 한다면 자신의 필요와 열망에 더 적합한 일자리를 얻을 기회를 위험에 빠뜨릴 수 있다.

마찬가지로, 노동조건이 마음에 들지 않거나 불규칙한 노동 일정 때문에 일자리를 자발적으로 떠난 것으로 간주되는 사람들에게는 어떤 일이 생기는가? 만약 그들이 더 나은 일자리를 찾을 수 있다는 희망을 가지고 최저임금 일자리를 거절할 때 그들을 자발적 실업자라고 부르는 것은 불공정할 것이다. 노동시장에 있는 대부분의 사람들에겐 희망하는 임금과 조건 혹은 받아들일 수 있는 가장 낮은 임금이 있다. 전자가 더 높지만 구직 실업 기간이 길어지면서 대개 떨어진다. 구직 포기자도 일자리를 보장받게 되는가? 대부분의 일자리 보장 제안은 정책 조건에 맞으면 모든 실업자가 자격이 있다고 말한다.

'일할 능력'을 어떻게 정의하는가도 문제적이다. 대부분의 사람들은 십중팔구 장애는 아니라 할지라도 일정 정도의 제약이 있고, 그들이 일할 수 있는지는 제공되는 일자리 유형, 노동시간, 적절한 편의시설의 이용 가능성, 그들의 개성 등에 달려 있다. 우울증 같은 주기적 장애가 있는 사람들은 할 능력이 있는 일을 어느 때는 할 수 있고, 어느 때는 할 수 없다.

따라서 일자리 보장 정책은 유사한 덫을 만들어낼 것이다. 일할 수 있어서 어떤 일자리를 가질 수 있는 사람과 일할 수 없는 사람 사이의 자의적인 구별 말이다.[11] 영국에서는 이 구별이 급여를 받을 자격을 결정하는 모욕적이고 낙인찍는 일할 역량 및 일을 위한 유효성 테스트로 이어졌고, 그리하여 장애인과 취약계층과 돌봄 책임이 있는 사람들에 대한 차별이 발생했다.

보장된 일자리를 받아들이지 않는 사람에게는 어떤 일이 일어날 것인가? 일자리 보장 옹호자인 미국의 경제학자 파블리나 체르네바는 자발적 선택이라는 기운 나는 그림을 보여주었다. "실업사무소에 가면 실업보험금을 수령할 수 있다. 그런데 선택지를 제공하는 정책이 있다면 어떻게 되겠는가. 실업보험금을 받을 수도 있고, 구직 중이라면 몇가지 급여와 함께 최저 생활임금이 제공되는 기본적인 일자리 기회를 보장해줄 수도 있다."[12]

이것은 확실히 일어나지 않을 일이다. 실업자의 다수는 실업보험이 없으며 (혹은 상실했으며) 기껏해야 얼마 안 되는 자산심사에 기반한 조건부 급여가 있을 뿐인데, 이것조차 받을 수도 있고 아닐 수도 있으며, 계속 받을 수도 있고 아닐 수도 있다. 그리고 실업사무소가 진정한 선택을 허용할 것 같지도 않다. 일자리 메뉴는 거의 확실하게 빈약하다. 그리고 코로나바이러스의 여파로 현재 일자리의 3분의 1 이상이 재택근무로 이루어질 수 있다면 재택근무 혹은 출퇴근 근무를 선택할 수 있을 것인가? 선택할 수 있다면 집에서 일하는 일자리 보유자를 어떻게 감시할 것인가?

일자리 보장 정책이 경기 순환에 따라 자동적으로 확장되거나 축소되면서 실업보험 기금과 유사하게 거시경제의 안정화 장치 역할을 할 것이라는 또다른 주장이 있다. 이것의 성공 여부는 정부가 추가 기금을 시의적절하게 할당하느냐, 새로 실업자가 된 사람과 불안정 고용 상태인 사람들을 얼마나 빨리 선별하고, 인터뷰하고, 비어 있는 일자리에 할당하는가에 달려 있을 것이다. 이 과정의 속도를 높이려는 어떤 시도든 불필요한 작업이나 생산성이 낮은 활동을 많이 만들어내게 될 것이다.

1960년대부터 1980년대까지 스웨덴은 인플레이션 압력을 제어하기 위해 경제를 완전고용 수준 이하로 유지하는 금융·재정 정책을 의도적으로 운용하는 한편 모든 실업자를 일자리 혹은 훈련에 집어넣기 위한 적극적 노동시장 정책을 사용하는 경제 모델을 추구했다. 이 모델이 작동하는 수년간 그러한 일자리의 경제적 수익은 0으로 떨어졌다.[13]

누가 보장된 일자리를 가질 자격이 있는가? 여러 제안에서 이 점이 불분명했다. 스키델스키와 개스퍼린은 가장 포괄적인 제안 가운데 하나를 제시하면서 이렇게 말했다. "정부는 민간 부문에서 일을 찾을 수 없는 모든 사람에게 국가 최저임금률보다 낮지 않은 고정된 시간당 임금률로 일자리를 보장할 것이다."[14] 어떤 사람이 일을 찾을 수 없다는 것을 정부가 어떻게 알게 되는가? 추정컨대 이런 일이 일어났는지를 알기 위해 일정한 구직 기간과 증거를 고려해야 할 것이며, 또한 받아들일 만한 일이 무엇인지 판단해야 할 것이다. 이 모든 것은 누군가가 일자리를 찾을 수 있는지 여부를 일선 관료제가 결정하는 개입적 과정을 필요로 할 것이다.

노동시장 효율성이라는 쟁점도 있다. 시장경제는 어느 정도의 마찰적 실업을 필요로 한다. 사람들이 자신의 필요·역량·바람에 맞는다 여기는 것을 찾기 때문에, 그리고 기업들이 필요한 일을 수행할 적절한 후보자를 찾기 때문이다. 그러나 어떤 일자리가 보장된다면 실업자 가운데 일부는 그런 일자리를 오랫동안 찾는 게 타당한지 물을 것이다. 그들은 그런 노력을 포기하고 무엇이든 제공되는 일자리를 받아들이라는 설득을 받을지 모른다. 이런 식으로 보장정책은 노동시장 효율성을 떨어뜨리고 노동자와 일자리를 적절하지 않게 연결한다. 궁극적으로 일자리 보장은 경제를 정체 상태에 빠뜨릴 위험이 있을 것이다.

이것이 일부 사람들이 대개 12개월 이상 일자리가 없거나 구직 중이라고 등록한 사람들로 규정되는 장기 실업자에게만 보장된 일자리를 제공해야 한다고 주장하는 이유이다. 이는 또다른 문제를 제기한다. 정의상으로 볼 때 장기 실업자는 대부분 가장 고용 가능성이 떨어지는 사람이고, 요구되는 숙련기술이 결여되어 있을 가능성이 높다. 그들이 적절하게 수행할 수 있으리라고 기대할 수 있는 일자리는 생산성이 낮은 육체노동 일자리일 것이다. 이것은 보장되는 일자리가 '양질이고' 출세 지향적일 것이라는 주장을 버리는 것을 뜻할 것이다.

특히 미국에 있는 일부 옹호자들은 그러한 일자리가 민간 부문에 있어야 한다고 제안한다. 하지만 대부분의 사람들은 모두에게 일자리를 보장하라고 민간 기업에 요구하는 게 불합리하다는 것을 인정한다. 보통의 제안은 공공 부문, 즉 정부와 그 산하 기관이 최종 사용자 역할을 해야 한다는 것이다.

일자리 보장을 주장한 최초의 저명한 경제학자인 하이먼 민스키와 그 이후의 지지자들은 3장에서 서술한 바 있는, 토크빌이 말한 두개의 시나리오대로 되지 않을 수 있는지를 증명하지 못했다. 두 시나리오 가운데 어느 쪽이 되었든 국가가 점점 더 많은 노동자들을 생산성이 낮은 일자리로 흡수하거나 — 케인스주의 정책을 추진했던 나라들에서 1960년대에 벌어졌던 일 — 국가가 더 많은 기업들에게 고용하기를 원하지 않았을 노동자들을 고용하라고 지시할 것이며, 이로 인해 임금은 억제되고 노동조건의 개선은 지연될 것이다.

일자리 보장 옹호자들은 종종 1930년대에 미국 대통령 프랭클린 D. 루스벨트가 추구한 뉴딜정책의 성공을 예로 든다.[15] 그 정책들로 인해 확실히 도로와 교량 같은 인프라 건설 그리고 심지어 30억그루의 나무를 심는 일에서 일자리가 확대되었다. 그러나 실업이 줄어들긴 했지만 실업률이 15퍼센트 이하로는 결코 떨어지지 않았고, 1938~39년의 경기 침체기에는 17퍼센트 이상으로 올라갔다.

스키델스키와 개스퍼린은 제안에서 어떤 유형의 공공 부문 일자리가 보장될 것인지를 말하지 않는다. 영국과 기타 많은 나라들에서 오늘날 공공 부문 일자리의 범위는 광범위한 사영화 때문에 더 제한적이다. 『가디언』은 2018년 사설에서 일자리 보장 정책은 "민간 부문이 충분히 공급하지 않는 일자리만을 제공해야" 할 것이라고 주장하면서 '환경 정화'와 '사회적 돌봄'을 들었다.[16] 이것은 서류상으로는 호소력 있게 들릴 수 있지만 제공되는 일자리의 범위가 좁고 매력이 없다는 뜻이다. 실제로 일자리 보장 지지자들은 보장된 일자리가 사람들의 숙련기술 및 자격과 일치할 것이라고 말한 적이 없으며, 대신 저숙련·저임금 일자리에 기대고 있는데, 이는 자신이나 자기 자식들에게 바라는 일자리는 아닐 것이다.

일자리가 그린 뉴딜의 일부이고 녹색 일자리만 관련된다고 말한다면 참 좋을 것이다. 그러나 녹색 일자리는 청정에너지 기술에 필요한 광물 채광이나 폐기물 및 재생 부문의 많은 일자리처럼 더럽고 위험할 수 있다. 유럽산업안전보건청European Agency for Safety and Health at Work이 언급한 것처럼 "우리는 '녹색'이라는 단어를 안전과 연관 짓는 경향이 있다. 그러나 환경에 좋은 것이 반드시 녹색 일자리에 고용된 노동자의 안전과 건강에 좋은 것은 아니다."[17] 그리고 육체노동 일자리가 아닐 경우 그런 일자리에 가는 사람들은 훈련과 감독이 필요할 것이다. 그것은 일자리의 지속 기간에 영향을 미칠 것이나 대부분의 지지자들은 3~6개월간 지속되는 임시 일자리만을 제안한다.

어느 경우든 제공될 일자리를 확인하고 그 과정을 관리하는 것은 사소한 경범죄를 저지른 범죄자들에 대한 여러 공동체 회복 정책의 난장판에서 볼 수 있듯이 관료제의 악몽이 될 것이다. 심지어 이 정책은 소규모였고 그들이 제공하는 노동이 무상이었음에도 그러했다. 그리고 보장된 일자리가 바람직한 서비스나 재화를 제공한다면 이미 그런 일을 수행하고 있는 다른 사람들은 어떻게 되는가? 그들이 보장된 일자리에 있는 사람들보다 더 많이 받는 경우 그들이 대체되거나 임금이 삭감되어야 할 위험이 있다.

잠재적 대체 효과는 기업들의 일자리가 정부가 돈을 대는 서비스의 외주 공급자로서 수행되는 경우 십중팔구 클 것인데, 과거에 공공기관이 제공하던 수많은 서비스를 이제는 사기업이 제공하는 현대 영국에서 필시 그러할 것이다. 정부가 임금 하락 없이 기존 피고용인의 일자리도 보장할 것인가? 그럴 경우 사중효과도 있을 것이다. 어떻게 하든 만들어질 일자리에 보조금을 주는 것이기 때문이다.

그렇다면 보장된 일자리에 머무는 사람들에게 얼마를 지급해야 하는가라는 쟁점이 있다. 시간당 국가 최저임금만을 줄 경우 생계비 수준 이하로 버는 결과를 낳을 수 있다. 2018년에 런던좋은일위원회London Good Work Commission가 결론 내린 것처럼 런던에서 그런 임금으로는 "생활하는 것은 말할 것도 없고 그저 생존하는 것도 불가능하다".[18] 반대로 최저임금보다 적게 받거나 보장된 시간보다 적게 일하는 사람들은 보장된 일자리라는 대안을 위해 현재의 일자리를 그만둘 유인이 생길 것이다. 이것은 더 많은 불안정 피고용인과 프레카리아트에게 더 보수 좋은 일자리가 된다는 의미일 것이다. 그러나 재정비용은 엄두가 나지 않을 정도로 커질 것이다.

예를 들어 2021년 영국에서는 그런 일자리에 있는 사람들의 17퍼센트(약 5백만명)가 생활임금인 시간당 9.90파운드(런던은 11.05파운드) 이하로 받았다. 저임금을 받는 140만명은 추가 노동시간도 원했다. 게다가 최저임금 입법으로 포괄되지 않는 160만 자영업자는 시간당 소득이 낮았다.[19] 미국도 마찬가지로 상황이 나빴다. 미국의 1억 6300만 노동자 가운데 거의 3분의 1이 민주당, 노동조합, 시민사회단체 들이 지지하는 시간당 15달러 이하를 벌고 있었다.[20] 이 사람들 중 다수가 더 나은 임금을 주는 보장된 일자리를 얻으려는 희망으로 기존 일자리를 그만둔다고 상상해보라!

어떻게 실업자가 되었는지와 상관없이 모든 실업자에게 자격이 있다고 한다면 불황기의 일자리 보장 정책이 "정부 수입의 감소를 최소화함으로써 대체로 스스로 비용을 충당할 것"이라는 주장은 받아들이기 어렵다.[21] 도리어 공공 지출의 증대가 면세점보다 낮은 임금을 받는 일자리를 그저 증가시킬 것이다. 공공 지출은 늘어날 것이고, 조세 수입은 그렇지 않을 것이다.

보장된 일자리는 인플레이션을 유발할 수도 있다. 맨 아래쪽 임금이 올라갈 경우 그 위의 임금도 차이를 유지하기 위해 올라갈 것이다. 그리고 임금 압박 인플레이션을 막을 수 있는 것은 아무것도 없을 텐데, 왜냐하면 간단하게 실업의 공포가 적어져서 노동자의 협상력이 더 강해지기 때문이다. 인플레이션을 제약할 수 있는 유일한 요인은 자동화의 공포나 더 많은 해외 이전의 공포뿐일 것이다. 그러나 이는 공포가 아닐 것인데, 어쨌든 일자리가 보장될 것이기 때문이다!

공공 일자리 보장은 민간 부문 임금에 상향 압력을 가할 수 있으며, 이는 민간 부문 노동 수요를 줄일 수 있고, 그 결과 일자리가 더 적어질 수 있다. 그러나 일자리를 원하는 모두에게 일자리가 보장될 경우 임금에 대한 상향 압력은 지속될 것이다. 공공사업에는 이런 효과가 있는 것으로 나타났다.[22] 임금이 더 올라갈 것이라는 전망 속에서 민간 부문 일자리가 축소될 경우 정부는 심지어 더 많은 일자리를 보장해야 할 것이다. 공공 일자리 보장이 2021년에 나타난 민간 부문 일자리로부터의 거대한 사직의 변형을 낳을 가능성도 있다.

일자리 보장이 고용 가능성을 더 낮게 유지할 것이라는 또다른 주장이 있는데, 이 주장은 "공공 일자리 보장과 '좋은' 일자리 사이의 비교가 아니라 공공 일자리 보장과 일자리 없음 사이의 비교"라는 가정에 의해 뒷받침된다.[23] 어떤 일자리든 가지고 있는 것이 원하는 일자리에 가까운 어떤 것을 기다리고 찾는 것보다 더 낫다는 가정이며, 일자리를 가지는 게 장기적으로 고용 가능성과 소득을 개선한다는 가정이다. 앞서서 말했듯이 자신의 숙련 기술 및 자격보다 낮은 일자리를 가질 경우, 주된 경쟁 영역에서의 고용 가능성을 줄이고 장기적인 소득 전망을 낮출 수 있다는 상당한 증거가 있다.

일자리 보장 정책은 가부장주의적일 것이다. 일자리 보장 정책은 정부가 개인들에게 가장 좋은 것이 무엇인지를 안다고 전제한다. 어떤 사람이 건설 현장(보장된 일자리에서 가장 선호하는 영역인 인프라)에서 보장된 일자리를 가져야 한다는 압력을 받았으며, 기술 부족이나 훈련 및 경험의 결여로 인한 부상으로 고통받았다고 가정해보자. 일자리 보장 기관이 책임지고 보상할 의무가 있을 것인가? 그 기관이 그 사람을 그런 처지에 빠지게 했으니 그래야 한다. 그리고 일자리 보장 지지자들은 훈련도 받지 않고 십중팔구 보장된 일자리를 받아들이지 않으면 급여를 상실하게 되어 분개하고 있는 사람들에게 자신의 나이 든 친척이 사회적 돌봄을 받는 것을 진짜로 원하는가?

보장된 일자리는 낮은 생산성을 영속화하는 방안일 것이다. 이것이 1980년대에 소비에트 체제가 무너지게 된 치명적 결함이었다. 일자리를, 특히 저임금의 임시 일자리만을 보장받는다면 뭐하러 성가시게 열심히 일해야 하는가? 그리고 일자리가 보장된 피고용인에게 지급할 보조금을 받는 사용자라면 뭐하러 성가시게 노동을 효율적으로 사용하겠는가? 사용자에게 노동은 거의 공짜이다. 노동자는 보장된 일자리로 이윤을 창출하기 위해서 사용자가 들인 비용보다 약간만 더 높은 부가가치를 생산하면 된다. 이는 다른 노동자와 비교해 생산성이 떨어지는 일자리의 가격을 낮추고 생산성을 높일 수 있는 노동 대체 기술에 투자할 유인을 감소시킬 것이다.

스키델스키와 케이는 보장 프로그램이 "일하는 평균 시간을 줄일 수 있는 강력한 지렛대일 것이다"라고도 했다. 더 많은 사람이 일자리를 가지고, 이런 보장이 불안정 피고용인(바라는 것보다 적은 시간 노동하는 사람)에게까지 확대될 경우 총 노동력에 대해 평균적으로 더 많은 시간 일한다는 의미가 될 것이다. 그러나 이 저자들은 이것이 아래에서 말하는 동적 효과에 의해 상쇄되어 더 많이 일하지 않게 될 것이라고 생각한다.

첫째, 그들은 일자리 보장이 "고용계약에 대한 사용자의 통제권을 약화시킬 것"이라고 주장한다. 이렇게 가정할 근거가 없는

데, 현재 일자리를 대신하는 일자리 보장의 전망은 저임금 일자리에 있고, 원하는 것보다 적은 노동시간을 일하는 사람들에게만 호소력이 있을 것이기 때문이다. 둘째, "경기 순환적 실업을 제거함으로써 (…) 일자리 보장은 임금에 대한 하향 압박을 상향 압박으로 대체할 것이다"라고 말한다. 하지만 최근 수십년 사이에 고용 성장과 평균임금의 긍정적 연관성이 사라졌다.

셋째, "일자리 보장은 기술적 실업에 대한 공포를 줄임으로써 자동화에 대한 반대를 줄일 것이다"라고 말한다. 그러나 4장에서 본 것처럼 제3의 경제에서 자동화는 헤테로메이션과 연결되어 있다. 즉 기술 변화가 노동을 줄일지라도 더 많은 일을 유발한다. 끝으로 일자리 보장은 "총 지출과 총 투자를 유지하게 할 것이다"라고 말한다.[24] 왜 이것이 노동시간을 줄이는지 분명하지 않다.

이 정책은 또한 일과 노동을 구별하지 못해 노동주의를 강화할 것이다. 보장된 일자리를 지지하는 사람들은 대개 지불노동이 아닌 모든 형태의 일을 무시한다. 일자리는 목적을 위한 수단이지 목적 그 자체가 아니다. 경제학자들은 이와 관련해서 일관되지 않은 경향이 있다. 교과서에서 노동은 비효용이다. 그것은 노동자에게 부정적이다. 하지만 이런 교과서를 사용하거나 집필하는 많은 경제학자들은 모두를 일자리에 넣어야 한다는 것을 옹호한다. 일자리에 대한 강조는 또한 비생태적인데, 이것이 GDP 성장의 추구와 연결되어 있기 때문이다. 일자리가 아닌 다른 형태의 일을 장려하는 게 더 낫지 않겠는가?

노동이 아닌 수많은 형태의 일은 대부분의 사람들이 가질 가능성이 있는 일자리보다 심리적으로, 사회적으로 더 가치가 있다. 모두를 일자리, 즉 선택하지 않은 활동에 집어넣는 체제는 국가가 지휘하는 소외일 것이다. 진보주의자라면 우리가 쓸모없고 종속적인 일자리에 쓰는 시간을 최소화하고, 이를 통해 스스로 선택하고 개인과 공동체의 발전을 지향하는 형태의 일에 쓰는 시간과 에너지를 늘리기를 바라야 한다.

아이러니하게도 일자리 보장은 유용하고 생산적인 활동에 쏟는 일과 시간의 양을 무심코 줄일 수 있다. 예를 들어 무작위로 선별한 2천명의 실업자에게 구직활동을 요구하는 조건부 급여 대신 무조건적 현금 급여를 했던 2017~18년의 핀란드 기본소득 실험에서 거의 주목받지 못했던 한가지 결과는 많은 사람들이 일자리가 아닌 형태의 일을 시작했다는 것이었다.25 그들이 보장된 일자리를 가져야 했다면 그런 일은 하지 않았을 것이다.

일자리 보장의 길은 체제로서의 자본주의에 도전하지 않을 것이며, 그저 거시경제적 시장 실패를 어느 정도 보완하며 자본주의를 받쳐줄 것이다. 그 암묵적인 전제는 일자리 보유자 사회가 보호할 만한 가치가 있다는 것이다. 모든 일자리 보장 정책의 실질적인 세부 계획에 따르면 보장될 일자리는 전통적인 일자리일 것이다. 최저임금, 고정된 작업장, 전일제 노동, 비재택근무, 상사의 지시를 받음. 하지만 코로나바이러스 시기 대부분의 사무직 종사자들은 재택근무와 사무실 노동의 하이브리드 모델을 원한다고 말하며, 또 다른 사람들은 과거 유형의 일자리가 아니라 과업 기반 혹은 프로젝트 기반 노동시장을 원한다고 말한다.

노동이 아닌, 사회에서 이루어지는 일의 많은 부분이 다수의 일자리보다 더 큰 사용가치와 시장 귀속 가치를 갖는다는 것을 우리가 받아들인다면, 가능한 한 많은 사람을 일자리에 밀어 넣고자 하는 경제적 혹은 사회적 의미는 무엇인가? 민스키가 주장한 것과 달리 보장된 일자리는 원하는 모두가 의미 있는 일을 할 수 있게 된다는 뜻이 아니다.26

요약하자면, 일자리 보장에 대한 실천적인 반대는 세부사항을 고려하자마자 명백해졌다. 일자리가 어떤 것인가, 그 일자리를 제공하는 책임은 누가 지는가, 일자리를 제공받을 자격은 누구에게 있는가, 그 일자리는 얼마를 받으며 몇시간 동안 하는가, 누가 돈을 지급하는가, 참여자를 감독하고 일자리의 요구 조건에 순응하는지를 감시하는 데 드는 비용은 얼마인가, 다른 노동자와 더 넓은 경제에 미치는 영향은 어떠한가?

더 나아가 일자리 보장 제안은 오늘날의 위기가 구조적이며 **전환적** 정책들이 요구된다는 것을 인정하지 않는다. 일자리 보장 제안은 사회경제적 위기의 중심부에 있는 프레카리아트의 존재론적 불안전은 거의 다루지 않을 것이다. 프레카리아트 가운데 진보적인 이들이 지닌 생태적 기반이 있는 좋은 사회에 대한 열망을 고려하지 않는 것은 말할 것도 없다.27

주 4일제

주로 사회민주주의자들이 옹호하는 또다른 인기 정책 제안은 주 4일제 형태로 노동시간에 대해 법정 제한을 두는 것이다. 전 세계적으로 아직은 적지만 점점 더 많은 기업들이 채택하고 있는 주 4일제 움직임은 2019년 총선에서 영국 노동당이 주창했고, 아일랜드, 에스파냐, 스코틀랜드, 뉴질랜드, 일본을 포함한 몇몇 나라 정부가 선호하는 선택지이다. 2015~19년 아이슬란드의 시범 운영이 많이 보도되었고, 이후 2022년 중반에는 피고용인이 거의 3천명에 달하는 약 60개 기업이 참여한 6개월짜리 시범 사업이 아일랜드, 미국, 캐나다, 영국에서 시작되었다.[28] 에스파냐와 스코틀랜드도 직후 시범 운영을 시작했다.

주 4일제로의 전환에 대한 가장 훌륭한 논변은 아마 지구온난화에 맞서기 위해 필요한 경제성장의 제약에 대해 사람들에게 보상하는 한가지 방법일 수 있다는 것이다. 어떤 지지자는 이렇게 말했다. "정부는 더 많은 물건 대신 사람들에게 더 많은 시간을 제공해야 한다."[29] 그러나 대부분의 지지자들은 기업의 관점에서 주 4일제로의 전환이 산출 손실 없이 혹은 심지어 산출이 증가하는 노동 생산성 향상을 낳을 수 있다고 주장한다. 따라서 탈성장의 도구로서 주 4일제는 유망하지 않다.

주 4일제로 전환한 기업들은 성공적이라고 주장한다.[30] 뉴질랜드의 부동산 계획 회사인 퍼페추얼가디언에 따르면 주 4일제가 생산성을 키우고 피고용인의 피로를 줄였다. 글래스고의 전화

및 디지털 마케팅 기업인 퍼슈트마케팅은 생산성이 30퍼센트 증가했다고 밝혔다. 2019년 8월 피고용인들에게 금요일 휴무를 준 마이크로소프트재팬은 생산성이 40퍼센트 높아졌다고 말했다.[31] 2022년 영국의 시범 운영 또한 성공으로 간주될 수 있는데, 거의 모든 기업이 새로운 방식을 지속하겠다고 결정했다. 피고용인 열 명 가운데 네명은 스트레스를 덜 느꼈다고 말했으며, 거의 4분의 3이 소진 정도가 줄어들었다고 밝혔다.[32]

부정적인 면은 덜 보도되었다. 퍼페추얼가디언의 주 4일제 전환에 관한 어느 연구에 따르면 더 적은 시간 동안 동일한 업무량을 달성하기 위해 피고용인들이 애쓰느라 노동 강화가 일어났을 뿐만 아니라 수행 측정과 추적을 통한 관리자의 압력이 증가하기도 했다. 피고용인들은 주어진 과업을 재개하기 위해 휴식시간을 더 짧게 가졌고, 동료들과의 사교에도 더 적은 시간을 썼다. 일부 노동자들은 목표를 달성했지만 또 일부 노동자들은 재촉과 압박이 스트레스 수준을 높였다고 느꼈으며 회복하기 위해 추가 휴일이 필요하게 되었다.[33]

유사하게 미국의 핀테크 스타트업인 볼트에 따르면, 해당 회사의 피고용인 대부분이 주 4일제 실험이 지속되기를 원했지만 40퍼센트는 그 결과 스트레스를 더 받았다고 보고했다. 많은 사람들이 업무를 집으로 가져갔고 금요일을 회의나 동료들과의 만남으로 방해받지 않고 노동하는 날로 이용했다.[34] 다른 연구는 더 집중적인 업무가 있는 사람들은 노동시간이 아닐 때에도 자기 업무에 대해 더 많이 생각하는 경향이 있으며, 일과 관련한 문제를 해결할 때까지 일에 대한 신경을 끌 수 없었다는 것을 보여준다. 일부는 마음을 놓으려면 일이 어떻게 되는지 확인해야 해서 온라인에 연결된 채 있다.[35]

마이크로소프트재팬은 한달짜리 실험을 연장하지 않았다. 다른 기업들은 그저 통상적인 하루 노동시간을 늘렸으며, 줄인 노동시간은 하루치보다 적었다. 영국의 인터넷 은행인 아톰이 도입한 주 4일제는 주당 노동시간을 37.5시간에서 34시간으로 줄였는데, 이렇게 줄인 시간은 하루 노동시간보다 적은 것이다.

주 4일제로의 전환은 또한 영국의 법정 최소 유급휴가를 연간 28일에서 22.5일로 줄였다. 이는 노동 일수가 축소된 데 따른 조정이다. 아이슬란드의 시범 운영 사례를 보자면 널리 보도된 것과 달리 실제로는 주 4일제 실험이 아니었으며 일부 공공 부문 노동자들을 대상으로 주당 40시간에서 35시간 혹은 36시간으로 줄인 것이었다.[36] 영국의 시범 운영 또한 기업들에게 피고용 시간을 20퍼센트까지 줄이라고 요청한 것이었지 반드시 주 4일제로 전환하라는 게 아니었다. 이에 따라 일부 기업은 모든 직원에게 금요일을 쉬도록 했고, 다른 기업들은 유연한 방식으로 이전 노동시간의 80퍼센트를 일하게 했다.[37]

주 4일제를 일반 모델로 시행해야 한다는 것을 시사하는 증거는 전혀 없다. 그것은 제3의 시간이라는 맥락에서는 잘 작동하지 않을 수 있다. 더 많은 사람들이 온라인으로 일하거나 공식적인 일자리 밖에서 일하고 있기 때문에 그것은 불완전한 정책으로 보인다. 위에서 제시한 예에서 알 수 있듯이 절대적 관점에서 그리

고 노동에 대한 상대적인 관점에서 사람들에게 요구되는 혹은 유도하는 일의 양을 늘리는 역효과를 낳을지도 모른다. 또한 생애의 여러 단계에서 노동시간과 일의 시간을 조정하는 것을 더 힘들게 할지도 모른다. 어떤 사람은 청년기에 노동을 더 많이 하고 나중에는 다른 활동에 시간을 쓰기를 원할 수 있으며, 그 반대도 있을 수 있다. 그러한 선택을 힘들게 하는 것은 뭐든 그들을 노동으로부터 해방시키는 게 아니라 그들의 자유를 제약할 것이다.

2018년 영국의 전일제 피고용인은 주당 평균 42.5시간을 일하는 데 썼는데(병가와 휴가를 제외하고), 유럽연합 평균보다 매우 높은 것이며 지난 반세기 동안 노동시간은 약간만 줄어들었다. 피고용인의 17퍼센트 이상 그리고 자영업자의 26퍼센트가 45시간을 넘겼다.[38] 주 4일제를 시행하는 법적 조치가 이를 급격하게 바꿀 것인가? 산업적 시간의 생산 체제에서라면 노동시간이 상대적으로 잘 규정되어 있기 때문에 그랬을 것이다. 그러나 제3의 시간 체제에서는 노동시간 단축이 더 많은 노동을 위한 부불 일을 낳을 것 같다. 예를 들어 런던에 기반을 둔 게임 디자이너 회사로 영국의 시범 운영에 참여한 허치Hutch에 따르면 피고용인의 43퍼센트 이상이 계약 시간 이상을 일했고, 금융 서비스 회사인 스텔라자산관리에서는 많은 직원이 근무일이 아닌 때에 중요한 통화나 줌 회의를 했다.[39] 그리고 2022년 노동력의 13퍼센트로 추산되는 자영업자는 법정 주 4일제의 보호를 받지 못할 것이다.

놀랍지 않게도 여론조사에서 영국 노동자들은 일하는 시간working time을 줄이고 싶다고 말하는데, 여기서 일하는 시간이란 노동시간labour time을 말한다.40 그러나 대부분은 그렇게 하지 못했다. 한편 역사적 유형의 특이한 반전이 있었다. 살라리아트 내의 고소득층은 평균적으로 노동과 일의 시간이 저임금 피고용인보다 길다. 이들은 십중팔구 법정 주 4일제의 영향을 더 받을 것이다. 프레카리아트 내의 저임금층은 소득이 줄어들고 지불노동에 대한 부불 일의 비율이 증가할 수 있는데, 지급된 4일의 시간 외에 추가 일을 하라는 사용자의 압력에 저항하기 힘들기 때문이다.

현대의 법정 노동시간 단축에 관해 잘 기록된 프랑스의 실험이 있다. 1998년 「노동시간 단축법」은 민간 부문에 임금 삭감 없이 표준적인 주당 35시간 노동을 도입했다. 정부는 기업들이 노조와 노동시간 단축을 협상하고 고용을 늘릴 경우 기업들에 사회보장 부과금을 환불해주었다. 많은 기업들이 노조와 임금 동결이나 임금 인상 둔화를 협상하면서 이에 반응했고, 일이 많을 때는 35시간 이상 노동하고, 그렇지 않을 때는 더 적게 노동하는 협약도 맺었다. 연간 평균 35시간이면 됐기 때문에, 이는 법에서 허용하는 바였다.

전반적으로 노동자들은 이런 변화를 환영했다. 하지만 사용자들이 적응하면서 노동자들은 노동 강화 및 유연성 요구가 증가하는 데 불만을 가졌다. 노동으로부터 오는 스트레스가 뚜렷이 증가했다. 그리고 주당 노동시간이 몇년에 걸쳐 떨어지다가 초과 노동시간에 대한 규칙이 약화되면서 늘어나기 시작했다. 따라서 결과는 혼성적이었다.41 노동시간 단축이 주로 단체 협상을 통해 이루어지는 독일에서는 결과가 좀더 고무적이다. 그러나 1990년대에 노동시간 단축은 더뎌졌고, 노동시간이 단축되지 않은 것 가운데 대부분은 노조가 갈수록 심해지는 일자리의 해외 외주화를 줄이기 위해 노력하면서 양보했던 협상과 연관되었다.

또한 대부분의 주 4일제 제안은 일정이 있는 시간, 즉 가족 및 친구와 공유하는 시간이나 사회활동을 위한 시간을 고려하지 않는다. 생산 및 생산성을 최대화하면서 노동시간을 단축하려고 했던 주목할 만한 역사적 개혁에서 유익한 교훈을 얻을 수 있다. 1929년 소련은 붉은 캘린더로 알려진 주 7일 교대근무제를 도입했는데, 모든 사람이 7일 중 5일간 노동 일정이 있었고 이는 공장이 무작위로 결정했다. 매일 노동자의 5분의 1이 근무를 하지 않았다.

이는 공장의 연속 가동을 늘리는 한편 노동 휴무일을 이전의 52일(당시 산업국가의 표준)에서 73일로 늘렸다. 그러나 이 실험은 많은 사람들을 놀라게 하며 2년 만에 실패로 돌아갔다. 주로 노동자들이 이를 싫어했기 때문이다.[42] 그 주된 이유는 일정이 있는 시간의 상실, 즉 노동자들이 가치 있게 여기는 사람들과 사회적으로 공유하는 시간, 특히 가족 구성원과 공유하는 시간의 상실 때문이었다.

추가 휴무는 가깝거나 소중한 사람이 비슷하게 휴무를 해서 시간이 일치하지 않을 경우 가치가 덜 하다. 표준적인 주당 근무시간이 없을 경우 당신의 휴무가 다른 N명과 일치할 확률(P)은 PN에 비례한다. 일주일 7일 가운데 2일이 휴무라면 각 사람이 특정한 날에 쉴 확률 P=0.28이다. 따라서 두명의 친구가 같은 날 휴무

일 가능성은 0.28의 제곱 혹은 8퍼센트이며, 이는 12일마다 하루이다. 세명의 친구가 같은 날 휴무일 확률은 겨우 2퍼센트(45일에 하루)이며, 네명의 친구는 0.5퍼센트(162일에 하루 혹은 1년에 두번)에 불과하다.[43] 따라서 줄어든 주당 근무시간이 모두에게 동일한 4일이거나 특정한 날 휴무를 갖겠다는 요청을 사용자가 허용하지 않을 경우 일정이 있는 시간에 대한 제약은 심리적·사회적으로 환영받지 못할 것이다.

일자리 보장 프로그램과 노동시간의 체계적인 단축을 제안하는 것은 모순되는 것처럼 보일지 모르지만 주 4일제는 노동 공유 sharing로 볼 수 있다. 그러나 노동자들이 낮은 임금 때문에 36시간이나 그 이상을 원할 경우 주 4일제를 입법하는 것은 프랑스가 주 35시간제를 도입했을 때 일어났던 일, 즉 평균 노동시간이 37시간으로 올라가는 것으로 이어질 것이다.[44] 보장된 공공 일자리가 시간당 최저임금을 지급하게 되면 그런 일자리에 있는 노동자들은 주 4일제를 원하지 않을 것이다.

노동시간 권리

노동주의적 반응의 다른 한 형태를 언급할 가치가 있다. 제3의 시간 체제에서 유연한 노동관계의 성장으로 인해 노동조합과 정부가 '시간 권리' 혹은 다른 형태의 일이 아니라 노동에만 적용되기 때문에 '노동시간 권리'라고 불러야 하는 것에 관심을 가지게 되었다.

그러한 권리는 예를 들어 어린아이를 돌보기 위해 노동시간을 줄였다가 나중에 더 긴 노동시간을 수행할 수 있는 권리를 포함한다. 이것은 영국은 아니지만 프랑스와 독일의 법에는 잘 기술되어 있다.[45] 그러나 그런 나라들에서도 이 권리는 프랑스는 50명 이상, 독일은 45명 이상의 피고용인이 있는 대기업에만 적용된다. 이 권리는 대기업에 고용된 사람들과 소기업에 고용된 사람들 사이의 그리고 대기업에 있는 사람들과 다른 형태의 일을 수행하는 사람들 사이의 은폐된 불평등이다.

그것이 권리라고 불리려면 어떤 형태의 일이든 수행하는 모든 사람에게 적용되어야 한다. 공평한 정책은 모든 사람이 동등하게 일에 쓰는 시간을 변화시킬 수 있게 해야 할 것이다. 그러나 노조가 추진하는 그 정책이 그런 방향으로 갈 가망은 없다.

적절한 노동 보호를 받지 못하는 한 집단은 야간에 노동하는 노동자들이다. 이런 형태의 노동이 제3의 시간 시대에 성장했고, 영국에서는 현재 일자리에 있는 아홉명 가운데 한명으로 추산되는데, 기록이 시작된 이래 가장 높은 비율이다.[46] 그들을 위한 시간 권리라고 하면 의심할 바 없이 대환영일 것이다.

시간 사용 활동에 돈을 쓰는 사람들에 대한 금전적 지원

코로나바이러스 팬데믹은 종종 일관된 윤리적 가치가 결여되어 있고 정치적 고려에 의해 나온 것이긴 해도 몇가지 창조적인 정책 아이디어를 낳았다. 한가지 아주 재미있는 아이디어는 휴가를 가는 사람들에게 돈을 주거나 최소한 휴가를 가는 것에 대해 금전적 유인책(보조금)을 주는 것이었다.47 주된 아이디어는 크게 충격을 받은 부문인 관광을 회복시키자는 것이었다. 코로나바이러스 이전에는 대규모 관광의 역효과에 대한 우려가 있었다는 점에서 역설적이었다. 이런 우려는 항공기가 배출하는 탄소, 크루즈 선박이 야기하는 오염, 베네치아·바르셀로나·아테네같이 인기 있는 관광지의 손상 등과 연결되어 있었다. 실제로 매년 이 도시로 오는 관광객 4천만명의 유입을 통제하기 위해 베네치아는 회전 출입문을 만들고 하루 입장료 10유로를 부과하겠다는 계획을 발표했다.

코로나바이러스 팬데믹은 그런 심성을 바꾸었다. 몇몇 정부는 항공사와 공항에 직불금을 주고 호텔과 식당의 부가가치세율을 낮추는 것 이외에도 관광객들에게 돈을 주는 정책을 도입했다. 2020년에 이탈리아는 24억 유로에 달하는 휴가 보너스 정책을 개시했는데, 연간 소득 4만 유로 이하인 이탈리아의 저소득 가정은 국내 휴가에 대한 지원으로 5백유로까지 받을 수 있다. 시칠리아는 더 나아갔다.

그러한 정책을 비판하는 것은 심술궂은 태도처럼 보일 텐데, 수혜자라면 모두가 이를 환영할 것이기 때문이다. 그러나 이 정책은 역진적이다. 휴가를 거의 가지 못하거나 가지 않을 사람들은 프레카리아트 대열에 있거나 극도의 빈곤에 빠져 있다. 그들은 그런 선물을 받지 못했다.

일자리 물신성에 대한 결론적 고찰

2020년 5월, 3천명의 학계 인사들이 각국 정부에 '일을 민주화하고' '일을 탈상품화하고' '일자리 보장'을 도입하라고 요구하는 공개서한에 서명했다.[48] 그것은 고전적 사회민주주의 선언의 시대가 끝났음을 알렸다. 나는 서명해달라는 제안자 명단에 들어 있었지만 세가지 반대 이유가 있어서 내 이름을 빼달라고 했다.

첫째, 일이 지불노동으로만 정의되어 있었고, 따라서 다른 어떤 형태의 일보다 더 많은 사람들이 더 많은 시간을 들여 수행하고 있는 부불 돌봄노동처럼 이미 탈상품화되어 있는 모든 일을 배제했다. 둘째, 그 서한은 '상품'을 정의하지 않았는데, 상품은 부분으로 나뉘어 구매되고 판매된다. 따라서 학계 인사들이 노동이 지불받지 않는 것이라고 제안하는 게 아니라면 노동은 상품이어야 한다. 셋째, 앞에서 말한 모든 이유로 일자리 보장은 워크페어로 가는 길일 것이다. 그 서한은 노동이 아니라 사람을 탈상품화하는 것에 관해 말했어야 했다.

일자리 물신은 좌파의 복음이었다. 물론 더 많은 일자리의 지지자들은 자신들이 더 많은 사람들을 소외되고 예속된 지위에 밀어 넣는 것을 선호한다는 주장을 무시할 것이다. 추정컨대 그들은 일자리를 가지는 게 소득을 얻고 사회의 생산적인 구성원이 되는 유일한 방법이라고 주장할 것이다. 그들은 수백만명이 가질 것이라고 예상되는 일자리에서 자신이나 친구들이 일하기를 바라는지 스스로에게 물어보아야 한다. 사람들이 좋은 급료와 좋은 노동조건의 괜찮은 일자리를 갖길 바란다고 그들이 응수할지도 모른다. 그러나 수많은 일자리가 생래적으로 시시하고 따분하며 따분하게 만들고, 그런 일을 수행하도록 밀어 넣어지거나 유도된 사람들의 시간을 잡아먹고, 그런 다음 물질적 궁핍의 공포로 그 자리를 계속 유지하게 한다는 사실을 그들은 회피할 수 없을 것이다.

그들의 진보적 상상력은 어디에 있는가? 모두에게 일자리에 쓰는 시간이 가능한 한 많이 줄어드는 좋은 사회Good Society를 그들은 상상할 수 없는가? 그런 방향으로 시간의 정치를 전환하는 유일한 방법은 그들의 이데올로기적 발판에서 일자리를 차버리는 것이다. 이것은 많은 일자리가 인류학자이자 활동가인 데이비드 그레이버가 묘사해서 유명해진 '엉터리' 일자리bullshit job일 뿐만 아니라 사회에 아무 기여도 하지 않기 때문이다.[49] 가능한 한 많은 사람들을 노동에, 일자리에 밀어 넣는 것이 전혀 진보적인 전망이 아니라는 점이 인정받고 있다.

잠시 자동화와 탈성장(혹은 무엇이라고 부르든 간에)으로 인해 일자리 수가 계획적으로 그리고 좋은 의도를 가지고 실질적으로 축소되고 수입을 일자리에 있는 사람과 일자리 밖에 있는 사람이 공유하는 미래를 상상해보자. 방송이나 영상 속에서 "우리는 지난 2년 동안 일자리 수를 10퍼센트 줄였고, 사람들의 노동시간을 15퍼센트 해방시켰습니다"라고 자랑하는 정치가들을 상상해보자. 야당이 등장해 이렇게 말한다. "우리가 제출한 정책을 추진했다면 일자리 수가 15퍼센트 그리고 노동시간이 20퍼센트 줄어들었을 것입니다." 그러한 관점에서 벌어지는 공적 토론은 지난 세기를 지배했던 노동주의적 토론과는 매우 다를 것이다.

그러한 열반nirvana은 일자리 축소가 새로운 소득 분배 체제의 발전과 함께할 때에만 등장할 수 있을 것이다. 20세기 분배 체제는 붕괴했고, 긴축의 10년 동안 그런 다음에는 코로나바이러스 팬데믹에 의해 최종적 쇠퇴로 가속화되었다. 사라져간 것은 노동시간이 아니라 노동과 연결된 사회소득이었다. 재산 수익이나 자산 수익이 꾸준히 올라갔고 시간을 노동에 사용하는 사람들에게 가는 소득은 더 줄어들게 되었다. 일자리 수의 확대는 미미한 대응이다. 그것은 그저 노동을 더욱 얇게 확산시키고, 프레카리아트를 확대하며 생산성이 낮은 저임금 일자리 수를 늘릴 뿐일 것이다.

답은 지대 추구 자본주의 해체를 통해 소득 분배 체제와 씨름하고 현재 거대 부호, 엘리트, 살라리아트가 가져가는 지대 소득을 환수하여 모두에게 재순환시키는 데 있다. 그렇게 된다면 우리가 더 많은 시간을 노동이 아니라 일 그리고 여가에 쏟을 뿐만 아니라 회복과 레크리에이션에 쏟을 수 있다는 게 여러 이익 가운데 하나이다. 노동시간의 법정 단축은 현재의 지대 추구 자본주의 상황에서는 달성될 수 없을 것이다.

마지막 장은 가까운 과거로부터, 구상이지만 실현 가능한 미래로 옮겨간다. 이 미래는 19세기 말 산업적 시간의 붕괴에 대한 대응에서 틀을 잡은 것으로, 다소간 실질적인 전망을 재검토함으로써 용기를 가지고 실현할 수 있다. 윌리엄 모리스는 『에코토피아 뉴스』*News from Nowhere*(1890)를, 부분적으로는 2년 전 출판된 다른 유토피아 소설로 사회주의의 점진적인 길을 묘사한 에드워드 벨러미의 『뒤를 돌아보면서』(1888)에 대응하기 위해 썼다. 벨러미와 달리 모리스는 자기 시대 자본주의와의 단절, 즉 공생공락적이고 좀더 온화한 인간 본성 사회로의 전환을 예상했다. 모리스는 벨러미 책에 대한 서평에서 이런 결론을 내렸다. "요컨대 기계 생활은 벨러미가 모든 측면에서 우리를 위해 상상할 수 있는 최선의 것이다. 그렇다면 관용할 수 있는 노동을 만든다는 그의 유일한 아이디어는 기술의 계속적인 발전이라는 수단을 통해 노동의 양을 줄이는 것밖에 없다."[50]

모리스에게는 이것이 충분히 좋은 게 아니었다. 그리고 모리스는 언제나 모든 진보주의자가 했어야만 했던 것을 했는데, 그것은 미래의 좋은 사회를 상상하는 것이다. 그리고 그는 『에코토피아 뉴스』 마지막을 인상적으로 마무리했다. "확실히 그렇다! 그리고 여러분이 내가 본 것처럼 그것을 볼 수 있다면 그것은 꿈이 아니라 전망이라고 부를 수 있을 것이다."

8

시간의 해방

시간 이외에 우리의 것은 없다.

                — 세네카『한 금욕주의자의 편지』(서기 65년경)

   우리는 지금 2030년대에 살고 있다… 약 10년 전인 2020년대
는 전지구적 전환이라고 부를 수 있는 것의 고비였다. 전지구적
전환이라는 말은 칼 폴라니의 국민경제들의 '거대한 전환' —
1944년에 나온 동명의 책 — 을 전지구적 관점에서 유비한 것이
다. 1930년대와 1940년대 초에 있었던 발전이 문명의 절멸이라
는 위협을 가져오면서 사회가 어느 방향으로든 갈 수 있는, 그러
니까 인류에게 아주 어두운 밤으로 갈 수도 혹은 새로운 진보적
전환으로 갈 수도 있는 교차로에 있다는 것을 칼 폴라니가 인식
했던 것과 마찬가지로 2020년대 초는 그러한 계기였다. 그때가
영국뿐만 아니라 전세계의 수많은 나라들에게 얼마나 위험한 시

대였는지를 상기하는 게 중요하다.

몇몇 저명한 논평가들은 근본적으로 이 시대의 자본주의가 문제는 아니었다고 주장하면서 그 위기의 책임을 엘리트에게 돌렸다.[1] 역사는 그들의 분석을 지탱해주지 않았다. 다음에서는 다른 나라들도 다양한 반동 속에서 유사한 위기에 직면했다는 것을 인식하면서 영국에서 무슨 일이 일어났는지에 초점을 맞춘다.

그 전날 아침

돌이켜보면 2010년부터 2020년대 초까지가 엄청난 충격의 시기였다는 게 분명한데, 1980년대에 단련된 오만한 신자유주의 이데올로기가 마침내 복수의 여신을 만났던 것이다. 경제와 사회를 위해 처방된 치료법은 중세 돌팔이 의사의 것과 닮았다. 보호규제를 되돌리고, 사회보호에 재갈을 물리고, 금융을 자유화해 거머리를 달라붙게 하는 일은 약속한 경제성장을 일으키지 못했다. 따라서 적용된 치료법은 피를 더 흘리게 하는 것, 그것도 동일한 곳에서 피를 더 흘리게 하는 것이었다. 불평등과 불안전이 커지면서 사회는 약화되었다. 결국 다수가 중얼거리고 있었다. "이제 그만."

일부 사람들은 코로나바이러스 팬데믹으로 힘들었던 3년이 지난 후의 공적 피로와 그때와 그 이후 시기에 몰려온 정신질환과 신체질환의 밀물이 급진적 변화를 위한 비옥한 토양을 만들었다고 말한다. 일부 사람들은 그것이 부분적으로 앞선 긴축의 10년 동안 국민건강보험이 위축되고 서서히 사영화되면서 사망과 질병을 더 악화시키는 것에 대한 분노 때문이라고 덧붙인다. 많은 사람들은 또한 요양원이 방치된 것에 충격을 받았는데, 나이 든 친척을 잃었거나 시간이 지나면 자신도 거기에 들어가야 한다는 것에 두려움을 가지게 되었다.

일부 사람들은 푸드뱅크의 확산을 한탄했다. 2022년에 2500개가 넘었는데, 맥도날드 매장 숫자의 거의 두배이다.[2] 마찬가지로 고통스러운 것은 화장지와 위생용품을 제공하는 '위생 뱅크'와 2022~23년 겨울에 우후죽순 늘어난 '온기 나눔소'warm bank(열 허브heat hub라고도 불린다)의 숫자가 증가했다는 점이다.

많은 사람들이 '파티게이트' 스캔들에 역겨움을 느꼈다. 이는 다우닝가 10번지와 기타 장소에서 벌어진 여러차례의 술 파티였고, 보리스 존슨 총리, 리시 수낵 재무부 장관, 기타 고위 공무원들이 자신들이 만든 록다운 법을 위반했다. 그들은 스캔들 연루 사실에 대해 의회와 대중에 거짓말을 했음에도 자리를 계속 유지할 수 있었다. 여당 내 인사들이 관련된 다른 비난받을 만한 행동도 드러났는데, 당 후원자와 관련자 들에게 수십억 파운드에 달하는 코로나바이러스 관련 계약을 선사한 것이 포함되었다.

존슨이 사임할 수밖에 없게 된 이후 볼썽사나운 후계자 싸움 끝에 리즈 트러스가 선출되었는데, 그는 옥스퍼드대학 시절 자유시장을 옹호하는 하이에크협회에 가입한 강경 자유지상주의자이다. 재원이 없는 채로 이루어진 세금 감면과 함께 '성장을 향한 돌진'이라는 재난적인 정책으로 인해 트러스는 영국 역사상 가장 단명한 총리로서 수치스러운 퇴장을 하게 되었다. 그녀를 대신한 리시 수낵은 전 헤지펀드 매니저로 골드만삭스에서 훈련받았고, 새 국왕보다 더 부자로서 긴축이라는 새로운 약으로 금융시장을 진정시켰지만 불평등과 공공 서비스의 악화를 더 심화시켰다.

러시아의 부당한 우크라이나 침공 이후 기본 재화와 서비스의 가격이 치솟고 에너지 비용이 올라갔으며, 인플레이션을 잡으려 이자율이 대폭 올라갔고 공급망 붕괴, 임금 압박 등과 함께 수백만 명이 '생활비 위기' 속에서 극빈에 직면했다. 미디어와 정부는 이를 전쟁 탓으로 돌렸다. 실제로는 독점적 대기업과 약탈적 금융 투기꾼에 의해 이윤 폭이 크게 늘어난 것이 훨씬 더 큰 이유였다.[3] 한편 슈퍼마켓에는 상추와 토마토가 떨어졌고, 식품 가격은 지난 40년 중 가장 빠른 속도로 치솟아 2022년에는 상승률이 거의 20퍼센트에 달했다.

같은 시기에 잉글랜드은행의 권고를 받은 정부는 간호사, 수련의, 교사, 기관차 운전사의 (인플레이션으로 조정된) 실질임금을 억누르고 있었다. 한가지 예만 들자면 대학 교직원은 2023년 초에 5퍼센트라는 형편없는 임금 인상을 제시받았는데, 2021년 기준으로 15퍼센트 그리고 2009년 이래로는 25퍼센트의 실질임금 삭감에 달하는 것이었다.[4] 한편 은행가들의 보너스가 크게 인상되는 것은 허용했으며, 수낵은 자신이 재무부 장관이 된 이후 3년 동안 거의 5백만 파운드의 소득과 수입을 얻었으면서도 임금과 봉급에 의지하는 사람들에 비해 전체적으로 낮은 세율의 세금을 냈다고 실토했다.[5] 분노가 들끓었다.

더 많은 사람들이 영국을 지대 추구 자본주의로 몰아간 경제 이데올로기를 이해하게 되었다. 더 많은 소득이 재산 소유자에게 돌아가고 정부들은 연이어 금융 이해관계자와 대부호 엘리트에게 굽신댔다. 무엇보다 외설적이리만치 심각한 불평등이 뒷받침하는 만성적인 불확실성과 불안전이 만들어낸 광범위한 불안 속에서 프레카리아트가 엄청나게 늘어났다.

신자유주의 경제학자와 그들의 정치적 자식 들은 오랫동안 불평등이 문제가 아니라고 설교했다. 실제로 1995년에 노벨 경제학상을 받은 신자유주의 혁명의 고위 성직자인 시카고대학의 로버트 루카스는 2003년에 몰염치하게도 이렇게 천명했다. "건전한 경제에 해가 되는 경향 가운데 (…) 가장 유독한 것은 분배 문제에 초점을 맞추는 것이다."[6] 그러나 흐름이 바뀌었다. 2021년 중국의 시진핑 주석은 공자의 말을 60번 이상 인용했다. "현명한 지도자는 빈곤이 아니라 불평등을 우려한다."[7]

불평등의 유해한 효과는 분명했다. 코로나바이러스 팬데믹은 심각하고도 계속 커지는 불평등이 살인자라는 것을 보여주었다. 불평등 수준이 높은 나라는 코로나바이러스로 인한 사망률도 훨씬 더 높았다.[8] 불평등의 치사 효과는 이전의 10년 동안 영국의 전반적인 기대수명이 줄어든 것으로 이미 증명되었다. 모든 연령 집단에서 빈민의 사망률은 올라간 반면 부자의 사망률은 계속해서 떨어졌다. 이 기록은 유럽의 다른 어떤 나라보다 훨씬 나쁜 것으로, 2010년과 2022년 사이에는 그 이전의 장기 추세가 지속되었

을 경우의 사망자보다 70만명이 더 사망했다. 『이코노미스트』는
이와 관련한 증거를 검토하면서 다음과 같이 냉담한 결론을 내렸
다. "2011년에 기대할 수 있었던 것과 비교할 때 지난 10년 사이
영국에서는 1천만년의 수명이 줄어들었다."[9] 그러한 시간의 상실
은 냉소적인 긴축정책 및 공공 서비스의 악화를 반영했다.

정신적·신체적으로 건강하지 않은 상태가 늘어났다. 약 2백만
명이 2023년 초에 장기 코로나바이러스의 여파로 고통받고 있다
고 밝혔으며[10] 거의 40만명이 병원 치료를 1년 넘게 기다리고 있
었다.[11] 수백만명에게 정신건강 서비스가 필요했음에도 이는 절
망적일 정도로 자원이 부족했다.[12] 스트레스가 심한 사건을 겪는
동안만이 아니라 그 이후에도 정신건강이 악화되고 있으며 외상
후스트레스장애가 코로나바이러스 팬데믹 이후에 확산된다는 점
은 분명히 인정받는 사실이긴 하지만, 외상후성장이라고 알려진
반대 효과도 있다. 스트레스가 심한 환경을 겪는 게 긍정적인 심
리적 변화를 낳는다는 것이다.[13] 만성적 스트레스를 경험한 이후
자신들을 보호하지 못하는 망가진 경제 체제에 대한 분노가 사람
들로 하여금 기존 질서를 바꾸고 싶게 추동했다. 이것이 코로나
바이러스 팬데믹 이후 영국에서 벌어진 일이다.

생태적 쇠퇴는 사회적·경제적 문제를 심화시켰다. 거의 매일같
이 기후변화와 연관된 자연 재난, 종의 상실, 나빠진 생태계, 땅과
바다의 자연환경 오염과 파괴에 관한 이야기가 나왔다. 하지만
정부는 행동하지 못하고 있었다. 더 나쁜 일은 2022년 화석연료
가격의 급상승에 대응하면서 영국 및 여러 나라 정부들이 소비자

가격을 억제하기 위해 에너지 보조금을 늘려 소비를 줄이기 위한 가격 유인을 약화시켰다는 것이다.[14] 에너지 보조금은 실제로 석유, 가스, 석탄의 생산과 사용을 증가시켰다. 이는 전지구적 온난화에 대처하는 데 필요한 조치와 정반대의 일이었고, 전세계적으로 분노의 시위를 일으켰다.

상황들의 독특한 조합이 진보적인 기회의 계기, 고대 그리스의 시간의 신들 가운데 하나인 카이로스로 인격화된 계기를 창출했다. 코로나바이러스 팬데믹은 전쟁에 맞먹는 것이었다. 수백만명이 심각하게 아팠고, 영국에서만 거의 25만명의 사망자가 나왔다. 록다운은 삶의 상실분으로 간주되었다. 하지만 엘리트는 '파티게이트'로 상징되는 특권의 보호막 속으로 도망칠 수 있었다. 특히 젊은 사람들이 코로나바이러스 팬데믹과 생활비 위기 시기에 고통을 겪었다. 왕립예술협회[RSA]에 따르면 젊은이의 5분의 2만이 앞으로 집을 소유할 것이라고 믿으며, 절반만이 가족을 부양할 정도로 벌 수 있을 것이라고 믿고, 절반은 편안하게 은퇴할 수 없을 것이라고 생각했다.[15] 이 모든 것이 전환적 변화를 지지하는 대중의 분위기를 창출했다.

전환적 정치에는 공동의 적대자에 대한 계급 기반의 분노, 가치 있는 어떤 것의 상실에 대한 광범위한 불만, 더 나은 미래의 전망에 관한 명확한 표현 등의 조합이 필요하다. 분노는 불의와 부당한 불평등에 대한 지각에서 나온다. 그러한 의식이 정치적 행동으로 이어지려면 명확하게 표현되어야 한다. 일부 불의는 쉽게 드러나지 않지만 사람들이 알게 되면 대중의 불만으로 이어진다.

이것은 질적 시간에서의 불평등과 연관된다. 왜 어떤 사람은 자기 시간에 관한 통제권을 많이 가진 반면 다른 사람은 거의 없거나 아예 없어야 하는가?

그러한 계기 속에서 관건은 아노미 속에서 나온 수동적이고 자기연민적인 분노를 그 근본 원인에 대한 능동적인 반대로 전환하는 것이다. 사람들은 그러한 원인을 이해해야 할 뿐만 아니라 불의를 바로잡기를 바라야 하며, 이는 공감과 연민을 필요로 한다. 이것이 2020년대 초의 가장 커다란 문제였다. 공적 태도는 공리주의적 정치와 사기적인 주장에 의해 형성된 터였는데, 이에 따르면 영국은 진정으로 능력주의 사회로서 성공은 개인의 재능과 근면에 따른 것이며, 따라서 '자격이 있는' 것이며, 성공하지 못한 것은 환경이 아니라 개인의 실패를 반영하는 것이다.

이러한 태도와 싸우기 위해 정치 지도자들은 시간의 정치가 필요하다는 것을 깨닫게 되었다. 논평가들은 윌리엄 베버리지가 1942년 보고서에서 했던 말을 상기시켰다. "지금은 혁명의 시간이지 땜질의 시간이 아니다."[16] 그는 혁명가가 아니었고 공무원의 심성과 행실을 가진 고루한 에드워드 시대의 인물이었다. 그러나 그의 급진적 제안은 시대의 분위기를 포착했다.

코로나바이러스 팬데믹 기간에 주류 정치가들은 아니라 할지라도 대중이 혁명적 전환을 위한 준비가 되어 있다는 지표가 엄청나게 많았다. 예를 들어 2021년 영국과 미국에서 실시된 조사에서 사람들은 코로나바이러스 팬데믹 이후의 네가지 대안적 시나리오 중에서 선택하라는 질문을 받았다. 강한 정부가 있는 정상으로 돌아가기, 개인의 자율성이 좀더 있는 정상으로 돌아가기, 강한 정부가 있는 진보(즉 불평등의 감소), 개인의 자율성이 좀더 있는 진보. 이 조사에서 다수는 진보라는 선택지를 선호했으며, 그 안에서는 개인의 자율성을 우선시하는 대안을 더 선호했다.

그럼에도 다수는 정상으로 돌아가는 시나리오를 예상했는데, 이는 수십년간의 실망에서 나온 비관주의를 반영하는 것이었다. '다수 의견의 무지'를 증명하듯이 참여자들은 자신들이 소수라고 잘못 생각하면서 자신들이 원하는 미래를 얻을 수 없을 것이라고 생각했다. 실제로 그들이 다수라는 것을 깨닫게 된다면 진보적 의제를 지지하는 그들의 동기는 극적으로 커질 것이다.

전체적으로 볼 때 사람들이 변화와 더 나은 미래를 열망하고 있다는 것은 명백했다. 앞선 조사에서 나온 부수적인 발견 가운데 일부가 이를 반영한다. 한 응답자는 코로나바이러스 팬데믹 이전의 삶을 이렇게 기억했다. "계속되는, 계속되는 압박과 분노. 일어나서 잘 때까지 항상 다음에 해야 할 일이 무엇인지, 얼마나 빨리 해야 하는지, 모든 일을 확실히 끝내기 위해 동시에 얼마나 많은 일을 할 수 있는지를 계산했다. 이제 그때로 결코 돌아가지 않기를 바란다. 내 삶이었던 것을 잊고 싶다."

또다른 응답자는 조사자에게 이렇게 말했다. "이것은[코로나바이러스 팬데믹] 모두가 느리게 살도록 했고, 삶에서 더 작은 일에 가치를 두게 했다. 자잘한 모든 것을 잊고 살던 것을 잊지 않을 것이다. 이제 나는 코로나바이러스 이전의 삶에서 표준적으로 간주됐던 모든 것에 더 감사한 마음을 가지고 있다."[17]

혁명적 변화가 필요했던 베버리지의 시대를 상기하며, 여러 나라들이 코로나바이러스 팬데믹에서 벗어나면서 다시 그런 분위기가 감돌았다. 지금은 혁명의 시간이지 땜질의 시간이 아니다. 엘리트조차 걱정에 빠졌다. 러시아의 우크라이나 침공 직전인 2021~22년 겨울에 스위스 산악 지역에 있는 다보스 리조트에서 열린 세계경제포럼이라는 연례 잼버리에 참가한 경제계 지도자들을 조사한 바에 따르면 16퍼센트만이 전지구적 전망에서 '긍정적' 혹은 낙관적이었다. 나머지는 '걱정'하거나 '우려'했다. 5분의 4는 미래가 지속적으로 불안할 것이라고 예측했다. 그들을 걱정에 빠지게 한 쟁점들은 환경적 쇠퇴, '사회적 응집력의 침식', '생계 위기', '정신건강 악화' 등이었다.[18] 구름이 모여들고 있었다.

영국에서는 전환을 위한 기초 작업이 2023년에 시작되었다. 출발은 좋지 않았다. 주요 야당은 쉽게 보수당의 공약이 될 수도 있는 매우 보수적인 의제를 제시했다. 노동당 대표 키어 스타머 경은 선출될 경우 자신의 정부가 수행할 다섯가지 '미션'을 열거했다. 순서대로 보자면 이 미션은 다음을 확고히 하는 것이었다. G7(영국, 미국, 캐나다, 이탈리아, 프랑스, 일본, 독일)의 지속가능한 최고의 성장, 미래에 적합한 국민건강보험 구축, 영국의 거리를 안전하게 하는 것, 모든 단계에서 기회의 장벽을 허무는 것, 영국을 청정에너지 강국으로 만드는 것.[19] 프레카리아트에게 영감을 주는 어떤 것도 거기에는 없었다. 수백만명에게 영향을 미치는 만성적인 불평등과 경제적 불안전은 '미션'이 되지 못했다. 역사상 처음으로 진보정당이 빈곤과 불평등의 감소를 주요 의제로 내세우지 않았다.

놀랍지 않게도 코로나바이러스 시기 이후 첫번째 총선은 엉망이었다. 악평을 받은 정치적 '우파' 그리고 감동이 없는 '좌파'와 마주한 유권자 다수는 그냥 집에 있었고, 다른 사람들은 자유민주당, 녹색당, 스코틀랜드에서는 스코틀랜드민족당 같은 소수 정당을 선택했다. 그 결과는 심각한 이데올로기적·개인적 분열 속에서 제대로 기능하지 못하는 정부였고, 이런 분열은 이런저런 형태로 야당들 내에서도 만연했다. 게다가 생태위기를 다루는 것과 급속한 GDP 성장을 추구하는 게 양립 가능하다는 것의 가식을 더 많은 사람들이 간파했고, 이는 시위의 증가와 거리의 직접행동을 촉발했다. 곧 새로운 총선이 불가피해 보였다.

이후 정치적 기적이 일어났다. 또다른 보수당 정부의 시대를 막기로 결단한 주요 야당 대표들이 선거 협약을 맺었다. 그들은 반反토리 투표를 분열시키지 않기로 합의하고, 핵심 선거구에서 단일 야당 후보를 내세우고 유권자들에게 전환적 정치의 핵심 사항에 근거한 일시적 단일 공약을 제시하기로 했는데, 여기에는 다음 의회 임기 내에 선거제 개혁을 하기로 한 약속도 포함되어 있었다.

그러한 협약의 근거는 사실 오래전부터 분명한 것이었다. 변화를 원하는 사람들은 정당들 사이에 쪼개져 있었던 반면 변화에 반대하는 사람들은 하나의 정당으로 집결해 있었다. 소선거구제 하에서는 어떤 진보 정당도 자력으로 승리하기 어려웠다. 하지만 노동당 지도부는 개혁에 냉담했고 진보 정치보다 당을 우선시했다. 2019년에 보수당은 유권자의 29퍼센트 표밖에 모으지 못했음에도 선거에서 압도적인 승리를 거두었다.

명백하게 불공정한 선거 결과에도 불구하고 동정적인 논평가들조차 진보 동맹의 가능성은 0에 가깝다고 말했다.[20] 정치협정을 구체화하려면 정치적 용기가 필요했다. 비록 대중의 혐오감과 전환적 변화를 위한 욕망이라는 분위기의 도움을 받긴 했지만 말이다. 결국 지겨운 보수당에 맞서 동맹이 이루어졌다. 보수당은 1872년에 벤저민 디즈레일리가 "창백한 정상에 명멸하는 불꽃이 아니라 다 타버린 화산 지대"라고 부른 것과 같은 것이었다.[21] 이후 선거에서 동맹은 승리했고, 진보동맹정부[PAG]가 되었다.

다음 날 아침

먹는 게 먼저이고 도덕은 그다음이다.
— 베르톨트 브레히트 『서푼짜리 오페라』(1928)

일부 사람들은 새 정부의 개혁을 '지대 추구 사회주의'라고 불렀는데, 정부의 특징적인 조치가 이전의 지대 추구 자본주의에서 사유 재산 소유자들이 얻은 지대 소득을 포획해 이를 모두에게 재순환하는 것을 목표로 했기 때문이다. 이 개혁은 또한 2021년에 앤디 홀데인이 만들어낸 용어인 '공동체 자본주의'라고도 불렸는데, 이는 비판자들이 자유시장이라고 잘못 부르는 것의 상실에 대한 두려움을 무장 해제하는 이점이 있다.[22] 두 용어 다 아주 맞는 것 같지는 않다.

어떤 이름표를 붙이든 문제는 전환이었다. 첫번째로는 더 큰 불평등을 낳는 지대 추구 자본주의의 경향을 역전시켜야 했다. 진보동맹정부는 부유한 나라의 다른 모든 중앙은행과 마찬가지로 잉글랜드은행이 금융자본에게로 가는 소득의 몫을 자동적으로 증가시켜주는 조치들로 코로나바이러스 팬데믹에 대응했던 점을 대중에게 반복해서 상기시켰다. 그런 조치들은 돈을 금융시장에 투입함으로써 자산 가격을 부풀려 자산 보유자들이 그럴 '자격이 있는' 어떤 일도 하지 않고 부를 증가시킬 수 있게 했다. 이것을 바로 잡아야 했다. 다른 한편 진보동맹정부의 전환 전략은 관련된 또다른 쟁점에 대응해야 했다. 바로 재앙적인 부채이다.

부채: 폭풍의 눈

2023년에 전지구적으로 부채가 역사상 그 어느 때보다 많았다. 부채의 증가는 금융이 지배하는 시대에는 필연적이었다.[23] 그리고 미국 연방준비제도, 잉글랜드은행, 기타 중앙은행들이 인플레이션을 억제하려는 의도로 획책한 높은 이자율은 기업, 은행, 가계를 파산으로 몰아넣었을 뿐이다. 부채의 거울 이미지는 저축 불평등의 증가였다. 1980년대 이래 미국, 유럽, 중국에서 대부분의 가계저축은 부자들에 의해 이루어진 반면 소득 분배의 하위 절반에게서는 급작스러운 인출(저축의 중단과 대출의 시작)이 일어났다.24 유럽 전체적으로 가계부채가 1970년대 GDP의 80퍼센트에서 코로나바이러스 팬데믹 시기가 되면 약 170퍼센트까지 늘어났다. 중국, 일본, 미국에서는 증가가 더 크게 이루어졌다.

영국에서는 저소득 가계가 물가 상승, 임금 정체, 국가급여의 축소에 직면해서 생활수준을 유지하기 위해, 경우에 따라서는 필수품을 사기 위해 필사적으로 노력하느라 신용카드 부채가 기록적인 수준까지 늘어났다.25 평균 실질임금은 2008년 수준보다 낮았고 최소한 2026년까지도 여전할 것으로 예측되었는데, 이는 2백년 동안 노동자 임금에 대한 가장 장기적인 압착이다. 그리고 브렉시트라는 자책골에 의해 문제는 더 악화되었는데, 영국 GDP의 4퍼센트를 줄어들게 했고 최소한 연간 3백억 파운드에 달하는 세입 손실을 가져왔다. 이는 2022년에 부과된 세금 인상분에 맞먹는 것이다.26 게다가 정치적 부실 관리로 인해 영국은 G7 나라 가운데 코로나바이러스로 인한 경제 수축을 가장 큰 규모로 겪었고, 2022년 말까지 코로나바이러스 팬데믹 이전 수준으로 회복하지 못한 유일한 G7 경제였다.27

진보동맹정부는 우선적인 '미션' 가운데 하나가 몇십년에 걸쳐 금융이 자아낸 부채의 그물에서 사람들을 해방시키는 일이라는 것을 깨달았다. 진보동맹정부는 만성적 부채가 정치 쇠퇴를 낳았다는 점을 이해했다. 아리스토텔레스가 2,400년 전에 인식했듯이 사적 금융이 있는 민주주의는 언제나 비민주적 과두제로 변형된다. 금융화된 모든 경제는 경제적·정치적 힘이 금융 대표자의 손에 집중되는 방향으로 흘러간다. 이것이 지대 추구 자본주의하에서 극단적인 수준으로 일어났다.

진보동맹정부는 국가를 장악한 금융 과두제의 힘을 깰 전략을 고안해야 했다. 금융은 사람들을 부채로 몰아넣으면서 번성했다. 만성적 부채는 일자리에서 더 길게 노동하게 하고, 채권자와 협상하게 하고, 자선을 받기 위해 줄을 서도록 하고, 스트레스와 질병을 악화시키면서 다수의 시간 사용을 결정했다.

아리스토텔레스 시대에, 그리고 그 이전과 이후 수세기 동안, 감당할 수 없는 부채 축적의 통상적 결과는 부채 희년debt jubilee이었다. 이때 지배자는 대금업자의 힘을 약화하기 위해 부채를 탕감했다. 하지만 진보동맹정부는 어떤 유형의 부채가 탕감되어야 하는지에 관한 합의에 이르지 못할 것으로 예측했다(학생 부채, 모기지 부채, 무담보 부채 등). 또한 불공정에 관한 우려도 있었다. 일부 사람들은 부채 갚기를 포기할 것이고, 또다른 사람들은 그렇게 하지 않을 것이다. 부채 면제는 도덕적 해이를 함의하며, 신중한 사람들보다는 무모했을 사람들에게 이익이 된다. 그러나 대출 상환은 사회와 채무자 모두의 사활이 달린 것이었기 때문에 진보동맹정부는 기발한 해결책을 고안했다. 진보동맹정부는 전면적인 부채 희년 대신 모두가 부채를 줄이고 부채를 더 발생시키지 않을 수 있는 돈을 보장했다. 나중에 그들이 어떻게 했는지 볼 것이다. 먼저 우리는 진보동맹정부가 세운 두번째 즉각적인 '미션'을 상기해야 한다. 인구의 다수가 느끼는 경제적 불확실성을 줄이는 것.

불확실성의 이해

지대 추구 자본주의 시대에는 예측할 수 없는 수많은 경제적 충격과 금융위기를 해결하기 위해, 언제나 금융가를 구제하고 불평등을 증가시키는 안정화 조치가 필요했다. 경제 체제는 불확실성으로 가득 차 있었다. 『이코노미스트』의 분석에 따르면 안정화 정책의 전지구적 감독관인 국제통화기금IMF은 1999~2014년 220개국의 경기 침체를 하나도 예측하지 못했다.[28] 정교한 예측 모델로 명성을 얻은 경제학자들조차 세계경제가 만성적으로 예측 불가능하다는 점을 인정해야 했다.[29]

2022년 올해의 단어는 '영구 위기'permacrisis였다. 상황을 잘 포착한 또다른 용어는 '다중위기'polycrisis로, 일련의 자연재해와 인간이 만든 위기가 서로 섞여서 더욱 악화하는 것을 말한다. 그리고 끊임없이 임박한 위기를 예측하는 것과 연결된 경제적 불확실성은 더 많은 사람들이 포퓰리스트적이고 종종 권위주의적 반동 세력에 투표하게 만들었다.[30]

『이코노미스트』가 말한 것처럼 세계는 "예측불가능성이 예측되는" 시대를 살고 있었다.[31] 더 많아진 경제적 충격 이외에도 기후변화가 악화하면서 재앙적인 자연재해가 더 많아지고, 변화의 속도가 가속화되면서 더 많은 팬데믹과 더 많은 기술적 파열〔변화)이 발생할 것이라는 점이 명백했다. 사망률〔발병률〕또한 커져가는 위협이었다. 세균은 국제여행과 혼잡한 도시의 시대에 번성했다.

불확실성의 시대는 사람들의 시간 통제 감각을 엉망으로 만들고 있었다. 따라서 진보동맹정부는 경제적 불확실성과 연관된 충격 혹은 위협을 줄이는 것을 주요 '미션' 가운데 하나로 만든 것에 대해 박수갈채를 받았다.

사람들 대부분은 자기 시간에 대한 더 많은 통제권을 바란다. 통제권이란 계속되는 체스 게임처럼 합리적으로 예측할 수 있는 결과를 가지고 무엇을 할 것인지 혹은 무엇을 하지 않을 것인지 그리고 얼마나 오래 할 것인지를 선택할 수 있다는 것을 말한다. 우리 대부분은 제한된 체스 플레이어일 것인데, 우리의 정신이 우리가 두는 수와 상대방이 두는 수가 길게 이어지는 것을 다 연결할 수 없기 때문이다. 유사한 제한성이 시간의 통제권에도 적용된다. 우리의 시간은 결코 완전히 우리의 것이 아니며, 예측할 수 없는 상황에 대응해야 할 때 특히 그러하다. 하지만 우리는 다른 사람이, 특히 책임지지 않아도 되는 권한을 가진 다른 사람이 우리의 시간을 원치 않게 통제하는 것을 제한하는 정책을 요구할 수 있다. 이것이 우리의 자유를 두고 벌이는 협상이다. 따라서 우리는 헤겔이 "부정의 부정"이라고 말한 것, 즉 불확실성의 힘의 침식을 성취하기를 열망해야 한다.

철학적 관점에서 보자면 문제는 존재론적인 것으로 상상할 수 있을 것이다. 즉 목적론적인 '완전함'의 반대로서, 끝나는 지점

없이 지속적으로 펼쳐지는 것. 우리는 결코 완전한 통제권을 가지지는 못하겠지만 더 많은 통제권을 가지는 것을 목표로 할 수 있다. 반드시 해야 하는 것은 정당하지 않거나 불필요하며 원치 않는 시간에 대한 통제들을 확인하고 거기에 맞서 싸우는 데 초점을 맞추는 것이다. 그런 다음, 다음으로 넘어가는 것이다.

인류는 언제나 불확실성이 합리성에 가하는 제약을 다루었다. 5장에서 말한 것처럼 경제학자와 심리학자 들은 불확실성이 리스크와는 다른 불안전의 한 형태라는 데 동의한다. 리스크에 대해서는 반대 결과의 확률을 계산할 수 있고, 사람들에게 회복의 수단을 제공하는 위험 관리 보험 제도를 고안할 수 있다.

실업보험이 한 예였다. 남성 노동자들이 대개 전일제 일자리에 들어가 있다가 일자리를 상실하고, 수요가 회복되면 다시 유사한 일자리로 돌아가는 산업사회에서는 실업보험 체계가 합리적으로 잘 작동했다. 그러나 일자리 상실로부터 회복될 확률이 낮고 불확실한 생산 체제에서 소득 보장 메커니즘으로서의 실업보험은 실패했다. 그리고 실업보험은 인지할 수 있는 미래에 대한 통제권을 제대로 제공하지 못했다. 이러한 실패는 1980년대 이래 꾸준히 악화되었는데, 실업급여의 가치가 실질적으로나 평균임금과 비교할 때나 줄어들었고 그런 급여를 받을 수 있는 사람들이 별로 없게 되었기 때문이다.

따라서 진보동맹정부는 전환적 문제와 직면했다. 정부는 사람들이 더 강건해지고 회복탄력성을 갖도록 지원하면서, 불확실성과 시간 통제권의 상실의 조합에 어떻게 대응할 것인가? 당면한 과제는 불확실성의 힘을 줄이는 것이었다. 여기에는 보험제도가 제공할 것이라는 사후 보상이 아니라 충격과 우연적 위험의 부정적 효과를 방지하거나 완화하는 사전 보호 장치와 보장 형태가 필요하다. 여기서 적절한 유비는 예방의학인데, 질병이 심각해진 뒤 비용이 더 드는 치료를 하는 것보다 예방의학이 개인과 사회 모두에게 확실히 더 낫다.

대부분의 사람들이 질병을 예방하는 데 백신이 효율적이라는 생각을 오래전부터 받아들였음에도 사회는 이 원칙을 경제 영역에 적용하지 않았다.[32] 특히 프레카리아트 대열의 사람들에게는 백신 접종에 해당하는 사회적 등가물이 필요했다. 저축과 재산이라는 형태로 '예방접종'을 맞은 부유한 엘리트와 살라리아트의 다수는 다른 사람들에게 사회적 예방접종이 필요하다는 생각에 전통적으로 불쾌함을 드러냈다. 그것이 그들을 게으르게 만든다는 이유였다. 이런 계급 기반 위선을 거부한 진보동맹정부는 사회적 예방접종으로서 기본소득의 가능성을 보았다. 이에 대해서는 잠시 후에 다루겠다. 우선 진보동맹정부의 개헌안을 살펴보자.

성장전환위원회

> 요컨대 GDP는 삶을 가치 있게 만드는 것을 제외한 모든 것을 측정한다.
>
> ─로버트 케네디(1968)

총선 선거운동에서 진보동맹은 정책을 작성할 두개의 독립 위원회를 설치하겠다고 약속했고, 원칙적으로 이 정책들을 구현하겠다고 선언했었다. 첫번째는 경제성장의 전통적인 측정 방식인 GDP의 대체물을 찾는 것이었다. 1930년대에 사이먼 쿠즈네츠가 고안했고, 후에 리처드 스톤 ─ 둘 다 노벨 경제학상을 받게 된다 ─ 이 가다듬은 GDP는 처음부터 경제적 진보를 측정하기에 알맞은 척도가 아니라는 것이 알려져 있었다. GDP 지표는 총의 생산과 버터의 생산에 동일한 가중치를 주며, 환경 악화를 설명하지 못하고, 부불 돌봄과 자원활동과 공유화 등을 포함해서 노동이 아닌 모든 일을 무시했다. 그러나 초기의 비판은 묵살되었다.33

실제로 2022년 중반에 노동당의 키어 스타머 경은 자신의 정부에서 최우선적 것은 "성장, 성장, 성장"이라고 말했고, 리즈 트러스 총리는 2022년 9월 보수당 대회 연설에서 이렇게 선언했다. "우리 경제에는 세가지 우선 사항이 있습니다. 성장, 성장, 성장입니다." 트러스도 스타머도 그러한 성장의 척도로서의 GDP에 의문을 제기하지 않았다.

2009년에 프랑스 대통령 니콜라 사르코지에 의해 대단한 팡파르와 함께 출범하면서 GDP의 대안을 고안하려 했던 노력은 흐지부지되었다.34 2020년대가 더 적기였다. GDP 성장이 대중에게 가장 이해되지 못하는 경제 개념이라는 점을 보여주는 여론조사 덕분에 더욱 추진력을 얻었다.35

진보동맹정부는 GDP 성장이 아니라 '생태-성장'을 둘러싼 서사를 만들기 위해 첫번째 위원회를 지휘했다. 진보동맹정부는 '탈성장'이라는 용어를 피하려 했는데, 이 용어가 생활수준을 축소하는 것으로 오해될 수 있었기 때문이다. 녹색당과 생태경제학자들은 오랫동안 탈성장을 주장했다. 그러나 성장을 강조하지 않는 것을 포함해서 몇가지 가능한 의미가 있었다. GDP 성장을 목표로 삼지 않게 결정하는 것. 어쨌든 어느 정도의 성장, 심지어 GDP 성장은 멈출 수 없는데, 성장이 사람들의 경제활동을 반영하기 때문이다. 사람들은 계속해서 발명하고, 새로운 서비스를 공급하고, 더 많은 식품을 생산하고 등등의 일을 할 것이다. 정부가 그것을 멈추게 할 수는 없다.

정부가 할 수 있는 것은 성장으로 말하는 것이 무엇인지를 재조정하는 것이다. 주관적인 생각에 관한 관심이 크게 늘어났다. 그러나 웰빙과 행복 같은 개념은 공리주의적이었다. 다수의 행복은 소수의 불행을 댓가로 얻어질 수도 있다. 더 유망한 척도는 시간의 사용이었다. 예를 들어 어떤 경제적 가치가 돌봄 때문이라고 한다면 돌봄의 증가는 성장의 증가를 함의할 것이다. 어떤 경제적 가치가 교육 참여 때문이라고 한다면 교육 시간의 증가는 성장을 증가시킬 것이다. 그리고 어떤 활동은 부정적인 경제적 가치가 있을 수 있다. 이것은 어떤 경제적 가치에도 기여하지 않는 것으로 간주되는 일자리 ─ 모든 일자리의 3분의 1로 볼 수 있다 ─ 에 있는 사람들에게 적용될 수도 있다.[36]

성장전환위원회는 몇개의 국제 보고서에서 영감을 받았는데,

정부와 기업 들에게 자문하는 세계에서 가장 저명한 컨설팅 그룹인 매킨지글로벌이 2022년에 작성한 것이 포함되었다. 이 보고서는 세계가 2050년까지 기후 관련 순제로net-zero 배출에 도달할 수 있는 현실적인 기회를 가지려면 전지구적 경제의 근본적인 전환이 사활적이라고 말했다.[37]

이 위원회는 또한 불평등을 검토하는 과제도 맡았는데, 연구에 따르면 불평등의 증대가 2400억 파운드의 복지 손실을 가져왔다.[38] 이에 따라 위원회는 참진보지수Genuine Progressive Indicator의 다양한 변종들을 고려했는데, 이는 1989년 환경적·사회적·금융적 요소를 고려하려고 하면서 제안된 지속가능한 경제적 복지 지표에서 유래한다.[39]

지대 추구 자본주의하에서는 지속가능하지 않게 높은 GDP 성장률이 다수의 생활수준을 높이기 위해 필요한데, 추가적인 소득의 대부분이 대부호와 엘리트에게 가기 때문이다. 매우 적은 부분만 프레카리아트에게 떨어졌다. 따라서 위원회는 사람들이 마침내 이해한 생태적 이유 때문에 경제성장이 아닌 생활수준을 높이고 측정하는 다른 방법을 찾는 데 중점을 두어야 한다고 판단했다.

한가지 방법은 사람들이 하고 있고 가치를 두고 있는 비시장 활동의 척도들을 포함시키는 것이었다. 예로 정원(채소밭) 가꾸기를 들어보자. 영국의 여덟가구 가운데 한가구는 정원이 없다는 것을 염두에 두고, 코로나바이러스 이전에는 평균적으로 성인 한명이 하루에 10분을 정원 가꾸기에 썼는데, 여기에는 65세 이상이 하루에 쓰는 26분이 포함된다.⁴⁰ 그들이 그러한 일에 임금을 받았다면 GDP는 훨씬 더 높았을 것이며, 사람들이 정원 가꾸기에 더 많은 시간을 쓴 코로나바이러스 팬데믹 기간에는 GDP가 증가했을 것이다.

더 중요한 것은 부불 돌봄노동인데, 한세기 이상 경제성장의 측정에서 무시되었으나 그 가치는 코로나바이러스 팬데믹 기간에 더욱 두드러졌다. 부불 돌봄이 국민소득 통계에서 빠지고 0의 가치만 부여받았다는 것은 우스꽝스러운 일이었다. 통계학자들이 비시장 활동에 가치를 귀속시키는 방법이 있었음에도 말이다. 귀속 가치는 오랫동안 GDP 측정에서 사용되었는데, 소유자가 거주하는 건물에 대한 귀속 임대료를 포함한다. 이것이 없다면 100퍼센트가 집을 소유한 나라는 다른 조건이 동일한 경우 모든 주택이 임대되는 나라에 비해 훨씬 더 가난할 것이다.

그 통계학자들과 그들의 정치적 주인들은 성차별주의를 증명하기 위해 부불 돌봄을 GDP에 넣지 않았다. 왜냐하면 대부분이 여성에 의해 수행되었기 때문이다. 그것은 또한 GDP 통계를 뒷받침하는 이데올로기적 편향을 드러냈다. 그것은 제2차 세계대전을 위해 동원할 수 있는 자원을 측정하는 것으로 시작되었다. 가사를 수행하는 여성은 '동원된 것'으로 간주되지 않았다. 남성 통계학자들에 의한 이러한 추론은 편견에 입각한 것이었고, 전쟁 수행에 여성이 노동력으로 밀려들어가면서 곧 잘못으로 판명되었다.

결국 21세기에 가사일과 부불 돌봄노동의 경제적 가치를 별도로 계산하게 되었다. 비록 부속 계정에 넣기는 했지만 말이다. 미국의 시간 사용 데이터와 가정주부의 시간당 평균 임금률에 기초한 어떤 계산에 따르면 육아, 요리, 청소, 세탁, 정원 가꾸기, 운전 등의 시장 가치가 2010년에 3조 8천억 달러였으며, 이는 GDP에 26퍼센트를 추가하는 것이었다.[41]

그러한 활동에 사람들이 2010년에 1965년보다 분명하게 더 적은 시간을 썼는데, 1965년에는 가사노동이 GDP의 39퍼센트를 추가하는 것으로 계산되었다. 그러나 여성이 일주일에 7.3시간을 줄인 반면 남성은 평균적으로 4.9시간 늘렸다. 남성과 여성 모두 요리에 쓰는 시간이 줄어들었고, 평균적으로 일주일에 1시간을 더 쇼핑에 썼다. 이는 시간의 상업화가 증대되었다는 것을 시사한다.

영국에서는 국가통계국이 2002년부터 가사활동에 대한 부속 계정을 계산했다.[42] 이때 접근법은 요리된 식사의 수량과 돌봄을 받는 아동의 숫자처럼 가구 산출물에 화폐가치를 부여하는 것이었다. 질은 고려하지 않았다. 사용한 방법론은 가사노동을 여섯개 범주—주거(자기 노동에 의한 유지보수를 포함), 교통, 영양(요리), 세탁, 육아, 노인과 장애인 돌봄, 자원활동—로 나누는 것이었다.

2000년을 보자면 국가통계국은 전체 부불 가사일이 8770억 파운드로 그해 모든 경제활동의 약 45퍼센트라고 계산했다. 전체 가운데 2210억 파운드는 육아, 1640억 파운드는 영양, 1560억 파운드는 교통에 해당했다. 2015년이 되면 무보수 돌봄이 화폐 경제의 절반을 훨씬 넘는 가치가 있는 것으로 계산되었다.[43] 유사한 시도가 오스트레일리아, 캐나다, 핀란드(가사노동이 GDP의 40퍼센트에 달하는 것으로 계산되었다), 독일, 헝가리, 네팔을 포함한 다른 나라들에서도 있었다.

데이비드 필링은 『만들어진 성장』(2018)에서 "가정 생산을 계산하는 것은 이미 측정된 불평등도를 낮추는데", 어떤 활동이 "가치 있는" 것이라면 그것은 소득이 늘어나는 것이기 때문이라고 주장했다.[44] 이것은 오류이다. 부불 육아를 제공하는 어떤 사람이 실제로 돈을 받는다면 불평등을 줄이게 될 것이다. 그러나 그들은 돈을 받지 않기 때문에 부불 일을 소득으로 계산하는 것은 말이 되지 않는다. 그것은 비용이다. 그들이 부불 일을 하기 위해 얼마나 많이 준비했는가와 상관없이 말이다.

이러한 접근법들은 가구 '생산' 및 시간 사용에 있어서 가치 있는 한가지 형태를 포함하지 않았다. 2013년에 줄리 스미스가 수행한 뛰어난 분석은 오스트레일리아, 노르웨이, 미국의 모유 및 모유 수유의 가치를 계산했다.[45] 젖소·양·염소 등에서 나온 젖은 GDP에 포함되고 여성의 젖은 포함되지 않아야 하는 내재적인 이유는 없다. 모유를 먹이던 어머니가 조제분유로 바꿀 경우 국민소득이 올라간다는 GDP의 한계일 뿐이다. 그 어머니가 모유 수유에 시간을 사용하는 대신 저임금 일자리를 가질 경우 국민소득은 두배가 될 수도 있다. 이것은 터무니없는 일이다.

스미스는 인간의 모유 생산의 경제적 가치를 측정하기 위해 유엔 국민계정 체제를 이용했고, 기증 모유은행 가격에 기초한 귀속 가치를 사용했다. 오스트레일리아에서 모유의 귀속 가치는 매년 30억 달러가 넘었다. 미국에서는 720억 달러였고, 노르웨이는 9억 700만 달러였다. 인간의 모유가 다른 젖보다 유아의 발달에 더 가치가 있고, 모유 수유가 나중에 여성의 유방암 위험을 낮춘다는 점을 받아들일 경우 이것은 진정한 가치를 낮게 평가한 것이긴 했다. 다른 계산에 따르면 모유 수유의 공중보건 비용은 최적이 아닌 수준에서도 미국에서는 매년 130억 달러, 영국에서는 4천만 파운드였다.[46]

스미스는 미국에서는 모유 수유의 잠재적 가치 1100억 달러의 거의 3분의 2가, 전적으로 모유 수유를 하라는 권장 기준이 평균 6개월이라는 점을 고려할 때 조기 이유離乳 때문에 상실되었다고 계산했다. 노르웨이에서는 손실이 덜 했지만 여전히 40퍼센트였다. 출산 후 1개월 동안 미국에서는 어머니의 77퍼센트만이 모유 수유를 하는 데 비해 노르웨이는 99퍼센트, 오스트레일리아는 90퍼센트였다. 6개월이 되면 미국 어머니의 47퍼센트만이 모유 수유에 시간을 쓰지만, 노르웨이는 80퍼센트였다.

노르웨이 여성은 돌봄노동보다 시장활동에 더 많은 시간을 할당하라는 시장 압력에 덜 시달렸다. 노르웨이에서는 유급 출산휴가가 법으로 정해져 있지만 미국에서는 유급 출산휴가를 제공하는 게 사용자에게 달려 있었다. 코로나바이러스 이전에는 민간부문 일자리에 있는 미국 여성의 13퍼센트만이 유급 출산휴가가 있었고, 23퍼센트는 2주일 뒤 업무에 복귀했다.[47] 그리고 정부는 저소득 가정을 위해 조제분유에 보조금을 주는데, 더 건강한 선택지를 상품으로 대체하라고 장려하는 일이다. 여성의 모유에 가치를 부여하지 않는 GDP 접근법은 여성이 모유 수유에 쓰는 시간을 지원하는 정책을 저평가하는 것으로 이어졌다.

분명히 부불 돌봄에 시장가치를 부여했다면 측정된 경제 규모가 훨씬 더 컸을 것이다. 2020년의 옥스팜 보고서는 전지구적으로 여성과 소녀가 모든 부불 돌봄노동의 4분의 3 이상을 수행하고 있으며, 이는 전지구적 경제 11조 달러에 기여하는 것이고 하루에 125억 시간에 해당한다고 추산했다.[48] 유엔은 국민계정에서 비임금 일을 측정하기 위해 노력했다. 그러나 진보는 느렸고, 성장전환위원회는 결과물을 내라는 압력에 시달렸다.

모든 형태의 돌봄을 경제적 진보의 측정에 통합하는 것이 위원회 활동의 중심이었다. 하지만 이런 점에서 보자면 진보동맹정부의 첫 백일까지 만들기로 한 두번째 위원회인 독립 국가돌봄위원회INCC에 의존할 것이 예상됐다.

독립 국가돌봄위원회

위원회의 임무에는 모든 유형의 돌봄과 관련해서 코로나바이러스 팬데믹으로부터 교훈을 끌어내는 것 그리고 성장전환위원회가 제안하게 될 새로운 경제성장 척도에 돌봄을 통합할 방법을 권고하는 것이 포함됐다. 이때 예전의 잉글랜드와 스코틀랜드에 대한 독립 돌봄 검토 때 작성된 아동에 대한 사회적 돌봄이라는 제안을 고려했다.[49] 하지만 위원회의 핵심적인 임무는 모든 방향에서 모든 돌봄을 평가하는 것이었다. 그 목표는 돌봄 필요가 있는 모든 사람의 역량과 자유를 제고하면서도 돌봄 필요가 있는 사람들, 돌봄을 제공하는 사람들 ─ 그리고 종종 간과되는 ─ 돌봄 조력자들을 보호하는 것이었다. 여기에는 필요가 있는 사람과 직접적 제공자를 매칭하고 또한 종종 돌봄 유형 및 비용 지불과 관련해 어려운 결정을 해야 할 책임이 있는 친척들을 담당하는 사회복지사가 포함된다.

INCC는 또한 돌봄 공급에서 사모펀드 자본을 퇴출하는 가장 편리한 방법을 결정하라는 요청을 받았다. 그것은 코로나바이러스 팬데믹 시기에 3대 요양원 체인을 사모펀드 ─ HC-One, 포시즌스, 케어UK ─ 가 소유했던 사회적 돌봄 체제 전체를 고발하는 것이었다. 사모펀드 사업 모델은 부채 조달 바이아웃과 비용 삭감에 기초하고 있으며, 따라서 매도 전에 국제 투자자들에게 후한 배당금을 지불할 수 있다. 그들이 돌봄에 관심을 갖는 이유는 요양원 거주자를 위해 지방정부가 지불하는 수수료와 거주자 자신 ─ 2022년 이들의 3분의 1이 '자기 부담'이었다 ─ 이 지불하는 수수료에서 이윤을 얻기 위해서였다.[50] 따라서 지방의회의 대규모 예산 삭감이 일어나고 사회적 돌봄을 위한 재정이 줄어든 긴축의 10년 동안 사모펀드 소유자들은 이윤이 나지 않는 요양원을 폐쇄하거나 매각했다.

다른 요양원은 지방의회에서 오는 소득의 손실을 벌충하기 위해 자기 부담 거주자가 내는 요금을 비용 이상으로 올렸고, 지방

의회는 재택 노인들을 돕는 돌봄노동자의 부족으로 힘들어 했다. 2016년에는 잉글랜드에서 1백만명 넘는 노인들이 필요한 사회적 돌봄을 받지 못하고 있었는데, 이는 2010년에 비해 50퍼센트 증가한 것이었다.[51]

사람들은 INCC가 돌봄을 제공할 권리를 포함해서 돌봄을 받을 헌법적 권리를 수립하고, 돌봄 수급자의 권리뿐만 아니라 돌봄 제공자의 권리도 확인할 것으로 기대했다. 또한 돌봄을 일의 핵심적 형태로 만들고, 돌봄 관계에 참여하는 모든 사람이 동등한 보장과 동등한 힘 혹은 발언권을 가지도록 보장할 것으로 기대했다. 모든 유형의 돌봄 수급자와 모든 유형의 돌봄 제공자가 자기착취를 포함해서 억압과 착취에 취약하다.

돌봄의 감정적 성격 그리고 시간의 양, 질, 비용 사이의 상쇄 관계 때문에 좋은 사회적 돌봄 체제는 법적 규제에만 의존할 수는 없으며, 시장의 힘에도 마찬가지로 의지할 수 없다는 점이 분명하다. 도리어 진보적 체제는 길드 사회주의의 근본적 원칙에 대한 존중이 필요하다. 대변해야 할 이해관계에 따라 수많은 형태의 대표자를 두는 것 말이다. 그런 것은 존재한 적이 없었다. 돌봄 제공자를 자기착취 및 소진에서 구하기 위해서라도 모든 층위에 있는 유의미한 모든 장forum에서 돌봄 제공자는 대표가 필요하다. 돌봄 제공자와 돌봄 수급자를 연결하는 사람들도 대표가 필요하다. 돌봄 수급자는 모두로부터 자신을 보호하기 위해 대표가 필요하다.

공유지 자본 기금

　진보동맹정부는 소득 분배 체제가 되돌릴 수 없게 망가졌으며, 지대 수취자들이 공유지를 착취함으로써 소득 성장에서 제일 좋은 몫을 가져가고 있다는 점을 인식했다. 그들은 시민들에게서 공유 자원(공유 재산)을 빼앗거나 그들 활동의 부정적 결과(외부성)를 통해 공유지를 고갈시켰다. 진보동맹정부는 세가지 문제를 다루었다. 공유지의 착취에 어떻게 요금을 매길 것인가, 그 결과로 얻은 수입을 어떻게 관리하고 보존할 것인가, 수익을 어떻게 분배할 것인가? 그들은 상상되고, 제안된 여러 변형을 연구해 도움을 받았다.[52]

　특징적인 개혁은 공유지 자본 기금이었다. 이것은 두가지 존재론적 위협과 맞서는 것을 목표로 했다. 지대 수취 메커니즘과 연결된 그로데스크할 정도의 부의 불평등, GDP 성장의 추구, 너무 낮은 가격의 화석연료, 공유지의 약탈 등과 연결된 생태적 쇠퇴의 가속화.

　기금을 뒷받침하는 것은 전환적인 재정 정책이었다. 세입을 늘리기 위해 소득과 소비에 과세하는 것에서 공유자들에게 공유지의 손실과 악화에 대해 보상하는 것으로 강조점이 바뀌었다. 생태-재정 정책으로 옮겨가는 것은 더욱 환영받았는데, 이전 정부들에서는 상대적으로 부에 대한 최소 과세로 인해 가난한 사람이 부유한 사람보다 더 높은 실효세율의 세금을 납부했다. 그 이후 전통적인 조세가 정부의 우선순위에 따라 정부 지출의 재원이 되었다. '부담금'levy이라는 용어가 공유지를 위해 조달한 수입원에 대해 사용되었으며, 이는 모든 공유자들에게 동등하게 공유될 것이었다.

대부분의 토지가 공유지로 사용됨에 따라 누진적인 토지가치세가 도입되었고 수입은 기금으로 들어갔다. 그리고 영국의 해저를 연안 풍력 발전과 기타 목적으로 경매해 크라운에스테이트가 얻은 수입의 일부를 해저가치 부담금Seabed Value Levy으로 회수했다.53

지하나 해저에 있는 광물, 석유, 가스 같은 공동 자원의 이용에 부과하는 공유부 부담금Common Wealth Levy도 부담금에 포함되었다. 석유나 가스의 채굴 및 추출 허가를 받은 기업들은 그들이 들인 비용을 메우고 공정한 이윤을 얻을 권리를 가졌다. 그러나 기업들은 또한 공유지 자본 기금에 대해 부담금이나 로열티를 내야 했다. 이것은 이전 정부들의 정책과 대비되었는데, 이전 정부들은 기업들에게 리스크를 감당할 막대한 보조금을 주었고, 세금을 조금만 매겨 엄청난 이윤을 올리도록 했고, 점차 해외로 빠져나가게 했다.

같은 원칙이 수자원의 사용과 디지털 데이터, 라디오 주파수, 지식재산권, 풍력과 조력 등의 이용에 대한 부담금을 매기는 데 지침이 되었다.54 특히 인기 있었던 것은 초호화 요트 부담금이었는데, 78피트(24미터)보다 더 긴 모든 개인 소유 요트에 평률로 부과하는 것이었다. 억만장자 20명의 탄소발자국을 분석한 환경 플랫폼 에코워치는 초호화 요트가 억만장자가 가진 자산 가운데 환경을 가장 해치는 자산으로 대기 중에 7천톤 이상의 탄소를 쏟아 낸다는 것을 보여주었다. 이는 일반 가정용 자동차의 배출량보다 1500배 많은 것이다.[55] 대부분의 초호화 요트가 영국의 바다 바깥에 있기 때문에 이 부담금은 상징적인 것이었으나 다른 나라들이 이 사례를 따르도록 유도하는 것이다.

부담금은 공기, 물, 토지, 바다 등의 오염으로 공유지를 고갈시키는 활동에도 부과되었다. 예를 들어 주변의 공기와 물을 심하게 오염시키는 호화 크루즈선(그리고 초호화 요트)이 사용하는 더러운 디젤에 부담금을 부과했다. 오염자는 부자들인 반면 그 결과 나빠진 건강으로 고통받는 것은 주로 가난한 사람들이었다.

가장 논쟁적인 것은 기후변화에 맞서는 데 핵심적이지만 다국적 기업과 그들의 정치적 옹호자 들이 격렬하게 저항하는 높은 탄소 부담금이었다. 온실가스 배출을 적절하게 줄이는 데 기업들의 선의에 의지하는 것이 무용하다는 것이 아주 명백해졌다.『이코노미스트』가 말한 것처럼 "탄소에 가격을 부과하는 것은 경제 전체에 미치는 신호를 보내는 것이며 (…) 이윤 동기를 배출을 줄인다는 목표와 완전히 일치시키는 것이다."[56] 동시에 화석연료 보조금은 빨리 단계적으로 폐지되어어 했다. 탄소 부담금이 영국으로 수출하는 나라들에 가격 이점을 줄 위험이 있기 때문에 진보동맹정부는 부담금과 동시에 국경 조세 조정 메커니즘을 도입했다.[57]

그것과 함께 1년에 두번 이상 비행기를 타는 모든 사람에게 부과하는 요금인 상용승객 부담금이 도입되었다. 이것은 2021년에 의뢰한 정부 보고서에서 제안되었으나 항공사의 압력과 곧 비행기의 탄소 배출이 없어질 것이라는 비현실적인 견해 때문에 공개된 판본에서는 삭제되었다.[58]

　모든 부담금은 공동의 정의라는 근거에서 정당화되었다. 그리고 공유지 자본 기금은 사람들에게 공동 소유권의 감각을 주었다. 부담금은 그 자체로는 역진적일 것이지만 그 수입이 불평등을 줄이는 데 사용될 것이라고 약속하는 게 중요했다. 또한 광범위한 스트레스의 원인인 만성적인 경제적 불안전을 해결하는 게 필요했다. 이 두가지 필요로 인해 진보동맹정부는 기금의 순수입을 실제로는 기본소득인 공유지 배당으로 재순환하는 것을 쉽게 정당화할 수 있었다.

공유지 배당

　진정한 자유는 자신의 활동에 대한 완전한 힘을 가지는 것이다.

　　　　　　　　　　　　　　　— 미셸 드 몽테뉴『수상록』(1586)

　배당은 공동 재산권, 즉 모든 공유자에게 그 권리가 있는 경제적 권리로서 제시되었다. 배당의 수준은 기금의 규모와 구조에 의해 결정될 것이었으며, 놀랄 만한 성공을 거둔 노르웨이의 정부연금기금글로벌Government Pension Fund Global의 모델을 따랐다.

공유지 원칙을 존중하기 위해 기금의 투자 정책과 배당은 두가지 규칙을 준수해야 했다. 첫째, 공공신탁 원칙과 일치해야 했다. 즉 공동 자원은 그 가치가 보존되도록 관리되어야 한다. 둘째, 세대 간 형평 원칙, 즉 현세대만이 아니라 미래 세대가 공동 자원으로부터 혜택을 받아야 한다는 원칙을 존중해야 했다. 석유나 광물처럼 고갈될 수 있는 자산을 고갈시켜 나온 수익을 횡재 이득 wildfall gain 으로 간주해서 현정부의 지출을 늘리거나 오늘날의 공유자에게 주는 것은 미래 세대에게 불공정한 일이 될 것이다.

따라서 기금은 비재생 자원의 자본 가치를 유지해야 하며, 수입의 투자에서 나온 순이윤만을 분배할 수 있었다. 전적으로 북해의 비재생 석유와 가스에서 수입이 나오는 노르웨이 기금의 경우 분배를 위한 순이윤은 1998년과 2022년 사이에 평균 3.6퍼센트였다.

하지만 다른 부담금에서 나오는 수입은 그런 제약이 없었다. 관리와 투자비용을 위한 약간의 공제분을 제외하면 전적으로 재순환될 수 있었다. 이것은 모든 생태 부담금에 적용되었다. 예를 들어 배출된 탄소 1입방톤당 1백파운드의 부담금은 모든 가구에 매주 32파운드를 돌려주기에 충분한 재원이 되었다. 그 자체로는 충분하지 않지만 합리적인 공유지 배당의 재원을 마련하고 부담금의 역진적 효과를 해결하는 출발점이었다.[59]

더 가난한 가구가 더 부유한 가구보다 화석연료를 덜 사용함에도 에너지는 그들의 소득 가운데 더 높은 비중을 차지한다. 수입을 동등한 배당으로 재순환한다는 것은, 더 가난한 가구는 연료비에 쓴 추가분보다 더 많이 받는 것이며, 더 부유한 가구는 덜 받는다는 것을 의미한다. 진보동맹정부는 캐나다의 탄소세와 배당의 결합이라는 조치 그리고 가구와 기업 들에 부과하는 탄소 부담금의 3분의 2를 재순환시키는 스위스의 정책이 누린 인기에서 배웠다.[60]

정치적 기회주의를 최소화하기 위해 기금의 관리는 독립적이고 민주적으로 이루어졌다. 배당 수준은 잉글랜드은행의 통화정책위원회 노선에 따라 만들어진 독립 공유지 배당 정책위원회가 결정할 것이었다. 이것은 정부가 선거를 앞두고 정치적 이유로 배당 수준을 높일 수 없다는 뜻이었다.

그래도 시작부터 배당은 곤경에 처한 어떤 사람이 생존할 수 있는 기본소득을 구성할 정도로 충분히 높았다. 기금이 만들어지고 있을 때 진보동맹정부는 역대 정부가 만들어낸 거대한 보조금 국가를 되돌림으로써 마련한 수입을 기금에 더했다. 기업 복지라 불리는 기업 보조금은 매년 1천억 파운드가 되었으며, 믿을 수 없을 정도로 많은 1190가지 세금 경감은 불균형하게도 부유층에게 갔고, 재무부는 매년 4천억 파운드의 세입 손실을 감당했다. 예를 들어 가장 부유한 개인들 가운데 일부는 농업 보조금으로 매년 수십만 파운드를 받고 있었다. 여기에는 러시아 강철 재벌 블라디미르 리신이 포함되었는데, 그는 스코틀랜드에서 1210헥타르(3300에이커)의 토지와 성 그리고 영국에서 가장 비싼 주택인 3백에이커의 토지가 있는 옥스퍼드셔의 16세기 장원을 소유했다.[61]

그리고 모든 지주들은 정원 가꾸는 비용에 대해 전액 세금 감면을 받았다.

또다른 부당한 보조금은 2020년에 주택 구입 인지세를 유예한 것으로 1만 5천 파운드에 달하는 세금 우대 조치였다. 이것은 대부분의 사람들이 집을 살 꿈도 꾸지 못하던 때에 부유층에게 공짜로 준 것이었다. 부동산 가격의 기록적인 상승에 부채질을 한 것 이외에도 혜택의 약 절반이 50만 파운드가 넘는 부동산을 산 사람들에게 돌아갔다.[62]

사람들이 부유층에게 가는 후한 지원금이 아주 많다는 것을 알게 되자 모두에게 가는 약간의 공유지 배당이 지원금이라고 말하는 위선을 비웃게 되었다. 그리고 보조금을 단계적으로 폐지함으로써 세율을 올리지 않고도 기금의 출발점을 확대하는 데 사용할 수입을 얻을 수 있었다. 그것은 역진적인 개인 소득세 공제를 폐지함으로써 얻은 수입으로 보충되어 공유지 배당 지급에 도움이 되었다.

진보동맹정부는 정책 입안 시 증거 기반 접근법을 약속했으며, 혁신적이고 진보적인 정책들을 전국적으로 적용하기 이전에 몇몇 지역에서 시험했다. 진보동맹정부는 수십년 된 중국의 사회정책 시범 전략에서 단서를 찾았는데, 이 전략이 중국의 발전에 기여했다는 것이 증명되었다. 1980년과 2019년 사이에 중국은 기업 면허 발급에서 포장재 재활용까지 그런 시범 정책을 630개 이상 폈다.[63] 지역에서 실시된 실험 가운데 약 46퍼센트는 전국적으로 확대되지 않았지만 마오쩌둥이 언젠가 말한 것처럼 실패는 성공의 어머니였다. "구덩이에 빠졌을 때 지혜를 얻는다."

다행스럽게도 공유지 배당의 경우 이미 전세계적으로 많은 시범 정책과 실험이 있었으며, 일관되게 긍정적 결과를 보였다. 그리고 코로나바이러스 팬데믹 시기에 사람들을 돕기 위한 정부의 노력으로 인해 현금 이전이 정당성을 얻었고, 기본소득이라는 아이디어가 많은 나라에서 점차 인기를 얻게 되었다. 배당에 대한 도덕적 정당화는 이해하기 쉬웠다. 배당은 공동의 정의에 관한 문제로 공유자들에게 공유지 상실에 대해 보상하는 것이다.[64]

배당은 또한 동정의 정의라는 문제이기도 했다. 모두에게 동등한 경제적 권리를 부여하는 것은 자선에 주안점을 덜 부여한다는 의미였다. 자선은 재량적이고 선별적이고(표적화된 집단을 겨냥한다) 대개 조건적(청구인에게 구직에 시간을 쓸 것을 요구하는 것처럼)이다. 공유지 배당은 또한 '일의 정의'를 강화했는데, 암묵적으로 노동이 아닌 형태의 일 ─ 가장 대표적인 게 부불 돌봄이다 ─ 에 보상하는 것이다. 그리고 자원활동 같은 다른 형태의 일에 보상함으로써 배당은 사람들이 시간을 의무적으로 해야 하는데 쓰는 것에서 원하는 것을 하는 데 쓰는 것으로 돌릴 수 있도록 장려했다.

공유지 배당은 또한 팬데믹과 생태적 충격의 가능성이 높은 것과 결합된 만성적인 사회적·경제적 불안전의 시대에 사활적인 기본 보장의 필요를 충족시켰다. 실제로 공유지 배당은 1945년 이후 대부분의 정책이 제공하는 사후 보상이 아니라 사전에 충격으로부터의 보호를 제공함으로써 불안전을 줄였다. 더 나아가 모두가 기본 보장이 될 경우 사회 연대성, 이타주의, 관용이 더 커질 수 있다. 심리학자들은 기본 보장을 받는 사람들이 호혜성과 호의에 보답하는 것의 진가를 더욱 잘 안다는 점을 알려주었다.[65]

기본 보장을 경제적 권리라고 말하는 것은 그 해방적 성격을 강조하는 것이었다. 미래까지 이어지는 권리로서의 기본소득은 사람들에게 미래가 있다는 점을 말해준다. 기본소득은 심리적 지평을 확대하며, 양호한 정신건강의 신호가 된다. 하루하루를 살아가는 것 —혹은 한달 한달 겨우 살아가는 것— 은 정신적 상상력을 협소하게 할 뿐만 아니라 정신적 지평을 짧게 해서 개인적 변화의 상상력을 제약한다. 물질적 자원을 받는 것이 보장될 경우 미래를 상상할 때의 받침대가 올라간다.

공유지 배당의 세번째 윤리적 근거는 개인적 자유와 공동체 자유를 향상시키는 것이었다. 모든 정치가들은 자신들이 어떻게 자유를 촉진하고 지지하는지를 유창하게 말한다. 그러나 사람들이 만성적인 불안전에 시달리면 자유로울 수 없다. 생존하기 위해 필요한 것이면 무엇이든 해야 하기 때문이다. 자유는 자원에 확실하게 접근할 수 있을 때 가능하며 여기에는 열망과 야망을 추구하는 데 쓸 수 있는 시간이 포함된다. 공유지 배당은 또한 더 큰 공화주의적 자유를 제공한다. 공화주의적 자유는 가족 구성원이든, 관료든, 사용자든 책임지지 않는 권력의 자리에 있는 인물에 의한 잠재적 지배로부터의 자유이다.

실험들은 기본소득이 여성에게 귀중한 형태의 자유, 즉 폭력적인 관계에서 벗어날 수 있는 능력을 향상시킨다는 것을 효과적으로 보여주었다. 코로나바이러스 팬데믹 시기에 축적된 증거는 경제적 불안전이 여성에 대한 신체적·성적·정신적 학대 발생을 더 높이며, 록다운 기간에 가정폭력이 증가했다는 것을 보여주었다.[66] 공유지 배당은 여성에게 원할 경우 혼자 살아갈 수 있는 어느 정도의 재정적 독립성을 부여했다. 그 결과의 일부로 공유지 배당은 그들 파트너의 행동과 태도도 개선했다.

공유지 배당은 또한 자신의 시간을 들여 위험을 감수할 수 있는 자유를 증대했다. 몇년 전에 당시 영국에서 가장 부자인 제임스 다이슨은 실패의 자유를 자랑하듯 옹호했다.

나는 제대로 된 진공청소기를 완성하기 전에 5127개의 프로토타입을 만들었다. 5126번의 실패가 있었다. 그러나 나는 각각의 실패로부터 배웠다. 그것이 내가 해결책을 찾아낸 방법이다. 따라서 실패해도 상관없다. 나는 언제나 초등학생들이 그들이 한 실패로 점수를 받아야 한다고 생각했다. 뭔가를 얻기 위해 이상한 일을 시도하고 수많은 실패를 경험한 아이가 십중팔구 더 창조적일 것이다.[67]

그런 수천번의 실패가 그의 많은 시간을 잡아먹을 것이다. 그리고 그는 시도하고, 시도하고, 다시 시도할 수 있었는데, 그의 아내가 그 시간 동안 그를 지원할 수 있을 정도로 벌이가 있었기 때문이다. 그는 실제로 기본소득을 받았다. 메타의 CEO인 마크 저커버그는 기본소득을 지지하면서 한번은 하버드대학 학생들에게 이렇게 말했다. "가장 커다란 성공은 실패할 자유를 가지는 데서 옵니다."[68] 하지만 제임스 다이슨과 마크 저커버그가 될 수 있는 다른 사람들은 기본 보장이 없기 때문에 자신의 잠재력을 실현할 수 없을 것이다.

기본소득을 지지하는 모든 논변에도 불구하고 이전의 정치가들 ─ 사적으로는 강한 지지를 표명한 사람들조차 ─ 은 감당 가능성을 핑계로 얼버무리면서 첫 발자국을 떼는 것조차 두려워했다. 진보동맹정부는 개혁이 기본소득 체제의 방향으로 가는가 아닌가에 따라 평가되어야 한다고 천명함으로써 전통을 깼다. 유니버설 크레디트와 노동연금부는 이로부터 아주 멀리 떨어져 있었다. 그것들은 사라져야 했다. 반면에 초기에는 비록 적을지라도 공유지 배당은 바람직한 방향으로 가고 있었다.

실천적인 이유도 있었다. 경제적 권리이며 표적화된 것이 아닌 배당은 앞서 언급한 빈곤의 덫과 프레카리아트의 덫을 만들어내는 자산심사 사회부조에서 벗어난 것이었다. 더 많은 사람들이, 얻을 수 있는 대부분을 상실하지 않으면서 저소득 일자리를 가질 수 있었다. 이것은 더 많은 사람들이 그런 일자리를 가지는 데 유인 역할을 했다. 진보동맹정부는 연방정부 부채의 증가로 매달 천 달러의 기본소득 재원이 마련될 경우 경제성장을 13퍼센트, 고용을 2퍼센트 높일 것이라고 말하는 미국의 연구를 언급했다.[69]

저소득층 개인과 가구를 표적으로 하는 보장 소득 실험은 이런 그림을 뒷받침했다. 뉴욕주의 허드슨 타운에서 5년 동안 매달

5백달러를 받은 개인들의 고용률이 29퍼센트에서 63퍼센트로 크게 올라갔고, 많은 수급자들의 건강이 더 나아지고, 관계가 더 나아지고, 부채도 더 잘 관리된다고 보고했다.[70] 캘리포니아주의 스톡턴에서는 매달 5백 달러의 보장 소득을 받은 사람들이 통제 집단에 있는 사람들보다 전일제 일자리로 상당히 더 많이 옮겨간 것으로 보인다.[71] 다른 실험들도 유사한 결과를 보고했다.

또한 진보동맹정부가 도입한 공유지 배당은 이런 경향을 반복하는 것 이외에도 노동이 아닌 형태의 일을 용이하게 했고 사람들이 직업에 대한 자신의 고유한 감각을 발전시키도록 했다. 기본소득은 일자리를 가지는 경우와 반대로 사람들이 시간 사용을 더 쉽게 조정할 수 있게 했다. 일자리에 있는 경우 활동은—더 적절하게 말하자면 누가 시간에 대해 지불하는가를 감안할 때—사용자가 결정하기 때문이다. 역설적으로 일자리에 있는 것은 직업적 발전을 약화시킬 수 있다. 우리는 우리가 원하는 것이 아니라 상사가 원하는 것을 해야 한다. 그것이 거래이고, 법을 준수하는 한 지극히 공정한 것이다.

기본소득은 사람들의 시간 앞에 있는 방해물을 제거하고 사람들이 하고 싶은 일, 더 많은 공유화, 더 적은 노동을 하게 해준다. 기본소득은 또한 새로운 소득 분배 체제를 위한 토대를 놓았으며, 부유한 나라들에서 노동에 대한 보상이 계속해서 줄어들 것이라는 점을 인식하게 했다. 실질 임금이 계속해서 정체할 것이고, 더 변덕스럽게 될 것이며, 기술과 재산에 대한 금융 수익은 계속해서 올라갈 것이다.

진보동맹정부는 지대 추구 자본주의에 의해 두드러지게 나타난 계급 기반 불평등을 극복하는 유일한 방법이 공유지에서 가져간 지대를 포획하고 공적 부에 기반한 배당으로 재순환하는 조세 구조와 분배 체제 구축이라는 점을 인식했다. 이는 한나 아렌트가 『인간의 조건』에서 그토록 우려했던 일자리 보유자 사회가 아니라 일-공유화-여가 사회를 장려할 것이었다.

기본소득 실험과 여론 조사는 사람들이 기본소득을 받거나 받는 것을 상상할 때 칼 폴라니가 인정한 방식으로 더 창조적이거나 기업가적으로 되는 경향이 있다는 것을 보여주었다. 임금을 얻기 위해 필요한 것을 그저 수행하는 것이 아니라 자신이 하는 것에서 뛰어나고 잘하고자 하는 욕망에 의해 동기가 생기는 것 말이다. 2021년 프랑스, 독일, 이탈리아, 폴란드, 포르투갈, 에스파냐에서 이루어진 유고브의 여론조사에 따르면 응답자의 3분의 2가 기본소득을 지지했으며, 모든 나라에서 다수였다. 응답자가 생각하기에 기본소득이 어떤 이점이 있는가라는 질문에 대해 공통된 대부분의 대답은 분노를 줄인다는 것이었다.[72] 이것은 기본소득 혹은 보장소득이 분노와 정신적 불건강을 줄인다는 것을 일관되게 보여준 실험들과 연결되어 있었다.

응답자들은 또한 생활과 일을 하는 더 나은 방법을 용이하도록 할 것이며, 더 큰 재정적 독립성을 부여하고, 교육이나 훈련 그리고 일자리를 넘어서는 일을 위한 시간을 더 추구할 수 있는 능력을 제고할 것이라고 믿었다. 모든 연령의 남성과 여성 모두 기본소득이 더 많은 시간을 가족에게 쏟을 수 있게 할 것이라고 말했다. 특히 젊은이들 사이에서 상당한 비율이 기본소득은 소규모 사업을 시작할 수 있게 해줄 것이라고 말했으며, 다수는 더 많은 시간을 자원활동이나 사회적 행동주의에 쏟을 것이라고 말하기도 했다. 독일에서는 젊은이의 4분의 1이 넘었고, 프랑스에서는 13퍼센트였다. 확실히 사회는 사회적으로 더 많이 참여하고 능동적인 젊은이를 원하지 않는가?

베를린에 기반을 둔 비영리조직인 마인그룬트아인코멘(나의 기본소득)에 등록된 이용자 7만 2천명을 대상으로 한 2020년의 또다른 조사는 기본소득이 주어질 경우 한 집단에게는 시간 사용을 어떻게 바꾸고 싶냐고 묻고, 또다른 집단에게는 시간 사용 유형을 어떻게 바꿀 것이냐고 물었다. 또한 이 조사는 매달 기본소득이 5백 유로, 1천 유로, 1500유로일 때 나타날 수 있는 효과에 대해서도 물었다. 금액이 5백 유로에서 1천 유로로 갈 때 효과가 더 컸고, 반면에 1500유로에서는 효과가 더이상 커지지 않았다.[73]

이 결과들은 기본소득이 노동, 사교, 취미에 쓰는 시간은 약간 줄이고 교육, 자원활동, 돌봄노동에는 더 많은 시간을 쏟는 결과를 가져올 것이라고 시사했다. 더 큰 공동체에서 지급하는 소득을 얻는 것이 사회적 책임감을 강화하는 것으로 나타났다. 그리고 효과는 수급 첫해에 생길 정도로 빠르게 나타나는 것으로 보였으며, 기본소득이 이어지는 한 효과가 지속되었다.

가장 논의가 많이 되었던 2017~18년의 핀란드 실험에서는 25세에서 48세 사이에서 임의로 선별된 2천명의 실업자에게 2년 동안 기본소득을 주었는데, 많은 수급자들이 스트레스 감소, 웰빙의 증대, 시간을 사용하는 방법의 변화 등을 보고했다. 지불노동을 찾는 일이 약간 증가했는데, 이는 급여에 대해 행위 조건을 부과할 필요가 없다는 것을 보여주었다. 많은 사람들이 공방 일이나 소규모 사업을 시작하기도 했다. 제안받을 수 있는 일자리를 받아들여야 하는 의무가 있었다면 이런 일은 할 수 없었을 것이다.[74]

2022년에 웨일스 정부가 시작한 또다른 실험은 영향력 있는 것으로 입증된 공감 가는 공적 논의에 불꽃을 일으켰다. 그 실험은 젊은 탈수급자에게 18세 생일부터 2년 동안 매달 세전 1600파운드의 기본소득을 주었다. 예전에 그 날짜는 지원이 끊기는 때였다. 이 정책은 웨일스의 위임 정부가 노동연금부의 저항에 맞서면서 시행했다. 한 지지자는 이렇게 말했다. "생활할 수 있을 정도의 돈이 있는 사람은 신뢰할 수 있기 때문에 우리는 그들에게 직접 미래에 대한 통제권을 주었다. 그것은 취약한 사람들의 삶을 개선하는 급진적인 방법이다."[75]

앞서 언급했듯이 진보동맹정부는 만성적인 부채 위기를 해결하지 않으면 전환이 성공할 수 없지만 가계부채에 대한 부채 희년을 실시하는 것은 문제가 있다는 것도 인식했다. 하지만 다양한 나라의 실험은 받은 기본소득으로 부채를 상환하는 게 사람들의 최우선 사항 가운데 하나라는 것을 보여주었다. 이런 결과는 지금까지 주저했던 일부 정치가들에게 결정적인 확신을 주었다.

따라서 공유지 배당은 공유지 자본 기금과 짝을 이루는 특징적인 정책이 되었으며, 생태 정의, 시간의 자유, 더 지속가능한 형태의 경제적 진보로 가는 길을 독특하게 결합시켰다.

유니버설 크레디트와 노동연금부의 폐지

배당이 시작되면서 진보동맹정부는 사람들이 싫어하는 잔인한 유니버설 크레디트 체제 그리고 이를 책임지는 국가기구인 노동연금부를 폐지한다는, 도덕적으로 용기 있는 결단을 내렸다.

노동연금부는 자신이 봉사한다고 하는 사람들에 대해서나 일반 대중에 대해서나 기본적인 책임성을 입증하지 못했다. 불굴의 가부장주의적 조직인 노동연금부 관료들은 대부분의 관료제의 특징인, 자신의 행동이 낳은 결과로부터 보호받았다.[76] 관료들은 탈레브가 황금률과 은률이라고 부르는 것에 따라야 한다.[77] 첫번째인 황금률은 임마누엘 칸트가 말했다. "남에게 대접받고 싶은 대로 남을 대접하라." 탈레브가 더 강건한 것이라고 간주한 은률은 다음과 같다. "내가 싫은 것을 남에게 하지 말라." 두 항목 모두에서 노동연금부는 실패했다.

노동연금부는 처음에 만들어질 때 하려고 했던 일, 즉 구직자에게 일자리를 맞추어주는 일을 하는 데도 실패했다. 2022년에 했던 조사에 따르면 사용자 여섯명 가운데 한명 이하가 지난 2년 동안 비어 있는 자리를 채우기 위해 노동연금부의 일자리센터 플러스 서비스를 이용했고, 구직자 다섯명 가운데 한명만이 이를 이용했으며, 이 중 3분의 1만이 일자리를 찾는 데 도움이 되었다고 생각했다.[78] 노동연금부의 일자리 매칭 기능은 본질적으로 방기되었고, 비록 적합하지 않더라도 급여 청구인을 일자리에 강제로 밀어 넣어 종속시켰다.

진보동맹정부는 노동연금부를 공공 고용 및 훈련 서비스 제공자로 바꾸었다. 완곡하게 '워크 코치'라 불리는 노동연금부 피고용인들은 일과 생활수준을 개선하려는 사람들에게 조언하는 일을 할 수 있도록 재교육을 받았다. 한편 국가급여를 제공하는 일은 적절한 기관인 영국 국세청HMRC으로 이관되었고, 그 이름도 세입과수당부Department for Revenue and Benefits로 바뀌었다.

사람들을 일자리로 몰아가는 국가기구가 없어졌기 때문에 일자리에서의 노동이 아닌 다른 형태의 일을 장려하고 보상하는, 새로운 시간의 생태정치 내에서 일에 대한 상상을 바꾸는 게 더 쉬워졌다. 그리고 1217년의 삼림헌장의 원칙으로 돌아간 진보동맹정부는 공유화를 인정하고 장려하기로 결정했으며, 고대 그리스인들과 로마 스토아학파가 주어진 것으로서 받아들였던 것을 조성하기로 결정했다. 그것은 불안전이나 스트레스가 없는 질적 시간의 부富인데, 은행이나 주식시장에 넣어둔 재화와 돈보다 훨씬 더 가치 있는 것이었다.

노동연금부는 일, 돌봄, 공유화 부서가 되어 돌봄노동을 확대·보호하고 노동을 위한 일을 확인·제한하고 공유화와 장인적 일을 장려하고, 직업 훈련을 뒷받침하는 책임을 맡았다. 이 부서는 또한 직업 면허 및 인가의 책임을 맡았고, 면허제 확대의 추세를 바꾸어 이를 보건과 공공 안전에 해를 끼칠 위험이 있는 직업에만 한정하는 책임을 맡았다. 현대의 구빈법은 사라졌다.

일자리의 사멸

코로나바이러스 팬데믹 이전에도 논평가들은 '포스트 워크'post-work라는 미래를 널리 알리고 있었다.[79] 그러나 그들의 표적은 노동과 일자리여야 했지 모든 형태의 일은 아니어야 했다. 필요했던 것은 원치 않는 노동을 위한 일과 국가를 위한 일로부터 시간을 해방시키고, 그렇게 함으로써 좀더 바람직한 형태의 일에 착수할 수 있게 하는 정책이었다.

코로나바이러스 팬데믹이 끝나가면서 더 많은 사람들이, 특히 젊은이들이 프레카리아트의 일부가 되었다는 게 명백해졌다. 일자리로 돌아간 젊은 사람들은 이전에 일자리에 있었던 사람들과 마찬가지로 임시로, 부정기로 혹은 0시간 계약으로 일자리를 가질 가능성이 세배가 되었다.[80] 정신적 불건강은 무거운 유산이었다. 그렇다, 그들은 당분간 변덕스럽고 불확실한 급료를 받는 종류의 일자리만을 얻을 수 있었다. 그러나 상처받은 청원자와 마찬가지로 프레카리아트라는 상태로 인해 많은 사람들이 일자리 물신에서 거리를 두게 되었다. 왜냐하면 가질 수 있는 일자리가 미래에 소득 안정성을 제공해줄 것 같지 않음을 인식했기 때문이다.

진보동맹정부는 문제는 일자리 부족이 아니라 일자리 과잉이라고 주장했다. 많은 논평가들은 로봇과 인공지능AI이 인간 노동

에 대한 존재론적 위협을 대표한다고 주장했었다.[81] 그러나 기술
이 진전되면서 일자리 숫자는 전례 없이 높이 치솟았다. 관건은
분배의 문제였다. 실질임금은 정체되었던 반면 로봇과 AI 기술의
소유자에게 가는 지대 소득의 흐름은 커졌다.

닉 서르닉과 알렉스 윌리엄스는 『미래의 발명』*Inventing the
Future* (2015)에서 정부는 더 높은 최저임금과 자본 매입세라는 유
인책을 통해 기업들이 자동화에 투자하도록 밀어붙여야 한다고
말하면서 "우리는 경제에서 인간의 대체를 열정적으로 가속화하
고, 기계를 통한 부의 창출을 지속해야 한다"라고 천명했다.[82] 그
러한 목표는 비록 그 이득이 여전히 기술을 소유한 사람들에게
불균형하게 많이 갈 것이긴 하지만 대단히 합리적이긴 했다. 진
보동맹정부의 전략은 지대 소득을 공유지 배당을 지급하는 데 도
움이 되도록 재순환하는 것이었다. 그런 다음 원할 경우 사람들
은 그 결과로 빈곤에 빠지지 않은 채 임금이 더 낮은 일자리를 가
질 수도 있다.

어느 경우든 코로나바이러스 팬데믹은 비관적인 예언자들이
잘못 예언했던 것을 많은 사람들에게 가르쳐주었다. 자동화가 불
쾌하고 따분한 일자리를 가져가게 하자. 따라서 진보동맹정부는
일자리 숫자를 삭감하는 정책 그리고 이 정책과 함께하는 수사법
을 채택했다. 이것은 로봇과 AI에 대한 본능적인 공포로부터 일
자리 대체로 생긴 소득을 모두가 공유자로서 공유한다는 전제하
에 틀에 박히고 진을 빼는 노동의 자동화를 환영하는 것으로 전
환함을 의미했다.

시간 권리의 도래

우리는 앞서 제3의 시간 체제에서 사람들이 노동을 할 수 있기 위해 얼마나 많은 시간을 의무적으로 사용했는지를 살펴보았다. 역대 정부는 프레카리아트의 시간을 당연한 것으로 간주했고, 가치가 거의 없는 것으로 생각했다. 따라서 노동을 위한 일을 수행하는 데 쓰는 시간의 양을 줄이는 정책이 없었다. 진보동맹정부는 이 불의를 바로잡으려 노력했다.

진보동맹정부가 도입한 첫번째 조치는 막대한 수의 사람들이 매년 일자리에 지원하느라 쓰는 시간을 자유롭게 하는 것이었다. 제3의 노동시장에서 일자리 지원은 대부분 알고리즘에 의해 심사되며, 시간을 잡아먹고 스트레스가 심한 여섯번 혹은 그 이상의 시험과 표준화된 인터뷰를 치르는 일일 수 있다. 잠재적 사용자는 실제 인터뷰가 이루어지기 전까지는 비용이나 시간 부담을 거의 지지 않는다.

진보동맹정부의 새로운 규제하에서 일자리 지원자는 알고리즘이 지원자의 온라인 지원을 승인한 뒤의 첫번째 심사에 대해 비용을 지불해야 했다. 그러나 신입사원 모집이 다음 단계 이상으로 넘어갈 경우 잠재적 사용자가 지원자에게 약간의 보수를 주어야 했으며, 이후 각 단계마다 이러한 보수가 증가했다. 사용자는 곧 모집 절차를 간소화해서 유연한 노동시장에서 여기저기를 다녀야 하는 사람들의 시간을 크게 절약해주었다.

진보동맹정부가 첫 100일에 도입한 또다른 정책은 모든 일자리 보유자에게 '연결되지 않을 권리' — 계약한 시간 이외에 이메일, 메시지, 노동 요구 등을 받지 않거나 응답하지 않을 권리 — 를 부여한 것이다. 이것은 아일랜드가 만든 전례에 근거한 것인데, 아일랜드는 2022년에 행동 수칙을 도입했다. 그리고 벨기에, 프랑스, 포르투갈, 에스파냐에도 유사한 제도가 있다.

시간에서 가장 가치 있는 진전은 국가를 위한 일이 줄어들면서 이루어졌다. 유니버설 크레디트를 폐지함으로써 자동적으로 수백만명의 청구인에게 지워졌던 부담스러운 시간 요구가 줄어들었다. 더이상 저소득층 사람들이, 사소한 위반을 찾아내서 처벌하는 데만 열중인 관료들이 담당하는 장시간의 의미 없고 체면을 구기는 인터뷰를 하러 가기 위해 시간을 낭비할 필요가 없었다. 더이상 그들은 시장 실패를 증명하기 위해 낙인 효과가 있는 이력서를 정기적으로 갱신하는 모욕을 감당할 필요가 없었다. 그것은 자유를 위한 일격이었다.

진보동맹정부는 또한 진정으로 해방적인 일을 했다. 사회 정책을 개혁하면서 진보동맹정부는 정해진 기간 내에 법정 급여와 서비스를 받지 못했을 경우 사람들에게 보상하는 규칙을 도입했다. 이것은 역사상 처음으로 사회에서 불리하고 취약한 처지에 있는 사람들의 시간을 국가가 중요하게 생각한 것이었다. 시간의 권리가 도래했다.

공유화의 부활

> 토지가 없는 가난한 사람들에게 공유지를 일구고 노동하는
> 자유를 허용하기 전까지는 잉글랜드는 자유인이 아니다.
>
> — 제라드 윈스턴리(1649)

찰스 1세가 처형된 지 얼마 안 되고 영국 내전이 끝날 무렵 종교개혁가 제라드 윈스턴리(1609~76)는 공유지에서 빼앗아간 토지의 회복을 요구하는 사람들 가운데 가장 명료한 목소리를 냈다. 위의 인용은 이렇게 이어진다. "그리고 그들(가난한 사람들)의 인클로저 내에서 살고 있는 지주들만큼 편안하게 살 수 있도록."[83] 그의 '진정한 수평파'는 곧 디거스라는 이름으로 알려졌다. 그리고 함께 채소를 파종하고 수확하는 그들은 신속하고 잔혹하게 박해받았다. 당시의 지배 엘리트는 그들이 일자리에 있기를 원했다.

2021년으로 가보자. 코로나바이러스 팬데믹 그리고 이와 연관된 록다운이 낳은 결과 중 하나는 정원(채소밭)과 시민농장allotment에서 채소와 과일을 키우는 데 대한 관심이 다시 생겼다는 것이다. 농업적 시간의 부활이라고도 할 수 있는 상황에서 정원이 있는 사람들은 정원 이용을 강화했고 영국 전역에서 시민농장 지원이 크게 늘었다. 잉글랜드의 기초자치단체 절반이 (사람들이 시민농장을 분양받기 위해) 18개월의 시간을 기다리고 있으며, 몇몇 지역에서는 대기 명단에 4백명이 있다고 보고했다.[84]

전국시민농장협회[NAS]는 이렇게 지적했다. "영국 인구 여덟 명 가운데 한 명, 런던에서는 다섯 명 가운데 한 명이 정원을 이용하지 못하며, 우리의 식량 체제가 취약하다는 인식이 커지고 있는 지금이 아마 중앙정부가 공중보건을 지원하고, 식량 안보(보장)에 중요한 기여를 하는 시민농장의 잠재력을 재평가할 때이다." 전국시민농장협회는 영국 전체 과일과 채소의 18퍼센트가 정원과 시민농장에서 재배된 제2차 세계대전 시기의 '승리를 위한 경작' 캠페인을 대중에게 상기시켰는데, 코로나바이러스 팬데믹 이전에는 겨우 3퍼센트였다.[85] 게다가 여러 연구들은 도시의 시민농장이 상당한 생태계 이득을 가져다주며 공기 정화, 지역 기후 조절, 더 많은 탄소 저장, 홍수 위험 감소, 생물다양성 촉진 등에 도움이 된다는 것을 보여주었다.[86]

진보동맹정부는 전국 공유지 투자 전략을 발표하면서 정부가 2020년의 33만 개에서 매년 최소한 5만 개씩 시민농장을 확대하겠다고 했다. 이는 1950년대 이래 시민농장의 65퍼센트가 상실된 것을 회복하는 것이다. 과거에는 시민농장의 확대가 대개 전쟁이나 경제적 어려움이라는 긴급 사태로 정당화되었던 것에 반해 진보동맹정부는 시민농장을 생계수단만이 아니라 공유화를 장려하고 노동과 GDP 성장에 대한 의존을 줄이는 방법으로도 보았다. 또한 진보동맹정부는 시민농장의 생산 그리고 시민농장에서 일하는 데 쏟은 시간이 국가 번영의 측정에 포함되어야 한다고 권고했다.

잠재적 시민농장을 위한 토지가 부족하지는 않았다. 2020년에 블랙파머라는 식품 브랜드 창업자인 윌프레드 이매뉴얼 존스는 광대한 토지를 소유하고 있는 국방부와 영국 국교회가 시민농장을 장려하기 위해 더 많은 걸 해야 한다고 정부에 요구했다. 쟁점은 과거에 인클로저되고 사유화된 토지를 공유자에게 돌려주는 것이었다.

진보동맹정부는 또한 시민농장의 상실이 박탈당한 공동체에서 더 크며, 불평등의 한 형태라는 것을 인식했다. 따라서 진보동맹정부는 그런 지역에 우선권을 주었다. 전국시민농장협회는 전국적인 노력을 보조할 수 있는 추가 기금을 받았고, 과일과 채소의 국내 생산 비율을 제2차 세계대전의 18퍼센트에 근접하도록 높인다는 장기 목표를 세웠다. 심지어 사용되지 않는 토지를 사람들이 사용하도록 허용하는 '재배할 권리'에 관한 논의도 있었다.

누구도 하이드파크가 여기저기에 시민농장이 있는 곳이 되리라곤 예상하지 못했지만, 공공장소와 공동 취득을 위한 토지는 전국적으로 잠재적인 식량 재배 장소가 되었다. 예를 들어 셰필드에서 연구한 바에 따르면 과일과 채소를 재배하는 데 이용될 수 있는 토지가 일인당 거의 1백 제곱미터 있었는데, 이는 이 도시의 인구 전체를 먹일 수 있는 것보다 더 많은 것이었다.[87]

진보동맹정부의 계획은 시민농장을 보살피는 것이 공동체의 공유 활동 그리고 식량 생산물과 지식과 장비의 공유를 촉진하고, 이는 고독과 정신질환을 줄이는 데 도움이 된다는 연구 결과에 근거했다. 어느 시민농장 보유자는 이것이 "[뭔가를] 재배하는 것을 제외하곤 공통점이 없는 사람들을 연결"하는 것이고 자

신과 유사한 사람들을 주로 연결하는 것은 아니라고 지적했다.[88]

다른 나라에서도 유사한 변화가 있었다. 미국에서는 유명한 제 2차 세계대전 시기 승리의 채소밭Victory Garden이 전후에 방기되어 교외의 무익한 땅이 되었고, 많은 지역 당국이 '자유인의 토지'에서 과일과 채소 재배를 금지했다. 그러나 정원에 대한 권리를 수립하려는 저항이 커지면서 모든 주에서 법이 제정되었다. 그리고 공동체 정원이 번성했다. 뉴욕이 모델이 되었다. 2021년 현재 뉴욕시는 이미 미국에서 가장 큰 도시 채소밭 프로그램을 후원하고 있는데, 2만 3천명의 자원자가 관리하는 550개의 공동체 채소밭이 있었다.[89]

공유화의 새로운 에토스를 보여주는 것으로서, 대부분의 공동체 채소밭은 집단적으로 파종하고 수확했다. 제 잇속만 챙기기 위해 식품 기업들이 그런 활동에 대해 벌이는 공격은 더이상 받아들여지지 않았다. 식품 기업들은 백악관에 있는 미셸 오바마의 부엌 채소밭을 엘리트주의적이고 반기업적이라고 조롱했다. 이제 그들은 그런 상업적인 주장을 하지 않는다.

영국에서는 자연으로의 회귀에 대한 열망 그리고 암묵적으로는 공유화로의 회귀 열망이 산업적 시간의 행진으로부터 후퇴했던 1870년대라는 유사한 시기를 상기시켰는데, 이때 존 러스킨은 팸플릿으로 발간된 일련의 공개서한인 『포르스 클라비게라』 Fors Clavigera를 써서 영국 노동자들에게 토지를 경작하는 일로 돌아가라고 촉구했다. 예를 들어 1871년의 다섯번째 편지에서 그는 이렇게 썼다. "우리는 아름답고, 평화롭고, 비옥한 잉글랜드 땅의 작은 부분을 갖기 위해 노력할 것입니다. 우리는 거기에 증기기 관도 철도도 두지 않을 것입니다. 거기에는 돌봄을 받지 못하거나 고려되지 않는 피조물이 없을 것입니다. 병자 이외에 불쌍한 사람은 없을 것이며, 죽은 자 이외에 게으른 사람도 없을 것입니다."[90]

러스킨, 그의 멘토인 토머스 칼라일, 그와 동시대 사람인 윌리엄 모리스는 모두 산업적 시간의 가차 없는 행진뿐만 아니라 자신들이 보기에 자연과 인간의 호혜적이고 존중하는 관계를 단절시키는 모든 생명의 상품화도 저지하려 했다. 21세기에 기후변화와 멸종이라는 존재론적 위협으로 인해 이런 관점은 지속적인 힘을 가지게 되었다.

2020년대 초반에 부활한 시민농장, 공동체 채소밭, 재야생화 계획 등에서 이런 방향으로 가는 힘이 퍼지게 되었다. 코로나바이러스 팬데믹 이후 영국에서는 역사상 처음으로 7백만명 이상이 채소밭 가꾸기를 시작했다.[91] 열성적인 어떤 사람은 공동체 채소밭을 조용한 방식의 혁명가라고 기술했는데, 그것은 멈출 수 없는 전환적인 발전이라는 느낌을 반영한 것이다.[92]

1804년에 설립된 신망 있는 자선단체인 왕립원예협회는 2021년 회원 수가 60만명을 넘었고, 수상 제도를 시작함으로써 늘어나는 공동체 채소밭에 화답했다. 이 협회의 공동체 채소밭 프로그램 책임자인 케이 클라크는 이렇게 주장했다. "이런 집단들이 존재하는 곳에서 공동체들은 위기가 닥쳤을 때 회복력을 더 발휘하는 것으로 보입니다. 왜냐하면 이미 서로를 아는 자원자와 사람들의 준비된 네트워크 덕분에 쉽게 지원할 수 있기 때문입니다."93

전국 각지에서 공동체 채소밭이 생겨났다. 정력적인 집단인 코팜케임브리지CoFarm Cambridge는 2030년까지 자체 재원, 지역 기부금, 기업 후원금 등을 사용해서 모든 기초단체 지역마다 최소한 한개를 설립하는 것을 목표로 했다. 한 자원 집단은 2020년에 적절한 이름인 헥삼프레시푸드뱅크Hexham Fresh Food Bank를 출범했다. 이는 웨스트노섬버랜드의 저소득층 수백가구에게 무료 식품을 제공하는 2백개 이상의 식량 재배자 네트워크이다.94

또다른 모범적인 사례는 브리스틀에 있는 골든힐 공동체 채소밭이었는데, 감옥과 초등학교 사이에 있는 2백 제곱미터의 안전지대이다. 2011~13년 자원활동가들이 늪지대를 휠체어가 다닐 수 있는 그린 존으로 바꾸었다. 여기에는 큰 연못이 있으며, 채소밭과 빽빽하게 심은 과실수와 견과류 나무, 과일 관목, 먹을 수 있는 지표 식물로 이루어진 '먹을 수 있는 숲'이 조성되었다.95

공동체 채소밭은 현재 영국 전역에서 찾아볼 수 있다. 린던의 클래펌 공유지에 있는 공동체 채소밭에서 일하는 한 자원활동가는 이렇게 설명했다.

우리는 공동 토지에서 채소와 작물을 길러서 기부를 하기 위해 주말에 팔며, 그러면 다시 채소밭에 투자됩니다. (…) 남은 생산물은 잼과 처트니 소스로 만드는데, 이 또한 공동으로 이루어집니다. 가끔 우리는 가대식 테이블에 앉아 점심을 함께

먹습니다. 우리가 심고 기른 생산물을 먹는 거죠. 최근에는 세포 재생을 연구하는 박사과정 학생과 은퇴한 국제 구호 전문가 사이에 앉아서 점심을 먹었는데, 그 어떤 디너파티보다 더 나았다고 생각했던 것이 떠오릅니다. (…) 우리는 함께 일하고 인생, 정치, 음식에 대해 이야기를 합니다.96

공동체 채소밭과 시민농장이 증가하면서 나타난 한가지 미덕은 더 많은 사람들이 과일과 채소를 권장되는 하루 5회 분량으로 먹는다는 것이다. 이것은 여러 세대에 걸쳐 은폐된 형태의 불평등이었다. 코로나바이러스 팬데믹 이전에 부유한 상위 20퍼센트는 가난한 하위 20퍼센트보다 평균적으로 1회 분량 이상을 더 먹었다. 이것이 문제인 것은 과일과 채소가 부족한 식사는 뇌졸중, 심장질환, 몇몇 암을 일으킬 위험을 증가시키기 때문이다.97
　여러 활동의 스펙트럼 끝에는 게릴라 채소밭 가꾸기라는 무정부주의적 실천이 있었는데, 이는 여러 집단들에게 사용되지 않거나 방치된 공적 공간에 꽃과 기타 관상용 풀을 심으라고 장려하는 국제적인 소규모 운동이었다. 이 운동은 1970년대에 시작되었지만 2004년에 런던에서 블로그 겸 조직인 게릴라가드닝 GuerrillaGardening.org으로 공식화되었다. 주된 목적은 공간들을 더 미학적으로 즐겁고, 녹색이고, 건강하게 만드는 것이었으나 축소되는 공유지에 관해 항의하는 또다른 목표도 있었다. 엄밀히 따지면 불법인 플랜팅planting은 오랫동안 주로 밤에 이루어졌다. 그러나 지금은 좀더 공개적인 일이자 사회적으로 환영받는 일이 되었다. 공동의 활동은 공유화의 형태로 공동 토지에서 수행된다.

이와 관련된 또다른 변화는 공유 공원을 새로 만들고, 되살리고, 확대하기 위한 독립적인 전국 프로그램을 시행하겠다는 진보동맹정부의 약속이었다. 이것은 캠리스트리트자연공원Camley Street Natural Park에서 영감을 받은 것인데, 이는 켄 리빙스턴이 광역런던시의 시장을 지내던 시절의 유산이다. 광역런던시의회는 빅토리아 시대에 석탄 하치장으로 사용되던 리젠트운하 옆의, 축구장 크기의 버려진 땅인 콜드롭스야드Coal Drops Yard를 바꾸는 데 재정을 투입했다. 1985년에 리빙스턴은 이곳을 야외교실로 개장하면서 이렇게 선언했다. "죽은 지역이 바뀌어 도심 한복판에 시골 같은 환경이 조성되었습니다."98

공유화에 대한 이런 움직임은 공유화의 윤리와 평등주의에 대한 신자유주의 이데올로기의 적대감이 절정에 달했던 때에 등장했다. 우익 미디어는 공원을 재정 낭비라고 공격했고, 마거릿 새처가 1년도 안 되어 광역런던시의회를 폐지한 것은 상징적인 일이었다. 그러나 그 공원은 살아남았고, 매년 도심에 사는 아이들 5천명이 방문해서 이곳의 호젓함을 경험하고, '연못에서 멱을' 감고, 연못에 사는 생물과 새들을 보면서 즐거워했다. 이곳은 코로나바이러스 팬데믹 기간에 재단장되어 재생된 공유지의 봉화가 되었다. 이 공원을 관리하는 런던야생생물트러스트의 대표는 "각 구borough마다 최소한 이런 곳이 다섯군데는 있어야 한다"라고 말했다.99

식품을 소비하는 곳 가까이서 기르는 '하이퍼로컬 푸드'라는 형태로 공유 농업도 성장했다. 몇몇 식당과 가게 들이 자신의 부지를 사용하거나 주민들과 협력하기 시작해서 파머스 마켓 그리고 길가에 생산물을 놓아두고 판매하는 채소밭 운영자 집단들과 겹치게 되었다. 실내 혹은 지하에서도 영양분 강화 물과 인공조명을 이용해서 흙 없이 식물을 기르는 수경재배가 번성했다.

코로나바이러스 팬데믹에 대한 사회적 반응의 한가지 모습은 의사가 약품 처방을 하는 게 아니라 '그린' 혹은 '블루'의 사회적 처방을 하는 게 늘었다는 것이다. 이는 야외 활동에 참여하거나 ('그린') 습지 프로그램에 참여하는('블루') 등 자연에서 시간을 보내는 게 정신질환을 방지하는 데 도움이 된다는 것을 보여주는 연구들이 늘어난 데 따른 것이었다. 잉글랜드 국민건강보험의 최고 책임자였던 (나이절) 크리스프 경은 오래된 아프리카의 격언으로 그러한 사회적 처방을 옹호했다. "건강은 가정에서 만들어지며 병원은 치료를 위한 곳이다."[100]

오스트레일리아의 어느 연구에 따르면 매주 녹색 공간을 30분 이상 방문하면 우울증을 7퍼센트 줄인다고 한다.[101] 영국의 어느 연구에 따르면 매주 자연을 2시간 방문하면 웰빙이 상당히 증진된다.[102] 삼림욕은 포레스트리서치가 보수적으로 추정한 바에 따르면 정신질환 치료 및 노동일 상실에 대해 연간 1억 8500만 파운드를 절약했다.[103] 야생조류및습지트러스트[WWT]도 습지에 가는 게 정신건강과 신체건강을 개선할 뿐만 아니라 사람들을 하나로 모아내 공동체 감각을 강화한다고 보고했다. 게다가 습지는 도시의 온도를 떨어뜨리고 홍수를 줄이고, 대기오염을 막는 데 도움

이 되며 이 모든 것은 분명히 건강과 환경에 혜택이 된다고 보고 했다.[104]

블루 처방 프로젝트에 따르면 불안증이나 우울증 진단을 받은 사람들 가운데 WWT와 정신건강재단이 설계한 6주짜리 습지 코스에 참여한 사람들은 임상 정신건강 등급이 평균 이하에서 평균으로 올라갔다.[105] 이것은 개인들과 사회 모두에 이득이 되도록 공동으로 사용한 시간이었다. 기본소득이 있으니 공유화가 좀더 용이하게 이루어졌다. 사람들이 일자리를 잃거나 소득 전부를 잃을 두려움이 적어졌기 때문이다. 2019년에 캘리포니아주 스톡턴시에서 시작한 2년짜리 보장소득 실험이 보여준 것처럼 공유지 배당도 유사한 효과가 있었다. 사람들이 더 많은 시간을 지역 경제에 썼던 것이다.[106]

퍼머컬처

퍼미컬처permaculture는 또다른 인기 있는 공유화 및 일의 형태가 되었으며, 일자리나 노동을 억지로 만드는 것과는 무관했다. 퍼머컬처의 주도적인 실천가들이 표현한 것처럼 그 윤리적 원칙은 (잉여 식량 및 기타 생산물의 분배에서) '땅의 돌봄, 사람의 돌봄, 공정한 몫'이었다.[107] 퍼머컬처는 식량 재배의 전체론적 접근법을 강조하는 것인데, 유기적이고 생물다양적이고 저비용인 방법, 자연 재료 등의 사용, 퇴비 사용, 재순환 등을 통해 자연 체제에 공명한다. 또한 회복력 있는 지역 공동체와 문화를 지원하는 것도 목표로 한다.

전세계 곳곳에 많은 퍼머컬처 지지자들, 특히 1970년대 말에 운동이 시작된 오스트레일리아의 지지자들은 공동체 거버넌스를 존중하면서 식량, 주거, 물, 폐기물, 에너지 체제의 공급을 위해 공유지 원칙을 수용하고 있다. 그들은 신자유주의적 자본주의를 선형적 체제라고 보면서 신자유주의적 자본주의 및 무한한 경제 성장에 대한 그 신조를 거부한다. 선형적 체제는 생산, 소비, 폐기 에서 지속적으로 속도에만 초점을 맞추면서 가능한 한 짧은 시간 에 가능한 한 많이 생산하고 있으며, 구식이라고 간주되는 것을 폐기한다.

퍼머컬처의 열렬한 지지자들은 모두가 이 원칙을 채택하고, 스스로 식량을 재배하고, 수자원과 에너지 자원을 돌보고, 폐기물을 최소화하기 위해 노력해야 한다고 믿는다. 그리고 여기에는 공적 행동을 위한 의미도 있다. 한 지지자는 이렇게 논평했다. "우리가 개인적 수준에서 무엇을 할 수 있는지를 보여준다면 우리의 전망 은 무력한 것에서 긍정적인 것으로 바뀐다."[108] 이것이 의미하는 것처럼 우리가 시간을 사용하는 방식은 우리가 생각하는 방식과 가치에 영향을 미쳐 공동체와 사회에 참여하는 모습을 규정한다. 이는 아리스토텔레스가 필리아 혹은 시민적 우정이라고 부른 것 이었다.

퍼머컬처 운동은 우리 주위의 자연세계를 관찰하고 이해하는 데 쓰는 시간에 높은 가치를 둔다. 퍼머컬처 강좌는 "관찰의 핵심 기술, 즉 우리의 속도 빠른 사회가 그럴 시간이 없다고 말하는 어떤 것"을 도입했다.[109] 보기 위해 멈추고, 주시하기를 선택하고, 낮선 것을 친숙하게 만들라. 우리의 관찰 감각을 회복하는 것은 공유화의 일부이다. 관찰은 우리를 현실에 근거하게 하고, 자연과 가깝게 하고, 자연의 일부이게 하고, 자연을 보호하게 한다.

퍼머컬처의 열렬한 지지자들을 추동하는 이상주의가 전지구적인 생태사회적 위기에 대한 이런 방식의 대응을 비웃는 것으로 이어져서는 안 된다. 에드먼드 버크가 사회를 구성하는 수많은 결사체를 묘사했던 것을 이용하자면, 전환을 위한 분위기는 같은 생각을 가진 '작은 소대'에 의해 만들어진다. 퍼머컬처는 프레카리아트 대열에 있는 예술가들의 프로젝트 지향적 라이프스타일과 함께 가고 있다. 둘 다 협동적인 공동체와 공유화 활동을 양성하며, 이는 다른 미덕들 중에서도 특히 인종, 연령, 젠더라는 차별적인 경계를 넘어선다.

퍼머컬처는 사람들로 하여금 불확실성에 맞서고 충격에 대한 사회적 강건함과 회복력을 기를 수 있는 실행 가능한 방법을 제공한다. 불확실성이 불안전의 핵심인 경제 체제에서는 다양한 범위의 시간 사용에 기초한 협동과 공유가 더욱 장점을 발휘한다. 진보동맹정부가 공유지 배당을 도입함으로써 사람들은 자신의 시간에 대한 더 많은 통제권을 가지게 되었고, 관찰, 생물다양성의 보호, 자원 보존에 시간을 쏟는 것에 대한 걱정이 줄었으며, 지역 생산물을 기르고 향유하게 되었고, 표준화된 맛의 제약 및 기성 브랜드에 대한 유순한 소비로부터 벗어날 수 있게 되었다.

이 운동의 에토스를 상징하는 것으로, 코로나바이러스 팬데믹 기간에 노샘프턴셔에 있는 한 공동체 퍼머컬처 농장은 이 지역의 호텔에 묵고 있던 홈리스들에게 채소 식사를 배달했다. 이 농장은 또한 코로나바이러스 지원 그룹을 돕기 위해 핵심 노동자들, 가정폭력으로 안전가옥에 있는 사람들, 장애인들, 바깥출입을 못하는 노인들에게 식사를 배달했다. 이 농장의 공동 창립자 새뮤얼 이스라엘은 "우리의 목표는 홈리스 및 취약한 성인들을 어머니 대지와 연결하여 사람들의 정신적·신체적 웰빙을 개선하는 한편 자연에 뭔가를 돌려주는 것이다."[110]라고 말했다.

이런 형태의 모든 공유화는 공유지 배당 덕분에 규모에 상관없이 하기가 더 쉬워졌으며, 이로 인해 일자리에서 노동을 수행해야 한다는 압력이 줄어들었다. 공유화에 참여한다는 것은 활동을 공유한다는 것 이상을 의미한다. 그것은 또한 신자유주의하에서 지배적인 약한 관계가 아니라, 사람들 사이에 더 강한 연결과 관계를 만들어낸다. 그것은 자연에 대한 존중을 증대한다.

익숙한 고목 앞이나 익숙한 식물과 풍경이 있는 땅에서 시간을 보낼 경우 그것을 더 존중하게 되고 그것을 보존하기를 원하게 된다. 고목은 어린나무가 가질 수 없는 커다란 자연적 가치가 있으며, 자기 안과 주위에 있는 다양한 종들을 보살핀다. 주기적으로 나무 아랫부분을 잘라내고 그 나무가 다시 자라게 하는 저목림작업coppicing이라는 오래된 공유화 활동은 생물다양성에 기여하며, 나무가 더 오래 살고, 그 힘을 회복할 수 있게 했다. 그리고 고목에는 텅 빈 구멍과 썩은 부분이 있어서 새, 곤충, 기타 생물의 보금자리가 된다.[111]

저목림작업이 다시 번성하기 시작했고, 최소한 고대 로마까지 거슬러 올라가는 또다른 공유화 활동인 두목치기pollarding도 번창했다. 나무의 높은 곳을 정기적으로 잘라주는 것은 1217년 삼림헌장에 명시된 에스토버estover의 권리, 즉 공유지에서 잔가지와 가지를 가져갈 권리와 연결되어 있다.

코로나바이러스 팬데믹 기간에 작은 싹처럼 솟아나 전국적 운동이 된 여러 공유화 실천들이 있었다. 예를 들어 도시 거주자들이 자기 지역에서 아주 오래된 삼림지대를 부활시키는 주체가 되었다. '1600년부터 있었던 숲woods'으로 규정되는 아주 오래된 삼림지대는 계속해서 조금씩 잠식되어 2021년 현재 잉글랜드와 웨일스의 2.5퍼센트에 불과하다. 런던 내부와 주위에 있는 아주 오래된 삼림지대를 부활시키려는 움직임이 이전에도 있었는데, 가장 유망했던 것은 덜위치의 시든햄힐우드이다.112 지금은 전국의 도시와 타운에서 여러 집단이 더 많은 곳을 구하기 위해 움직였다.

이것은 2000년대 초반에 시작되어 주로 삼림지대의 사적 소유자들이 소규모로 직접 했던 것에 한정되었던 재야생화 운동과 연관되었다.113 생물다양성이 높은 생태계를 회복하고 증대하려는 이런 노력의 성공에 고무된 진보동맹정부는 전 국토의 약 13퍼센트를 차지하는 모든 삼림지대 소유자들에게 이 사례를 모방하고 일반인들이 출입할 수 있도록 하라고 촉구했다. 삼림지대의 재야생화는 저목림작업과 이삭줍기 같은 공유화 실천을 회복시켰다. 이 일은 이윤이 아니라 자연에 대한 사랑에 의해 추동되었다.

공동체 바다밭

진보동맹정부는 또한 공동체 바다밭이라는 형태의 바다 공유화를 장려했다. 섬나라인 영국은 작은 만과 하구가 많은 방대한 해안선이 있다. 또한 영국에는 120개의 상업적 선하 취급 항구와 4백개의 더 작은 항구가 있다. 덴마크에서 이루어진 바다밭 개발이 영국의 항구 근처 지역에서 같은 일을 하자는 캠페인에 영감을 주었다.

2011년에 한 지역 결사체가 덴마크의 에벨토프트항에서 바다시민농장을 만드는 일을 시작했다. 공동체 구성원들이 조개와 해초를 기를 수 있는 바다의 구역을 지정하고, 이 과정에서 더 깨끗한 해양 환경을 제공하고 오래된 어항을 되살리는 일이었다. 2022년까지 15개의 바다시민농장협회가 생겨났다. 가장 큰 것은 케르테민데바다밭Kerteminde Maritime Haver이며, 10개 이상이 더 만들어지고 있었다. 초기에는 시민농장 보유자들이 자신의 개인 구역에서 홍합을 기르는 데 초점을 맞추었다. 그러나 곧 그들은 더 긴밀한 협업이 공동체 전체에 이득이 되는 정도에 따라 숙련기술과 시간 가용성이 달라진다는 것을 깨달았다.

현재 덴마크의 모든 바다 시민농장은 일을 공동으로 수행한다는 원칙에 근거해서 관리되고 있다. 케르테민데의 연간 가족 회비는 2022년에 5백 덴마크크로네(60파운드)인데, 이는 항구 사용, 요트클럽의 클럽하우스 임대, 폐기물 처리 등에 쓰인다. 협회는 어업용 윈치winch가 있는 오래된 어선을 사들였고, 회원들은 슈거 켈프sugar kelp라는 해조류를 키우기 시작했고 바닷가재를 끌어들

일 계획을 세웠다.114

비슷한 시기에 태평양에서는 수천년 동안 토착민 공동체에서 번성했던 조상 전래의 바다밭을 부활시키고 지원하려는 운동이 등장했다. "토착 지식의 보유자, 공동체 실천가, 대학 연구자, 예술가"를 자칭하는 태평양바다밭 공동체가 이끄는 이 운동은 토착적인 바다양식 관행에 대한 관심을 불러일으켰고 "회복력 있고, 지속가능하고 평등한 식량 체제"를 재수립하는 광범위한 움직임으로 이어졌다.115 태평양 지역의 공동체들이 보조금을 받는 산업적 어업의 압력 속에서 사라졌던 공유화 실천을 재시작했다.

태평양 바다밭 부활의 성공은 덴마크의 접근법을 모방하려는 진보동맹정부에게 더 큰 자극이 되었다. 이에 따라 진보동맹정부는 영국 해안선에서 가능성 있는 지역을 찾기 시작했다. 바다 공유화가 재탄생했다.

공유sharing와 재활용

21세기 초에 공유경제 운동이 등장했으나 우버, 딜리버루, 에어비앤비 그리고 기타 지대 추구 기업들에 의해 재빨리 빼앗겼다. 하지만 또다른 유형의 공유화로서 소비를 위한 일이며 물물교환과 유사한 공유 운동도 늘어났다. 지역 그룹들이 생겨나서 도구, 가전제품, 교통수단 등과 같은 내구소비재의 공유를 용이하게 했고, 더이상 필요하지 않은 모든 종류의 물품을 '기증'할 수 있게 했다.

사람들은 잘 사용하지 않는 내구재 그리고 잘 입지 않는 옷까지 공유할 때의 조심스러운 문턱을 넘어섰다. 특히 여성들은 패션산업으로 인해 여전히 입을 만한 옷을 버리거나 유행이 지난 옷을 옷장에 처박아두곤 했다. 많이 인용되는 연구 결과에 따르면 미국인이 매년 쓰레기 매립지에 보내는 옷의 95퍼센트가 몇년을 더 쓰거나 재판매할 수 있을 정도로 상태가 좋았다.116 왜 이것들을 공유하거나, 빌려주거나, 재활용하지 않는가?

코로나바이러스 팬데믹 기간에 판매 가격의 20~60퍼센트로 옷을 재판매하거나 빌려주는 것을 중개하는 상업 플랫폼이 등장했다. 더리얼리어, 바이로테이션, 로타로, 스레드업, 데팝, 포시마크, 베스티에르 같은 기업들은 이 사업을 새로운 지대 추구 자산 등급으로 바꾸었다. 옷을 빌려주는 사업은 재판매만큼이나 빨리 성장했다. 미국에서는 호화 옷장이 있는 부유한 여성들이 매달 임대업으로 2550파운드(3300달러)를 벌었다. 카메라 같은 다른 많은 물품도 같은 방식으로 거래되었다. 2022년에 이러한 임대업 전체의 전지구적 가치는 수십억 달러에 달했다.

그러나 그것이 상업적이어야만 했는가? 진보동맹정부는 자발적인 공유, 수선, 재활용을 장려하고자 했으며, 이런 활동을 건강한 환경에 필수적인 것이자 공동체 유대를 강화하는 방법으로 보았다. 공유화로서의 공유는 처음에는 옷을 목표로 삼았던 노후화 반대 운동Anti-Obsolescence Drive에 의해 촉진되었다.

가능한 곳에서는 사람들이 새 옷이 아니라 중고 의류를 사도록 장려했다. 이것은 긴축 시대에 중고 의류를 파는 자선 중고품 가게가 우후죽순 늘어나면서 다시 불이 붙었다. 진보동맹정부가 장려한 공동체 그룹들은 또한 오랫동안 교회가 모금을 할 때 사용했지만 신자들이 줄면서 거의 사라졌던 자선 바자를 부활시켰다. 사람들은 다른 사람이 여전히 사용할 수 있거나 수선해서 사용할 수 있는 옷을 가져다주어, 무시해도 될 정도의 가격으로 살 수 있었다. 사람들이 생태 비용을 인정하게 되면서 몇번 입고 버리는 값싼 옷을 제조하는 패스트패션 산업이 인기를 잃었다. 생태학적 논변은 설득력이 있었다. 왜냐하면 의류 산업과 유통업이 전지구적 탄소 배출의 2~8퍼센트에 책임이 있다는 것이 드러났기 때문이다. 이는 항공이나 해운보다 더 많은 것이었다.[117]

다른 공유 물품들과 관련해서, 진보동맹정부의 진부화 반대 운동은 미국에서 기원하는 두개의 반^{反}상업 운동에 근거해 형성될 수 있었다. 2003년에 애리조나에서 출범한 프리사이클 네트워크에는 2022년에 110개국 9백만명 이상의 회원이 속한 5천개 이상의 마을 그룹이 있었다. 여기에는 프리글Freegle이라 부르는 유사한 진국 네트워크가 있는 영국도 포함되어 있다. 프리사이클의 창립자이자 전무인 데런 빌과 직원들이 월급을 받긴 하지만 네트워크는 자발적인 자원봉사자 수천명이 무급으로 일을 해서 운영되었다.

누구나 지역의 프리사이클 그룹에 가입할 수 있고, 더이상 원치 않는 자신들의 물품을 온라인에 게시하여 무료로 줄 수 있다. 유일한 제약 조건은 물품이 합법적이고 '모든 연령에 적합해야' 한다는 것이다. 2022년이 되면 이 네트워크는 '좋은 물건'이 하루에 1천 톤 이상 쓰레기 매립지에 가지 않도록 하며, "아무런 조건

없이 무료로 기증함으로써 프리사이클 네트워크 회원들이 지역 공동체의 유대를 강화하고 환경의 지속가능성과 재사용을 장려할 수 있도록 관대한 정신이 스며드는 데 도움이 된다"고 주장했다.[118]

미국에 기원을 둔 또다른 운동은 이른바 '수리권'인데, 제조업체에게 생산물을 수리 가능하게 설계하고, 소비자 및 제3자가 수리할 수 있도록 허용하라고 요구하는 것이다. 이는 애플이 아이폰에 들어 있는 낡은 배터리를 교체하도록 허용하지 않고 새 폰을 사게 한 것에 분노한 사용자들이 항의하면서 쟁점이 되었다. 수리권은 자동차, 세탁기, 식기세척기 같은 내구소비재에 든 전자 제어 장치에도 적용되었다. 2022년에 미국 의회는 「공정한 수리법」Fair Repair Act을 통과시켰는데, 제조업체가 사람들이 전자 장치나 설비를 수리하거나 수리를 맡길 때 필요한 도구와 문서를 제공하도록 요구하는 것이다.

영국은 2021년에 에너지 관련 생산물의 생태적 설계 및 에너지 정보 규제 법을 통해 더 일찍 입법했다. 이는 스마트폰과 노트북을 제외한 식기세척기, 세탁기, 건조기, 냉장고, 냉동고, 텔레비전 등 내구소비재 제조업체들이 소비자와 수리 가게가 이용할 수 있는 여분의 부품을 만들도록 의무화했다. 2023년에 유럽연합도 수리권 법률을 도입했다. 그리고 더 많은 기업들이 이런 흐름에 맞추어 의무를 지게 되었고, 소비자들이 오래된 모바일 핸드폰같이 더이상 쓰지 않는 물품을 반환해서 재수리, 재판매, 재활용할 수 있게 장려해 전자 폐기물을 줄였다. 유엔은 2021년에 지구상의 모든 사람이 평균 7.6킬로그램의 e-폐기물(플러그나 배터리가 있는 모든 것)을 생산하고 있으며, 전세계적으로 5700만톤을 만들어낸다고 추산했다. 이 가운데 6분의 1만이 재활용되었다. 나머지는 재사용될 수 있는 유용 금속과 희토류뿐만 아니라 수은 같은 독소도 포함하고 있었으나 버려졌다.[119]

진부화 반대 운동 외에도 진보동맹정부는 자발적으로 웹사이트를 디자인하고 공유 서비스 공동체의 정보를 알려주는 사람들에게 약간의 인센티브를 지급하는 정책을 도입했다. 재계는 경제성장을 둔화시킨다고 말하면서 이에 반대하는 로비를 집중적으로 벌였다. 그러나 대중은 진보동맹정부 편이었고, 정부는 동요하지 않았다.

미디어 공유지

아주 다른 형태의 공유화가 미디어에서 일어났다. 2022년에 미디어개혁연맹Media Reform Coalition이라고 알려진 그룹이 '인민의 미디어를 위한 선언'을 발표해서 공유지로서의 미디어를 다시 상상하게 했다. 대체로 사적 주류 미디어는 부호계급이 소유하고 지배했다. 그리고 소셜미디어, 특히 메타와 트위터는 '가짜 뉴스'와 잘못된 정보의 확산을 용이하게 함으로써 정치적 양극화를 증폭하고 극우 포퓰리즘을 조장하는 수단으로 바뀌었다. 영국 대중의 3분의 2 이상은 미디어가 객관적이고 비당파적이라는 것을 신뢰하지 않는다고 말했다.[120]

진보동맹정부는 BBC와 채널 4를 상호회사로 만들자는 계획을

담은 앞의 선언에서 아이디어를 가져왔다. 이는 중앙정부와 관료제에 의한 단독 통제를 끝내고 공적 재원으로 뒷받침되는 위임받은 유사 협동조합 모델을 채택한 것이다. 대중은 관리 이사회의 이사가 될 대표자를 선출하고, 위탁할 프로그램을 제안하고 보도를 검토할 패널이 되는 등 결정에서 발언권을 가지게 될 것이었다. 이는 공공사업의 한 형태였으며, 여기에 시간을 할당하는 사람들에게 보상이 주어질 터였다. 또한 진보동맹정부는 공유지 모델을 추구하는 3백개 이상의 공동체 라디오 방송국을 포함해서 지역 미디어를 지원할 기금을 별도로 마련했다. 독자나 청취자는 주주로서 직접 소유자가 되기 위해 매달 소액의 요금을 낼 수 있으며, 선출된 회원은 경영 이사진으로 일한다.

문화적 공유화

진보동맹정부는 자본주의가 민주주의와 진보 정치가 의존하는 문명, 즉 공적인 문화 참여 및 능동적인 정치생활 참여라는 두가지 시간 사용이 극심한 압박을 받을 때까지 시간을 상품화했다는 것을 적시에 깨달았다.

고대 그리스에서는 위대한 비극이나 희극을 관람하기 위해 원형극장에 가는 것이 오락 이상의 것이었다는 점을 기억하자. 그것은 공감과 동정을 배우고, 감정을 사회화하고 도덕을 강화하는 일이었다. 반면에 자본주의는 언제나 정신을 잠재적으로 전복적인 방향으로 이끄는 정신적 확대가 아니라 대중이 가능한 한 많은 시간을 노동에 그리고 더 많은 노동을 준비하는 소비와 회복에 쓰도록 함으로써 번성했다.

자본주의하에서 문화는 사람들을 계급 분할선을 따라 나누는 경향이 있는데, 엘리트와 부르주아지는 '교양 있는' 문화의 주된 청중인 반면 대중에게는 지나치게 단순한 오락을 전달한다. 진보동맹정부는 어떻게 사람들이 더 많은 시간을 모든 종류의 문화 활동에 사용하게 장려할 수 있었는가? 비록 역대 보수당 정부들이 대부분의 문화 공유지에 대한 재정을 삭감하긴 했어도 정부들은 오랫동안 박물관, 극장, 미술관, 오케스트라에 보조금을 주었다. 하지만 저소득층 사람들, 특히 청년들은 티켓을 사야 하는 대부분의 이벤트를 감당하지 못하거나 다른 대안을 찾았다.

따라서 진보동맹정부는 2016년 이탈리아, 2021년 프랑스, 2022년 에스파냐와 독일에서 개척한 정책을 채택했다. 프랑스에서는 청년 문화 이용권인 파스퀼튀르pass Culture 3백 유로를 모든 18세에게 주었다. 이는 도서, 미술 재료, 예술 강좌, 악기, 문화 디지털 플랫폼 구독만이 아니라 영화관, 박물관, 극장, 콘서트 티켓에 쓸 수 있는 앱 기반 바우처이다. 이후 이는 15세 이상으로 확대되었다. 에스파냐 정부는 유사한 일을 했는데, 4백 유로 상당이었다. 독일의 정책은 2백 유로의 쿨투어파스Kulturpass를 주는 것이었다.

하지만 진보동맹정부는 이러한 정책이 가부장주의적이며, 코로나바이러스 팬데믹 때 식당에 가는 사람들에게 보상하기 위해 지급되었던 잘못된 보조금을 상기시킨다는 점을 깨달았다. 프랑스의 정책은 사용처의 범위가 너무 넓어서 사회적인 공유화 목표를 좌절시켰다. 진보동맹정부는 상호적이고 성찰적인 문화에 대중이 참여하도록 하고, 일부 사람들이 이른바 문화 결핍이라고 부르는 것을 극복하기를 원했다. 이런 점을 염두에 두면서 진보동맹정부는 학교를 졸업한 모든 사람들에게 2백 파운드의 바우처를 지급해서 졸업 후 3년 이내에 박물관, 미술관, 극장 등에서 사용할 수 있게 했다. 진보동맹정부는 그 목적이 이 나라의 문화적 전통에 대한 감상과 문화적 공유지의 정신을 부활시키는 것이라고 주장하면서 이 정책이 엘리트주의적이라는 비판을 반박했다.

슬로우 타임 운동

> 모래 한알에 담긴 세계를 보라
> 그리고 들꽃에 담긴 천국을
> 너의 손바닥에 있는 무한을 움켜쥐라
> 그리고 한시간 안에 있는 영원을
> ─ 윌리엄 블레이크 「순수의 전조들」(1803)

공유화는 대개 느리고, 공유된 시간을 존중한다. 진보동맹정부가 권력을 잡은 이후 형성된 슬로우 타임 운동은 1986년 로마 중심부에 맥도날드 매장이 문을 여는 것에 반대하는 카를로 페트리니의 대담한 항의로 시작된 전통에서 기원했다. 이것은 슬로우 운동의 이름을 바꾼 슬로우푸드 운동 창출의 불꽃을 댕겼고, 이후 약 150개 나라로 확산되었다. 2004년에 칼 오너리는 독창적인 책인 『시간자결권』*In Praise of Slowness*을 썼고, 『파이낸셜 타임스』는 이 책을 "『자본론』이 공산주의에 대해 가지는 것과 같은 것을 슬로우 운동에 대해 가지고 있다"라고 썼다. 오너리는 말한다.

그것은 더 빠른 것이 언제나 더 낫다는 관념에 반대하는 문화혁명이다. 느림의 철학은 모든 것을 달팽이의 속도로 하자는 것이 아니다. 느림의 철학은 모든 것을 올바른 속도로 하는 것을 추구한다. 시간과 분을 그저 세는 것이 아니라 향유하는 것이다. 모든 것을 가능한 한 빨리 하는 대신 가능한 한 잘하는 것이다. 일부터 음식 그리고 육아까지 모든 것에서 양보다 질을 추구하는 것이다.[121]

코로나바이러스 팬데믹은 슬로우 운동을 추동한 아이디어에 대한 지지를 강화했고, 전국적인 슬로우 타임 운동으로 구체화되었다. 이는 탈성장 정서 그리고 진보동맹정부가 촉진한 공유화의 부활과 맞물렸다. 이는 공유지 배당으로 뒷받침되었는데, 공유지 배당은 사람들에게 속도를 늦추고 자신의 활동에 더 많은 시간을 쓸 수 있게 경제적 보장을 해주었다. 오너리는 저서에서 경제성장과 생산성을 최대화하는 데 초점을 맞춘 세계에서 속도를 늦추지 못하게 하는 주된 걸림돌은 공포라고 주장했다. 공포는 불안전으로부터, 불확실성으로부터, 청원자가 되는 것으로부터 온다. 공유지 배당은 소득 보장으로 그러한 공포를 줄이고 슬로우 타임이 번성할 수 있는 조건을 창출했다.

슬로우푸드 운동에는 여러 교훈이 있었는데, 그 가운데 하나가 패스트푸드 역설이었다. 평균적으로, 특히 부유한 나라들에서 인간은 이전 세대보다 더 많이 먹으며, 대부분의 도시에서는 전세계에서 온 음식을 먹을 수 있다. 그러나 역설적이게도 인류 전체는 과거에, 수렵채집인들이 먹던 것보다 훨씬 덜 다양한 음식을 먹는다.122

맛이 상업화에 의해 동질화되었다. 경작지는 몇몇 곡물과 기타 고에너지 산출 작물에 집중되었으며, 농업 토지의 거의 4분의 3이 가축에 할당되었다. 이 가축들은 가능한 한 빨리 도살되고 가능한 한 빨리 유통되고 섭취된다. 과거에 수확되었던 수천종의 식물이 버려졌다. 여기에 대항하는 운동이 필요했는데, 슬로우푸드 문화를 만드는 것에 더해 지역 식물 및 기타 영양원을 회복해야 했다.

2011~12년에 인도 마디야프라데시주에서 있었던 대규모 기본소득 시범 운영에서 나온 예상치 못한 결과는 매달 기본소득을 지급하자 곧 지역 곡물 품종들이 부활했다는 것이다. 이것들은 예전에는 정부의 가부장주의적 공공 유통 체제에 의해 주변화된 터였다. 정부는 표준화된 종류의 쌀과 밀로 만들어진 식품에만 보조금을 주었던 것이다.123 기본소득으로 지역 사람들은 전통적인 지역 품종을 다시 기르기 시작했고 이를 지역 시장에서 판매했다.

일에 쓰는 시간 그리고 슬로우푸드 생산 및 소비에 쓰는 시간은 국가 가부장주의가 후퇴한 결과였다. 공유지 배당이 도입된 직후 영국 전역에서도 같은 결과를 볼 수 있었다.

숙의 민주주의: 스콜레의 부활

자기 쪽 주장만 아는 사람은 그 주장에 대해 거의 모르는 것이다. 그의 이유들은 좋을 수도 있고, 누구도 그 이유들을 논박하지 못할 수도 있다. 그러나 그 역시 반대쪽의 이유들을 논박하지 못한다면, 그 이유들이 무엇인지 그리 잘 알지 못한다면, 그는 어떤 의견을 선호할 근거도 없는 것이다. (…) 반대자들의 주장을 그 자신의 스승들로부터 듣는 것, 즉 그것이 스승들이 진술하는 대로 제시되고, 스승들이 제공하는 반론이 수반되는 것도 충분하지 않다. (…) 그는 반대자들의 주장을 듣되 그것을 실제로 믿는 사람들로부터 (…) 들을 수 있어야 한다. (…) 그는 반대자들의 주장을 가장 일리 있고 가장 설득력 있는 형태로 알아야 한다.

——존 스튜어트 밀 『자유론』(1859)

공적 담론의 사유화는 소셜미디어의 의심스러운 성취였다. 성공적이고 지속가능한 민주주의는 신뢰에 기반을 둔 광범위한 사회적 네트워크, 강한 시민사회 제도, 공유된 이야기, 강건한 공유지 등을 필요로 한다. 그러나 소셜미디어는 이 모든 요소들을 약화했다. 미국의 심리학자인 조너선 하이트는 미국의 주도적인 소셜미디어 플랫폼인 페이스북과 트위터를 두고 새로운 바벨탑을 건설한 것이라고 묘사했다. 핵심적인 계기는 이 플랫폼들이 사용자들에게 '좋아요'를 클릭하고, 리트윗하고 공유할 수 있는 능력을 부여하여 연결성을 표피적인 게임으로 취급하도록 권장했을 때였다. 이 표피적인 게임의 목적은 분노를 일으키기 위해 만들어진 도발적이고 무반성적인 메시지가 담긴 바이럴 게시물을 만드는 것이었다.[124]

소셜미디어는 공동체 없는 커뮤니케이션을 강화했고, 귀 기울이지 않는 사람들의 대화를 축적했다. 몇몇 목소리만 들을 수 있거나 몇몇 목소리만 불균형하게 크게 들을 수 있다면 그것은 프리 스피치[언론의 자유]가 아니다. 그리고 다른 의견을 가졌을 법한 사람들의 목소리를 들을 시간이 너무 없다고 느낀다면 그것은 프리 스피치가 아니다.

민주주의는 규칙과 규준의 정당성 그리고 타협을 찾을 필요성의 광범위한 수용에 의존한다. 그러나 소셜미디어가 공적 제도에 대한 신뢰를 잠식했고, 정치적 견해 및 기타 견해를 양극화했다. 소셜미디어는 인기 없는 대의를 말하거나 결이 다른 의견을 내는 사람들을 괴롭히고 겁을 주는 통로가 되었으며, 이로 인해 자기검열과 다양한 목소리의 상실을 초래했다. 학자들은 논쟁적일 수 있는 견해를 표현할 경우 온라인 집단 공격과 일자리 상실을 우려하게 되었다. 소셜미디어는 분노와 공격의 지대가 되었다.

소셜미디어는 민주주의의 약점을 이용했는데, 이는 미국 헌법의 기초자 가운데 한 사람인 제임스 매디슨(1751~1836)이 훌륭하게 이해하고 표현한 바 있다. 1787년에 쓴 연방주의자 논설 제10번에서 그는 양극화된 분파는 성급하게 판단하는 경향이 있기 때문에 제도는 행동을 늦출 수 있게 만들어져야 하고, 타협과 진리를 찾는 숙의적 과정을 선호해야 한다는 점을 인식했다.[125]

고대 로마인들은 국가의 손에 있는 책임지지 않는 권력인 임페리움과 소수 개인, 이해관계자, 법인 들의 손에 있는 책임지지 않는 권력인 도미니움을 우려했다. 현대에 소셜미디어의 지원을 받아 임페리움과 도미니움 모두 힘이 커졌지만 상대적으로 도미니움 쪽으로 기울어졌다. 매디슨이 강조했던 것과 동일한 이유로 두 권력과 싸울 제도가 필요했다.

소셜미디어에서 이루어진 주장은 즉각 반박 없이 퍼질 수 있다. 이는 게시 기록에 근거하여 '좋아요'와 '공유'를 할 것이라고 예상되는 메시지를 사용자에게 보여주는 플랫폼 알고리즘 덕분이다. 그리고 인공지능 프로그램은 아무런 제약 없이 거짓을 확산시킬 수 있다.[126] 예를 들어 챗GPT —GPT는 '사전 훈련된 생성형 트랜스포머'의 약자이다— 는 실제 사람이 쓴 것처럼 보이는 완전히 거짓인 장문 기사를 생성할 수 있다. 여기에 더해 최신 스마트폰을 가진 사람이라면 누구나 할 수 있는 사진의 디지털 수정이 있으며, 실제 인물이 말하지 않았거나 현실에서 절대로 말하지 않을 어떤 것을 말하는 실제 인물을 생성할 수 있는 '딥페이크' 비디오가 있다.

가장 무서운 위험은 정치 조작이다. 적임자인 어느 논평자가 주장한 것처럼 "우리의 정보 생태계는 비현실로 향하고 있다."[127]

예를 들어 러시아가 소셜미디어에서 벌인 역정보misinformation 캠페인은 2016년에 도널드 트럼프가 당선되는 것과 같은 해 영국의 브렉시트 투표의 성공에 도움이 되었다.

그리고 대부분의 정치적 역정보의 의도는 반드시 특정 후보나 대의를 지원하는 게 아니라 담배 산업계가 흡연이 건강에 미치는 영향에 대해 쓰는 전술이나 거대 석유업체가 기후과학을 의심하게 하는 전술과 아주 흡사하게 의심과 혼란을 퍼뜨리는 것이다. 그 의도는 정치 체제에 대해 짜증 내고 체념하게 해서 정치적 장에서 벗어나게 하고 여기를 극단주의자들에게 개방하는 것이다. 모든 정치가들이 거짓말을 한다고 믿는다면 트럼프라는 사람이 정치를 하건 존슨이라는 사람이 정치를 하건 무슨 상관이겠는가?

그렇다면 무엇을 해야 했는가? 진보동맹정부는 두 방향의 운동을 개시했다. 첫째, 소셜미디어 플랫폼으로 하여금 게시물이 봇이 아니라 확인할 수 있는 실제 사람에 의해 만들어진 것이라는 점을 보장하게 하고, 제한된 수의 접촉을 넘어서서 게시물을 공유하려 할 경우 사람들이 시간을 더 쓰도록 해서 이를 어렵게 만들도록 요구했다. 이는 2020년대 초에 일부 소셜미디어 플랫폼이 마지못해 채택한 정책을 강화한 것이었다.

두번째 방향은 민주주의의 근본 원칙으로 돌아가고 존 스튜어트 밀의 주장을 존중하는 방식으로 가짜뉴스와 역정보 그리고 힘 있는 이해관계자들에 의한 조작에 맞서는 것이었다. 이를 위해 21세기에 숙의 민주주의, 즉 고대 그리스에서 전형적으로 시행했던 참여민주주의를 재발명하는 것이 필요했다. 진보동맹정부는 사회생활, 폴리스, 아고라 혹은 현대적 표현을 쓰자면 마을회관이나 타운 광장에 공적 참여를 위해 보호되는 질적 시간으로서의 스콜레를 부활시키는 것을 목표로 했다.

알렉시 드 토크빌이 1830년대 미국을 여행했던 것은 유명한 일인데, 이때 그는 시민들이 클럽, 협회, 정치에 능동적으로 참여하는 것을 보고 놀랐다. 그 이전에 북아메리카의 모든 집에 있었던 것으로 알려진 토머스 페인의 1776년 팸플릿 『상식』*Common Sense*은 필리아, 즉 시민적 우정이라는 아리스토텔레스의 관념에 기대 친구들 사이에 생기는 숙의민주주의라는 관념을 찬양했다. 이는 실제 일을 위한 시간 확보를 요했다.

숙의민주주의는 역정보와 싸울 수 있다. 왜냐하면 우리로 하여금 기존의 신념을 강화하는 생각만 듣는 확증편향의 수인이 아니라 공통의 사실적 근거에 기초해서 모든 종류의 견해를 듣고 판단하게 하기 때문이다. 이를 통해 숙의민주주의는 분열의 정치를 악화한다. 분열의 정치 속에서 정치가와 정당 들은 다른 정당의 지지자들이 가진 편견에 호소함으로써 다른 정당의 지지자들을 분열시키려는 의도로 고의적으로 분열적인 쟁점(이민 같은)을 강조한다.

또한 숙의민주주의는 무지의 베일 원칙, 즉 정책을 고려할 때 자신이 그 정책의 결과로 어떤 처지에 있을지 모르게 하는 원칙에 근거하여 쟁점을 논의함으로써 평등주의를 조성할 수 있다. 이런 방식으로 사고하도록 요구하거나 장려할 때 사람들은 좀더 평등주의적 정책을 지지하는 경향이 있다.

이런 측면에서 공유지 배당은 이중의 역할을 했다. 1980년대의 실험들은 기본 보장을 갖춘 사람들이 더 이타주의적이고 타인에 대해 더 관용한다는 것을 보여주었다.[128] 다른 실험들은 숙의민주주의가 이타주의 및 그 누구도 주어진 사회보호의 바닥 아래로 떨어져서는 안 된다는 생각, 즉 공유지 배당이라는 개념에 체현된 생각에 대한 지지를 키운다는 것을 보여주었다.

　　한가지 문제는 많은 사람들이 정치에 참여할 시간이 없다고 느낀다는 것이었다. 그리고 제3의 시간 시대에 고대 그리스적 의미에서 여가시간이 더 많이 노동하고, 일하고, 소비하라는 압력 때문에 줄어들었다는 것이 사실이다. 따라서 진보동맹정부는 태도 변화를 돕기 위해 가벼운 도덕적 압력을 적용했다. 공유지 배당을 받을 자격이 있는 모든 사람은 투표권 등록을 하지 않았을 경우 투표권 등록을 하고 총선에서 투표를 하며, 공동체에서 최소한 1년에 한번 정치적 모임에 참여한다는 진술서에 서명하도록 요구받았다.

　　이 모든 정치적 모임에, 최근의 여론조사에 따라 10퍼센트 이상의 지지를 받는―즉 현재의 지지를 알려주는―모든 정치운동은 현재의 쟁점에 대해 견해를 말할 대표자를 보낼 수 있었다. 그리고 사람들이 참석하고 참여할 시간을 보장하기 위해 진보동맹정부는 새로운 공휴일인 숙의의 날을 만들었다.

전환으로서의 공유화

오래된 형태의 공유화와 새로운 형태의 공유화 모두가 지대 추구 자본주의 및 음침한 노동주의로부터 벗어나는 전환과 어떤 관련이 있는가? 아주 간단하게 말하자면 공유화는 라이프스타일의 변화를 반영한다. 코로나바이러스 팬데믹 기간에 많은 사람들은 심리학자들이 '쇠약해짐'languishing이라고 부른 것을 경험했다. 이는 목적이 없고 우울한 느낌에 어중간한 감정 상태이며, 우울증으로 이어진다. 이것은 영국을 포함한 많은 나라에서 성인 열명 가운데 한명에게 영향을 미쳤다.[129]

공동체 참여와 공유화는 이러한 무관심의 감각을 극복할 수 있는 긍정적인 방식이다. 공유화는 사회적 공생공락에 도움이 되며, 이는 개인과 공동체의 정신건강을 개선하는 것으로 알려져 있다. 좋은 정신건강은 다시 공유화 및 자원의 공유를 통해 다른 사람들과의 연결을 향상시킨다.[130]

진보동맹정부는 끝없는 GDP 성장과 끝없는 상품 소비를 장려하는 대신 국가가 슬로우 타임, 스콜레로서의 숙의민주주의, 미래지향으로서의 공유화, 탈상품화된 일을 발전시켜야 한다는 것을 이해했다. 우리는 지금을 살아야 하지만 또한 미래에 대한 감각을 지키고 부활시키는 것을 고려해야 한다. 이러한 방식의 사고는 내일이 없다고 생각하면서 그날만을 사는 것과는 사뭇 다르다.

미래에 대한 전망은 실리콘밸리 및 인공지능과 연관된 개념인 특이점의 한 형태이지만 여기서는 집단적 정신이 현재와 미래에 동등하게 초점을 맞추는 시간을 상징한다. 오늘 우리가 하는 것은 예측 가능한 미래에 우리가 하기를 원하거나 할 것이라고 예측할 수 있는 것에 의해 형성되어야 한다. 오늘 우리는 미래를 무시할 수 없다. 우리는 21세기의 생태적 명령인 예방 원칙에 대한 존중을 강화해야 한다. 이것은 인간적 겸손에 이르는 것이며, 산업자본주의의 명령에 활용되고 산업적 시간을 형성한, 코스모스 내에서 인간의 우월함을 주장한 17세기 르네 데카르트의 자만심을 뒤집는 것이다.

그린 공유화와 블루 공유화는 노동이 아닌 일의 한 형태이지만 그 어마어마한 가치가 주류 경제 계산에서는 무시당했다. 토지트러스트 Land Trust가 2016년에 수행한 조사에 따르면 녹색 공간 활동에 투자된 1파운드는 공중보건과 웰빙에 30파운드를 기여했다. 이는 공동체 채소밭, 시민농장 활동, 삼림지대 부활, 재야생화, 심지어 게릴라 채소밭 가꾸기를 향한 계기를 강화했을 뿐만 아니라 경제성장의 의미를 시급히 수정해야 할 필요성 역시 강조했다. 진보동맹정부는 여기서도 전환적인 어떤 것을 할 기회를 놓칠 수 없었다.

공유화는 게임에서 모두가 몫을 가진 형태의 활동이다. 즉 모두가 잠재적으로 그 활동의 개선이나 쇠퇴로부터 영향을 받는다. 나심 니콜라스 탈레브에게 공유지는 '당신이 남들을 대하는 방식으로 남들이 당신을 대하는 공간'이라는 황금률을 고수하는 공간이다.131 그는 일정 규모보다 작은 집단들은 대개 집단적 이해관계 속에서 행동하며, 그 규모를 넘어서면 훨씬 덜 그런다는 것을 보여준 노벨상 수상자 엘리너 오스트롬을 인용했다. 진보동맹정부에게 사회적 연대를 부활시키는 것은 특정 형태의 권리 이전과 관리를 필요로 하는 일이었으며, 이것이 공유화가 전환에서 중심인 이유이다.

에필로그

경제학자 E. F. 슈마허와 연관된, 작은 것이 아름답다라는 유명한 격언이 '지역은 아름답다'라는 말로 바뀌었다. 하지만 공유화는 시간 사용의 한 형태로서의 일이 무섭거나 소외되는 것이 아니라는 점의 인식을 통해서만 번창할 수 있다. 인간의 조건은 여가와 공유화에 시간을 쓰는 것과 함께, 일하기를 원하는 것이다. 카를 맑스는 위대한 청교도 시인 존 밀턴의 걸작을 찬양하면서 기억할 만한 언급을 했다. "밀턴은 자신의 본성을 표현하듯이 누에가 비단을 생산하는 것처럼 『실낙원』을 생산했다."[1] 이 서사시 작품의 바탕이 되는 주제는 에덴동산에서는 일과 쾌락의 경계가 존재하지 않았다는 것이다.

시간의 정치는 이전의 모든 시간 체제의 요소들이 오늘날 집단적 상상력의 재구성 속에서 자리 잡는 것과 함께 천천히 명료해졌다. 산업적 시간의 완고함은 지나갔지만, 테일러주의는 정보기술에 의해 추동된 파놉티콘 기구의 뒷받침을 받으며 남았다. 산업적 시간의 최악의 과도함에 맞서려 한 진보 정치는 지속되었지만 제3의 시간 시대에 그 적실성이 줄어들었다. 제3의 시간은 혼돈이었다. 제3의 시간은 산업적 시간보다 더 나빴다. 산업적 시간에 적합한 낡은 정책에 의존했기 때문에 시간의 시작 이래 존재했던 과제—어떻게 시간의 자유와 시간의 평등을 성취할 것인가—에 대한 진보적 정책의 발전을 가로막았다.

정치와 경제는 시간 사용을 전유하는 적절한 방식을 찾는 데 달려 있다. 고대 그리스인들이 모델을 제공한 바 있다. 자본주의를 비판한 사람들 대부분이 저지른 역사적 오류, 그리고 표면적으로 자본주의에 반대한 정당들의 분명한 역사적 오류는 자본주의 지지자들이 노동을 위한 시간과 소비를 위한 시간이라는 이원론을 시간 사용을 논의하는 프레임으로 만들도록 허용했다는 것이다.

자본주의를 비판하는 사람들은 이렇게 물었어야 했다. 왜 우리는 진정한 여가가 사라지게 놔두었는가? 왜 우리는 자본주의를 변호하는 자들이 공유화를 게으르고 기생적인 일이라며 묵살할 때 공유화를 구출하지 못했는가? 왜 페미니스트들은 돌봄을 일로서 정당화하는 데 성공하지 못했는가? 아마도 최종적으로 20세기 노동주의의 정당성을 무너뜨리기 위해서는 지대 추구 자본주의의 과잉과 프레카리아트의 성장이 필요했던 것 같다. 아마도 그동안 내내 명백해야 했던 것을 분명하게 하는 데 코로나바이러스 팬데믹이 필요했던 것 같다. 돌봄과 공유화가 '핵심적 서비스'

라는 것을 말이다.

이유가 무엇이든 미래가 돌아오고 있으며, 시간은 분명 해방되고 있고, 더욱이 더 평등하게 공유되고 있다. 사회개혁가들의 마음에서는 아직 현실이 아니지만 말이다. 시간의 정치는 오로지 거기서부터 개선될 수 있다. 한번 해보자.

옮긴이의 말

『시간 불평등』이라는 제목이 붙은 이 번역본의 원제는 '시간의 정치'The Politics of Time이다. 사실 좀 낯선 말이다. 시간이 귀하다는 것이야 모두가 알고, 매일매일 느끼는 일이지만, 시간의 '정치'란 말은 어떤 의도를 담고 있는가? 저자 가이 스탠딩이 말하는 시간의 정치는 시간을 주요한 의제로 삼는 정치이다. 이렇게 말하면 동어반복일 수 있지만, 지난 200년 동안 진보 정치와 노동운동이 노동시간 단축을 주요한 의제 중 하나로 삼았다는 것을 생각하면 시간의 정치라는 말을 좀더 이해할 수 있을 것이다. 하지만 이 책에서 저자는 시간의 정치의 의제를 좀더 분명하게 규정한다. '누가 자신의 시간에 대한 통제권을 어떻게 확보할 수 있는가?'

저자는 이 책이 2009년에 출간된 『전지구화 이후의 노동』으로 시작한 작업의 결론에 해당한다고 말한다. 한국어로 번역된 책들인 『프레카리아트, 새로운 위험한 계급』(박종철출판사 2014) 『기본소득』(창비 2018) 『불로소득 자본주의』(여문책 2019) 『공유지의 약탈』 (창비 2021) 등만 거론해도 저자가 지금까지 해온 일련의 작업이 무엇에 관한 것이었는지를 알 수 있을 것이다. 간단하게 말하면 신자유주의 시대라 부르는 지난 40여년 동안 경제구조의 변동 속 에서 계급구조가 어떻게 변화했고, 이 속에서 다수 삶이 이전과 어떻게 달라졌는지 그리고 그 결과 우리가 목도하는 끔찍한 불평 등을 해결할 수 있는 방안은 무엇인지이다. 그에 따르면 우리는 다양한 재산권에 근거한 지대 추구 자본주의를 살아가고 있으며, 이 때문에 어마어마한 불평등과 환경파괴가 발생했고 다수가 이 전에는 누리던, 더 정확하게 말하면 쟁취했던 여러 권리들을 상 실한 채 살아가고 있다.

물론 이런 사태를 바로잡기 위한 사람들의 이론적·실천적 분 투가 오래전부터 있었고, 그 결과 지대 추구 자본주의, 강탈에 의 한 축적, 불평등, 프레카리아트, 기본소득, 사회적 상속, 부의 제 한, 공유지의 회복 등이 이제는 익숙한 개념이자 구호가 되었다. 그럼에도 저자가 자기 작업의 결론으로 '시간의 정치'를 앞세운 것은 다음과 같은 이유 때문이다.

진화하는 계급구조에서 핵심은 시간 통제 및 다양한 유형의 활동에 대한 시간 할당 — 노동이나 일에 쓰는 시간의 양만이 아니다 — 이 계급에 따라 구별된다는 점이다. 이는 불평등과 불안전의 증대에 대한 전통적인 평가에서는 거의 간과되는 형 태의 불평등이다.

이런 점에서 이 책은 시간이 무엇인가를 질문하고 답하는 게 아니라 시간 불평등이 어떻게 발생했고, 이를 어떻게 시정할 수 있는가를 다룬다. 그럼에도 시간이 왜 중요한지를 말하는 것은 여전히 의미가 있다.

이 책에서 비록 인용하고 있진 않지만 마틴 하글런드의 책『현세』*This Life*(한국어판은『내 인생의 인문학』, 오세웅 옮김, 생각의길 2021)는 '시간의 정치'를 이해하는 데 도움이 된다.

하글런드에 따르면 인간의 자유는 유한성에 대한 인식으로부터 비롯한다. 우선 인간은 죽게 마련이다. 이는 시간의 관점에서의 유한성이다. 다음으로 인간은 자연 및 타인(혹은 사회)과 (상호)의존적이라는 점에서 유한하다. 첫번째 유한성을 감안할 때 우리는 유한한 시간에 무엇을 할 것인가를 스스로 생각하고 결정하고 행동할 수 있어야 한다. 두번째 유한성에 따라 우리는 무엇을 소중하게 혹은 가치 있게 여겨야 하는지를 생각하고 결정해야 한다. 이때 우리는 우리의 시간을 가지고 무엇을 해야 하는지를 스스로 질문할 수 있기 때문에 자유롭다. 다시 말해 질문할 수 있는 능력이 자유의 기본적인 조건이다.

하지만 쉽게 짐작할 수 있듯이 자유의 권리가 있다고 해서 자유가 보장되는 것은 아니다. 개인의 자유를 뒷받침할 수 있는 물질적 자원이 필요하고, 또 자유를 추구하고 무엇을 할 것인지를 질문할 수 있는 능력을 키우는 과정, 흔히 교육이라고 말하는 것도 필요하다. 그리고 이는 다시 시간의 문제로 연결된다. 능력을 키우는 것도 사고하는 것도 시간을 들여야 하는 일이다. 자신의 제한된 시간을 물질적 자원을 획득하는 데 모두 써버린다면 자유는 없을 것이다. 이는 마틴 하글런드가 생산수단의 집단적 소유에 기초한 민주적 사회주의를 주장하는 근거가 된다. 또한 기본소득의 지지자들인 필리프 판 파레이스의 '실질적 자유'나 다비드 카사사스의 '자유의 사전 분배'로서의 기본소득도 마찬가지 발상에서 나온다.*

이제 다시 돌아가 저자가 시간 체제^{time regime}라고 말하는 것을 살펴보자. 체제^{regime}라는 말은 라틴어 레기멘^{regimen}에서 온 것으로 지도, 지휘, 통치, 지배 등을 뜻한다. 따라서 시간 체제라는 것은 사람들의 시간 사용에 대한 지배라 할 수 있다. 다시 말해 시간을 무엇에 어떻게 써야 하는지에 관한 강제, 규준, 이데올로기이다. 그리고 이는 서로 중첩되는 두가지 힘에 의해 결정된다. 하나는 자연의 제약이고 다른 하나는 사회적 관계이다. 또한 시간 체제는 역사적으로 변화해왔다. 저자에 따르면 지난 2천년 넘는 인간의 역사를 규정해온 것은 세가지 시간 체제였다고 한다. 농업적 시간, 산업적 시간, 제3의 시간. 그리고 다른 체제로의 변화는 주로 경제구조의 변화와 함께 이루어졌다.

저자는 별다른 말 없이 고대의 시간을 설명하는 데서 이 책을 시작한다. 그리고 고대의 시간을 살필 때는 경제구조와의 연관보다는 고대인들의 시간 사용의 의미를 드러내는 데 지면을 할애

* 필리프 판 파레이스『모두에게 실질적 자유를』, 조현진 옮김, 후마니타스 2016; 다비드 카사사스『무조건 기본소득』, 구유 옮김, 리얼부커스 2020.

한다. 저자가 보기에 고대 그리스, 특히 아테네인들의 "시간 개념과 시간 사용법은 부활시킬 만한 가치가" 있기 때문이다. 고대 그리스인들, 정확히 말하면 자유민인 시민들은 시간 사용을 다섯가지 유형의 활동으로 나누었다고 한다. 노동, 일(작업), 여가, 놀이, 관조. 이런 구분에서 오늘날 유의미한 것은 노동과 일의 구분 그리고 여가의 스콜레적 의미이다. 아테네인들에게 생존을 위해 수행해야만 하는 노동은 아예 하지 않거나 가능하면 피해야 할 것이었고, 대신 돌봄, 공부, 군사훈련, 창조적 활동, 재생산 활동 등은 모두가 해야 할 일이었다. 여가, 즉 스콜레의 경우 오늘날의 의미와 달리 교육과 공적 참여의 시간이었다. 하지만 현대인에게는 그럴 만한 여유가 없다.

시간 사용을 몇가지 유형으로 나누고, 그 가운데 자유민인 시민이 추구해야 할 시간을 정한 것은 바람직한 정치공동체를 이루기 위해서는 그 구성원인 시민들이 덕성을 갖추어야 했기 때문이다. 저자가 이렇게 고대 그리스에서 출발한 이유는 이런 규준을 하나의 준거점으로 삼아 현대의 시간 체제를 비판하고, "해방적 의제로서의 진보적인 시간 정치"가 필요하다고 말하기 위함이다.

여기서 다시 한번 강조할 필요가 있는 것은 노동과 일의 구분이다. 저자도 밝히고 있듯이 이는 『인간의 조건』에서 한나 아렌트가 제시한 구분에 기초한다. 아렌트는 인간의 활동을 노동, 작업(일), 행위로 나눈다. 노동은 인간의 생물학적 조건에서 나오는 것으로 자신의 재생산을 위해 필수적인 활동이다. 작업은 그 말 자체에서 알 수 있듯이 인공적인 세계를 창조하는 활동이다. 끝으로 행위는 사물이나 물질의 매개 없이 인간들 사이에서 직접적으로 이루어지는 활동으로, 정치를 뜻한다.

한나 아렌트의 구분은 다음과 같이 말할 때 의미가 있다. 현대는 "노동을 이론적으로 예찬하였으며 사회 전체를 노동하는 사회로 변형"시켰다. 아렌트가 보기에 "인간 신체의 생물학적 과정에 상응하는 활동"인 노동이 인간의 조건이긴 하지만, 이렇게 현대 사회에서 노동의 지위가 상승한 것으로 인해 사람들은 "노동으로부터의 자유가 목표로 해야 할 보다 고차적이고 의미 있는 인간 활동을 더 이상 알지 못한다".•

저자가 한나 아렌트의 구분을 그대로 따오는 것은 아니지만, 기본적인 발상과 방향은 같다. 인간의 자유를 증진하고 더 나은 사회로 나아가려면 불평등이 해결되어야 한다. 그 가운데 우리가 그동안 주목하지 못한 시간 불평등이 있다. 이를 바로잡기 위해 누군가에게 고용되어 수행한다는 의미에서의 노동을 줄이고 스스로 가치 있다고 여기는 일을 할 수 있는 조건을 만들어야 한다. 하지만 그동안 노동시간 단축을 위한 노력을 하긴 했어도 진보 정치조차 노동 물신과 일자리 물신에 빠져 있었고, 사람들에게 더 많은 자유시간을 보장할 어떠한 방책도 제시하지 않았다.

저자는 대안으로 소득 보장과 돌봄의 재구성과 다양한 일의 장려를 제시한다. 우선 소득 보장은 모두의 것인 공유부로부터 나온 사용료와 수익을 공유지 기금으로 만든 다음 배당하는 것이

• 한나 아렌트 『인간의 조건』, 이진우 옮김, 한길사 2019, 53면, 55면.

다. 사실 기본소득이다. 다음으로 돌봄의 재구성은 '길드 사회주의'*의 원칙에 따라 관여하는 다양한 목소리가 나오게 하여, 이로부터 새로운 형태와 관계를 찾을 수 있도록 하는 것이다. 다양한 일의 장려에서 핵심적인 개념이자 활동은 공유화이다. 공유화는 공유지에서 벌어지는 공동의 활동이다. 공유자들이 공유지에서 공유자의 생계를 위해, 공유지의 유지를 위해, 사회적 관계의 확대를 위해 벌이는 다양한 활동을 말한다.** 이 책에서 저자가 드는 예로는 시민농장, 공동체 채소밭, 퍼머컬처, 공동체 바다밭 등이 있다. 또한 미디어와 문화도 공유화를 통해 새롭게 공유지를 바꿀 필요가 있다고 말한다.

번역어와 관련해서 밝혀둘 것이 있다. 우선 'labour'와 'work'는 각각 노동과 일로 옮겼다. 예외가 하나 있는데 'care work'는 관례대로 돌봄노동으로 옮겼다. 커먼즈commons와 커머닝commoning은 각각 공유지와 공유화로 옮겼다. 『공유지의 약탈』 역자 후기에서도 밝힌 바 있지만, 공유지와 공유화라는 번역어는 불만족스럽고 불충분하긴 하다. 그럼에도 현재로서는 최선이라고 생각한다. 'rentier capitalism'은 지대 추구 자본주의로 번역했다. 불로소득 자본주의라는 번역어가 있지만, '지대'라는 말을 살리는 게 낫다고 생각해서이다. 사실 이는 번역어의 문제에 그치지 않고 지금의 경제 체제가 어떤 것인가를 둘러싼 논의로 이어진다. 현재

---

* G. D. H. 콜 『길드 사회주의』, 장석준 옮김, 책세상 2022. 특히 2장 '민주주의 기초'를 참조하라.
** 이지수 외 『판동초등학교 어린이 기본소득』, 박종철출판사 2023.

의 체제를 자본주의라 칭하지만, 자본의 축적이 산 노동에 대한 착취만이 아니라 공동의 것$^{res\ communis}$과 공공의 것$^{res\ publicae}$의 수탈 혹은 강탈을 통한 것이라는 이해가 깊어졌다. 다른 한편 플랫폼 기업의 지배 속에서 자본주의가 죽었고 이제 '테크노 봉건제'의 시대가 되었다는 더욱 도발적인 주장도 있다. 여기서 지대는 자본 축적의 중요한 형태이자 메커니즘이다.*

이런 논의에는 아직 해결되지 않은 여러가지 쟁점이 있다. 우선 지대라는 개념의 적실성 여부이다. 플랫폼 기업의 초과 이윤이 과거의 지주처럼 그저 플랫폼을 소유한 것에서만 나오는가 아니면 여기서도 착취의 메커니즘이 작동하는가를 따져보아야 한다. 다음으로 다양한 소유권에 근거한 '지대' 수취가 과거보다 커진 것이 분명하지만, 여전히 산 노동에 대한 착취 문제도 변함없다고 할 때 현재의 경제 체제를 어떻게 이해하는 게 적절한가이다. 끝으로, 더 많은 쟁점이 있겠지만, 현 체제를 어떻게 분석하는가에 따라 대안 및 정치적 의제 설정이 달라진다는 점도 중요하다. 근대의 혁명이 소수의 음모에 의한 것이 아니라 '다수자 혁명'이라고 할 때, 체제의 분석은 언제나 소수의 지배층을 적시하

* 이에 관해 한국어로 번역된 대표적인 책은 다음과 같다. 데이비드 하비 『신제국주의』, 최병두 옮김, 한울 2005; 피터 라인보우 『마그나카르타 선언』, 정남영 옮김, 갈무리 2012; 데이비드 볼리어 『공유인으로 사고하라』, 배수현 옮김, 갈무리 2015; 가이 스탠딩 『공유지의 약탈』, 안효상 옮김, 창비 2021; 낸시 프레이저 『좌파의 길』, 장석준 옮김, 서해문집 2023; 브렛 크리스토퍼스 『불로소득 자본주의 시대』, 이병천 외 옮김, 여문책 2024; 야니스 바루파키스, 『테크노퓨달리즘』, 노정태 옮김·이주희 감수, 21세기북스 2024. 이외에 안토니오 네그리와 마이클 하트의 3부작 『제국』 『다중』 『공통체』도 참조하라.

는 것이었고 정치는 다수를 구성하는 것이었다. 현 체제를 지대 추구 자본주의라고 보는가 아니면 테크노 봉건제라고 보는가에 따라 다수를 구성할 후보들, 다수를 구성하는 방식, 다수가 지향할 세계가 달라질 수 있다.

이에 대해 가이 스탠딩은 『시간 불평등』이라는 책을 통하여, 개인의 삶과 공동체의 미래를 개척하려면 무엇보다 '시간 주권'이 시급하며 이를 위해서는 도덕적으로 모두의 것은 모두에게 돌려주어야 한다는 정의론에 따른 기본소득 보장이 필요하다는 점에 착안해 고유한 대답을 제출한다. 이 대답에 관해서라면 저자도 인용한 세네카의 말로 충분할 것 같다. "시간 이외에 우리의 것은 없다."

저자가 인용한 몇몇 글의 우리말 번역은 다음의 책을 참고하였다. 셰익스피어의 『맥베스』는 『맥베스』(최종철 옮김, 민음사 2004)에서, 『루크리스의 능욕』은 『루크리스의 능욕』(신정옥 옮김, 전예원 2011)에서, 윌리엄 워즈워스의 「마지막 양」은 『서정민요, 그리고 몇 편의 다른 시』(김천봉 옮김, 이담 2012)에서, 존 스튜어트 밀의 『자유론』은 『자유론』(권기돈 옮김, 펭귄클래식 2015)에서 도움을 받았다.

앞서 말한 것처럼 인간의 삶은 상호의존적이며, 이 책의 번역도 마찬가지 과정을 거쳤다. 기본소득한국네트워크와 정치경제연구소 대안의 구성원들은 오랫동안 이론적·실천적 대안을 모색하는 과정에서 크게 도움을 주었고, 그 흔적이 이 책에 스며들어 있다. 특히 지난 몇년간 '공유부와 기본소득'이라는 주제로 공동 연구를 수행한 백승호, 서정희, 오주연, 윤형중, 이지수, 조광자, 한인정 선생님들께 감사한다. 이들의 치열함과 꼼꼼함이 없었다면 공유부와 공유지 그리고 기본소득에 대한 깊이 있는 이해에 도달하기 어려웠을 것이며, 그 또한 이 책에 녹아들어 있다.

2024년 12월
안효상

주

아래의 주에서 정기간행물을 참조할 때 인용한 자료가
온라인판이 아니라 인쇄판일 경우에만 면수를 표시했다.

서문

1   S. Moore, "The way we once lived is now redundant. We need to reinvent ourselves," *Guardian*, 20 April 2020.

2   G. J. Whitrow, *What is Time?* (Oxford: Oxford University Press 2003) 1면.

3   O. Burkeman, *Four Thousand Weeks: Time Management for Mortals* (London: Vintage 2021).

4   A. Einstein, "Relativity and the problem of space," in idem, *Ideas and Opinions*, trans. Carl Seelig (New York: Crown 2010) 363면.

1장

1   J. Kamrin, "Telling time in ancient Egypt," Heilbrunn Timeline of Art History, Metropolitan Museum of Art(website), February 2017.

2   크리스마스가 12월 25일로 정해진 것은 그날이 예수가 태어난 날이라고 믿었기 때문이 아니라 그때가 동지 즈음이었기 때문이다. 부활절 날짜는 십자가형의 일시에 대한 지식이 아니라 보름달과 연관되어 있기 때문에 가변적이다.

3   W. Shakespeare, *Julius Caesar*, Act 4, Scene 3, ll. 218~24면.

4 E. C. White, *Kaironomia: On the Will-to-Invent* (Ithaca, NY, and London: Cornell University Press 1987) 13면.

5 O. O'Neill, "The age of the cyber romantics is coming to an end," *Noema Magazine*, 4 October 2017.

6 H. Arendt, *The Human Condition* (Chicago: Chicago University Press 1958) 82면.

7 같은 책에서 인용, 325면.

8 다음에서 언급. J. Suzman, *Work: A History of How We Spend Our Time* (London: Bloomsbury 2020) 80면.

9 F. Nietzsche, *The Gay Science: With a Prelude in Rhymes and an Appendix of Songs*, trans. Walter Kaufmann (New York: Knopf Doubleday 2010) 108면.

10 S. Mann and R. Cadman, "Does being bored make us more creative?," *Creativity Research Journal* 16(2), 2014, 165~73면; F. Kets de Vries, "Doing nothing and nothing to do: the hidden value of empty time and boredom," Faculty and Research Working Paper, INSEAD, Fontainebleau, 2014; J. D. Eastwood et al., "A desire for desires: boredom and its relation to alexithymia," *Personality and Individual Differences* 42, 2007, 1035~45면.

11 Seneca, *On the Shortness of Life*, trans. C. D. N. Costa (London: Penguin 2004) 14면.

12 같은 책, 23면.

13 다음에서 인용. B. Hughes, *The Hemlock Cup: Socrates, Athens and the Search for the Good Life* (London: Jonathan Cape 2010) 59면.

14 J. Lucassen, *The Story of Work* (New Haven, CT: Yale University Press 2021).

15 Suzman, *Work*, 110~14면.

16 같은 책, 114면.

17 M. Hudson, *…And Forgive Them Their Debts: Lending, Foreclosures and Redemption from Bronze Age Finance to the Jubilee Year* (Dresden: Islet 2018); 다음도 보라. D. Graeber, *Debt: The First 5,000 Years* (Brooklyn: Melville House 2014).

18 다음에서 마이클 허드슨이 인용. B. Marcetic, "When debts become unpayable, they should be forgiven," *Jacobin*, 23 December 2021.

19 J. Cruddas, *The Dignity of Labour* (Oxford: Polity Press 2021). 노동당 의 원이 쓴 이 책은 노동당 대표 키어 스타머 경이 출판을 강력하게 지지했 다.

20 삼림헌장에 대한 더 폭넓은 논의는 다음을 보라. G. Standing, *Plunder of the Commons: A Manifesto for Sharing Public Wealth* (London: Pelican 2019) chapter 1.

21 A. Smith, *The Wealth of Nations* (Harmondsworth: Penguin 1979), Book 2, 431면.

22 K. Marx, *The Economic and Philosophical Manuscripts of 1844*, in *Marx/Engels Collected Works*, 3 (New York: International Publishers 1976), 274면.

23 M. Maxey, *Occupations of the Lower Classes in Roman Society* (Chicago: University of Chicago Press 1975).

24 P. Mason, "Time for postcapitalism," *Social Europe*, 1 July 2019.

25 J. Habermas, *Legitimation Crisis* (London: Heinemann, 1976).

2장

1 관련된 분석은 다음을 보라. W. Heydebrand, "The time dimension in Marxian social theory," *Time and Society* 12(2/3), 2003, 147~88면; D. Harvey, *The Limits to Capital*, 2nd edn (London: Verso 2006); N. Castree, "The spatio-temporality of capitalism," *Time and Society* 18(1), 26~61 면; P. Bourdieu, *Pascalian Meditations* (Palo Alto, CA: Stanford University Press 2000).

2 Suzman, *Work*.

3 C. D. Liddy, "Urban enclosure riots: risings of the commons in English towns, 1480-1525", *Past and Present* 226(1), 2015, 41~77면.

4 G. J. Whitrow, "Introduction," in F. Greenaway (ed.), *Time and the Sciences* (Paris: United Nations Educational, Scientific and Cultural Organization 1979), 1~2면.

5 Standing, *Plunder of the Commons*.

6   L. Lohmann, "Forestry, politics and violent conflict," in M. Suliman (ed.), *Ecology and Violent Conflict* (London: Zed Books 1999).

7   다음을 보라. S. Harper et al., "Women and fisheries: contribution to food security and local economies," *Marine Policy* 39(1), May 2013, 56~63면; S. Harper, "Contributions by women to fisheries economies," *Coastal Management* 45(2), February 2017, 91~106면; M. D. Chapman, "Women's fishing in Oceania," *Human Ecology* 15, 1987, 267~88면; N. Weeratunge et al., "Gleaner, fisher, trader, processor: understanding gendered employment in fisheries and aquaculture," *Fish and Fisheries* 11, 2010, 405~20면.

8   D. McGregor, "Coming full circle: indigenous knowledge, environment, and our future," *American Indian Quarterly* 28(3), 2004, 385~410면.

9   K.-L. Thompson et al., "A review of indigenous knowledge and participation in environmental monitoring," *Ecology and Society* 25(2), 2020.

10 다음에서 인용. P. A. J. Pettit, The Royal Forests of Northamptonshire: A Study in Their Economy, *1558-1714*, 23 (Northampton: Northamptonshire Record Society 1968), 163면.

11 J. Watt, "Public or plebs: the changing meaning of 'The Commons', 1381-1549", in H. Pryce and J. Watts (eds), *Power and Identity in the Middle Ages: Essays in Memory of Rees Davies* (Oxford: Oxford University Press 2007), 242~60면.

12 A. Young, *The Farmer's Tour Through the East of England*, 4 (London: Strahan & Nicoll 1771), 361면.

13 S. Nagyszalanczy, *The Art of Fine Tools* (Newtown, CT: Taunton Press 2000), 131면.

14 프랭클린에 관한 논의는 다음에서 가져왔다. Suzman, *Work*, 167~68면.

15 B. Franklin, *Wit and Wisdom from Poor Richard's Almanack* (Chelmsford, MA: Courier Corporation 1999), 8면.

16 B. Franklin, letter to Benjamin Vaughan, 26 July 1784, Founders Online, National Archives (website).

17 B. Franklin, *The Autobiography of Benjamin Franklin, 1706-1757* (Carlisle, MA: Applewood Books 2008), 126면.

18 같은 책, 182~83면.

19 R. A. Church, "Nineteenth-century clock technology in Britain, the United States, and Switzerland," *Economic History Review* 28(4), 1975, 616~30면.

20 E. Sbaraini, "What 18th-century suicide inquests tell us about growing old in Georgian England," The Conversation, 26 August 2021.

3장

1 Suzman, *Work*, 231면.

2 J. Uglow, *The Lunar Men: The Friends Who Made the Future* (2003). 이 책은 여러 판이 나왔으며, 각각 다른 부제를 달고 있다.

3 G. Standing, *The Corruption of Capitalism: Why Rentiers Thrive and Work Does Not Pay*, 2nd edn (London: Biteback 2021), 17~18면.

4 본질적으로 공장 체제는 하나의 공장을 한명의 소유자가 책임지는 지배적인 자본가의 등장 이전에 있었다는 점을 주의해야 한다. 여기서는 몇명의 기계 소유자가 공장 안에서 나란히 공장을 운영했을 것이다.

5 R. Williams, *Keywords: A Vocabulary of Culture and Society* (New York: Oxford University Press 1985), 161면.

6 K. Polanyi, *The Great Transformation: The Political and Economic Origins of Our Times* (Boston, MA: Beacon Press 2001), 35면, 37면.

7 같은 책, 41면, 191면.

8 A. Malm, *Fossil Capital: The Rise of Steam Power and the Roots of Global Warming* (London and Brooklyn, NY: Verso 2016), 192면.

9 D. Sobel, *Longitude: The True Story of a Lone Genius Who Solved the Greatest Scientific Problem of His Time* (London: Fourth Estate 1995).

10 E. P. Thompson, "Time, work discipline and industrial capitalism," *Past and Present* 38(1), 1967, 58~97면; 같은 저자의 다음 책도 보라. *The Making of the English Working Class* (Harmondsworth: Penguin 1968).

11 Thompson, "Time, work discipline and industrial capitalism," 70면.

12 I. Pinchbeck, *Women Workers and the Industrial Revolution, 1750-1850* (London: Routledge & Sons 1930).

13 A. Douglas, *The Feminization of American Culture* (New York: Farrar, Straus & Giroux 1998).

14 K. Marx, *Capital*, Vol. 1: *A Critical Analysis of Capitalist Production*, trans. S. Moore and E. Aveling (New York: International Publishers 1967), 167면.

15 J. S. Mill, *Principles of Political Economy* (London: Longmans, Green & Co., 1848), Book 2, Chapter 7, 286면.

16 J. Ruskin, *The Stones of Venice*, Vol. 2: *The Sea Stories* (London: Smith Elder 1853), 161~62면.

17 K. Mannheim, *Ideology and Utopia: An Introduction to the Sociology of Knowledge*, trans. L. Wirth and E. Shils (London: Routledge & Kegan Paul 1936).

18 다음에서 인용. F. MacCarthy, *William Morris: A Life for Our Time* (New York: Knopf 1995), 5면.

19 E. Hobsbawm, "Birth of a holiday: the First of May," in idem, *Uncommon People: Resistance, Rebellion and Jazz* (London: Abacus 1998), 150~70면.

20 P. Kropotkin, *The Conquest of Bread* (London: Elephant Editions 1985), 33면.

21 다음에서 인용. "The growth of the asylum—a parallel world," Historic England (website).

22 감동적인 분석은 다음을 보라. E. R. Sigurdarddóttir, "Women and madness in the 19th century: the effect of oppression on women's mental health," Háskóli Íslands (Iceland), Hugvísindasvið, Department of English, September 2013.

23 J. Rose, "The workers in the Workers' Educational Association, 1903-1950," *Albion* 21(4), Winter 1989, 591~608면.

24 Suzman, *Work*, 241면.

25 "Testimony of Frederick W. Taylor at hearings before the Special Committee of the House of Representatives, January 1912," reprinted in *Bulletin of the Taylor Society*, 11(3/4), June/August 1926, 135면.

26 S. Crowther, "Henry Ford: why I favor five days' work with six days' pay", *The World's Work*, 52, May/October 1926, 513면.

27 H. Braverman, *Labour and Monopoly Capital: The Degradation of Work in the Twentieth Century* (New York: Monthly Review Press 1974).

28 R. Dore, *British Factory, Japanese Factory: The Origins of National Diversity in Industrial Relations* (London: George Allen & Unwin 1973).

29 P. Bischoff, "Surveillance camera statistics: which cities have the most CCTV cameras?," *Comparitech*, 11, July 2022.

30 C. Fourier, "Accusation of the uncertain sciences," in J. Beecher and R. Bienvenu (eds), *The Utopian Vision of Charles Fourier: Selected Texts on Work, Love, and Passionate Attraction*, trans. J. Beecher and R. Bienvenu (London: Jonathan Cape 1972).

31 Alexis de Tocqueville, *Discours de M. de Tocqueville sur le droit au travail* (Paris: Librairie L. Curmer 1848), 7~9면.

32 K. Marx, *The Class Struggles in France 1848-1850*, trans. F. Engels (Moscow: Progress Publishers 1968), 62면.

33 W. E. Forbath, "The ambiguities of free labor: labor and the law in the gilded age," *Wisconsin Law Review*, 4, 1985, 767~817면.

34 같은 글; 다음도 보라. C. L. Estlund, "An American perspective on fundamental labour rights," in B. Hepple (ed.), *Social and Labour Rights in a Global Context* (Cambridge: Cambridge University Press 2002), 192~214면.

35 T. H. Marshall, *Citizenship and Social Class* (Cambridge: Cambridge University Press 1950), 80면.

36 G. Standing, "The ILO: an agency for globalization?," *Development and Change*, 39(3), 2008, 355~84면.

37 R. Hirshon, "Law and the billable hour," *ABA Journal*, February 2002.

38 G. B. Shaw, *The Doctor's Dilemma: Preface on Doctors* (Project Gutenberg ebook 2012).

39 Marx, *Capital*, Vol. 1, 410면.

40 B. Costea and P. Watt, "How a Soviet miner from the 1930s helped create

41 S. H. Slichter, "The current labor policies of American industries," *Quarterly Journal of Economics*, 43(3), May 1929, 393~435면.

42 Suzman, *Work*, 127~30면.

43 Standing, "The ILO: an agency for globalization?"

44 M. A. Bienefeld, "The normal week under collective bargaining," *Economica*, 36(142), May 1969, 172~92면.

45 J. Passey, "How the Victorians invented the 'staycation'", The Conversation, 13 August 2021.

4장

1 G. Standing, *The Corruption of Capitalism: Why Rentiers Thrive and Work Does Not Pay*, 3rd edn (London: Biteback 2021).

2 상세한 내용은 다음을 보라. G. Standing, *The Precariat: The New Dangerous Class*, 4th edn (London: Bloomsbury 2021); idem, *A Precariat Charter: From Denizens to Citizens* (London: Bloomsbury, 2014).

3 C. Burlina and A. Rodríguez-Pose, "Alone and lonely: the economic cost of solitude for regions in Europe," CEPR Discussion Paper DP16674, Centre for Economic Policy Research, October 2021.

4 N. Hertz, *The Lonely Century: A Call to Reconnect* (Strongsville, OH: Scepter 2021).

5 D. Schawbel, "How technology created a lonely workplace," MarketWatch, 2 December 2018.

6 S. Storm, "Why the rich get richer and interest rates go down," Institute for New Economic Thinking, 13 September 2021.

7 G. Crocker, *Basic Income and Sovereign Money: The Alternative to Economic Crisis and Austerity Policy* (London: Palgrave Macmillan 2020).

8 B.-C. Han, "Why revolution is no longer possible," Our World, 3 November 2015.

9 F. Hirsch, *The Social Limits to Growth* (London: Routledge & Kegan Paul

주 **467**

1977), 5면.

10 "Free exchange: assume the positional," *The Economist*, 21 August 2021, 54면.

11 T. Mitchell and T. Hale, "China's nanny state: why Xi is cracking down on gaming and private tutors," *Financial Times*, 6 August 2021.

12 J. Preston, "Facebook, the metaverse and the monetisation of higher education," The Conversation, 9 November 2021.

13 E. Houghtaling, "I sold my eggs for an Ivy League education—but was it worth it?," *Guardian*, 7 November 2021.

14 A. Berg and C. Moore, "Charles Koch gave $25m to our university. Has it become a rightwing mouthpiece?," *Guardian*, 2 May 2019.

15 G. Standing, *The Blue Commons: Rescuing the Economy of the Sea* (London: Pelican 2022), 368면.

16 M. Foucault, *The Birth of Bio-Politics: Lectures at the Collège de France, 1978-1979*, in F. Ewald and A. Fontana (eds) (Basingstoke: Palgrave Macmillan 2010), 226면.

17 L. Boltanski and E. Chiapello, *The New Spirit of Capitalism* (London: Verso 2005), 312면.

18 "A special report on mobility: nomads at last," *The Economist*, 12 April 2008.

19 S. O'Connor, "We are creeping towards a continuous working week," *Financial Times*, 14 September 2021.

20 Eurofound (European Foundation for the Improvement of Living and Working Conditions), *Sixth European Working Conditions Survey—Overview Report* (2017 Update) (Luxembourg: Publications Office of the European Union 2017).

21 E. Zimmermann, "More than 7 million people in Germany in precarious employment," World Socialist Web Site, 4 October 2021.

22 G. Standing, "Global feminization through flexible labour," *Development and Change*, 17(7), 1989, 1077~95면.

23 R. Partington, "Almost 40% of UK workers get less than a week's notice of shift patterns," Guardian, 15 April 2021.

24 Cited in S. O'Connor, "Look to the US for 'workweek' laws that work," *Financial Times*, 11 May 2021.

25 Smith, *The Wealth of Nations*, Book 1, Chapter 1, 6~7면.

26 G. Standing, "Taskers in the precariat: confronting an emerging dystopia," in E. Paus (ed.), *Confronting Dystopia: The New Technological Revolution and the Future of Work* (Ithaca, NY: Cornell University Press 2018), 115~33면.

27 C. Hernanz-Lizarraga, "Dancers, podcasts and OnlyFans: how Covid popularised the side hustle," *Guardian*, 15 April 2021.

28 "In numbers: Britain's precarious workforce," *Prospect*, 28 September 2021.

29 K. Wiggers, "Google employs machine learning to boost translation capabilities to near-human level," Digital Trends, 30 September 2016.

30 J. Ashworth, "Labour analysis reveals NHS staff were working more than 1.1 million hours of unpaid overtime every week even before Covid-19," Labour, 30 December 2020.

31 HESA (Higher Education Statistics Agency), "Higher education staff statistics: UK, 2021-22," 17 January 2023.

32 National Tertiary Education Union, "Issues paper: the growth of insecure employment in higher education," August 2020.

33 A. McKeen, "With rising numbers of precarious appointments, more university teachers than ever face 'invisible' barriers to doing their jobs and moving up," *Toronto Star*, 17 October 2018.

34 M. O'Hara, "University lecturers on the breadline: is the UK following in America's footsteps?," *Guardian*, 17 November 2015.

35 P. Butler, "Andy Haldane: 'We have allowed the voluntary sector to wither'", *Guardian*, 22 May 2019.

36 A. Petrosyan, "Time spent online per week per person in the United Kingdom (UK) 2005-2020," statista.com, 29 August 2022.

37 A. Perrin and S. Atske, "About three-in-ten U.S. adults say they are 'almost constantly' online," Pew Research Center, 26 March 2021.

38 다음에서 인용. R. Foroohar, "Automation exacts its toll on inequality," *Financial Times*, 30 January 2022.

39 K. Szreder, *The ABC of the Projectariat: Living and Working in a Precarious Art World* (Manchester: Manchester University Press 2021), 41면.

40 G. Deleuze, "Postscript on the societies of control," *October*, 59, Winter 1992, 3~7면.

41 A. R. Hochschild, *The Managed Heart: Commercialisation of Human Feeling* (Berkeley, CA: University of California Press 1983).

42 J. Bariso, "Want to hire people with high emotional intelligence? Look for these 5 things," *Inc.*, 30 November 2020.

43 M. Foucault, Discipline and Punish: The Birth of the Prison, trans. A. Sheridan (New York: Vintage 1995).

44 P. Tough, "Dad's performance review," *New York Times Magazine*, 15 December 2002, 65면.

45 A. R. Hochschild, "When work becomes home and home becomes work," *California Management Review*, 39(4), 1997, 79~97면.

46 다음에서 인용. G. Standing, "Tertiary time: the precariat's dilemma," *Public Culture*, 25(1), 2013, 5~23면, 12면.

47 J. Grant, "Budget 2015—what have the Tories got against young people?," Kilburn Unemployed Workers Group, 13 July 2015.

48 개인적 대화.

49 C. Cavendish, "Better management, not endless training, will solve our corporate ills," *Financial Times*, 24 June 2022.

50 다음에서 인용. L. V. Anderson, "Ethics trainings are even dumber than you think," *Slate*, 19 May 2016.

51 "Workforce diversity programmes often fail, or backfire," *The Economist*, 25 August 2022.

52 S. Corbridge, "Waiting in line, or the moral and material geographies of queue-jumping," in R. Lee and D. M. Smith (eds), *Geographies and Moralities* (Oxford: Blackwell 2004), 183~98면.

53 S. Bean, "Over three-quarters of UK workers reluctant to ask for time off for a health-related issue," Insight, 5 February 2019.

54 Editorial Team, "3 out of 4 people are forcing themselves into work despite being ill," HR News, 26 May 2022.

55 A. Shahvisi, "British employers have long discouraged staff from taking sick days. Will coronavirus change that?," *Prospect*, 30 March 2020.

56 CIPD (Chartered Institute of Personnel and Development)/Simplyhealth, *Health and Well-being at Work Survey, 2018.*

57 P. Rubinstein, "Why do ill people still come in to work?," BBC Worklife, 28 February 2019.

58 S. Kumar et al., "Policies to reduce influenza in the workplace," *American Journal of Public Health*, 103(8), August 2013, 1406~11면.

59 B. Liversedge, "15.4 million days lost to work-related stress in 2017/18," British Safety Council, 1 November 2018.

60 R. Paulsen, *Empty Labour: Idleness and Workplace Resistance* (Cambridge: Cambridge University Press 2014), 5면.

61 G. Brown, *Sabotage: A Study in Industrial Conflict* (Nottingham: Spokesman 1977).

62 J. C. Scott, *Two Cheers for Anarchism: Six Easy Pieces on Autonomy, Dignity and Meaningful Work and Play* (Princeton, NJ: Princeton University Press 2012).

63 F. Campagna, *The Last Night: Anti-Work, Atheism, Adventure* (Winchester: Zero Books 2013), 44면.

64 A. McCain, "Wasting time at work statistics [2022]," Zippia, 23 May 2022.

65 Paulsen, *Empty Labour*, 92면.

66 H. Görg et al., "Trust-based work-time and product improvements: evidence from firm level data," IZA Discussion Paper 8097, Institute of the Study of Labor, Bonn, April 2014.

67 B. Waterfield, "German civil servant says he 'did nothing for 14 years'", *Telegraph*, 12 April 2012.

68 D. Bolchover, *The Living Dead: Switched Off, Zoned Out: The Shocking*

Truth About Office Life (Chichester: Capstone 2005), 22면.

69 K. Morris, "Here's how many hours workers are actually productive (and what they're doing instead)", Zippia, 12 May 2022.

70 P. Rothlin and P. R. Werder, *Boreout! Overcoming Workplace Demotivation* (London: Kogan Page 2007).

71 M. Power, *The Audit Society: Rituals of Verification* (London and New York: Oxford University Press 1997).

72 C. Edwards, "Occupational licensing," Cato Institute, 15 December 2022.

73 다음을 보라. G. Standing, *Work After Globalization: Building Occupational Citizenship* (Cheltenham: Elgar 2009).

74 P. McLaughlin, M. D. Mitchell and A. Philpot, "The effects of occupational licensure on competition, consumers and the workforce," Mercatus Center, George Mason University, Arlington, VA, November 2017, 2면.

75 T. Boland, "Job seeking is the religious pilgrimage of the 21st century," The Conversation, 19 August 2021.

76 다음에서 인용. Boland, "Job seeking is the religious pilgrimage of the 21st century."

77 C. Kolmar, "How many applications does it take to get a job [2022]," Zippia, 15 August 2022.

78 P. Capelli, *Why Good People Can't Get Jobs: The Skills Gap and What Companies Can Do About It* (Philadelphia, PA: Wharton Digital Press 2012), 10면.

79 D. Wessel, "Software raises the bar for hiring," *Wall Street Journal*, 31 May 2012.

80 A. Fennell, "Job search statistics in the UK," StandOut CV, June 2022.

81 Kolmar, "How many applications does it take to get a job [2022]."

82 다음에서 인용. Standing, *A Precariat Charter*, 158면.

83 C. Fernandez-Araioz, B. Groysberg and N. Nohria, "The definitive guide to recruiting in good times and bad," *Harvard Business Review*, May 2009.

84 Szreder, *The ABC of the Projectariat*, 12면.

85 "Were you rejected in one of the University of California job searches

utilizing the unlawful 'diversity statements'?," Leiter Reports: A Philosophy Blog, 28 January 2020.

86 다음에서 인용. A. Chakelian, "People work for weeks unpaid in 'abhorrent practice' hidden by a gap in DWP data," *New Statesman*, 28 October 2020.

87 D. Webster, "Benefit sanctions: Britain's secret penal system," Centre for Crime and Justice Studies, London, 26 January 2015.

88 Standing, *Plunder of the Commons*, 150~51면.

89 N. Folbre, "Accounting for care in the United States," in M. Daly (ed.), *Care Work: The Quest for Security* (Geneva: International Labour Organization 2001), 175~91면; 다음도 보라. J. Robinson and G. Godbey, *Time for Life: The Surprising Ways Americans Use Their Time* (University Park, PA: Penn State University Press 1997).

90 D. Hallberg and A. Klevmarken, "Time for children: a study of parents' time allocation," *Journal of Population Economics*, 16(2), May 2003, 205~26면.

91 C. Bean, *Independent Review of UK Economic Statistics: Final Report*, Cabinet Office, HM Treasury, March 2016, 84면.

5장

1 A. Sen, *Development as Freedom* (New York: Alfred A. Knopf 1999).

2 "Dirty work," *The Economist*, 26 February 2022, 55면.

3 J. Derrida, "Remarks on deconstruction and pragmatism," in S. Critchley et al. (eds), *Deconstruction and Pragmatism* (London: Routledge 1996), 96면.

4 Y. Varoufakis, *Another Now: Dispatches from an Alternative Present* (London: Bodley Head 2020).

5 M. Johnson, "'We need people to know the ABC of finance': facing up to the financial literacy crisis," *Financial Times*, 4 October 2021.

6 US Bureau of Labor Statistics, "Characteristics of minimum wage workers, 2021," BLS Report 1098, April 2022.

7 A. Johnson Hess, "Here's how many paid vacation days the typical

American worker gets," CNBC, 6 July 2018.

8 A. McCulloch, "UK employees fail to use holiday entitlement," *Personnel Today*, 25 May 2018.

9 E. D. Eaker, J. Pinsky and W. P. Castelli, "Myocardial infarction and coronary death among women: psychosocial predictors from a 20-year follow-up of women in the Framingham study," *American Journal of Epidemiology*, 135(8), 15 April 1992, 854~64면.

10 B. B. Gump and K. A. Matthews, "Are vacations good for your health? The 9-year mortality experience after the multiple risk factor intervention trial," *Psychosomatic Medicine*, 62(5), September/October 2000, 608~12면.

11 J. Partridge, "Behold London's 'landscraper'! Google's new UK HQ—as long as the Shard is tall," *Guardian*, 1 July 2022.

12 L. Biggerstaff et al., "Is your firm underperforming? Your CEO might be golfing too much," *Harvard Business Review*, 30 November 2016.

13 W. Beveridge, *Social Insurance and Allied Services* (London: HMSO November 1942), 7면.

14 Storm, "Why the rich get richer and interest rates go down."

15 N. N. Taleb, *The Black Swan: The Impact of the Highly Improbable* (London: Allen Lane 2007).

16 N. N. Taleb, *Antifragile: How to Live in a World We Don't Understand* (London: Allen Lane 2012).

17 A. Kessel, "The (awareness of) uncertainty pandemic," *The Author*, Winter 2020, 27~28면.

18 Intergovernmental Panel on Climate Change, *Climate Change 2021: The Physical Science Basis, Sixth Assessment Report* (Geneva: IPCC 2021).

19 R. Thaler and C. Sunstein, *Nudge: Improving Decisions about Health, Wealth and Happiness* (New Haven, CT: Yale University Press 2008).

20 "Nudge factor," *The Economist*, 30 July 2022, 58~59면.

21 J. Kantor and D. Streitfeld, "Inside Amazon: wrestling big ideas in a bruising workplace," *New York Times*, 15 August 2015.

22 B.-C. Han, *Burnout Society* (Palo Alto, CA: Stanford University Press

2015).

23 M. Hardt and A. Negri, *Empire* (Cambridge, MA: Harvard University Press 2000).

24 N. N. Taleb, *Skin in the Game: Hidden Asymmetries in Daily Life* (London: Penguin 2018), 107면.

25 Z. Corbyn, "'Bossware is coming for almost every worker': the software you might not realize is watching you," *Guardian*, 27 April 2022.

26 A. Bernhardt, L. Kresge and R. Suleiman, *Data and Algorithms at Work: The Case for Worker Technology Rights* (Berkeley, CA: UC Berkeley Labor Center 2021).

27 구조화되지 않는 '자유' 시간을 다루는 것의 어려움에 대한 몇가지 해법이 있다. 다음을 보라. S. B. Linder, *The Harried Leisure Class* (New York: Columbia University Press 1970); W. Leff and M. Haft, *Time Without Work* (Boston: South End Press 1983).

28 I. Illich, *Shadow Work* (London: Marion Boyars 1981).

29 A. Gorlick, "Media multitaskers pay mental price, Stanford study shows," *Stanford News*, 24 August 2009.

30 M. Wainwright, "Emails pose threat to IQ," *Guardian*, 22 April 2005.

31 E. Beddington,. "Multitasking is a menace—it should come with a health warning," *Guardian*, 5 July 2021.

32 P. Hirsch, I. Koch and J. Karbach, "Putting a stereotype to the test: the case of gender differences in multitasking costs in task—switching and dual—task situations," *PLOS ONE*, 14(8), 14 August 2019.

33 T. Roethke, "Infirmity," in *Collected Poems of Theodore Roethke* (New York: Doubleday 1966).

34 H. Simon, "Designing organizations for an information-rich world," in M. Greenberger (ed.), *Computers, Communications, and the Public Interest* (Baltimore, MD: Johns Hopkins Press 1971), 40면.

35 M. Granovetter, "The strength of weak ties," *American Journal of Sociology*, 78(6), 1973, 1360~80면.

36 C. Young and C. Lim, "Time as a network good: evidence from unemployment and the standard workweek," *Sociological Science*, 1, 2014, 10~27면.

37 A. Gabbatt, " 'A five-day wait for $5,000': the man who queues for the super-rich," *Guardian*, 5 May 2022.

38 K. Szreder, *The ABC of the Projectariat*, 15면.

39 Han, *Burnout Society*, 8면.

40 D. Foster, *Lean Out* (London: Repeater 2016), 39면.

41 J. Moeller et al., "Highly engaged but burned out: intra-individual profiles in the US workforce," *Career Development International*, 23(1), 2018, 86~105면.

42 A. McRobbie, "Rethinking creative economy as radical social enterprise," *Variant*, Spring 2011, 32면.

43 L. Parramore, "America, Land of the Dying? Alarming study shows US killing its own population," *INET*, 8 August 2022.

44 J. Davies, *Sedated: How Modern Capitalism Created Our Mental Health Crisis* (London: Atlantic Books 2021).

45 S. Taylor et al., "Dependence and withdrawal associated with some prescribed medicines: an evidence review," Public Health England, 2019; "Mental health prescriptions on the rise," *Insurance Journal*, 22 April 2021.

46 J. Davies, "The new opium of the people," *IAI News*, 95, 4 June 2021.

47 V. Mousteri, M. Daly and L. Delaney, "Underemployment and psychological distress: propensity score and fixed effects estimate from two large UK samples," *Social Science and Medicine*, 244, Article 112641, January 2020.

48 A. Aubrey, "Childhood stress may prime pump for chronic disease later", Shots (National Public Radio), 29 September 2015.

49 Y.-L. Liu, "China's 'involuted' generation," *New Yorker*, 14 May 2021.

50 다음에서 인용. J. Kynge, "China's young 'lie flat' instead of accepting stress," *Financial Times*, 2 August 2021.

51 A. Yan, "Young employees rebel against Chinese work ethic by being lazy, refusing overtime and hiding in the toilets," *South China Morning Post*, 3

January 2021.

52 K. Harknett, D. Schneider and R. Wolfe, "Losing sleep over work scheduling? The relationship between work schedules and sleep quality for service sector workers," *SSM-Population Health*, 12(100681), 21 October 2020.

53 D. Schneider and K. Harknett, "Consequences of routine work-schedule instability for worker health and well-being," *American Sociological Review*, 84(1), 2019, 82~114면.

54 J. Lalljee, "Service workers have less stable work schedules—and it impacts their kids' health, sleep, and behavior," Business Insider, 2 February 2022.

55 K. Harknett and D. Schneider, "Precarious work schedules and population health," *Health Affairs*, 13 February 2020; 다음도 보라. A. Irvine and N. Rose, "How does precarious employment affect mental health? A scoping review and thematic synthesis of qualitative evidence from western economies," *Work, Employment and Society*, 6 December 2022.

56 "Hail to the 'chiefs'," *The Economist*, 30 January 2021, 53면.

57 S. Ratnayake, "CBT is wrong in how it understands mental illness," The Conversation, 3 March 2022.

58 T. J. Johnsen and O. Friborg, "The effects of cognitive behavioral therapy as an anti-depressive treatment is falling: a meta-analysis," *Psychological Bulletin*, 141(4), 747~68면.

59 다음에서 인용. R. Kelley, "Being well: I've got a feeling," *The Idler*, March/April 2022, 142~44면.

60 W. Shakespeare, *Macbeth*, Act 5, Scene 5, ll. 23~27.

61 S. O'Connor, "Why are we all working so hard?," *Financial Times*, 7 June 2022.

62 미국에서는 장애인이 급여를 받기까지 3년이 걸릴 수 있다. 그리고 현재 점점 더 많은 주들이, 청구인들이 '급여를 받을 만한 가난한 사람'인지 여부를 결정하기 위해 불법 약물에 대한 소변 검사를 강요하고 있다. 상처에 대한 모욕에 더해 청구인들은 검사 비용도 내야 한다.

63 S. Wickham, L. Bentley, T. Rose and M. Whitehead, "Effects on mental health of a UK welfare reform, Universal Credit: a longitudinal study," *Lancet*, 5(3), March 2020, 157~64면.

64 S. Arie, "Doctors' concerns over universal credit are mounting," *BMJ*, 363, 5 December 2018.

65 R. Adams, "Free childcare policy 'damages life chances' of poor children in England," *Guardian*, 19 August 2021.

66 P. Foster, "charities underpin the UK's social safety net as cost of living crisis bites," *Financial Times*, 7 August 2022.

67 A. Haldane, "charity: reweaving the social fabric after the crisis," *The Economist*, 24 April 2020.

68 F. Ryan, "Millions of destitute Britons rely on charity handouts, yet ministers feel no shame," *Guardian*, 29 July 2021.

69 J. Goldblum and C. Shaddox, "America's unspoken hygiene crisis," Century Foundation, 16 July 2021.

6장

1 D. Furceri et al., "Covid-19 will raise inequality if past pandemics are any guide," VoxEU, 8 May 2020: 다음도 보라. J. P. Cuesta and S. A. Hannan, "Recoveries after pandemics: the role of policies and structural features," IMF Working Paper Series WP/21/181, International Monetary Fund, Washington, DC, 9 July 2021.

2 D. Strauss and C. Smith, "Runaway house prices: the 'winners and losers' from the pandemic," *Financial Times*, 25 June 2021.

3 Office for National Statistics, "Prevalence of ongoing symptoms following coronavirus (COVID-19) infection in the UK," 2 February 2023.

4 I. Blake, "Extreme heart care disruption linked to 30,000 excess deaths involving heart disease," British Heart Foundation, 2 November 2022.

5 P. Linde, "James Davies: 'Cutting down on work and spending the time on meaningful pursuits would be to the advantage of our mental health'," *El País*, 17 March 2022.

6 M. L. Pathirathna et al., "Impact of the Covid-19 pandemic on suicidal

attempts and death rates: a systematic review," *BMC Psychiatry*, 22, Article 506, 28 July 2022.

7 다음에서 인용. S. O'Connor, "There is a deepening mental health recession," *Financial Times*, 22 November 2022.

8 다음에서 인용. "Will the economic and psychological costs of covid-19 increase suicides?," *The Economist*, 5 October 2020.

9 Pathirathna et al., "Impact of the Covid-19 pandemic on suicidal attempts and death rates."

10 J. Twenge, "How much is social media to blame for teens' declining mental health," Institute for Family Studies, 11 April 2022.

11 J. Burn-Murdoch, "Smartphones and social media are destroying children's mental health," *Financial Times*, 9 March 2023.

12 E. Holt-White et al., *Wave 1 Initial Findings—Mental Health and Wellbeing*, COVID Social Mobility & Opportunities (COSMO) study, Briefing No. 4 (London: UCL Centre for Education Policy and Equalising Opportunities and the Sutton Trust 2022).

13 NHS Digital, "Mental health of children and young people in England 2022—wave 3 follow up to the 2017 survey," 29 November 2022.

14 O'Connor, "There is a deepening mental health recession."

15 A. Raval, "When your boss becomes your banker," *Financial Times*, 20 November 2022.

16 C. Jansson-Boyd, "Covid-19 is giving us a new appreciation for physical shops," The Conversation, 12 February 2021.

17 R. Bowlby, *Back to the Shops: The High Street in History and the Future* (Oxford: Oxford University Press 2022).

18 C. Ibbetson, "Could Covid-19 save the high street," YouGov, 10 July 2020.

19 "Take your child to work (every) day," *The Economist*, 22 May 2021, 54~56면. 이 부분의 나머지에서 인용한 통계도 같은 자료에서 나온 것이다.

20 "Update in progress," *The Economist*, 22 January 2022, 69면.

21 다음에서 인용. "Free exchange: stay of execution," *The Economist*, 19 June 2021, 68면.

22 예를 들어 다음을 보라. D. Susskind, *A World Without Work: Technology, Automation and How We Should Respond* (London: Allen Lane 2021).

23 R. Neate, "End of the checkout queue? Stores rush to deploy till-free technology," *Guardian*, 23 October 2021.

24 "Triumph of the Luddites," *The Economist*, 24 December 2022, 51면.

25 P. Aghion et al., "What are the labor and product market effects of automation? New evidence from France," CEPR Discussion Paper DP14443, Centre for Economic Policy Research, March 2020; idem, "The effects of automation on labour demand: a survey of the literature," CEPR Discussion Paper DP16868, Centre for Economic Policy Research, February 2022.

26 D. Adachi, D. Kawaguchi and Y. Saito, "Robots and employment: evidence from Japan, 1978-2017," VoxEU, 9 February 2021; J. Hirvonen, A. Stenhammar and J. Tuhkuri, "New evidence on the effect of technology on employment and skill demand," ETLA Working Papers, 93, Research Institute of the Finnish Economy, Helsinki, 2022.

27 D. Autor, D. A. Mindell and E. B. Reynolds, *The Work of the Future: Building Better Jobs in an Age of Intelligent Machines* (Cambridge, MA: MIT Press 2022).

28 OECD, *Job Retention Schemes During the COVID-19 Lockdown and Beyond* (Paris: OECD, October 2020).

29 L. Elliott, "UK needs mini-furlough if Omicron hits economy, IMF says," *Guardian*, 14 December 2021; O. Jones, "With Tories in revolt, Labour can push them to better protect the public from Covid," *Guardian*, 15 December 2021.

30 A. Lockey, "Work shift: the pandemic kick-started new ways of thinking around employment," *RSA Journal*, 1, 2022, 24면.

31 S. O'Connor, "Rot festers in the lower depths of the British labour market," *Financial Times*, 3 May 2022.

32 A. Hern, "'Eat out to help out' may have caused sixth of Covid clusters over summer," *Guardian*, 30 October 2020.

33 S. O'Connor, "Donald Trump golf resorts claimed at least £3.3 million in UK furlough support," *Financial Times*, 27 December 2021.

34 M. Sweney, "Fraudsters likely to target furlough scheme," *Guardian*, 8 April 2020.

35 G. Standing, "Why the UK's job retention scheme makes no sense," Alphaville, *Financial Times*, 17 April 2020; idem, "UK's erupting fraud scandal confirms furlough was a nonsensical mistake," *Daily Telegraph*, 18 June 2020.

36 A. McCulloch, "Third of employees asked to commit furlough fraud," *Personnel Today*, 18 June 2020.

37 HMRC, "Tackling error and fraud in the Covid-19 support schemes," HMRC Policy Paper, 18 July 2022; 이전의 추정치는 다음을 보라. R. Neate, "Over £5.5bn of Covid support funds lost to fraud or error," *Guardian*, 4 November 2021.

38 M. McDougall, "Closure of HMRC unit puts £5bn of taxpayers' money at risk, warn MPs," *Financial Times*, 7 March 2023.

39 D. Thomas and S. Morris, "Scale of Covid loan fraud leaves UK struggling to reclaim billions lost," *Financial Times*, 7 April 2022.

40 House of Commons Committee of Public Accounts, *Bounce Back Loan Scheme: Follow-up*, Fiftieth Report of Session 2021~22, HC 951, 27 April 2022.

41 "Ill-gotten gains," *The Economist*, 30 April 2022, 61면.

42 같은 글.

43 S. Barnes and D. MacDonald, "How businesses are surviving Covid-19: the resilience of firms and the role of government support," VoxEU, 16 July 2021.

44 V. Romei, "Corporate insolvencies jump in England and Wales after withdrawal of Covid support," *Financial Times*, 2 August 2022.

45 S. Copland, "Belittling the Canberra convoy protesters will just push ostracised people further into their bunkers," *Guardian*, 16 February 2022.

46 United States Census Bureau, "The number of people primarily working from home tripled between 2019 and 2021," press release, 15 September 2022; 영국 자료는 통계청, 다음에서 인용. "The shape of things to come," *The Economist*, 9 May 2020, 21면.

47 J. Berg, F. Bonnet and S. Soares, "Working from home: estimating the worldwide potential," VoxEU, 11 May 2020.

48 J. M. Barrero, N. Bloom and S. J. Davis, "Covid-19 is also a reallocation shock," Brookings Papers on Economic Activity, Summer 2020, 329~71면.

49 S. Nauta, "How to ensure that the future of work is fair for all," *The Economist: The World Ahead 2022*, 8 November 2021.

50 O. Vargas Llarve, "Covid-19 unleashed the potential for telework—how are workers coping?", Eurofound, 9 June 2020.

51 "Homeworking and spending during the coronavirus (COVID-19) pandemic, Great Britain: April 2020 to January 2022," Office for National Statistics, 14 February 2022.

52 "The spread of the shed," *The Economist*, 23 January 2021, 24면.

53 J. M. Barrero, N. Bloom and S. J. Davis, "Why working from home will stick?," NBER Working Paper 28731, National Bureau of Economic Research, Cambridge, MA, April 2021; 다음도 보라. D. Strauss, "Nick Bloom: 'It is becoming pretty clear now that hybrid working is here to stay'," *Financial Times*, 22 December 2021.

54 다음에서 인용. "Office politics," *The Economist*, 12 September 2020, 11면.

55 J. Partridge, "How the pandemic transformed the world of work in 2021," *Guardian*, 30 December 2021.

56 K. Makortoff, "PWC's UK staff to split office and homeworking after Covid crisis," *Guardian*, 31 March 2021.

57 J. Partridge, "How the pandemic transformed the world of work in 2021," *Guardian*, 30 December 2021.

58 G. Hammond, "Office space shrinks by millions of square feet in England," *Financial Times*, 3 January 2022.

59 다음에서 인용. "The shape of things to come," *The Economist*.

60 C. G. Aksoy et al., "Commute time savings when working from home," VoxEU, 24 January 2023.

61 Microsoft, *2021 Work Trend Index: The Next Great Disruption is Hybrid Work—Are We Ready?*, 22 March 2021.

62 P. Clark, "Don't make me go back to hard pants five days a week," *Financial Times*, 6 June 2021.

63 S. Taneja et al., "Working from home is revolutionising the UK labour market," VoxEU, 15 March 2021.

64 C. Williams, "The fight over the hybrid future of work," *The Economist: The World Ahead 2022*, 8 November 2021.

65 P. Adrjan et al., "Teleworking is here to stay and may raise productivity if implemented appropriately," VoxEU, 10 February 2022.

66 S. Forbes et al., "Flexible working and the future of work: managing employees since COVID-19," Equal Parenting Project, United Kingdom, University of Birmingham and University of York, 2022.

67 "People are working longer hours during the pandemic," *The Economist*, 24 November 2020.

68 다음에서 인용. H. Osborne, "Home workers putting in more hours since Covid, research shows," *Guardian*, 4 February 2021.

69 다음에서 인용. "The great divide," *The Economist*, 27 March 2021, 51면.

70 T. Weber and O. Vargas Llave, *Right to Disconnect: Exploring Company Practices* (Luxembourg: Eurofound, September 2021), 5면.

71 Royal Society for Public Health, *Disparity Begins at Home: How Home Working is Impacting the Public's Health* (London: RSPH, February 2021), 12면.

72 Emma Stewart, 다음에서 인용. Osborne, "Home workers putting in more hours since Covid, research shows."

73 "The missing pandemic boom," *The Economist*, 3 September 2022.

74 PwC, "It's time to re-imagine where and how work will get done: PwC's US remote work survey," 12 January 2021.

75 S. Bevan, "Remote working: why some people are less productive at home than others—new research," The Conversation, 30 April 2021.

76 다음에서 인용. C. Cavendish, "It's time to admit that hybrid is not working," *Financial Times*, 7 January 2022.

77 C. Warzel and A. H. Petersen, *Out of Oflce: The big problem and bigger promise of working from home* (London: Knopf 2021).

78 J. Conaghan, "Why flexibility fails precarious workers," Frontiers of Socio-Legal Studies, 22 February 2023.

79 D. Strauss, "UK employees to be given more flexible working rights," *Financial Times*, 5 December 2022.

80 다음에서 인용. R. Partington, "Britons working at home spend more time on job in Covid crisis, ONS finds," *Guardian*, 19 April 2021.

81 다음에서 인용. P. Yeung, " 'If you switch off, people think you're lazy': demands grow for a right to disconnect from work," *Guardian*, 10 February 2021.

82 다음에서 인용. J. Dingle and B. Neiman, "How many jobs can be done at home," VoxEU, 7 April 2020.

83 J. Dingel and B. Neiman, "Making a good job of remote work," *Financial Times*, 7 February 2021.

84 Office for National Statistics, "Characteristics of home workers, Great Britain: September 2022 to January 2023," 13 February 2023.

85 Forbes et al., "Flexible working and the future of work."

86 D. Lee, "Apple's return-to-office order sparks anxiety among tech workers," *Financial Times*, 24 August 2022.

87 다음에서 인용. D. Britto et al., "Anywhere jobs and the future of work," VoxEU, 10 July 2021.

88 예를 들어 다음을 보라. T. Makimoto and D. Manners, *Digital Nomad* (Hoboken, NJ: Wiley 1997).

89 J. Curtis, "PBS 'Future of Work' series features the new 'precariat'—people moving from gig to gig—digital nomads and other rapidly growing professional trends," No Censor, 22 August 2021.

90 Deloitte, *2022 Deloitte Travel Outlook: The Winding Path to Recovery* (2022).

91 "Roam work," *The Economist*, 2 October 2021, 24면.

92 A. Keen, *The Internet is Not the Answer* (London: Atlantic Books 2015).

93 D. Cook, "Digital nomads have rejected the office and now want to replace the nation state," The Conversation, 7 September 2022.

94 C. Middlehurst, "Get ready for the new perk culture," *Financial Times*, 5 May 2021.

95 평가에 대해서는 다음을 보라. S. Norgate and C. Cooper (eds), *Flexible Work: Designing Our Healthier Future Lives* (London: Routledge 2020); A. Auerbach, *Flex: Reinventing Work for a Smarter, Happier Life* (New York: HarperOne 2021).

96 다음에서 인용. E. Jacobs, "Why our work trips are starting to look like holidays," *Financial Times*, 9 May 2022.

97 다음에서 인용. D. Strauss, "Pandemic leaves 22 million people out of work in advanced economies, OECD finds," *Financial Times*, 7 July 2021.

98 다음에서 인용. L. Frias, "Mark Zuckerberg said Facebook employees who move out of Silicon Valley may face pay cuts," Business Insider, 22 May 2020.

99 "English housing survey 2021 to 2022: headline report," Department for Levelling Up, Housing and Communities, 15 December 2022.

100 Joint ILO—Eurofound Report, *Working Anytime, Anywhere: The Effect on the World of Work* (Dublin and Geneva: Eurofound and International Labour Organization 2017).

101 J. Partridge, "Flexible working: a system set up for women to fail," *Guardian*, 20 November 2021.

102 R. Faroohar, "Forget the 'she-cession'—women will redefine the labour market," *Financial Times*, 19 September 2021.

103 G. Standing, "Global feminization through flexible labor," *World Development*, 17(7), 1989, 1077~95면; idem, "Global feminization through flexible labor: a theme revisited," *World Development*, 27(3), 1999, 583~602면.

104 Partington, "Britons working at home spend more time on job in Covid crisis."

105 A. Collins, "Why you should call in sick more often than you think—even if working from home," The Conversation, 28 September 2020.

106 Partington, "Britons working at home spend more time on job in Covid crisis."

107 J. Cribb, I. Delestre and P. Johnson, "Who is excluded from the government's Self-Employment Income Support Scheme and what could the government do about it?," Institute of Fiscal Studies Briefing Note, 27 January 2021.

108 Trades Union Congress, "647,000 festive workers get no statutory sick pay—TUC analysis," 6 December 2021.

109 H. Janssens, "The relation between presenteeism and different types of future sickness absence," *Journal of Occupational Health*, 4 October 2013.

110 E. Jacobs, "Arup's seven-day week: is this the future of work?," *Financial Times*, 10 October 2021.

111 D. Schofield, " 'It's the biggest open secret out there': the double lives of white-collar workers with two jobs," *Guardian*, 16 November 2021.

112 R. Mason et al., "Geoffrey Cox accrued at least £6m from second job while a parliamentarian," *Guardian*, 10 November 2021.

113 다음에서 인용. Schofield, " 'It's the biggest open secret out there.'"

114 M. Murphy, "Working from home? You are probably being spied on by your boss," *Telegraph*, 30 March 2020.

115 A. Gilbert and A. Thomas, "The Amazonian Era: how algorithmic systems are eroding good work," Institute for the Future of Work, 2021.

116 "One-third of firms deploying home-working surveillance," Consultancy. UK, 16 May 2022.

117 다음에서 인용. Corbyn, " 'Bossware is coming for almost every worker.'"

118 "Webcam monitoring," RemoteDesk.com (2023년 5월 22일에 접속).

119 J. R. Carlson et al., "Applying the job demands resources model to understand technology as a predictor of turnover intentions," *Computers in*

Human Behavior, 77, December 2017, 317~25면.

120 Trades Union Congress, "I'll be watching you: a report on workplace monitoring," 17 August 2018.

121 *The New Frontier: Artificial Intelligence at Work*, a final report produced by the All-Party Parliamentary Group on the Future of Work, Institute for the Future of Work, November 2021.

122 다음에서 인용. P. Walker, "Call centre staff to be monitored via webcam for home-working 'infractions'," *Guardian*, 26 March 2021.

123 P. Clark, "The looming legal minefield of working from home," *Financial Times*, 27 September 2020.

124 "The right kind of recovery," *The Economist*, 10 October 2020, 14면.

125 다음에서 인용. S. O'Connor, "Benefit cuts focus debate on shape of post-Covid safety net," *Financial Times*, 13 July 2021.

126 "Flattened," *The Economist*, 9 October 2021, 29면.

127 S. O'Connor, "UK plan shows how not to deal with labour shortages," *Financial Times*, 31 January 2022.

128 Royal Society of Arts, *Key Workers in the Pandemic: Security Traps Among Britain's Essential Workers* (London: RSA 2021).

129 U. Aminjonov, O. Bargain and T. Bernard, "Gimme shelter: social distancing and income support in times of pandemic," Bordeaux Economics Working Papers 2021~12, Bordeaux School of Economics, 2021.

130 R. Tribe, "Giving people cash rather than food parcels would empower them," *Guardian*, 22 November 2021.

131 "Backlog Britain: How public sector delays spiralled to record levels," *Financial Times*, 28 November 2022.

132 O'Connor, "UK plan shows how not to deal with labour shortages."

133 National Audit Office, *Benefit Sanctions*, HC 628, Session 2016~17, House of Commons, 30 November 2016.

134 G. J. van den Berg and J. Vikström, "Monitoring job offer decisions, punishments, exit to work, and job quality," *Scandinavian Journal of*

Economics, 116(2), April 2014, 284~334면.

135 J. Ingold, "Employers' perspectives on benefit conditionality in the UK and Denmark," *Social Policy Administration*, 54(2), March 2020, 236~49면.

136 J. Pring, "DWP is forcing distressed claimants to attend weekly meetings, says whistleblower," Disability News Service, 10 March 2022.

137 P. Butler, "Hunt's disability plans put 1 million people at risk of losing £350 a month, IFS says," *Guardian*, 15 March 2023.

138 F. Ryan, "Good riddance to the work capability assessment, the cruellest social policy of modern times," *Guardian*, 22 March 2023.

139 C. Gray et al., "Evidence on the net effects of work requirements in safety net programmes," VoxEU, 4 October 2021.

140 A. M. Larson et al., "Sanctions and education outcomes for children in TANF [Temporary Assistance for Needy Families] families," *Child and Youth Services*, 32(3), 2011, 180~99면.

141 D. Strauss, "End of Covid job schemes still leaves US, EU and UK short of workers," *Financial Times*, 27 September 2021.

142 "Blue-collar burnout," *The Economist*, 8 January 2022, 51~52면.

143 Microsoft, *2021 Work Trend Index: The Next Great Disruption is Hybrid Work*.

144 EY Global, "More than half of employees globally would quit their jobs if not provided post-pandemic flexibility, EY survey finds," press release, 12 May 2021.

145 M. Brignall, "'The Great Resignation': almost one in four UK workers planning job change," *Guardian*, 1 November 2021.

146 I. Williamson, "The great resignation is a trend that began before the pandemic—and bosses need to get used to it," The Conversation, 12 November 2021.

147 T. N. Rogers, "The switching generation: US workers quit jobs in record numbers," *Financial Times*, 23 November 2021.

148 C. Carrillo-Tudela et al., "The truth about the 'great resignation'—who changed jobs, where they went and why," The Conversation, 28 March

2022.

149 S. O'Connor, "Covid retirees show work-from-home revolution has not benefited everyone," *Financial Times*, 9 November 2021.

150 D. Strauss and D. Mosolova, "UK labour shortages are 'shape of things to come', lords warn," *Financial Times*, 19 December 2022.

151 R. Joyce, S. Ray-Chaudhuri and T. Waters, "The number of new disability benefit claimants has doubled in a year," Institute for Fiscal Studies, London, 7 December 2022.

152 다음에서 인용. "Where have all the workers gone," *The Economist*, 28 January 2023, 81면.

153 다음에서 인용. D. Strauss, "Where did all the workers go?," *Financial Times*, 22 November 2021.

154 "Get up and go," *The Economist*, 23 April 2022, 69면.

155 여기와 앞 문단의 통계는 다음에서 인용. "America's entrepreneurial boom continued apace in 2021," *The Economist*, 13 January 2022.

156 S. O'Connor, "Where have all the self-employed gone?," *Financial Times*, 9 August 2022.

157 L. Cernik, "'I've always thrown myself into work—now it keeps me alive': the over-65s forced to join the 'great unretirement'", *Guardian*, 14 September 2022.

158 J. Hobsbawm, *The Nowhere Office: Reinventing Work and the Workplace of the Future* (London: Public Affairs 2022).

159 T. Bell, "Forget all you've heard about working life in modern Britain. It's wrong," *Observer*, 20 February 2022.

160 J. Faberman et al., "Has the willingness to work fallen during the Covid pandemic?," Working Paper 29784, National Bureau of Economic Research, Cambridge, MA, February 2022.

161 T. N. Rogers, "Reddit 'antiwork' forum booms as millions of Americans quit jobs," *Financial Times*, 9 January 2022.

162 D. Price, *Laziness Does Not Exist: A Defense of the Exhausted, Exploited and Overworked* (New York: Atria Books 2021).

163 S. Kale, "Time millionaires: meet the people pursuing the pleasure of leisure," *Guardian*, 12 October 2021.

164 J. Odell, *How To Do Nothing: Resisting the Attention Economy* (Brooklyn, NY: Melville House Publishing 2019).

7장

1 G. Hinsliff, "The next wave of coronavirus disruption? Automation," *Guardian*, 30 April 2020.

2 National Audit Office, *Employment Support: The Kickstart Scheme*, HC 801, House of Commons, Session 2021~22, 26 November 2021.

3 Department for Work and Pensions, *Universal Credit at Work*, DWP, February 2015.

4 House of Lords Select Committee on Economic Affairs and House of Commons Select Committee on Work and Pensions, Corrected Oral Evidence: Reports: *Universal Credit Isn't Working: Proposals for Reform and Universal Credit: The Wait for the First Payment*, 9 March 2021.

5 R. Skidelsky, "Britain's benefit madness," Project Syndicate, 16 April 2021.

6 P. Gregg and R. Layard, "A job guarantee," London School of Economics, mimeo, 2009.

7 S. McElwee, C. McAuliffe and J. Green, "Why democrats should embrace a federal jobs guarantee," *The Nation*, 20 March 2018.

8 R. Skidelsky and S. Gasperin, "Reinstating fiscal policy for normal times: public investment and public jobs programmes," *PSL Quarterly Review* 74(296), March 2021, 3~24면, 16면(강조는 원문).

9 같은 글.

10 R. Skidelsky and R. Kay, *How to Achieve Shorter Working Hours* (London: Progressive Economy Forum 2019), 11면.

11 E. Loomis, "The case for a federal jobs guarantee," *New York Times*, 25 April 2018.

12 다음에서 인용. A. Peters, "What is a job guarantee—and how could it help us recover from the coronavirus?," *Fast Company*, 7 May 2020.

13 G. Standing, *Unemployment and Labour Market Flexibility: Sweden* (Geneva: International Labour Organization 1988).

14 Skidelsky and Gasperin, "Reinstating fiscal policy for normal times," 16면.

15 P. Tcherneva, *The Case for a Job Guarantee* (Cambridge: Polity Press, 2020).

16 "The *Guardian* view on a job guarantee: a policy whose time has come," *Guardian*, 3 May 2018.

17 다음에서 인용. S. O'Connor, "Not all green jobs are safe and clean," *Financial Times*, 26 October 2021.

18 London Plus, *London Good Work Commission Investigation into Poverty and Bad Work: Interim Findings* (London: London Plus 2019), 7면.

19 N. Cominetti et al., *Low Pay Britain 2022: Low Pay and Insecurity in the UK Labour Market* (London: Resolution Foundation and Centre for Economic Performance, London School of Economics 2022), 21, 28, 29면.

20 K. Henderson, *The Crisis of Low Wages in the US: Who Makes Less than $15 an Hour in 2022* (Washington, DC: Oxfam America 2022).

21 Skidelsky and Kay, *How to Achieve Shorter Working Hours*, 47면.

22 G. Abebe et al., "Urban public works in spatial equilibrium: experimental evidence from Ethiopia," CEPR Discussion Paper DP16691, Centre for Economic Policy Research, November 2021. 개발도상국이긴 하지만 이 자료는 민간 노동 공급이 줄어들고 민간 부문 임금이 18퍼센트 이상 올랐다는 것을 보여주었다.

23 Skidelsky and Gasperin, "Reinstating fiscal policy for normal times," 17면.

24 Skidelsky and Kay, *How to Achieve Shorter Working Hours*, 45면.

25 O. Kangas et al., *Experimenting with Unconditional Basic Income* (Cheltenham: Edward Elgar 2021).

26 H. P. Minsky, *Ending Poverty: Jobs not Welfare* (New York: Levy Economics Institute 2013).

27 G. Standing, *A Precariat Charter*.

28 D. Thomas and E. Jacobs, "Most companies in UK four-day week trial to continue with flexible working," *Financial Times*, 21 February 2023.

29 S. Kuper, "A four-day work week would help save the planet," *Financial Times*, 28 October 2021.

30 Autonomy, *The Shorter Working Week: A Radical and Pragmatic Proposal* (London: Autonomy 2019).

31 P. Inman and J. Jolly, "Productivity woes? Why giving staff an extra day off can be the answer," *Observer*, 17 November 2018; "Do more with less: New Zealand firm's four-day week," Reuters, 5 November 2019.

32 Thomas and Jacobs, "Most companies in UK four-day week trial to continue with flexible working."

33 H. Delaney and C. Casey, "The promise of a four-day week? A critical appraisal of a management-led initiative," *Employer Relations*, 44(1), 2022, 176~90면.

34 C. Harrington, "The 4-day week is flawed. Workers still want it," *Wired*, 3 February 2022.

35 E. Russell, C. Murphy and E. Terry, "What leaders need to know before trying a 4-day work week," *Harvard Business Review*, 27 May 2022.

36 D. A. Spencer, "A four-day working week: its role in a politics of work," *Political Quarterly*, 93(3), July/September 2022, 401~7면.

37 Thomas and Jacobs, "Most companies in UK four-day week trial to continue with flexible working."

38 Skidelsky and Kay, *How to Achieve Shorter Working Hours*, 10면.

39 E. Jacobs, "The 4-day week: does it actually work," *Financial Times*, 3 December 2022.

40 TUC, *A Future That Works for Working People* (London: Trades Union Congress 2018).

41 D. Méda, "The French experience," in A. Coote and J. Franklin (eds), *Time on Our Side: Why We All Need a Shorter Working Week* (London: New Economics Foundation 2013); Skidelsky and Kay, *How to Achieve Shorter Working Hours*, 31~34면.

42 C. Foss, "Stalin's topsy-turvy work week," *History Today*, 54(9), September 2004, 46~47면.

43 이 계산은 다음에서 가져온 것이다. C. Young and C. Lim, "Time as a network good: evidence from unemployment and the standard workweek," *Sociological Science*, 1, 2014, 10~27면.

44 다음에서 인용. "Arguing about laziness," *The Economist*, 11 February 2023, 23면.

45 TUC, *A Future That Works for Working People*.

46 M. Busby, "UK's growing army of night workers 'need rest centres' for sanctuary," *Observer*, 5 December 2021.

47 "Why governments are paying people to go on holiday," *The Economist*, 27 July 2020.

48 I. Ferrares et al., "Life after Covid-19: decommodify work, democratise the workplace," *The Wire*, 15 May 2020. 선언은 전세계적으로 미디어를 통해 발간되었다.

49 D. Graeber, *Bullshit Jobs: A Theory* (London: Penguin 2019).

50 다음에서 인용. A. L. Morton, "Introduction," in William Morris, *Three Works by William Morris* (London: Lawrence & Wishart 1977), 25면.

8장

1 M. Wolf, *The Crisis of Democratic Capitalism* (London: Allen Lane 2023).

2 B. Dawson, "Many in the UK face a grim choice this winter between eating and heating as a cost-of-living crisis grips the nation," Business Insider, 9 October 2022.

3 J. Bivens, "Corporate profits have contributed disproportionately to inflation," Working Economics Blog, Economic Policy Institute, April 2022.

4 H. Stewart, "Work-life balance as important as pay, says university staff union," *Guardian*, 10 February 2023.

5 K. Schofield, "Rishi Sunak has earned more than £4.7 million in the last three years," HuffPost, 22 March 2023.

6 R. E. Lucas Jr, "The Industrial Revolution: past and future," *The Region* (2003 Annual Report of the Federal Reserve Bank of Minneapolis), 5~20면.

7 "Fleshing out the olive," *The Economist*, 28 August 2021, 60면.

8 "Establishing the cause of death," *The Economist*, 31 July 2021, 55면.

9 "Nasty, British and short," *The Economist*, 11 March 2023, 25면.

10 Office for National Statistics, "Prevalence of ongoing symptoms following coronavirus (COVID-19) infection in the UK," 2 February 2023.

11 British Medical Association, "NHS backlog data analysis," BMA, March 2023.

12 E. Mahase, "Government must get a 'firmer grip' on mental health crisis, says watchdog," *BMJ*, 380, 9 February 2023, 324면.

13 R. G. Tedeshi and L. G. Calhoun, *Posttraumatic Growth: Conceptual Foundation and Empirical Evidence* (Philadelphia, PA: Lawrence Erlbaum Associates 2004).

14 소비자는 혜택의 70퍼센트만 얻으며, 나머지는 가격을 인상해서 이윤을 증대시키려는 에너지 기업들에 간다고 여겨졌다. "When duty falls," *The Economist*, 26 March 2022, 9~10면.

15 R. Partington, "UK households suffer biggest fall in available cash in eight years," *Guardian*, 12 January 2022.

16 Beveridge, *Social Insurance and Allied Services*, 6면.

17 S. Lewandowsky, K. Facer and U. K. H. Ecker, "Losses, hopes, and expectations for sustainable futures after Covid," *Humanities and Social Sciences Communications*, 8, Article 296, 25 November 2021.

18 G. Tett, "Don't deride the Davos prophets of doom," *Financial Times*, 13 January 2022.

19 Labour, "5 missions for a better Britain: a 'mission-driven' government to end 'sticking plaster' politics," 5 February 2023.

20 P. Kellner, "Can a progressive alliance ever win in the UK?," *Prospect*, 4 January 2022.

21 B. Disraeli, "Speech to the Conservatives of Manchester (3 April 1872)," quoted in T. E. Kebbel (ed.), *Selected Speeches of the Late Right Honourable the Earl of Beaconsfield*, Vol. 2 (London: Longmans, Green & Co. 1882), 516면.

22 A. Haldane, "How to remake Britain: why we need community capitalism," *New Statesman*, 17 March 2021.

23 다음을 보라. G. Standing, *The Corruption of Capitalism: Why Rentiers Thrive and Work Does Not Pay*, 3rd edn (London: Biteback 2021), Chapter 4; L. Boone et al., *Debt: The Eye of the Storm: The 24th Geneva Report on the World Economy* (Geneva: International Centre for Monetary and Banking Studies; and London: the Centre for Economic Policy Research 2022). 후자는 가계부채에 관해 몹시 낙관적이었다.

24 L. Bauluz, F. Novokmet and M. Schularick, "The anatomy of the global saving glut," CEPR Discussion Paper 17215, Centre for Economic Policy Research, London, April 2022.

25 V. Romei, "UK credit card debt hits record high as inflation and cost of living bite," *Financial Times*, 29 March 2022.

26 C. Giles, "Brexit and the economy: the hit has been 'substantially negative'," *Financial Times*, 30 November 2022.

27 D. Bailey and P. Tomlinson, "April will be cruel to UK households, but the economy's problems are much longer-term," The Conversation, 31 March 2022; Giles, "Brexit and the economy."

28 "A mean feat," *The Economist*, 9 January 2016.

29 J. Kay and M. King, *Radical Uncertainty: Decision-Making beyond the Numbers* (New York: W.W. Norton 2020).

30 L. Guiso et al., "The financial drivers of populism in Europe," CEPR Discussion Paper DP17332, Centre for Economic Policy Research, London, May 2022.

31 "The new normal is already here. Get used to it," *The Economist*, 18 December 2021.

32 Taleb, *Antifragile*, 106면.

33 E. J. Mishan, *The Costs of Economic Growth* (London: Pelican 1967).

34 J. Stiglitz, A. Sen and J.-P. Fitoussi, *Mis-Measuring Our Lives: Why GDP Doesn't Add Up* (New York and London: New Press 2010).

35 J. Runge and N. Hudson-Sharp, "Public understanding of economics and economic statistics," ESCoE Occasional Paper 03, Economic Statistics Centre of Excellence, London, November 2020.

36 W. Dahlgreen, "37% of British workers think their jobs are meaningless," YouGov, 12 August 2015.

37 D. Carrington, "McKinsey: Fundamental transformation of global economy needed for net zero," *Guardian*, 25 January 2022.

38 P. Allin, D. Coyle and T. Jackson, "Beyond GDP: changing how we measure progress is key to tackling a world in crisis," The Conversation, 18 August 2022.

39 H. Daly and J. Cobb, *For the Common Good: Redirecting the Economy toward Community, the Environment and a Sustainable Future* (Boston: Beacon Press 1989).

40 R. Floud, *An Economic History of the English Garden* (London: Penguin 2020), 19면.

41 B. Bridgman et al., "Accounting for household production in the national accounts 1965–2010," *Survey of Current Business*, 92, May 2012, 23~36면.

42 Office for National Statistics, *Household Satellite Account (Experimental) Methodology* (London: HMSO 2002).

43 Office for National Statistics, "Changes in the value and division of unpaid care work in the UK: 2000 to 2015," 10 November 2016.

44 D. Pilling, *The Growth Delusion: The Wealth and Well-Being of Nations* (London: Bloomsbury 2018), 71면.

45 J. P. Smith, "'Lost milk?': counting the economic value of breast milk in Gross Domestic Product," *Journal of Human Lactation*, 29(4), November 2013, 537~46면. 좀더 최근의 어떤 연구는 모유 수유를 하지 않을 때의 경제적 비용을 보여주었지만 그 과정에서 여성의 시간이 가지는 가치를 무시했다. D. D. Walters, L. T. H. Phan and R. Mathisen, "The cost of not breastfeeding: global results from a new tool," *Health Policy and Planning*, 34(6), July 2019, 407~17면.

46 S. Radzyminski and L. C. Callister, "Health professionals' attitudes and beliefs about breastfeeding," *Journal of Perinatal Education*, 24(2),

2015, 102~9면; Unicef UK, "Preventing disease and saving resources: the potential contribution of increasing breastfeeding rates in the UK," October 2012.

47 "30+ maternity leave statistics in 2022," myshortlister.com, 2022.

48 C. Coffey et al., *Time to Care: Unpaid and Underpaid Care Work and the Global Inequality Crisis* (Oxford: Oxfam International, January 2020).

49 Independent Care Review Scotland, The Promise, 2020; J. MacAlister, *The Independent Care Review of Children's Social Care: Final Report*, May 2022.

50 Office for National Statistics, "Care homes and estimating the self-funding population, England: 2021 to 2022," 30 May 2022.

51 Age UK, "1.2m older people don't get the social care they need," 17 November 2016.

52 그중에서도 다음을 보라. Y. Varoufakis, *Another Now: Dispatches from an Alternative Present* (London: Bodley Head 2020), 54~56면; P. Barnes, *OURS: The Case for Universal Property* (London: Wiley 2021); Standing, *Plunder of the Commons*.

53 다음을 보라. Standing, *The Blue Commons*, 377~85면.

54 Standing, *Plunder of the Commons*.

55 I. Ungoed-Thomas, "Superyacht sales surge prompts fresh calls for curbs on their emissions," *Guardian*, 29 January 2022.

56 "The meaning of green," *The Economist*, 8 January 2022, 10면.

57 탄소 부담금에 더해 더 자세한 것은 다음을 보라. F. Caselli, A. Ludwig and R. van der Ploeg (eds), *No Brainers and Low-Hanging Fruit in National Climate Policy* (London: CEPR Press 2021).

58 S. Laville, "UK meat tax and frequent-flyer levy proposals briefly published then deleted," *Guardian*, 20 October 2021.

59 M. Paoli and R. van der Ploeg, "Recycling revenue to improve political feasibility of carbon pricing in the UK," VoxEU, 4 October 2021.

60 *Taxe sur le CO2* (Bern: Office fédéral de l'environnement, Confédération suisse 2020).

61 R. Amery, "Nicola Sturgeon to review payments to Perthshire estate owned by Kremlin associate," The Courier, 3 March 2022.

62 G. Hammond, "UK homeowners secure £800bn windfall with house price rise," *Financial Times*, 30 January 2022.

63 "China has a celebrated history of policy experiments," *The Economist*, 9 April 2022.

64 이 부문의 논점은 다른 곳에서 더 길게 발전시켰다. 다음을 보라. See G. Standing, *Basic Income: And How We Can Make It Happen* (London: Pelican 2017).

65 R. Cialdini, *Influence: The Psychology of Persuasion* (New York: William Morrow 1984).

66 T. Shepherd, "Women three times more likely to be abused if in pandemic-induced financial stress," *Guardian*, 30 January 2022.

67 다음에서 인용. C. Salter, "Failure doesn't suck," *Fast Company*, 1 May 2007.

68 다음에서 인용. C. Clifford, "Mark Zuckerberg: success comes from 'the freedom to fail,' so billionaires like me should pay you to do that," CNBC, 25 May 2017.

69 D. Matthews, "Study: a universal basic income would grow the economy," Vox, 30 August 2017.

70 T. Visram, "What happened when people in this upstate New York town started getting monthly $500 checks," *Fast Company*, 17 December 2021.

71 D. Baker et al., *Preliminary Analysis: SEED's First Year* (Stockton Economic Empowerment Demonstration 2021).

72 "Results of the YouGov poll about UBI," WeMove Europe, December 2021.

73 M. Linek, "Time use with basic income: evidence from a large-scale survey experiment," Hertie School Working Paper, Berlin, 29 September 2020.

74 O. Kangas et al. (eds), Experimenting with Unconditional Basic Income: Lessons from the Finnish BI Experiment *2017-2018* (Cheltenham: Edward Elgar 2021).

75 K. Murray, "Those of us who grew up in care will know how dire the need

is for extra financial support," *Big Issue*, 18 February 2022.

76 Taleb, *Skin in the Game*, 12면.

77 같은 책, 19면.

78 T. Wilson et al., *Working for the Future: Launch Report for the Commission on the Future of Employment Support* (London: Institute for Employment Studies 2022).

79 A. Beckett, "Post-work: the radical idea of a world without jobs," *Guardian*, 19 January 2018.

80 L. Murphy, "Leaving lockdown: young people's employment in 2021," Resolution Foundation, London, 31 January 2022.

81 예를 들어 다음을 보라. M. Ford, *Rule of the Robots: How Artificial Intelligence Will Transform Everything* (New York: Basic Books 2021); M. Ford, *Rise of the Robots: Technology and the Threat of a Jobless Future* (New York: Basic Books 2015).

82 N. Srnicek and A. Williams, *Inventing the Future: Postcapitalism and a World without Work* (London: Verso 2015), 12면.

83 G. Winstanley, "A declaration from the poor oppressed people of England," 1649.

84 R. Smithers, "Interest in allotments soars in England during coronavirus pandemic," *Guardian*, 10 August 2021.

85 National Allotment Society, "National Allotments Week 2020, 10 to 16 August," 31 July 2020.

86 D. L. Evans et al., "Ecosystem service delivery by urban agriculture and green infrastructure—a systematic review," *Ecosystem Services*, 54, April 2022.

87 J. Edmondson and S. Caton, "Urban health, wellbeing and food supplies are all under threat: growing more food in cities could change that," The Conversation, 18 January 2022.

88 다음에서 인용. E. V. Bramley, "It's official: allotments are good for you— and for your mental health', *Observer*, 8 November 2020.

89 "The Green Apple," *The Economist*, 10 April 2021, 34면; "A shovel-ready project," *The Economist*, 20 June 2020, 36면.

90 J. Ruskin, *Fors Clavigera*, Vol. 1, Letter 5, in E. T. Cook and K. Wedderburn (eds), *The Works of John Ruskin*, Vol. 27 (London: George Allen 1905~12), 96면.

91 Mind, "Over 7 million have taken up gardening since the pandemic: new research shows spending more time in nature has boosted nation's wellbeing," 23 May 2022.

92 A. Turns, "'Revolutionary in a quiet way': The rise of community gardens in the UK," *Guardian*, 21 September 2021.

93 같은 글에서 인용.

94 M. Busby, "How coronavirus has led to a UK boom in community food growing," *Guardian*, 24 August 2020.

95 Turns, "'Revolutionary in a quiet way.'"

96 다음에서 인용. M. France, "The wonder of the community garden," *Prospect*, 11 August 2021.

97 Edmonson and Caton, "Urban health, wellbeing and food supplies are all under threat."

98 다음에서 인용. P. Barkham, "How Camley Street brought nature to the heart of the capital," *Observer*, 8 August 2021.

99 같은 글에서 인용.

100 N. Crisp, *Health is Made at Home, Hospitals are for Repairs: Building a Healthy and Health-Creating Society* (London: Salus 2021).

101 D. F. Shanahan et al., "Health benefits from nature experiences depend on dose," *Scientific Reports*, 6, Article 28551, June 2016.

102 M. P. White et al., "Spending at least 120 minutes a week in nature is associated with good health and wellbeing," *Scientific Reports*, 9, Article 7730, June 2019.

103 D. Carrington, "Woodland walks save UK £185m a year in mental health costs, report finds," *Guardian*, 4 December 2021.

104 Wildfowl and Wetland Trust, *Creating Urban Wetlands for Wellbeing: A Route Map* (Slimbridge, UK: WWT 2022).

105 Mental Health Foundation, "A new project has been announced today to improve people's mental health through connecting to 'watery' nature," 12 May 2021.

106 A. Lowrey, "Stockton's basic income experiment pays off," *The Atlantic*, 3 March 2021.

107 "Permaculture ethics," at https://permacultureprinciples.com/ethics/.

108 다음에서 인용. M. Martinez, "How permaculture can build resilience and meet basic needs during a pandemic," *Waging Nonviolence*, 4 May 2020.

109 같은 글.

110 다음에서 인용. Busby, "How coronavirus has led to a UK boom in community food growing."

111 G. Monbiot, "The gift we should give to the living world? Time and lots of it," *Guardian*, 8 August 2021.

112 C. J. Schuler, "What happened to London's lost woods?," *Financial Times*, 15 January 2022.

113 P. Greenfield and P. Weston, "'It's good for the soul': The mini rewilders restoring UK woodland," *Guardian*, 23 May 2020.

114 R. Orange, "Grow your own mussels: the new phenomenon of sea allotments," *Guardian*, 25 June 2022.

115 Pacific Sea Garden Collective, "Sea gardens across the Pacific: reawakening ancestral mariculture innovations," 2022.

116 "One woman's fashion," *The Economist*, 18 December 2021, 43면.

117 같은 글.

118 "About Freecycle," freecycle.org (2023년 3월 26일에 접속).

119 "The growing environmental risks of e-waste," Geneva Environment Network, 14 October 2022.

120 D. Grayson, *Manifesto for a People's Media: Creating a Media Commons* (London: Media Reform Coalition 2021); 다음도 보라. A. Toomer-McAlpine, "Co-ops and the commons: imagining a 'People's Media'," *Coop News*, 31 January 2022.

121 C. Honoré, *In Praise of Slow: How the Worldwide Movement is Challenging* *the Cult of Speed* (Toronto: Vintage Canada 2004).

122 Suzman, *Work*, 156~57면.

123 S. Davala et al., *Basic Income: A Transformative Policy for India* (London and New Delhi: Bloomsbury 2015).

124 J. Haidt, "Why the past 10 years of American life have been uniquely stupid," *The Atlantic*, 11 April 2022.

125 같은 글에서 인용.

126 R. DiResta, "The supply of disinformation will soon be infinite," *The Atlantic*, 20 September 2020.

127 같은 글.

128 N. Frohlich and J. A. Oppenheimer, *Choosing Justice: An Experimental Approach to Ethical Theory* (Berkeley, CA: University of California Press 1992).

129 J. Burke, "Languishing: what to do if you're feeling restless, apathetic or empty," The Conversation, 17 January 2022.

130 I. Kavedzija, "Wellbeing: how living well together works for the common good," The Conversation, 16 February 2022.

131 Taleb, *Skin in the Game*, 61면.

에필로그

1 K. Marx, "Theories of productive and unproductive labour," in idem, *Theories of Surplus-Value* (Moscow: Foreign Languages Publishing House 1956), 389면.

찾아보기

이러스 팬데믹의 건강 영향 268; ~의 고등교육을 받은 직원 162, 188; 농장 기반 생산 체제 89; ~에서 시간당 지불받는 노동자 212; ~과 ILO 111; ~의 사직 316~17; ~의 구직 186; ~의 법률 전문직 122; 로크너 대 뉴욕주 사건 117; 시계 대량생산 75; ~의 자산심사 급여 258, 313; 팬데믹 시기 설립된 신규 업체 318~19; 노동시장의 뉴딜 규제 117, 118, 294, 339; ~의 법정 유급휴가의 부재 213; ~의 직업 면허 발급 180~82; 코로나바이러스 이후 노동(력) 부족 314, 316~17; ~의 민간 부채 수준 144, 375; 레딧의 앤티워크 게시판 321; ~과 일할 권리 개념 116~17; ~의 서비스 부문 137; ~과 감시 기술 110; 대량생산 체제 87, 90, 97; 제3의 길 임금 보조금 326; 제2차 세계대전의 승리 채소밭 414; 코로나바이러스 팬데믹 시기 재택근무 281, 284; ~의 줌 타운(Zoom towns) 291

미국변호사협회 123

미디어개혁연맹 432

민스키, 하이만(Hyman Minsky) 339~40, 347

민주주의

~에 관한 아리스토텔레스의 입장 38, 376; ~를 위한 차티스트의 요구 62; 숙의 28~29, 247, 433, 440~45; 소셜 미디어의 부정적 영향 249, 432, 438~40; 양극화된 분파 440; 제3의 시대의 약화 247, 439~42; 무지의 베일 원칙 442

밀, 존 스튜어트(John Stuart Mill) 94, 438, 441

밀리밴드, 에드(Ed Miliband) 331

ㅂ

바놉티콘-파놉티콘 국가 225~32, 250~59, 302~10, 447

바다밭/시민농장 427~28

바루파키스, 야니스(Yanis Varoufakis) 209

반사회적 행동 명령(anti-social behaviour orders) 229

「방랑법」(Vagabonds Acts) 63

배심원 활동 25, 70~71

법률 전문직 121~24, 145, 149, 160, 171

법률 체계

유스티니아누스 법전 36; 보통법 36, 190~95, 253; ~와 길드 69; 노동법 43, 154; 나폴레

442

대규모 관광 356, ~과 자연
재해 368~69, 378~79; 녹색
일자리의 성격 340~41; 순
제로(net-zero) 배출 384; ~
과 퍼머컬처 422~26; ~과 예
방 원칙 445~46; ~과 GDP
성장의 추구 373, 348~49,
373, 382, 384, 392; 재야생
화 계획 417, 426, 445; ~에
기인한 불확실성 221~22,
223~24
황금률 407, 445
『후생경제학』(*The Economics of
Welfare*) 42
훈련 106, 124, 143, 169~72, 193,
200~13

휘트로, 제럴드(Gerald Whitrow)
10, 54
휴식일로서의 일요일 21, 131
흄, 데이비드(David Hume) 256
흑사병 60, 69

기타

0시간 계약(zero-hours contracts)
156, 194, 311
「10시간 법」 88
MOOCs 150
PwC 283, 286
S4캐피털 283~84
SHL 기업 관리 컨설팅 186

시간 불평등

시간의 자유는 어떻게 특권이 되었나

초판 1쇄 발행 / 2024년 12월 13일
초판 2쇄 발행 / 2025년 2월 17일

지은이 / 가이 스탠딩
옮긴이 / 안효상
펴낸이 / 염종선
책임편집 / 최수민 김정희
조판 / 황숙화
펴낸곳 / (주)창비
등록 / 1986년 8월 5일 제85호
주소 / 10881 경기도 파주시 회동길 184
전화 / 031-955-3333
팩시밀리 / 영업 031-955-3399 편집 031-955-3400
홈페이지 / www.changbi.com
전자우편 / human@changbi.com

한국어판 ⓒ (주) 창비 2024
ISBN 978-89-364-8064-6 03300